Die Grenzen der Rechtswahl im internationalen Deliktsrecht

Studien zum vergleichenden und internationalen Recht -
Comparative and International Law Studies

Herausgeber: Bernd von Hoffmann, Erik Jayme
und Heinz-Peter Mansel

Band 79

PETER LANG
Frankfurt am Main · Berlin · Bern · Bruxelles · New York · Oxford · Wien

Wolf Richard Herkner

Die Grenzen der Rechtswahl im internationalen Deliktsrecht

Bibliografische Information Der Deutschen Bibliothek
Die Deutsche Bibliothek verzeichnet diese Publikation in der Deutschen Nationalbibliografie; detaillierte bibliografische Daten sind im Internet über <http://dnb.ddb.de> abrufbar.

Zugl.: Köln, Univ., Diss., 2002

Gedruckt auf alterungsbeständigem,
säurefreiem Papier.

D 38
ISSN 0930-4746
ISBN 3-631-51138-8
© Peter Lang GmbH
Europäischer Verlag der Wissenschaften
Frankfurt am Main 2003
Alle Rechte vorbehalten.

Das Werk einschließlich aller seiner Teile ist urheberrechtlich geschützt. Jede Verwertung außerhalb der engen Grenzen des Urheberrechtsgesetzes ist ohne Zustimmung des Verlages unzulässig und strafbar. Das gilt insbesondere für Vervielfältigungen, Übersetzungen, Mikroverfilmungen und die Einspeicherung und Verarbeitung in elektronischen Systemen.

Printed in Germany 1 2 3 4 5   7

www.peterlang.de

meiner Familie

Vorwort

Die vorliegende Arbeit wurde von der Universität zu Köln im Wintersemester 2002/03 als rechtswissenschaftliche Dissertation angenommen. Das Manuskript war im Juni 2002 abgeschlossen. Zum Zweck der Publikation sind Gesetzgebung, Rechtsprechung und Literatur bis Mitte Februar 2003 nachträglich eingearbeitet.

Besonderer Dank gilt Herrn Prof. Dr. Heinz-Peter Mansel. Er hat mich in dem Vorhaben bestärkt und es durch freundliche Kritik im besten Sinne betreut.

Ferner ist Herrn Prof. Dr. Jürgen F. Baur zu danken für das zügige Zweitvotum.

Wolf Richard Herkner

Inhaltsübersicht

Abkürzungen 13

Einleitung 23

Erstes Kapitel
Stellung der Rechtswahl

§ 1 Zum Vorrang des Art. 42 EGBGB im Anknüpfungssystem für unerlaubte Handlungen 25

§ 2 Unterscheidung und Wahrnehmung parteiautonomer Befugnisse 38

   A. Merkmale des Bestimmungsrechts, Art. 40 I 2 EGBGB 40
      I. Ubiquität 40
      II. Elektive Konkurrenz 43
         1. Alte und neue Fassung im Vergleich 43
         2. Konkretisierung von Handlungs- und Erfolgsort 48
      III. Verbindlichkeit 56

   B. Auslegung und Umdeutung 60

   C. Aufklärungs- und Ermittlungspflichten 61
      I. Gericht 62
         1. § 139 ZPO 62
         2. § 293 ZPO 67
      II. Advokatur 71

Zweites Kapitel
Grenzen der Rechtswahl 77

§ 3 Auslandsberührung 79

§ 4 Unzulässigkeit in einzelnen Sachbereichen 82

   A. Wettbewerb 84
      I. Marktort statt Herkunftsland 84
      II. Allgemein- wider Individualinteressen 90

B. Immaterialgüter 94

§ 5 Vereinbarungszeitpunkt 98

A. Vor Entstehen deliktischer Schuld 98
   I. Isolierte Abrede 98
      1. Ausschluß gemäß Art. 42 S. 1 EGBGB 98
      2. Antezipiertes Einvernehmen über spätere Rechtswahl 106
   II. Mittelbare Geltung einer vorsorglichen Rechtswahl (Art. 27 EGBGB) durch akzessorische Anknüpfung nach Art. 41 II Nr. 1 EGBGB 108

B. Nachträglich 111
   I. Wandelbarkeit und Statutenwechsel 112
   II. Rückwirkung 113

§ 6 Gültigkeit 116

A. Analogie zu Art. 27 IV, 31 I EGBGB? 116
B. Beurteilung nach (IPR) der lex fori 119
C. Maßgabe des gewählten Rechts (lex causae) 121

§ 7 Äußerung 123

A. Explizit 123
B. Konkludent 124
   I. Problematik des „Heimwärtsstrebens" 125
      1. Präklusion 125
      2. Erklärungsbewußtsein 126
   II. Indizien für einen gemeinsamen Willen 130
      1. Gerichtsstandsvereinbarung 131
      2. Verschiebung der Anknüpfungstatsachen 132
      3. Übereinstimmendes Parteiverhalten 132
   III. Prozeßvollmacht 136

§ 8 Gegenstand 138

A. Wählbare Rechtsordnungen 138
   I. Objektive Beziehung und anerkennenswertes Interesse 138
   II. Neutrales Recht 140
   III. Verstärkung durch Prorogation 141

B. Zweckmäßigkeit 141

C. Teilrechtswahl 145
D. Umfang des Deliktsstatuts 148

§ 9 **Sonderanknüpfungen** **154**
A. Direktanspruch gegen den Haftpflichtversicherer, Art. 40 IV EGBGB 154
B. Drittleistungen 158
  I. Vorteilsausgleichung 158
  II. Regreß 159
C. Vorfragen 160
D. Örtliche Verhaltensregeln 164
  I. Lex loci actus 164
    1. Sachverhaltskonstellationen 165
    2. Einzelfallgerechtigkeit 168
  II. Methodik 170
    1. Tatbestandswirkung im Rahmen des Deliktsstatuts ... 170
    2. Kritische Würdigung 172

§ 10 **Schutz des Schwächeren (protectio laesi)** **175**
A. Zwingende Normen bei Schuldverträgen 176
  I. Verbraucher, Art. 29 I und 29 a EGBGB 177
  II. Arbeitnehmer, Art. 30 I EGBGB 181
B. Übertragbarkeit auf Deliktsobligationen 182
  I. Meinungsstand 182
  II. Bewertung 183

§ 11 **Gesetzesumgehung (fraus legis)** **185**

§ 12 **Rechte Dritter, Art. 42 S. 2 EGBGB** **188**
A. Schutzbereich 189
  I. Sachlich („Dritter") 189
  II. Funktional 192
    1. Lösungsmodelle 192
      a) Inter partes-Ansatz 193
      b) Günstigkeitsbetrachtung 194
    2. Stellungnahme 196
      a) „Rechte..." 196

	b) „... bleiben unberührt"	198
B.	Fazit	203

§ 13 Renvoi 206
- A. Prinzip der Gesamtverweisung 206
- B. Sachnormverweisungen 211

§ 14 Inländischer *ordre public* 216
- A. Spezialnorm 216
  - I. Art. 40 III Nrn. 1 und 2 EGBGB 219
  - II. Art. 40 III Nr. 3 EGBGB 225
- B. Generelle Vorbehaltsklausel (Art. 6 EGBGB) 226
  - I. Tatbestandselemente 226
  - II. Rechtsfolgen 227
- C. Verhältnis zueinander 228

Drittes Kapitel
Ausblick

§ 15 Überstaatliche Vereinheitlichung 231
- A. EWG-Vorentwurf (1972) 233
- B. Groupe européen (1998) 235
- C. Europäische Kommission 241
  - I. Erster RefE (1999) 243
  - II. Aufruf zur VO (2002) 245

Zusammenfassung **255**

Literaturverzeichnis 259

Abkürzungen

(soweit nicht im Text erklärt oder aus dem Literaturverzeichnis ersichtlich)

a.A.	anderer Ansicht
a.a.O.	am angegebenen Ort
abl.	ablehnend
ABl.EG	Amtsblatt der Europäischen Gemeinschaften
Abs.	Absatz
abw.	abweichend
AcP	Archiv für die civilistische Praxis
a.E.	am Ende
a.F.	alte Fassung
AG	Amtsgericht; Aktiengesellschaft
AGB	Allgemeine Geschäftsbedingungen
AGBG	Gesetz zur Regelung des Rechts der Allgemeinen Geschäftsbedingungen i.d.F.v. 29.6.2000 (BGBl. I S. 946)
All ER	The All England Law Reports, London
Alt.	Alternative
AMG	Arzneimittelgesetz i.d.F.v. 11.12.1998 (BGBl. I S. 3586)
Am.J.Comp.L.	American Journal of Comparative Law, Baltimore
ArbNErfG	Gesetz über Arbeitnehmererfindungen v. 25.7.1957 (BGBl. I S. 756)
Anh.	Anhang
Anm.	Anmerkung
AnwBl.	Anwaltsblatt. Nachrichten für die Mitglieder des Deutschen Anwaltvereins e.V.
Art.	Artikel
Aufl.	Auflage
AVB	Allgemeine Versicherungsbedingungen
AWD	Außenwirtschaftsdienst des Betriebs-Beraters (bis 1974; danach: RIW)
BAG	Bundesarbeitsgericht
BAGE	Entscheidungen des Bundesarbeitsgerichts
BayObLG	Bayerisches Oberstes Landesgericht
BayObLGZ	Entscheidungen des Bayerischen Obersten Landesgerichts in Zivilsachen
BB	Betriebs-Berater. Zeitschrift für Recht und Wirtschaft

BBl.	schweiz. Bundesblatt
Bearb.	Bearbeiter
Begr.	Begründer, Begründung
BGB	Bürgerliches Gesetzbuch v. 18.8.1896 (RGBl. S. 195)
BGBl. I, II	Bundesgesetzblatt, Teil I und II
BGH	Bundesgerichtshof
BGHReport	Schnelldienst zur Zivilrechtsprechung des Bundesgerichtshofs
BGHZ	Entscheidungen des Bundesgerichtshofes in Zivilsachen
BRAK	Bundesrechtsanwaltskammer
BRAGO	Bundesgebührenordnung für Rechtsanwälte v. 26.7.1957 (BGBl. I S. 861, 907)
BRAO	Bundesrechtsanwaltsordnung v. 1.8.1959 (BGBl. I S. 565)
BR-Drs.; BT-Drs.	Bundesratsdrucksache; Bundestagsdrucksache
Bsp., bspw.	Beispiel, beispielsweise
BV	Besloten Vennootschap met beperkte aansprakelijkheid
BVerfG	Bundesverfassungsgericht
BVerfGE	Entscheidungen des Bundesverfassungsgerichts
bzw.	beziehungsweise
Cass. civ.	Cour de cassation, Chambre civile
C.c.	Code civil
CCBE	Conseil des barreaux de l'Union européenne (Rat der Anwaltschaften der EU)
CISG	Convention on Contracts for the International Sale of Goods = (Wiener) Übereinkommen der Vereinten Nationen über Verträge über den internationalen Warenkauf v. 11.4.1980 (BGBl. 1989 II S. 586; 1990 II S. 1477)
Clunet	Journal du droit international (Begr. E. Clunet), Paris
CML Rev.	Common Market Law Review, Den Haag
CMR	Convention relative au Contrat de transport international de marchandises par route = Genfer Übereinkommen über den Beförderungsvertrag im internationalen Straßengüterverkehr v. 19.5.1956 (BGBl. 1961 II S. 1120)
Co.	Company
C.p.c.	Code de procédure civile
CR	Computer und Recht. Forum für die Praxis des Rechts der Datenverarbeitung, Kommunikation und Automation
D. (Jur.; Somm.)	Recueil Dalloz (Jurisprudence; Sommaires commentés), Paris
DAR	Deutsches Autorecht
DB	Der Betrieb

dems., dens., ders., dies.	demselben, denselben, derselbe, dieselbe(n)
d.h.	das heißt
DIN	Deutsche Industrie-Norm(en)
Diss.	Dissertation
DM	Deutsche Mark
DRB	Deutscher Richterbund
DZWir	Deutsche Zeitschrift für Wirtschaftsrecht
€	Euro
-E	-Entwurf
ECRL	RL 2000/31/EG v. 8.1.2000 des Europäischen Parlaments und des Rates über bestimmte rechtliche Aspekte der Dienste der Informationsgesellschaft, insbesondere des elektronischen Geschäftsverkehrs, im Binnenmarkt (ABl.EG Nr. L 178/1)
EG	Europäische Gemeinschaft; Vertrag zur Gründung der Europäischen Gemeinschaft i.d.F. des Vertrags von Amsterdam v. 2.10.1997 (BGBl. 1998 II S. 387) und offizieller Zitierweise des EuGH und Europäischen Gerichts Erster Instanz seit Inkrafttreten am 1.5.1999
EGBGB	Einführungsgesetz zum Bürgerlichen Gesetzbuche i.d.f. der Bekanntmachung v. 21.9.1994 (BGBl. I S. 2494, berichtigt 1997 I S. 1061)
EGG	Elektronischer Geschäftsverkehr-Gesetz = Gesetz zum elektronischen Geschäftsverkehr v. 14.12.2001 (BGBl. I S. 3721)
EGV	Vertrag zur Gründung der Europäischen Gemeinschaft i.d.F. des Vertrags von Maastricht (EUV) v. 7.2.1992 (BGBl. II S. 1253)
EGVVG	Einführungsgesetz zu dem Gesetz über den Versicherungsvertrag v. 30.5.1908 (RGBl. S. 305)
Einl.	Einleitung
EKG	Einheitliches Gesetz über den Abschluß von internationalen Kaufverträgen über bewegliche Sachen v. 17.7.1973 (BGBl. I S. 868) i.V.m. der Bekanntmachung v. 12.2.1974 (BGBl. I S. 358), aufgehoben mit Wirkung v. 1.1.1991 (BGBl. 1990 I S. 2895)
EMRK	Europäische Konvention zum Schutze der Menschenrechte und Grundfreiheiten v. 4.11.1950 (BGBl. 1952 II S. 685, 1954 II S. 14)
etc.	et cetera
EU	Europäische Union

EuEheVO	VO (EG) Nr. 1347/2000 des Rates v. 29.5.2000 über die Zuständigkeit und die Anerkennung und Vollstreckung von Entscheidungen in Ehesachen und in Verfahren betreffend die elterliche Verantwortung für die gemeinsamen Kinder der Ehegatten (ABl.EG Nr. L 160/19)
EuGH	Gerichtshof der Europäischen Gemeinschaften
EuGVÜ	(Brüsseler) Übereinkommen über die gerichtliche Zuständigkeit und die Vollstreckung gerichtlicher Entscheidungen in Zivil- und Handelssachen v. 27.9.1968 (BGBl. 1972 II S. 774)
EuGVVO	VO (EG) Nr. 44/2001 des Rates v. 22.12.2000 über die gerichtliche Zuständigkeit und die Anerkennung und Vollstreckung von Entscheidungen in Zivil- und Handelssachen (ABl.EG 2001 Nr. L 12/1)
EuInsVO	VO (EG) Nr. 1346/2000 des Rates v. 29.5.2000 über Insolvenzverfahren (ABl.EG Nr. L 160/1)
Eur.Rev.Priv.L.	European Review of Private Law, Den Haag
EuZVO	VO (EG) Nr. 1348/2000 des Rates v. 29.5.2000 über die Zustellung gerichtlicher und außergerichtlicher Schriftstücke in Zivil- und Handelssachen in den Mitgliedstaaten (ABl.EG Nr. L 160/37)
EuZW	Europäische Zeitschrift für Wirtschaftsrecht
e.V.	eingetragener Verein
EVÜ	(Römisches) Übereinkommen über das auf vertragliche Schuldverhältnisse anzuwendende Recht v. 19.6.1980 (BGBl. 1986 II S. 810)
EWG	Europäische Wirtschaftsgemeinschaft
EWGV	Vertrag zur Gründung der EWG v. 25.3.1957 (BGBl. II S. 766)
EWiR	Entscheidungen zum Wirtschaftsrecht
f., ff.	folgend(e)
FF	Franc français
FIS	Fédération Internationale de Ski
FG	Festgabe
Fn.	Fußnote
FS	Festschrift
GbR	Gesellschaft bürgerlichen Rechts
GEDIP	Groupe européen de droit international privé
GG	Grundgesetz für die Bundesrepublik Deutschland v. 23.5.1949 (BGBl. I S. 1)
ggf.	gegebenenfalls

GKG	Gerichtskostengesetz i.d.F.v. 15.12.1975 (BGBl. I S. 3047)
GmbH	Gesellschaft mit beschränkter Haftung
GmS	Gemeinsamer Senat der Obersten Gerichtshöfe des Bundes
GrZS	Großer Senat in Zivilsachen
GRUR	Gewerblicher Rechtsschutz und Urheberrecht
GRUR Int.	GRUR, Internationaler Teil
GS	Gedächtnisschrift
GVG	Gerichtsverfassungsgesetz i.d.F.v. 9.5.1975 (BGBl. I S. 1077)
GWB	Gesetz gegen Wettbewerbsbeschränkungen v. 27.7.1957 i.d.F.v. 26.8.1998 (BGBl. I S. 2546)
Habil.	Habilitationsschrift
Harv.L.Rev.	Harvard Law Review, Cambridge/Massachusetts
HaustürWG	Gesetz über den Widerruf von Haustürgeschäften und ähnlichen Geschäften i.d.F.v. 29.6.2000 (BGBl. I S. 955)
HGB	Handelsgesetzbuch v. 10.5.1897 (RGBl. S. 219)
h.L.	herrschende Lehre
h.M.	herrschende Meinung
HPflG	Haftpflichtgesetz i.d.F.v. 4.1.1978 (BGBl. I S. 145)
HR	Hoge Raad
Hrsg., hrsg.	Herausgeber, herausgegeben
HS	Halbsatz
html	hypertext markup language
http	hypertext transfer protocol
HZÜ	Haager Übereinkommen über die Zustellung gerichtlicher und außergerichtlicher Schriftstücke im Ausland in Zivil- oder Handelssachen v. 15.11.1965 (BGBl. 1977 II S. 1453)
i.d.F.(v.)	in der Fassung (vom)
i.d.S.	in diesem Sinne
i.E.	im Ergebnis
Inc.	Incorporated
IPG	Gutachten zum internationalen und ausländischen Privatrecht, veröffentlicht im Auftrage des Deutschen Rates für Internationales Privatrecht
IPR	internationales Privatrecht
IPRax	Praxis des Internationalen Privat- und Verfahrensrechts
IPRG	IPR-Gesetz, etwa öst. Bundesgesetz v. 15.6.1978 über das internationale Privatrecht (BGBl. 304 i.d.F. des BGBl. I Nr. 135/ 2000) und schweiz. Bundesgesetz v. 18.12.1987 über das Internationale Privatrecht (SR 291)

IPRspr.	Die deutsche Rechtsprechung auf dem Gebiete des internationalen Privatrechts
i.S.v.	im Sinne von
i.V.m.	in Verbindung mit
JA	Juristische Arbeitsblätter
JR	Juristische Rundschau
JTrib	Journal des Tribunaux, Brüssel
JurBüro	Das juristische Büro
JurPC Web-Dok.	Dokument der Internet-Zeitschrift für Rechtsinformatik (www.jurpc.de)
JuS	Juristische Schulung
JZ	Juristen-Zeitung
KammerForum	Mitteilungen der Rechtsanwaltskammer Köln
Kap.	Kapitel
Kfz	Kraftfahrzeug
KG	Kammergericht
KOM	Dokumente der Kommission der Europäischen Gemeinschaften
krit.	kritisch
LG	Landgericht
Lit.	Literatur
lit.	litera
LM	Lindenmaier/Möhring (Hrsg.), Nachschlagewerk des Bundesgerichtshofs in Zivilsachen
Ltd.	Limited
MDR	Monatsschrift für Deutsches Recht
MedR	Medizinrecht
MMR	MultiMedia und Recht. Zeitschrift für Informations-, Telekommunikations- und Medienrecht
Mot. II	Motive zu dem Entwurfe eines Bürgerlichen Gesetzbuches für das Deutsche Reich, Band II. Recht der Schuldverhältnisse, 2. Aufl., Berlin 1896
Mugdan I, II	Die gesamten Materialien zum Bürgerlichen Gesetzbuch für das Deutsche Reich, hrsg. und bearbeitet von B. Mugdan, Band I und II, Berlin 1899
NE 2d	North Eastern Reporter 2d Series, St. Paul/Minnesota
n.F.	neue Fassung
NILR	Netherlands International Law Review, Leyden
NJ	Nederlandse Jurisprudentie, Zwolle
NJW	Neue Juristische Wochenschrift

NJW-RR	NJW-Rechtsprechungs-Report Zivilrecht
Nr., Nrn.	Nummer, Nummern
N.Y.U.L.Rev.	New York University Law Review
NZA	Neue Zeitschrift für Arbeitsrecht. Zweiwochenschrift für die betriebliche Praxis
NZV	Neue Zeitschrift für Verkehrsrecht
öst.	österreichisch
öst. BGBl.	Bundesgesetzblatt für die Republik Österreich
ÖVVG	öst. Bundesgesetz v. 2.12.1958 über den Versicherungsvertrag (BGBl. Nr. 2/1959)
o.g.	oben genannt
OGH	Oberster Gerichtshof (Österreich)
OLG	Oberlandesgericht
OLGR	OLG-Report. Schnelldienst zur Zivilrechtsprechung des jeweils zit. OLG
OLGZ	Entscheidungen der Oberlandesgerichte in Zivilsachen
pdf	portable document format
PflVG	Gesetz über die Pflichtversicherung für Kraftfahrzeughalter v. 5. 4.1965 (BGBl. I S. 213)
Pkw	Personenkraftwagen
plc	public limited company
ProdHaftG	Produkthaftungsgesetz v. 15.12.1989 (BGBl. I S. 2198)
RabelsZ	Zeitschrift für ausländisches und internationales Privatrecht, begründet von Ernst Rabel
RanwVO	VO des Ministerrats für die Reichsverteidigung über die Rechtsanwendung bei Schädigungen deutscher Staatsangehöriger außerhalb des Reichsgebiets v. 7.12.1942 (RGBl. S. 706)
Rb.	Arrondissementsrechtbank
RCDIP	Revue critique de droit international privé, Paris
RDIPP	Rivista di diritto internazionale privato e processuale, Padua
Rec.	Recueil des Cours de l'Académie de Droit international, Leyden
RefE	Referentenentwurf
RegE	Regierungsentwurf
RG	Reichsgericht
RGBl.	Reichsgesetzblatt (Teil I)
RGZ	Entscheidungen des Reichsgerichts in Zivilsachen
RICO-Act	Racketeer Influenced Corrupt Organizations Act v. 12.10.1970
RIW	Recht der Internationalen Wirtschaft (vor 1975: AWD)
RL	Richtlinie

Rn.	Randnummer
Rpfleger	Der Deutsche Rechtspfleger
RRa	ReiseRecht aktuell
Rspr.	Rechtsprechung
$	US-Dollar
S.	Satz, Seite
SA	Société anonyme
schweiz.	schweizerisch
SJZ	Schweizerische Juristen-Zeitung, Zürich
S.Ct.	US-Supreme Court Reporter, St. Paul/Minnesota
Sem. jur.	La semaine juridique, édition générale, Paris
Slg.	Sammlung der Rechtsprechung des Gerichtshofes (seit 1989: und des Gerichts Erster Instanz) der Europäischen Gemeinschaften
sog.	sogenannt
S.p.a.	società per azioni
SR	Systematische Sammlung des Bundesrechts, Bern
StGB	Strafgesetzbuch i.d.F.v. 13.11.1998 (BGBl. I S. 3322)
StPO	Strafprozeßordnung v. 1.2.1877, RGBl. S. 253 (Neubekanntmachung am 7.4.1987, BGBl. I S. 1074, berichtigt S. 1319)
StVG	Straßenverkehrsgesetz v. 19.12.1952 (BGBl. I S. 837)
StVO	Straßenverkehrs-Ordnung v. 16.11.1970 (BGBl. I S. 1565, berichtigt 1971 S. 38)
TA-Luft	Technische Anleitung zur Reinhaltung der Luft v. 27.2.1986 (Beilage zum Bundesanzeiger Nr. 58/1986)
TDG	Teledienstegesetz = Gesetz über die Nutzung von Telediensten v. 22.7.1997 (BGBl. I S. 1870, zuletzt geändert durch das EGG)
teilw.	teilweise
TranspR	Transportrecht
Tz.	Textzeichen
TzWrG	Teilzeit-Wohnrechtegesetz = Gesetz über die Veräußerung von Teilzeitnutzungsrechten an Wohngebäuden, zit. in den Fassungen v. 29.6.2000 (BGBl. I S. 957) und der Erstbekanntmachung v. 20.12.1996 (BGBl. I S. 2154)
u.a.	und andere; unter anderem
Überbl.	Überblick
überw.	überwiegend
UFITA	Archiv für Urheber-, Film-, Funk- und Theaterrecht, Bern
UmweltHG	Umwelthaftungsgesetz v. 10.12.1990 (BGBl. I S. 2634)

UN	United Nations
UNIDROIT	International Institute for the Unification of Private Law
unzutr.	unzutreffend
UrhG	Urheberrechtsgesetz = Gesetz über Urheberrecht und verwandte Schutzrechte v. 9.9.1965 (BGBl. I S. 1273)
URL	Uniform Resource Locator
US, USA	United States (of America)
UWG	Gesetz gegen den unlauteren Wettbewerb v. 7.6.1909 (RGBl. S. 499)
v.	vom, von, vor
VerbrKrG	Verbraucherkreditgesetz i.d.F.v. 29.6.2000 (BGBl. I S. 940)
VersR	Versicherungsrecht
vgl.	vergleiche
VO	Verordnung
Vorb.	Vorbemerkung
VRS	Verkehrsrechts-Sammlung. Entscheidungen aus allen Gebieten des Verkehrsrechts
VVG	Gesetz über den Versicherungsvertrag v. 30.5.1908 (RGBl. S. 263)
VwGO	Verwaltungsgerichtsordnung i.d.F.v. 19.3.1991 (BGBl. I S. 686)
WM	Wertpapier-Mitteilungen. Zeitschrift für Wirtschafts- und Bankrecht
WRP	Wettbewerb in Recht und Praxis
www	world-wide web
z.B.	zum Beispiel
ZEuP	Zeitschrift für Europäisches Privatrecht
ZfA	Zeitschrift für Arbeitsrecht
ZfRV	Zeitschrift für Rechtsvergleichung, Internationales Privatrecht und Europarecht, Wien
ZfS	Zeitschrift für Schadensrecht
ZGB	Zivilgesetzbuch
ZIP	Zeitschrift für Wirtschaftsrecht
zit.	zitiert
ZPO	Zivilprozeßordnung v. 30.1.1877 i.d.F. der Bekanntmachung v. 12.9.1950 (BGBl. I S. 533)
zugl.	zugleich
ZUM	Zeitschrift für Urheber- und Medienrecht
zust.	zustimmend
zutr.	zutreffend

ZVglRWiss	Zeitschrift für vergleichende Rechtswissenschaft
ZZP	Zeitschrift für Zivilprozeß

Einleitung

Art. 42 EGBGB normiert die Rechtswahl im IPR für nichtvertragliche Obligationen. Er lautet:

„Nach Eintritt des Ereignisses, durch das ein außervertragliches Schuldverhältnis entstanden ist, können die Parteien das Recht wählen, dem es unterliegen soll. Rechte Dritter bleiben unberührt".

Die Vorschrift ist kürzer geraten als Art. 27 EGBGB (Art. 3 EVÜ). Sie fixiert gleichwohl vieles von dem, was schon vor der Kodifikation anerkannt war. Manches Problem, über das man im Schrifttum gestritten hatte, macht Art. 42 EGBGB obsolet. Er wirft aber auch Fragen auf, von denen einige bereits kontrovers diskutiert werden und auf die für das Deliktsrecht diese Arbeit Antworten geben will.

Das auf unerlaubte Handlungen anzuwendende Recht kann zwischen den Parteien vereinbart werden. Diese Möglichkeit zur „Rechtswahl" gilt es zunächst in der Anknüpfungshierarchie der Art. 40 ff. EGBGB zu verorten und dabei vom Bestimmungsrecht des Verletzten abzugrenzen (Erstes Kapitel).

Im nachfolgenden Hauptteil, dem zweiten Kapitel, sind die Schranken der Deliktsrechtswahl thematisiert. Deren Untersuchung gliedert sich entsprechend den Prüfungsschritten vor (§§ 3-12) und nach der Verweisung (§§ 13, 14) in zwei Abschnitte. Sie nimmt bei den denkbaren Sachverhaltskonstellationen sowie dem zeitlichen Aspekt ihren Anfang, weil sich hier entscheidet, wann eine Rechtswahl, wie Art. 42 EGBGB sie versteht und erlaubt, überhaupt in Betracht kommt. Der wirksamen Artikulation korrespondierender Rechtswahlerklärungen widmen sich die anschließenden Paragraphen. Sodann wird die Reichweite eines zustande gekommenen Konsenses begutachtet. Letztlich, für den Fall, daß fremdes Recht kraft Willensübereinkunft der Parteien berufen ist, wird dargestellt, ob dieses seine Ernennung hinzunehmen hat, ein *renvoi* also ausgeschlossen ist, und auf welche Weise exzessives Schadensrecht abgewehrt werden kann (*ordre public*).

In Brüssel wird derzeit eine Verordnung erarbeitet, die das IPR gemeinschaftsrechtlich-einheitlich regeln soll. Mit ihr und auch der Vorgeschichte von „Rom II" setzt sich das Dritte Kapitel in § 15 auseinander. Dies vor dem Hintergrund der Resultate, zu denen „unser" Art. 42 EGBGB nach hier vertretener Auffassung gelangt.

Erstes Kapitel
Stellung der Rechtswahl

§ 1 Zum Vorrang des Art. 42 EGBGB im Anknüpfungssystem für unerlaubte Handlungen

Vor Inkrafttreten des Änderungsgesetzes v. 21. Mai 1999[1] war das internationale Deliktsrecht der Bundesrepublik nur fragmentarisch geregelt: § 1 I RanwVO 1942 war im Sinne einer Priorität des gemeinsamen Personalstatuts gegenüber dem Tatortrecht zur allseitigen Kollisionsnorm ausgestaltet worden[2] und das rechtspolitisch antiquierte privilegium germani-

---

[1] Gesetz zum Internationalen Privatrecht für außervertragliche Schuldverhältnisse und Sachen (BGBl. I S. 1026). Den zugrundeliegenden RegE v. 24.8.1998 (BT-Drs. 14/343, auch abrufbar unter http://dip.bundestag.de/btd/14/003/1400343.pdf) hatte der Rechtsausschuß am 24.3.1999 mit einer marginalen Änderung (des Art. 40 III Nr. 1, siehe § 14 A I) begrüßt. Der Bundestag folgte der Empfehlung und verabschiedete den Entwurf tags darauf (BR-Drs. 210/99, als pdf im Dokumentenarchiv www.parlamentsspiegel.de). Bereits 1984 war im Bundesjustizministerium auf Basis der Gutachten und Empfehlungen der Schuldrechtskommission des Deutschen Rates für IPR (siehe v.Caemmerer) ein RefE erstellt worden, den das Kabinett jedoch nie als RegE verabschiedete (Text z.B. bei Staudinger-*v.Hoffmann*, EGBGB (2001), Vorb. zu Art. 38 ff. Rn. 3). Indes entstand nach Konsultation der Landesjustizverwaltungen und interessierten Wirtschaftskreise der RefE v. 1.12.1993 (IPRax 1995, 132 f.; *v.Hoffmann*, a.a.O.). Mehrseitige Staatsverträge, die das Deliktskoordinationsrecht vereinheitlichen, sind für Deutschland nicht in Kraft: Die Haager Übereinkommen über das auf Straßenverkehrsunfälle anzuwendende Recht v. 4.5.1971 (RDIPP 4 (1968), 933 ff.; Clunet 102 (1975), 963 ff.) und über das auf die Produkthaftpflicht anwendbare Recht v. 2.10.1973 (RCDIP 61 (1972), 818 ff.; *v.Hoffmann*, a.a.O., Art. 40 Rn. 80) wurden bisher nicht gezeichnet (zur Beachtlichkeit im Rahmen eines *renvoi* § 13 A). Anders als noch der Vorentwurf eines EG-Übereinkommens über das auf vertragliche und außervertragliche Schuldverhältnisse anwendbare Recht aus dem Jahre 1972 enthält das EVÜ v. 19.6.1980, das von der Bundesrepublik nicht als solches für anwendbar erklärt, sondern in das EGBGB (Art. 27 ff.) eingebaut wurde (siehe Art. 1 II des Zustimmungsgesetzes, BGBl. 1986 II S. 809), keine Regelung des Kollisionsrechts für Delikte (vgl. § 15 A).

[2] Dies zunächst unter Beschränkung auf Fälle, in welchen den Parteien Staatsangehörigkeit und gewöhnlicher Aufenthalt (lex domicilii) gemeinsam war, das Delikt also bei Gelegenheit einer nur vorübergehenden Reise ins Ausland begangen wurde: vgl. BGH 23.11.1971, BGHZ 57, 265 (268) und 8.3.1983, BGHZ 87, 95 (101, 103); OLG Düsseldorf 8.2.1990, NJW-RR 1991, 55; *Hohloch*, Deliktsstatut, S. 209; MünchKomm[3]-*Kreuzer*, EGBGB, Art. 38 Rn. 80, 113; Palandt[58]-*Heldrich*, Art. 38

cum³ hatte die Novelle 1986⁴ in Art. 38 EGBGB a.F. überlebt. Beide Vorschriften sind nunmehr aufgehoben. In den Art. 40 bis 42 EGBGB ist das deutsche IPR für unerlaubte Handlungen statt dessen erstmals umfassend positivrechtlich normiert. Die Kodifikation orientiert sich zwar in weitem Umfang an bisherigen gewohnheits- und richterrechtlichen Grundsätzen, schreibt diese aber nicht durchgehend fort. Akzente wurden verschoben und bemerkenswerte Neuerungen eingeführt⁵.

EGBGB Rn. 7. Nicht mehr auf die lex communis patriae kam es nach letztem Stand der höchstrichterlichen Rspr. an, wenn die an einem Unfall beteiligten Kfz im Aufenthaltsstaat zugelassen und versichert waren (lex stabuli oder auch sog. *law of the garage* als Verstärkungsfaktor): BGH 7.7.1992, BGHZ 119, 137 (142); OLG Frankfurt/Main 24.6.1999, IPRspr. 1999 Nr. 40. *Wandt*, RabelsZ 2000, 770, will dieses Zusatzerfordernis beibehalten, weil es eine nicht sachgerechte, weil unversicherbare Haftung nach dem Recht des gemeinsamen Aufenthaltsstaates verhindere; *Sieghörtner*, S. 333 ff., typisiert Art. 41 I EGBGB und kehrt auf diesem Wege zur lex loci accidentium zurück, wenn die Zulassung des schädigenden Fahrzeugs nicht mit dem kollektiven Aufenthalt übereinstimmt. Art. 40 II EGBGB sieht jedoch eine Anknüpfung *allein* an den gewöhnlichen Aufenthalt vor. So u.a. schon *Kropholler*, RabelsZ 1969, 624; v.Caemmerer-*W.Lorenz*, S. 149 ff. und *v.Hoffmann*, IPRax 1988, 307. Überholt Wussow-*Kürschner*, UnfallhaftpflR, Kap. 62 Rn. 20 und *G. Schneider*, ebenda, Kap. 18 Rn. 52.

3 Mißbilligend bereits *Neumeyer*, IPR, § 36 und *Binder*, RabelsZ 1955, 467 (zu Art. 12 EGBGB a.F.). Umstritten war die Fortgeltung im Hinblick auf Art. 7 I EWGV/6 I EGV/12 I EG: dafür OLG Hamburg 8.12.1994, IPRspr. 1994 Nr. 51, offengelassen in der Revisionsentscheidung BGH 19.12.1995, BGHZ 131, 332 (345 f.); auch Soergel¹²-*Lüderitz*, EGBGB, Art. 38 Rn. 105 (Spezialisierung des nationalen *ordre public*, welchen der EWGV nicht antaste) und MünchKomm³-*Kreuzer*, EGBGB, Art. 38 Rn. 304 (das allgemeine Deliktsrecht vom EGV nicht erfaßt); abl. insbesondere *Raape/Sturm*, IPR I, § 13 III 3 bei Fn. 47 (generelle Unwirksamkeit) und, differenzierend, Staudinger¹³-*v.Hoffmann*, EGBGB, Art. 38 Rn. 245 (keine Anwendbarkeit im Verhältnis zu EU-Bürgern).

4 Gesetz zur Neuregelung des Internationalen Privatrechts v. 25.7.1986 (BGBl. I S. 1142).

5 Ob altes oder novelliertes Kollisionsrecht gilt, richtet sich nach den Grundsätzen der Art. 220 I, 236 § 1 EGBGB (Begr. RegE 1998, BT-Drs. 14/343, S. 7). Demnach bleibt das bisherige IPR auf bis einschließlich 31.5.1999 beendete Vorgänge applikabel, wenn die Tatsachen nach den Anknüpfungsmerkmalen der neuen Normen ein Recht definitiv bestimmt haben (Statt aller: Palandt-*Heldrich*, Vorb. v. Art. 38 EGBGB Rn. 1 und Art. 220 EGBGB Rn. 2). Hat sich also ein punktueller Sachverhalt wie etwa ein Straßenverkehrsunfall vor dem 1.6.1999 ereignet, wird er unwandelbar nach den früheren Kollisionsregeln behandelt; auf länger währende Abläufe, bspw. Gewässerverschmutzungen (Dauerdelikt) oder die Versendung eines beleidi-

Bei Betrachtung der geschaffenen Kollisionsnormen wird eine dreigliedrige Anknüpfungsordnung augenfällig. Sie besteht aus einer Regelanknüpfung (Art. 40 I, II EGBGB), der Ausweich- oder auch Berichtigungsklausel des Art. 41 EGBGB sowie einer Möglichkeit zur Rechtswahl (Art. 42 EGBGB). Das Gesetz sieht dabei in Art. 40 II und Art. 41 EGBGB eine doppelte „Auflockerung"[6] des Tatortprinzips (Art. 40 I EGBGB) vor, was Konkurrenzfragen aufwirft. Die lex domicilii communis nach Art. 40 II EGBGB bezeichnet das auf Deliktsobligationen anzuwendende Recht eindeutig, während durch Art. 41 I ähnlich Art. 28 V EGBGB die Flexibilität des Statuts sowie dessen „Anpassungsfähigkeit für jetzt noch nicht vorhersehbare Interessenlagen" gewahrt werden soll[7]. Der gemäß Art. 40 I oder II EGBGB ermittelte „Sitz" des Rechtsverhältnisses muß also der höheren Instanz des Art. 41 EGBGB standhalten; dies gilt auch, wenn der Geschädigte sich i.S.v. Art. 40 I 2 EGBGB entscheidet[8]. Ist das Geschehen mit einem anderen Staat „wesentlich" enger verbunden, kommt dortiges Recht zur Anwendung[9]. Unter diesem Vorbehalt steht eine Rechtswahl entspre-

---

genden Briefs, ist dagegen ab Inkrafttreten das neue IPR anzuwenden (*Spickhoff*, NJW 1999, 2210; *Pfeiffer*, NJW 1999, 3675 in Fn. 7; *Junker*, RIW 2000, 243).

[6] Richtungweisend *Binder*, RabelsZ 1955, 401, insbesondere 404 und 497.

[7] Begr. RegE 1998, BT-Drs. 14/343, S. 13. Die Meinungen hierüber sind jedoch geteilt. Nach *Spickhoff*, NJW 1999, 2210, hebt sich die Vorschrift „in wohltuender Weise von der Neigung des Gesetzgebers ab, Regelungen im Übermaß zu treffen"; im Interesse der Rechtssicherheit werde „die Atomisierung der Anknüpfung vermieden" (so Erman-*Hohloch*, Einl. Art. 3 EGBGB Rn. 30); so könne der Richter sowohl die individuelle kollisionsrechtliche Gerechtigkeit (Korrektur unangemessener Einzelergebnisse) als auch die generelle (Ergänzung der ordentlichen IPR-Normen durch Spezialregeln für typische Fallgestaltungen) durchsetzen (*Kreuzer*, RabelsZ 2001, 433). Krit. dagegen *Kegel*, IPR[7], § 6 I 4 b („Leerformel" und a.a.O., cc: „Drum prüfe, wer sich ewig bindet, ob sich nicht noch was besseres findet"); Soergel[12]-*Lüderitz*, EGBGB, Art. 38 Rn. 83, der von einer Kapitulation spricht, sowie *Schack*, GS Lüderitz, S. 701 („Der Gesetzgeber kann nichts sagen, aber er will reden"); vgl. auch OGH 7.9.1994, IPRax 1995, 326 (328): „Trägheitsprinzip" im Kollisionsrecht gewährleiste das, was an Kontinuität und Rechtssicherheit erforderlich ist.

[8] A.A. *Kreuzer*, RabelsZ 2001, 417 und 431 (in Entsprechung zu Art. 42 EGBGB). Eine Unanwendbarkeit des Art. 41 EGBGB widerstrebe aber dem klaren gesetzgeberischen Willen (BT Drs. 14/343, S. 13) und ist wegen der – auch gegenüber Art. 40 I EGBGB – hervorgehobenen Funktion der Rechtswahl nicht einzusehen.

[9] Teils wird vertreten, eine Abweichung käme bezüglich Art. 40 II EGBGB nur dann in Betracht, wenn eine „über das übliche Maß hinausgehende starke Verknüpfung" vorläge (*Freitag/Leible*, ZVglRWiss 2000, 112); *Hohloch/Jaeger* erwägen eine Kor-

chend der bislang herrschenden Meinung nach Art. 42 EGBGB dagegen nicht[10]. Nach alledem erschließt sich die Systematik des internationalen Deliktsrechts am ehesten durch eine Rückwärtslektüre des Gesetzes:

Den Vorrang hat die Frage, ob die Parteien eine wirksame Rechtswahl getroffen haben (Art. 42 S. 1 EGBGB). Solange nicht gewählt ist, befindet sich das Statut nicht etwa „in der Schwebe"[11]. Über Art. 40, 41 EGBGB steht ein nicht nur ermittelbares, sondern vielmehr „an sich" anzuwendendes Recht bereit; es gibt kein rechtsordnungsfreies Delikt. Kraft Rechtswahl wechselt das Statut[12]. Sie ist also die eigentliche *basic rule* des internationalen Deliktsrechts. Auch in der Vergangenheit wurde nur vereinzelt in Zweifel gezogen, daß die Beteiligten eines deliktskollisionsrechtlich zu beurteilenden Falls durch einvernehmliche, vergleichsähnliche Rechtssetzung das Statut festlegen können. Der gedankliche Hintergrund war damals die objektive, für jedermann gleichermaßen verbindliche Geltung der Haftungsregeln eines Gebietsrechts, welche eine Disposition über

---

rektur allein, falls „evident" ist, daß das Tatort- bzw. Aufenthaltsrecht das Anknüpfungsziel im Sinne des sachverhaltsnächsten Rechts verfehlt (JuS 2000, 1136); nach *Geisler*, S. 331, muß der Wohnort „letztlich als isolierter Anknüpfungspunkt" erscheinen. Hiermit jedoch wird die gesetzlich gemeinte und auch zum Ausdruck gebrachte Näherbeziehung lediglich mit anderen Worten beschrieben, denn Art. 41 I EGBGB will ein Abgehen von der ihr vorstehenden Norm nur zulassen, wenn der Sachverhalt bei Berücksichtigung der Gesamtumstände mit der normalerweise zur Anwendung berufenen Rechtsordnung in „allenfalls geringem" Zusammenhang steht (Begr. RegE 1998, BT-Drs. 14/343, S. 13). Um eine teleologische Reduktion handelt es sich bei obiger Ansicht mithin nicht. Dieses Mittel kommt nur zum Zuge, wenn das Gesetz, gemessen an seinem Zweck, in sich zu weit ist und daher der Korrektur bedarf (*Brandenburg*, S. 66 f., 75; *Canaris*, S. 88 f.; *Larenz*, Methodenlehre, S. 391). Somit kann Art. 41 I, II Nr. 1 ohne weiteres auch gegenüber Art. 40 II EGBGB berichtigend eingreifen. Freilich unterliegen z.B. dienstvertragliche Beziehungen zwischen den Parteien mit einem gemeinsamen gewöhnlichen Aufenthalt in aller Regel dortigem Recht, weil sie dieses gemäß Art. 27 I EGBGB gewählt haben oder die Normen des IPR objektiv zu dessen Anwendung führen (vgl. Art. 28 II, 29 II, 30 II EGBGB).

[10] Auch Sinn und Zweck der auf Art. 41 EGBGB beruhenden Verweisung können eine Rechtswahl nicht ausschließen (*Spickhoff*, NJW 1999, 2213; *Sieghörtner*, S. 455 in Fn. 12; unzutr. *Vogelsang*, NZV 1999, 501). Zum streitigen Erfordernis einer Verwurzelung des Sachverhalts im gewählten Recht siehe §§ 3, 8 A I.
[11] So aber *Raape*, FS Boehmer, S. 118 (zum Schuldvertrag).
[12] Siehe § 5 B I.

das Deliktsstatut ausschließen sollte[13]. Schon *Savigny* hatte die Deliktsnormen als streng positiv aufgefaßt (und deshalb nach der lex fori verlangt)[13a]. Daß dieser Ansatz unrichtig ist, wurde in der Folgezeit erkannt. Zu kurz greift jedoch die Begründung, daß es dem Geschädigten freisteht, privatautonom über seine materiellen Ansprüche zu verfügen und ihm deshalb nicht versagt werden kann, gemeinsam mit dem Schädiger auch das hierauf anwendbare Recht festzulegen. Privatautonomie, also Abschluß- oder Inhaltsfreiheit, kann sich nur im internen Sachrecht auswirken. Gemäß schon zuvor dominierender Auffassung war die parteiautonome Statutsbenennung kollisionsrechtlicher Natur, also nicht bloß Einbeziehung von fremden Regeln in das Schuldverhältnis (materiellrechtliche Verweisung)[14,14a]. Aus einer Wahlabrede resultiert auf ihrer Rechtsfolgenseite die Abbedingung des kraft objektiver Anknüpfung maßgeblichen Deliktsstatuts inklusive dessen zwingender Vorschriften. Die unerlaubte Handlung wird einzig vom gewählten Recht beurteilt, und zwar mit den dort geltenden Begrenzungen[15].

---

[13] Vgl. *Trutmann*, Deliktsobligationen, S. 137; abl. auch OLG Karlsruhe 16.10.1963, IPRspr. 1962-63 Nr. 39 und noch Soergel/Siebert[10]-*Kegel*, EGBGB, Art. 12 Rn. 39. Die zwingende Natur deliktsrechtlicher Vorschriften steht einer Verfügbarkeit der Ansprüche nicht entgegen (vgl. unten bei Fn. 252 f., 449), wurde aber auch von *Raape* und *Bröcker* zum Anlaß genommen, aus ihr die Indisponibilität des Deliktsstatuts zu folgern. Beide Autoren bedienten sich Hilfskonstruktionen, um doch noch zu einer Rechtswahl in überkommener Form zu gelangen: zu *Raape* siehe übernächste Fn.; *Bröcker* machte dagegen einen rein prozeßrechtlichen Lösungsvorschlag (S. 76 f.).

[13a] Röm. Recht VIII, S. 278.

[14] Die Gegenansicht (*Raape*, FS Boehmer, S. 122 und IPR, § 55 VI; *Kegel*, IPR[7], § 18 IV 2) hat sich nicht durchgesetzt. An *Raape* hatte sich der BGH in früheren Urteilen noch angelehnt – so 26.11.1964, BGHZ 42, 385 (389) – und bis 17.3.1981, IPRspr. 1981 Nr. 25, am „Verzicht des Gläubigers" festgehalten; seit 24.9.1986, BGHZ 98, 263 (274), läßt er hiervon nichts mehr vernehmen.

[14a] Wer das an sich berufene (so *Deutsch*, FS Ferid I, S. 125) oder vereinbarte Recht (*Stumpf*, MedR 1998, 550) über die Gewährung befinden läßt, leugnet den kollisionsrechtlichen Charakter der Wahl; einschränkend auch RGRK-*Wengler*, IPR 1, § 15 c 13 (der Staat, zu dem die gewichtigste Kombination der objektiven Verknüpfungen des Falls hingeht, könne die Wahl eines anderen Rechts ausschließen oder nur bedingt zulassen). Richtigerweise bestimmt allein das IPR der lex fori, ob und wie es eine parteiautonome Verweisung erlauben will, und zwar unabhängig von einer fremden Zustimmung.

[15] Vgl. Fn. 191 mit Nachw.; zur Ausnahme des *ordre public* § 14. Nach *v.Bar*, IPR II, Rn. 677, war eine Rechtswahl nach schweiz. Vorbild (Art. 132 IPRG) auf die lex fori beschränkt (dazu Fn. 256a, 387).

Mit der schuldrechtlichen Dispositionsfreiheit, die durch nationales ius cogens beschränkt ist, läßt sich die Anerkennung der zwingendes Recht (z.B. die Unzulässigkeit eines Verjährungsausschlusses nach § 202 BGB) überspringenden „Parteiautonomie" also nicht rechtfertigen[16]. Letztere ist somit von der Privatautonomie qualitativ verschieden und bedeutet allenfalls eine „Fortsetzung der Persönlichkeitsentfaltung mit anderen Mitteln"[17]. Diese Freiheit, sich über ein Sachrecht hinwegsetzen zu können, ist auch kein Ausfluß des Art. 2 I GG[18], weil die Verfassung nicht gebietet, daß auf eine objektive Anknüpfung verzichtet werde, noch ergibt sie sich unmittelbar aus dem Gemeinschaftsrecht[19]. Vielmehr findet sie spezifisch kollisionsrechtlich ihre Legitimation in den streng auf die Beteiligten bezogenen Rechtsanwendungsinteressen. Eine einverständliche Wahl schafft Anknüpfungs-, mithin Rechtssicherheit[20], vor allem bei einer Mehrheit von Begehungsorten. Der Parteiwille dient aber keineswegs allein oder vor allem dazu, ein Schuldverhältnis zu lokalisieren, ihm also einen „Sitz" zuzuweisen[21]. Letzterer wird, wie erwähnt, gemäß Art. 40, 41 EGBGB objektiv bestimmt. Das Gesetz gewährt eine Rechtswahl nicht etwa aus Verlegenheit[22]. Diese entsteht, wenn eine objektive Anknüpfungsregel im Gleich-

---

[16] So u.a. auch *Kühne*, Liber Amicorum Kegel, S. 68 i.V.m. 67.

[17] *Junker*, IPRax 1993, 2. Vgl. *v.Bar*, IPR II, Rn. 416 („Komplementärerscheinungen"); zust. *Jaspers*, S. 59/60. Zu den ideengeschichtlichen Einflüssen, insbesondere der geistigen Urheberschaft der Philosophie *Kants* für das Autonomieprinzip *Püls*, S. 26 ff.

[18] A.A. *Beitzke*, GG und IPR, S. 17; auch *Jayme*, IPRax 2002, 533 („grundgesetzlich geschützte Position einer Prozeßpartei").

[19] So aber insbesondere *v.Wilmowsky*, RabelsZ 1998, 3, 5, 19 (für Schuldverträge, die auf den grenzüberschreitenden Waren-, Dienstleistungs-, Niederlassungs-, Arbeits- oder Kapitalverkehr gerichtet sind). Doch begrenzt sich der Einfluß des EG-Vertrags auf die Kontrolle des nationalen Verweisungsergebnisses, so daß ein Verstoß nur auf Ebene des Sachrechts möglich ist, wo er dann beseitigt wird (siehe § 4 A I; auch § 5 A I 1).

[20] Tiefgründiger *Oschmann*, FG Sandrock I, S. 34/35: „Einebnung der Furcht vor dem Unplanmäßigen".

[21] Dies wäre im Sinne *Savignys* (Röm. Recht VIII, S. 108).

[22] So die Kritik *Neumeyers*, IPR, § 6 a.E. (Anknüpfung an den Parteiwillen als eine der „Bequemlichkeitsausflüchte", zu der die Gerichte „in peinlich wachsendem Ausmaße" greifen) und *Kegels*, IPR[7], § 18 I 1 c (zum IPR der Schuldverträge); gegen sie u.a. Siehr, FS Keller, S. 498. Auch *Kühne* apostrophiert die Verbreitung der Parteiautonomie zwar als Verlegenheitslösung, teilt die darin anklingende Geringschätzung aber nicht und spricht von einem „unentrinnbaren kollisionsrechtlichen Gerechtigkeitsmerkmal des IPR" (Liber Amicorum Kegel, S. 81/82).

maß verharrt[23]. Anders bei der Rechtswahl. Sie kommt primär zum Zuge, und zwar nicht nur, wenn sie zu vernünftigen sowie einfachen Lösungen führt und den Gerichten die Rechtsfindung erleichtert[24]. Meist jedoch werden langwierige Auseinandersetzungen über das anwendbare Recht vermieden, eine beschleunigte Schadensabwicklung durch Wahl der vertrauten lex fori ermöglicht und damit die einheitliche Beurteilung konnexer Ausgleichsverhältnisse nach einem einzigen, den Parteien passenden Recht, auch und gerade wenn dieses objektiv nicht berufen worden wäre[25]. Legen die Parteien gemeinsam fest, auf welches Recht ihr Interesse gerichtet ist, bedeutete eine aufgezwungene Anknüpfung, die objektiven Kennzeichen folgt und daher notgedrungen typisiert, staatliche Besserwisserei[26]. Eine liberale Rechts- und Wirtschaftsordnung indes muß anerkennen, daß es die „natürliche Reaktion" der Beteiligten ist, das anknüpfungstechnische Schicksal ihrer Beziehungen selbst in die Hand zu nehmen[27]. Dieses Streben hat noch den Nebeneffekt einer faktischen Vereinheitlichung des Kollisionsrechts und fördert, da weit verbreitet, den internationalen Entscheidungseinklang[28,28a]. Dementsprechend stand die prinzipielle Statthaftigkeit

---

[23] Zum Günstigkeitsprinzip siehe § 2 A II 1; § 9 A; § 10 A I; § 12 A II 1 b) und 2 b).

[24] *Siehr*, FS Keller, S. 499. Zur Teilrechtswahl dagegen § 8 C und § 12 A II 1 bei Fn. 616, 622.

[25] *Lüderitz*, FS Kegel I, S. 36: „Ermittlungsinteressen"; ferner *Püls*, S. 157 sowie zur Novelle *Sonnenberger*, FS Henrich, S. 579, 586 und *Freitag*, S. 366; länderübergreifend *Kadner Graziano*, Gemeineurop. IPR, S. 181 ff., 191 f., 520 ff. Zur Neigung der Parteien, sich mit dem Forums-, meist ihrem Heimatstatut, verbinden zu wollen, vgl. § 6 A; § 7 B II 1 und 3 a.E.; § 8 A III i.V. m. B. Zu diesem Bestreben des Gerichts §§ 2 B, 7 B I.

[26] *Lüderitz*, FS Kegel I, S. 48 f.

[27] *Flessner*, Interessenjurisprudenz, S. 100.

[28] Niederlande: HR 19.11.1993, 41 [1994] NILR, 363 (365 f.); auch schon Rb. Rotterdam 8.1.1979 (zu jenem Verfahren siehe Fn. 332, 798). Zu § 35 I i.V.m. § 11 öst. IPRG vgl. Fn. 226, 338 und zur Schweiz schon Fn. 15. In England ist eine Vertragsrechtswahl mittelbar für unerlaubte Handlungen bedeutsam (Fn. 277). Reservierter die romanischen Rechte. Das italienische Reformgesetz Nr. 218 v. 31.5.1995 schweigt zu beidseitiger Wahl und Akzessorietät, so daß deren Zulassung fraglich scheint (vgl. die Kritik aus Rom zu Art. 11 des VO-Vorentwurfs v. 3.5.2002, unten Fn. 869). Anders in Frankreich: Cass. civ. 19.4.1988, RCDIP 78 (1989), 68 (69), ließ für die Folgen eines Verkehrsunfalls zwischen Franzosen in Djibouti eine Rechtswahl zu, die gemeinsames Heimatrecht berief; *Audit*, Dr. int. pr., Anm. Nr. 776, sieht hierin eine grundsätzliche Auflockerung der imperativen Tatortregel. Zum hiervon verschiedenen sog. *accord procédural*, der das IPR abbedingt, siehe Fn. 340, 375. Der belgische Kassationshof spricht in seinem Urteil v.

einer solchen Abrede, die im Vertragsrecht ihr ureigenstes Anwendungsfeld hat (Art. 27 EGBGB bzw. Art. 3 EVÜ), auch für Delikte bereits vor ihrer Normierung überall fest[29]. Die (Prozeß-) Gegner werden zu Partnern einer vertraglichen Übereinkunft, wenn sie das Statut vorgeben. Ihnen bleibt auch unbenommen, diese Vereinbarung aufzuheben oder zugunsten eines anderen Rechts zu modifizieren, sofern beide dies wollen[30]. Ob und wie die Wahl sinnvoll oder gar optimal ist, „was ihnen frommt"[31], haben die Par-

---

30.10.1981 (Fn. 90) von der Verweisung auf die lex loci delicti vorbehaltlich „clauses contraires". Eine Rechtswahl würde er also offensichtlich beachten.

[28a] Auch das Haager Straßenverkehrsunfallübereinkommen schließt eine nachträgliche Wahl der Parteien nicht aus, weicht ihr also: vgl. Cass. civ. 19.4.1988, a.a.O. (vorige Fn.); OGH 26.1.1995, ZfRV 36 (1995), 212 (213); *Schwind*, IPR, Rn. 488; *Kropholler*, IPR, § 53 V 1; *Schwimann*, IPR, S. 72, seine früheren Ressentiments mit der h.M. ablegend; *Sieghörtner*, S. 454. Weil im Abkommen über die Rechtswahl nichts gesagt wird, bleibt das jeweils nationale IPR in diesem Punkt unangetastet.

[29] Siehe z.B. BGH 10.6.1960, VersR 1960, 907 (908); 26.11.1964, BGHZ 42, 385 (389); 6.11.1973, IPRspr. 1973 Nr. 137; 17.3.1981, IPRspr. 1981 Nr. 25 (insoweit nicht abgedruckt in BGHZ 80, 199 ff.); 24.9.1986, BGHZ 98, 263 (274); 22.12.1987, IPRspr. 1987 Nr. 27 und 22.2.1994, IPRspr. 1994 Nr. 1; OLG Köln 16.12.1953, IPRspr. 1954-55 Nr. 35; OLG Hamburg 27.3.1969, IPRspr. 1970 Nr. 31; LG Hamburg 19.12.1973, IPRspr. 1973 Nr. 18; LG Aachen 7.2.1974, IPRspr. 1974 Nr. 20. Aus der Lit. statt vieler: *Beitzke*, Rec. 1965 II, 72; *Kropholler*, RabelsZ 1969, 639; *Neuhaus*, IPR, § 33 II; *v.Caemmerer-W.Lorenz*, S. 131; *Mansel*, ZVglRWiss 1987, 4; *Hohloch*, NZV 1988, 162 f.; *Schönberger*, S. 180; *Czempiel*, S. 41; Soergel[12]-*Lüderitz*, EGBGB, Art. 38 Rn. 81; MünchKomm[3]-*Kreuzer*, EGBGB, Art. 38 Rn. 58; Staudinger[13]-*v.Hoffmann*, EGBGB, Art. 38 Rn. 145 und Palandt[58]-*Heldrich*, Art. 38 EGBGB Rn. 13.

[30] Denn die Entscheidung über das anwendbare Recht steht in der Eigenverantwortung der Beteiligten. Sie, und nicht der Richter, haben primär zu bestimmen, welches Recht heranzuziehen sein soll. Sofern an ihrem freien Willen nicht gezweifelt werden kann, ist es unerheblich, warum die Wahl getroffen oder aber verweigert wird. Dem wirksam – dazu § 6 – erklärten Parteiwillen gebührt unbedingte Beachtung. Besonders fragwürdig erscheint vor diesem Hintergrund LG Karlsruhe 8.6.1999, IPRspr. 1999 Nr. 32A (zu einem Schadensersatzanspruch wegen entgangener Franchisevergütung): Wenn der ausländische Kläger auf Anregung des Gerichts in Abänderung einer anfänglichen Übereinkunft deutsches Recht zur Anwendung bringen will, wohingegen der inländische Beklagte dies ablehnt und am ursprünglich gewählten, fremden Statut – hier: Florida – festhält, ohne ein berechtigtes Interesse daran konkret geltend machen zu können, soll die lex fori vereinbart (!) sein. Abl. auch *Jayme*, IPRax 2002, 533 und Palandt-*Heldrich*, Art. 27 EGBGB Rn. 3. Eingehend zur beweglichen Anknüpfung § 5 B I.

[31] *Raape*, IPR, § 40 III 1.

teien selbständig, eben autonom zu beurteilen. So schafft das Abstellen auf ihren Willen eine besondere „Richtigkeitsgarantie"[32]. Wer Freiheit für sich in Anspruch nimmt, muß auch die Folgen unbedachten Handelns tragen. Das gilt für jeden der Beteiligten. Neben das gemeinsame prozeßrechtliche Interesse an Verfahrensbeschleunigung und -qualität tritt auch ein sachrechtliches, welches in der Regel einseitig ist, weil sich die Rechtsstellung kaum für beide zugleich verbessern wird. Dieser materielle Aspekt einer Rechtswahl verdient gleichwohl Beachtung[33]. Wer sich informiert und geschickt taktiert, wird belohnt[34], sofern ihm der *ordre public* keinen Strich durch die Rechnung macht[35] und sein Gegenüber in der Entscheidung frei war, das Angebot anzunehmen[36]. Eine Offerte zugunsten „exotischen" Rechts sollte Mißtrauen erwecken. Es ist nicht die Aufgabe eines Richters, vor Nachteilen zu warnen und eine Rechtswahl inhaltlich zu beeinflussen. „Nachher ist man immer schlauer"[37]. Die Möglichkeit, sich über das anzuwendende Deliktsrecht ins Benehmen setzen zu können, müssen die Beteiligten aber kennen. Hier ist das Gericht in seine Hinweispflicht zu nehmen[38].

Im Falle der Verneinung einer Rechtswahl wird zweitens aber nicht sofort nach Art. 41 EGBGB geprüft, sondern es muß zunächst untersucht werden, welche Grundanknüpfung des Art. 40 EGBGB erfüllt ist. Befindet sich der gemeinsame gewöhnliche Aufenthalt bzw. die Hauptverwaltung oder Niederlassung von Ersatzpflichtigem und Verletztem in demselben Staat, ist dortiges Recht anzuwenden (Art. 40 II EGBGB)[39]. Liegt diese Voraussetzung nicht vor, kommt die allgemeine Tatortregel des Art. 40 I EGBGB zur Geltung. Gemäß Art. 40 I 1 EGBGB greift das Recht des Handlungsortes,

---

[32] *F. Reichert-Facilides*, FS Hartmann, S. 209 i.V.m. 208.
[33] A.A. *D. Reichert-Facilides*, S. 55 f. und *Hartenstein*, S. 15.
[34] Siehe § 8 B; auch § 11.
[35] § 14.
[36] U.a. zur Täuschung § 6 A; zum sog. Schutz des Schwächeren § 10 B.
[37] *Siehr*, IPR, § 47 III 1 d.
[38] § 2 C I 1; § 7 B I 2 und II 3.
[39] Deshalb gilt deutsches Recht auch bei einem Verkehrsunfall im Heimatland von in der Bundesrepublik lebenden Gastarbeitern; spanisches Recht wird berufen, falls ein z.B. auf den Kanaren domizilierter Deutscher zum Nachteil eines anderen (Bundesbürgers), der ebenfalls dort wohnt, in Berlin ein Delikt begeht. Die Staatsangehörigkeit steht damit „auf der Verliererseite" (so *Sonnenberger*, ZVglRWiss 2001, 113).

sofern hier auch der Erfolg eintrat oder aber beide Lokalitäten zwar in verschiedenen Staaten liegen, der Geschädigte aber nicht oder nicht rechtzeitig für das Erfolgsortsrecht optiert hat (Art. 40 I 2, 3 EGBGB). In Anbetracht des Erfordernisses einer Divergenz von Handlungs- und Erfolgsort, deren komplikationsreicher Bestimmung[40], des Vorbehalts der Auflockerungen in Art. 40 II, 41 EGBGB sowie der für Art. 42 EGBGB nicht einschlägigen Präklusion nach Art. 40 I 3 EGBGB, rückt die Möglichkeit in den Vordergrund, mittels Konsenses klare Verhältnisse zu schaffen: Schädiger und Verletzter können die mannigfaltigen Unwägbarkeiten, welches Recht überhaupt anwendbar ist und wie es inhaltlich aussieht, durch einen Wahlvertrag leicht beseitigen, und zwar prinzipiell bei jeder Art unerlaubten Handelns[41]. Allein die Abrede ermöglicht zudem, von einer einseitig erfolgten Option abzugehen[42]; umgekehrt schließt eine Vereinbarung nach Art. 42 S. 1 EGBGB die erst- und einmalige Ausübung des Bestimmungsrechts aus[43].

Erst an dritter Stelle der Prüfungsreihenfolge steht also die Kontrolle nach Art. 41 I EGBGB. Vor allem kann sich eine besondere rechtliche oder tatsächliche[44] Beziehung zwischen Täter und Geschädigtem im Zusammen-

---

[40] Dazu § 2 A, insbesondere II 2.

[41] Zu den Ausnahmen § 4.

[42] Dadurch macht der Kläger bei gleicher Tatsachenlage bloß einen anderen rechtlichen Aspekt geltend. Ein Wechsel im Streitgegenstand und somit eine (nach § 263 ZPO nur eingeschränkt zulässige) Klageänderung liegt hier erst vor, wenn aufgrund des neuen Statuts ein hiervon verschiedener prozessualer Anspruch erhoben, etwa statt Unterlassung nun Schmerzensgeld beantragt wird (vgl. MünchKomm-*Lüke*, ZPO, § 263 Rn. 7, 10; Zöller-*Greger*, § 263 ZPO Rn. 7 f.).

[43] Fehlgehend *Hohloch/Jaeger*, die von einer „freimütigen Einverständniserklärung" abraten wollen, weil diese, anders als eine Optionsausübung, „grundsätzlich keine endgültige Bindungswirkung" bedeute (JuS 2000, 1138). Zutr. geht *v.Hein* dagegen von einer Verbindlichkeit beider Wahlen aus (dazu § 2 A III), meint aber angesichts der Unterschiede zu optimistisch, allein diese Gemeinsamkeit mache eine Abgrenzung entbehrlich (NJW 1999, 3175).

[44] Letzteres z.B. bei Geschäfts- oder Urlaubsreisen sowie Gefälligkeitsfahrten (Palandt-*Heldrich*, Art. 40 EGBGB Rn. 6 und Art. 41 EGBGB Rn. 4). In Abweichung von Art. 40 I EGBGB kommt hier etwa eine Anknüpfung an den Ausgangspunkt der Fahrt in Betracht, wenn die Beziehung zum Tatort eher zufällig erscheint und weder ein gemeinsamer gewöhnlicher Aufenthalt der Beteiligten (Art. 40 II EGBGB) noch eine einheitliche (Reise-, Beförderungs- oder GbR-) Vertragsbeziehung i.S.v. Art. 41 II Nr. 1 Alt. 1 EGBGB besteht. Von Art. 40 I EGBGB nicht abrücken will hier *Junker*, JZ 2000, 484 bei Fn. 79, der *Ferid* für sich benennt: Die Beteilig-

hang mit der unerlaubten Handlung durchsetzen. In diesem Sinne wurde die bislang geführte Diskussion entschieden[45]: Gemäß Art. 41 II Nr. 1 EGBGB wird der deliktische Anspruch kraft Gesetzes an das Statut eines inter partes bereits existenten Verhältnisses gekoppelt[46]. Weil die nach Art. 41 EGBGB vorzunehmende Zuordnung des Delikts (im Gegensatz zum US-amerikanischen *proper law of the tort*[47]) folglich nicht als Regel konzi-

---

ten müssen auswärts im heimischen Dunstkreis existieren – sog. Käseglockentheorie (IPR, Anm. 6–163).

[45] Für eine akzessorische Anknüpfung des Deliktsstatuts war bereits das Schrifttum eingetreten (Nachw. in Fn. 262). Dagegen die Judikatur (deutlich BGH 28.3.1961, VersR 1961, 518; zu einem Verlöbnisbruch BGH 28.2.1996, BGHZ 132, 105 (117); OLG Karlsruhe 23.11.1993, IPRspr. 1994 Nr. 46). Statt dessen wurde gelegentlich herausgestellt, daß eine umfassende Abwägung im Einzelfall notwendig sei, welche ein Abgehen vom für korrekt befundenen Grundsatz positiv rechtfertigen könne: BGH 8.3.1983, BGHZ 87, 95 (98) und BGH 7.7.1992, BGHZ 119, 137 (140); vgl. Part III, section 12 (1) des englischen Private International Law (Miscellaneous Provisions) Act 1995 – „substantially more appropriate" (hierzu *Dicey/Morris*, Conflict of Laws 2, Anm. 35–102) sowie die generalklauselartige Abweichungsermächtigung in Art. 3 I der ersten „Rom II"-Entwürfe (siehe § 15 B, C I).

[46] Eine Konkretisierung mittels sachlichen Zusammenhangs (so noch der Vorschlag des Deutschen Rates, Art. 4 II) ist unnötig (a.A. insbesondere Staudinger-*v.Hoffmann*, EGBGB (2001), Art. 41 Rn. 11; ferner Bamberger/Roth-*Spickhoff*, Art. 41 EGBGB Rn. 9). Daß Delikte, die sich nur bei Gelegenheit der Sonderbeziehung, z.B. Vertragserfüllung, ereignet haben, nicht akzessorisch anzuknüpfen sind, geht schon aus dem Wortlaut mit hinreichender Deutlichkeit hervor (siehe Fn. 9). Wer fordert, das zugrundeliegende Rechtsverhältnis müsse eine besondere, auf das verletzte Rechtsgut bezogene Schutzpflicht enthalten (so *v.Hinden*, S. 228; *Koch*, VersR 1999, 1458; *Looschelders*, VersR 1999, 1321; Erman-*Hohloch*, Art. 41 EGBGB, Rn. 11), schafft Qualifikationsprobleme, die Art. 41 II Nr. 1 EGBGB gerade vermeiden will (dazu § 5 A II). Stets zu beachten ist freilich die Parteiidentität. Es darf also nicht akzessorisch an ein Rechtsverhältnis angeknüpft werden, an dem einer der Deliktskontrahenten unbeteiligt ist. So im vom OLG Düsseldorf am 18.12.1998 entschiedenen Fall, IPRspr. 1999 Nr. 37: Für Schadensersatzansprüche des Schiffseigners gegen den Zulieferer eines Einzelteils kann die jeweilige Vertragsbeziehung mit der Werft nicht i.S.v. Art. 41 II Nr. 1 EGBGB dienen (*v.Hoffmann*, a.a.O., Rn. 13 und *Thorn*, IPRax 2001, 562).

[47] Die Lehre geht zurück auf *Morris*, Harv.L.Rev. 64, 888 („If we adopt the proper law of the tort, we can at least choose the law which, on policy grounds, seems to have the most significant connection with the chain of acts and consequences in the particular situation before us") und wurde umgesetzt mit der *most significant relationship* in § 145 Restatement of the Law (Second), Conflict of Laws, 1971 (hierzu *Scoles/Hay/Borchers/Symeonides*, Conflict of Laws, §§ 17.24 ff.). Ähnlich – im Sinne einer soziologischen Einbettung – noch *Binder*, RabelsZ 1955, 484; *Kahn-*

piert, sondern eine gesetzliche Konkretisierung des IPR-Leitgedankens der engsten Verbindung ist[48] und vergleichend auf dem Anknüpfungsergebnis des Art. 40 EGBGB basiert, um eine konkrete Funktionsverfehlung richtigzustellen, ginge es fehl, zunächst unter Art. 41 EGBGB zu subsumieren und sich erst im Anschluß der Grundanknüpfung mit ihrer Bestimmungsbefugnis zuzuwenden[49]. Daß in der Praxis dennoch so verfahren werden wird, erscheint jedoch wegen der Schwierigkeiten im Rahmen des Art. 40 I EGBGB, auf die unten noch einzugehen ist, wahrscheinlich. Man hält es gar für ratsam, Art. 41 I EGBGB „als Experimentierklausel zu verwenden, bis die Anknüpfungen mit dem Fortgang der Erfahrung sich deutlicher herausschälen"[50]. Oder man geht noch weiter und behauptet, es hätten sich im Rahmen von Art. 41 I EGBGB bereits Typen gebildet[51]. Schon diese

---

Freund, Rec. 1968 II, 63 ff.; *Schönberger*, S. 24, 165. Damit wird aber nur die *Savignysche* Aufgabe einer jeden Kollisionsnorm bezeichnet, nicht deren Erfüllung (*Heini*, FS Mann, S. 196: *non-rule*; *Kegel*, IPR[7], § 3 X 2 b a.E.); vgl. auch *Kadner Graziano*, Gemeineurop. IPR, S. 168 f., 519.

[48] *Geisler*, S. 104 ff. Von jenem *principe de proximité* (so *Batiffol/Lagarde*, Dr. int. pr. I, Anm. Nr. 242-2) geht das Kollisionsrecht insgesamt aus (Begr. RegE 1983, BT-Drs. 10/504, S. 35; *Geisler*, S. 62; *Kropholler*, IPR, § 4 II 1). Explizit § 1 II öst. IPRG. Krit. *Kegel* (AcP 1978, 120: „Windfahne als Wegweiser"), der nicht Maximen zum Ausgangspunkt einer jeden Rechtsanwendung machen will, sondern die widerstreitenden Interessen (IPR[7], § 2 II), welche gleichwohl nur die heuristische Funktion haben, der normativen Vorgabe räumlicher Gerechtigkeit zur Erreichung zu verhelfen (MünchKomm[3]-*Sonnenberger*, EGBGB, Einl. IPR Rn. 93).

[49] So aber *Spickhoff*, NJW 1999, 2213 und *Siehr*, IPR, § 34 V; vgl. auch *Koch*, VersR 1999, 1456 (streng vertragsakzessorische Anknüpfung) sowie zur früheren Rechtslage *Kropholler*, RabelsZ 1969, 609 f., 630 und *Reder*, S. 113 (lex loci delicti bloß subsidiär). Daß die Ausweichklausel den Vorrang habe und die Alternativität der Anknüpfungen bzw. das Wahlrecht ganz entfallen lassen könnte, hat – zum RefE 1993 – auch das MPI verfochten (Stellungnahme 1994, S. 6). Wie hier indes *Hay*, Am.J. Comp.L. 1999, 648; *Vogelsang*, NZV 1999, 501; *Junker*, JZ 2000, 477 bei und in Fn. 9; *ders.*, RIW 2000, 245; *Timme*, NJW 2000, 3259; *Geisler*, S. 91; *v.Hoffmann*, IPR, § 11 Rn. 18; Bamberger/Roth-*Spickhoff*, Art. 40 EGBGB Rn. 14, 32 und Art. 41 EGBGB Rn. 1. Dazu, ob Art. 41 EGBGB auch für den Direktanspruch (Art. 40 IV EGBGB) einschlägig ist, siehe § 9 A.

[50] *Sonnenberger*, FS Henrich, S. 585. Ebenfalls entgegen der eigentlichen Konzeption der Vorschrift begrüßt sie *Siehr* als „Regel für ganze Deliktstypen, sofern sie selbst schon vom Grundschema deliktischen Handelns abweichen" (IPR, § 34 III 8 a); so auch schon *Schütt*, S. 194, zum RefE 1993.

[51] *v.Hein*, RIW 2000, 831 bei Fn. 157; Staudinger-*v.Hoffmann*, EGBGB (2001), Art. 41 Rn. 30. Vgl. *Sieghörtner*, a.a.O. (Fn. 2).

Kontroverse veranschaulicht, daß nur eine gemäß Art. 42 S. 1 EGBGB geschlossene Vereinbarung den Parteien eine sichere Argumentationsgrundlage liefert.

§ 2 Unterscheidung und Wahrnehmung parteiautonomer Befugnisse

Über das anzuwendende Deliktsrecht können die Parteien selbständig befinden. In ihr Ermessen wird die Wahl gestellt, denn Parteiautonomie bedeutet Verweisungsfreiheit. Der Begriff „Parteiautonomie" ist allerdings im Vertragskollisionsrecht geprägt worden und wird dort als Synonym für Rechtswahlfreiheit (Art. 27, 4 II EGBGB) und in Abgrenzung zur privatautonomen Disposition verwendet. Für Deliktsobligationen aber erlaubt Parteiautonomie eine subjektive Anknüpfung sowohl direkt durch Benennung des Statuts im Einvernehmen – „Rechtswahl" – als auch indirekt mittels unilateraler kollisionsrechtlicher Entscheidung für einen Anknüpfungspunkt unter mehreren (Handlungs- und Erfolgsort), falls hiervon die Maßgeblichkeit der einen oder anderen Rechtsordnung abhängt[52]. Beide Komponenten sind prinzipiell seit langem anerkannt und finden sich jetzt in Art. 42, 40 I 2 EGBGB wieder. Nur die erstgenannte Statutsbenennung, welche im Benehmen erfolgt (electio iuris communis), ist kollisionsrechtlicher Vertrag und damit eigentliche Rechtswahl im hier gemeinten Sinne des Art. 4 II EGBGB, denn von ihr ist in Art. 40 I 2 EGBGB, einer Alternativanknüpfung, nicht die Rede („verlangen"), und auch die amtliche Begründung zählt letztere Vorschrift nicht zu dieser Kategorie[53]. Bei den gravierenden Unterschieden von Rechtswahl (Art. 42 EGBGB) und Bestimmungsrecht (Art. 40 I 2 EGBGB) in deren Voraussetzungen sowie ihrer Wirkung kann eine falsa demonstratio[54] durchaus schädlich sein.

---

[52] *Neuhaus*, IPR, § 33 I; dessen Definition übernahm *Kropholler*, IPR, § 40 I.
[53] Begr. RegE 1998, BT-Drs. 14/343, S. 8 (nur Art. 42 EGBGB genannt). Wie hier differenzieren z.B. *Schurig*, GS Lüderitz, S. 709 und *Dörner*, FS Stoll, S. 494 f. Auch *Siehr*, so schien es noch in FS Keller, S. 49; anders nun *ders.*, IPR, § 34 II 1 b (Art. 40 I 2 EGBGB als „Option für das Sachrecht" nach Art. 4 II EGBGB). Ob der *renvoi*, wie u.a. *Siehr* annimmt, durch Art. 40 I 2 EGBGB ausgeschlossen wird (und bei Art. 40 I 1 EGBGB nicht), ist streitig: siehe § 13 A.
[54] Etwa *R.Wagner*, IPRax 1998, 433 und *Palandt-Heldrich*, Art. 40 EGBGB Rn. 4, die – wenn auch nur passim – „Rechtswahl" schreiben, obgleich sie dort zum Bestimmungsrecht ausführen. Deutlicher: „einseitige Rechtswahl" (u.a. *v.Hein*, ZVglRWiss 2000, 261 (in Fn. 62) und 264; *Junker*, RIW 2000, 247 sowie in FS W. Lorenz II, S. 329 f.; *Heiderhoff*, IPRax 2002, 367). Eine andere Doppeldeutigkeit sah noch *Kühne*, S. 19, im Hinblick auf „choice of law", doch wird unter diese – im angloamerikanischen Raum – regelmäßig jede Anknüpfung gefaßt (*Neuhaus*, IPR, § 33 I in Fn. 697), während „Rechtswahl" nur die subjektive meint.

Als Gegenmodell zur Parteiautonomie wird zwar die sog. Lehre vom fakultativen Kollisionsrecht diskutiert, nach der Regeln des IPR vom Richter nur zu beachten sein sollen, wenn sich zumindest eine Partei auf die Anwendung fremden Rechts beruft[55]. Eine allseitige Verweisung auch auf ausländisches Recht stoße wegen dessen Ermittlung und Applikation im Inland auf erhebliche praktische und juristische Probleme. Doch impliziert jede Anwendung von Sachrecht eine kollisionsrechtliche Entscheidung[56]. Eine Kollisionsnorm, die mangels anderweitiger Berufung stets das deutsche Recht für anwendbar erklärt, gibt es aber nicht[57]. Sie würde ihre eigene Verbindlichkeit verkennen, die sie, wie jede IPR-Regel, bei Sachverhalten mit Auslandsberührung i.S.v. Art. 3 I 1 EGBGB hat[58], und wäre mit §§ 139, 293 ZPO unvereinbar[59]. Auch der Beibringungs- oder Verhandlungsgrundsatz bietet keine Rechtsgrundlage, da er Tatsachen, nicht aber (Kollisions-) Normen zur Disposition der Prozeßparteien stellt[60]. Der Gesetzgeber hatte der Fakultativitätsthese daher schon bei der Reform von 1986 eine Absage erteilt, was in Rechtsprechung und Literatur weite Zustimmung fand[61].

---

[55] Grundlegend *Flessner*, RabelsZ 1970, 568 f., 582. Im Anschluß *Zweigert*, RabelsZ 1973, 445; *Raape/Sturm*, IPR I, § 17 II 3 sowie Staudinger[13]-*Sturm/G.Sturm*, EGBGB, Einl. zum IPR, Rn. 185 ff.; zum Wettbewerbsrecht *Müller-Graff*, RabelsZ 1984, 315 ff. *De Boer* meint i.E., die praktischen Vorteile wögen alle theoretischen Einwände auf (Rec. 257 (1996), 420); vgl. auch unten Fn. 375. Im Ausgangspunkt konstatiert er aber noch: „In comparison with party autonomy, facultative choice of law is a rather subdued reflection of substantive freedom of disposition" (a.a.O., 352).

[56] *Schurig*, KollN u. SachR, S. 57.

[57] Kegel/Schurig-*Schurig*, IPR, § 3 XI 2 c.

[58] Siehe § 3.

[59] Hierzu unten C I.

[60] Anders *G.Wagner*, der eine Fakultativitätsthese *au petit pied* verficht, namentlich die Zulässigkeit konsensuellen Prozeßhandelns, mit dem der Streitgegenstand einer bestimmten Rechtsordnung unterstellt wird (ZEuP 1999, 21, 45 f.).

[61] Begr. RegE 1983, BT-Drs. 10/504, S. 26. Vgl. nur BGH 7.4.1993, NJW 1993, 2305 (2306); *v.Bar*, IPR I, Rn. 541 („wissenschaftsgeschichtliche Episode"); *Koerner*, S. 115, 139; *Einsele*, RabelsZ 1996, 421; MünchKomm[3]-*Sonnenberger*, EGBGB, Einl. IPR Rn. 207; *Ritterhoff*, S. 49, 52; *Hartenstein*, S. 28, 31; Staudinger[13]-*Fezer*, Int. WirtschR, Rn. 616 ff.; *Kropholler*, IPR, § 7 II 2; *Jaspers*, S. 284. Im Ausgangspunkt auch *D.Reichert-Facilides*, S. 45 und 81, jedoch auf S. 73 ff. mit der zum *forum shopping* einladenden Ausnahme solcher Normen der fremden lex causae, für welche sich die Parteien – im Gegensatz zum haftungsbegründenden Tatbestand einer unerlaubten Handlung – erst nach Streitentstehung interessierten

Daß nur Art. 40 I 2, nicht aber Art. 42 durch Art. 40 II und 41 EGBGB relativiert wird und das Einvernehmen eine vorausgegangene einseitige Wahl abändert bzw. ersetzt oder eine künftige ausschließt, hat obige Verortung gezeigt (§ 1). Eine kardinale Differenz von Art. 42 und Art. 40 I 2 EGBGB ist damit bereits angesprochen. Rechtswahl und Bestimmungsrecht inhaltlich und vom Umfang her voneinander abzugrenzen war und ist in der (richterlichen) Praxis deshalb bedeutsam, aber auch ebenso schwierig und daher Gegenstand der nachfolgenden Darlegung (A); unter B und C wird geprüft, ob und in welchem Umfang die Parteien dabei Anregung und/oder Unterstützung erfahren (dürfen).

A.   Merkmale des Bestimmungsrechts, Art. 40 I 2 EGBGB

Die Generalklausel des Art. 40 I EGBGB (lex loci delicti commissi) beinhaltet den Grundsatz, nach welchem Deliktsstatut das am Begehungsort zur Zeit der tatbestandlichen Vollendung geltende Recht ist. Die Bestimmung ist problemlos, falls der rechtsgutsverletzende, damit deliktsvollendende Schaden dort eingetreten ist (Erfolgsort)[62], wo auch die für ihn maßgebende Ursache gesetzt wurde (Handlungsort)[63], beide also im gleichen Rechtsgebiet liegen, denn hier handelt es sich entweder um In- oder Auslandsdelikte (sog. Platz-/Punktdelikte). So verhält es sich im „Hauptanwendungsfall"[64] der Art. 40 ff. EGBGB, dem Straßenverkehrsdelikt.

I.   Ubiquität

Anders, wenn eine Tat mehrere Länder berührt, sich also ein einheitliches Delikt in mindestens zwei Rechtsgebieten verwirklicht (Distanz-, gestreck-

---

(Beweislastverteilung, Verjährungsrecht und Ausgestaltung von Restitutionsansprüchen).
[62] Statt vieler: *Hohloch*, Deliktsstatut, S. 111 und *dens.* in Erman, Art. 40 EGBGB Rn. 25; MünchKomm³-*Kreuzer*, EGBGB, Art. 38 Rn. 48; Staudinger-*v.Hoffmann*, EGBGB (2001), Art. 40 Rn. 24; Palandt-*Heldrich*, Art. 40 EGBGB Rn. 4; Bamberger/Roth-*Spickhoff*, Art. 40 EGBGB Rn. 20.
[63] Vgl. Art. 3 II der Vorschläge des Deutschen Rates (v.Caemmerer, S. 2); so u.a. auch Soergel¹²-*Lüderitz*, EGBGB, Art. 38 Rn. 4. *Stoll* verlangt über die Kausalität hinaus, daß die jeweilige Handlung auch bereits auf das geschützte Interesse eingewirkt haben muß (in GS Lüderitz, S. 740, 743); dies führt zu einer Einengung der Ubiquitätsregel.
[64] Begr. RegE 1998, BT-Drs. 14/343, S. 10.

te oder grenzüberschreitende Delikte). Art. 40 I 1 EGBGB steht wie die Referentenentwürfe 1984/1993 und bereits der Vorschlag der II. Kommission des Deutschen Rates (1982) auf dem Boden der gemischten oder Ubiquitätstheorie, welche die Judikatur dem Straf- und Zivilprozeßrecht[65] entnommen und kontinuierlich durchgehalten hatte[66]. Sie geht zutreffend da-

---

[65] Vgl. RG 11.5.1891, RGZ 27, 418 (420) zu § 32 ZPO unter Berufung auf die Rspr. des RG zu § 7 I StPO; BGH 14.5.1969, BGHZ 52, 108 (110 f.); 25.11.1993, BGHZ 124, 237 (245) und 28.2.1996, BGHZ 132, 105 (111); OLG München 21.1.1992, NJW-RR 1993, 701 (703). Zum Ort, an dem das „schädigende Ereignis" i.S.v. Art. 5 Nr. 3 EuGVÜ stattgefunden hat (die EuGVVO, in Kraft seit 1.3.2002, ergänzt diesen Begriff lediglich, und zwar um die Worte „oder einzutreten droht"): EuGH 30.11.1976, Slg. 1976, 1735 ff., Tz. 15/19 – Handelskwekerij G.J. Bier und Stichting Reinwater ./. Mines de Potasse d'Alsace SA; EuGH 11.1.1990, Slg. 1990, I-49, 74 ff., Tz. 10 – Dumez France und Tracoba ./. Hessische Landesbank u.a.; EuGH 7.3.1995, Slg. 1995, I-415, 450 ff., Tz. 20 f. – Shevill u.a. ./. Presse Alliance SA; EuGH 19.9.1995, Slg. 1995, I-2719, 2733 ff., Tz. 11 f. – Marinari ./. Lloyds Bank plc und Zubaidi Trading Co.; EuGH 27.10.1998, Slg. 1998, I-6511, 6534 ff., Tz. 28 – Réunion européenne SA ./. Spliethoff's Bevrachtingskantoor und Kapitän des Schiffes „Alblasgracht V002"; EuGH 1.10.2002, NJW 2002, 3617 (3618 f., Tz. 42 ff.) – Verein für Konsumenteninformation ./. Henkel (vorbeugende Klage auf Untersagung der Verwendung angeblich mißbräuchlicher Klauseln); BGH 24.9.1986, BGHZ 98, 263 (275) und bei auf einer Gewinnzusage gestützten Klage BGH 28.11.2002, NJW 2003, 426 (428); OLG Stuttgart 6.7.1998, NJW-RR 1999, 138 (139); LG Frankfurt/Main 9.11.2000, IPRspr. 2000 Nr. 101; i.d.S. Queen's Bench Division (Commercial Court) v. 7.7.1998, [1998] 3 All ER 577 (589) und Court of Appeal v. 1.2. 2002, [2002] 2 All ER 705 (710 ff.) sowie OGH 29.5.2001, GRUR Int. 2002, 344 (345).

[66] Seit RG 20.11.1888, RGZ 23, 305 (306): Briefliche Kreditauskunft, die der in Zürich domizilierten Klägerin von der beklagten Firma mit Sitz in Lyon bewußt wahrheitswidrig erteilt wurde. Beide in Betracht kommenden Rechte, schweizerisches und französisches seien anwendbar, weil „ein einheitliches Delikt vorliegt, dessen Tatbestand sich örtlich an zwei verschiedene Punkte anknüpft". So auch BGH 23.6.1964, IPRspr. 1964-65 Nr. 51; 8.1.1985, BGHZ 93, 214 (216) und 28.2.1996, BGHZ 132, 105 (117/118); OLG Köln 7.1.1998, NJW-RR 1998, 756. Die mit § 32 ZPO bzw. Art. 5 Nr. 3 EuGVÜ/EuGVVO gemeinsame Wahlmöglichkeit im IPR erleichtert den Einklang von Zuständigkeit und anwendbarem Recht (vgl. *Kropholler*, in: HdB IZVR I, Kap. III Rn. 122, 124 – „Parallelität"; *Schack*, IZVR, Rn. 293); keinesfalls aber sind Forum und ius miteinander dergestalt verbunden, daß die (inländische) Gerichtskompetenz von ihrer Billigung durch das Sachstatut abhängig wäre (*Heldrich*, IZ u. anwendb. Recht, S. 253 f.; *Pfeiffer*, IZ u. proz. Gerechtigk., S. 109, 117, 163; Soergel[12]-*Kronke*, EGBGB, Anh. IV Art. 38 Rn. 25; MünchKomm[3]-*Sonnenberger*, EGBGB, Einl. IPR Rn. 427; *Geimer*, IZPR, Rn. 1041 und 1498; a.A. *Neuhaus*, IPR, § 57 III 2, 3).

von aus, daß sich weder Handlungs- noch Erfolgsort eindeutig als Deliktsschwerpunkt ausmachen lassen und demnach beide materiellrechtliche Sachverhalte mit einem bestimmten Staat verknüpfen können. Die Rechtsanwendungsinteressen von Täter und Verletztem, am Maß ihres Umweltmilieus gemessen zu werden, halten sich die Waage[67]. Eine Kollisionsnorm, die sowohl Verhaltenssteuerung als auch Rechtsgüterschutz verwirklichen will, darf bei der Anknüpfung daher keinen dieser beiden Aspekte vernachlässigen[68]. Der Ubiquitätsgrundsatz vermehrt deshalb die Anknüpfungen (Alternativität)[69]. Seine Unentschlossenheit jedoch macht ihn zum „Fremdkörper"[70]. Er allein vermag nicht schon die kollisionsrechtliche

---

[67] *Rest*, Umweltschutz, S. 17 f. und 22; *Schurig*, KollN u. SachR, S. 207; *Hohloch*, Deliktsstatut, S. 104, 243; Staudinger[13]-*v.Hoffmann*, EGBGB, Art. 38 Rn. 120 und Kegel/Schurig-*Kegel*, IPR, § 18 IV 1 a aa. Abw. Soergel[12]-*Lüderitz*, EGBGB, Art. 38 Rn. 16 und z.B. 22 für Persönlichkeitsrechte (Gewicht beim Erfolgsort, wo Verkehrsschutz im Vordergrund; dieser tritt zurück, wenn es primär um die Definition der Handlungsfreiheit des Täters geht); mit *Ehrenzweig* differenziert *Trutmann*, Deliktsobligationen, S. 92 ff. (Handlungsort für Haftungen, die primär das Verhalten des Schädigers beeinflussen wollen; Anknüpfung an den Erfolgsort, sobald der Haftungshauptzweck die Risikoverteilung sei); verallgemeinernd *Bröcker*, S. 92 f. (Erfolgsort sei der archimedische Punkt, von dem die Interessenwertung auszugehen habe, weil sich eine Handlung dorthin erstrecke und nachweisbar bleibe) und vor ihm *Delachaux*, S. 180 (Handlungsortsrecht nur für Fragen des Verschuldens und der Widerrechtlichkeit).

[68] A.A. *Riegl*, S. 54 f., der sich für den Erfolgsort verwandte (so auch *Beitzke*, Rec. 1965 II, 85; *Neuhaus*, IPR, § 30 III c; v.Caemmerer-*W.Lorenz*, S. 108 ff., 122); das ältere Schrifttum neigte eher zur Anknüpfung an den Handlungsort (*Raape*, IPR, § 55 IV; für die Haftungsbegründung *Kahn-Freund*, Rec. 1968 II, 91 ff. – vgl. Fn. 437).

[69] Der Begriff der alternativen Anknüpfung wurde und wird oft anders verstanden, und zwar im Sinne der Auswahl eines der in Frage kommenden Rechte (*Baum*, S. 83; ihm zust. *v.Hein*, ZVglRWiss 2000, 266 und *Kropholler*, IPR, § 20 II 1). Er bezeichnet aber nur die Gleichrangigkeit der Anknüpfungsmomente, bei der deliktischen Ubiquität also von Handlungs- und Erfolgsort. Zur Entscheidung zwischen ihnen siehe II; zum Begünstigungsgedanken im internationalen Sonderprivatrecht (Verbraucher, Arbeitnehmer) § 10 A vor I.

[70] *Busch*, S. 21 f. Vgl. auch *Neuhaus*, IPR, § 19 II 2 i.V.m. § 22 I 3, II; Münch-Komm[3]-*Sonnenberger*, EGBGB, Einl. IPR Rn. 608; *Kropholler*, IPR, § 20 II 1. Von einer unwirklichen Krise des Kollisionsrechts spricht in diesem Zusammenhang *Baum*, S. 265, der Alternativanknüpfungen trotz allem Systemverträglichkeit bescheinigt. Diese Lösung ist in ausländischem IPR nur selten anzutreffen. Unklar ist, wie lange sie Bestand haben wird (zum in Aussicht genommenen EG-Deliktskollisionsrecht § 15).

Aufgabe zu lösen, das anwendbare Statut zu benennen. Dies aber ist die Funktion des klassischen IPR, trotz seiner Eigenschaft eines nationalen Subsystems als „Vorschaltgesetz"[71] sog. „Übersetzungsregeln"[71a] bereitzuhalten, um auf höherer Ebene, vom Sachrecht weitestgehend unabhängig, verschiedene Rechtsordnungen zu koordinieren.

II. Elektive Konkurrenz

Die Ubiquität ist daher als eine Konsequenz der Tatortregel bei Distanzdelikten kollisionsrechtlicher Grundsatz, gleichwohl nur erster, lokalisierender Schritt zur Anknüpfung, mithin ein Ausgangspunkt weiterer, konkurrenzentscheidender Überlegungen[72].

1. Alte und neue Fassung im Vergleich

Weil der Täter durch eine Kumulation begünstigt würde, hat ein deliktischer Anspruch nicht nur dann Erfolg, wenn dieser nach beiden Rechten begründet ist. Die ganz überwiegende Auffassung betrachtete als Deliktsort vielmehr jeden, an dem sich auch nur ein Teil des gesetzlichen Tatbestands realisierte. Der entstehende Konflikt mehrerer Deliktsstatute war zugunsten des Verletzten im Sinne potentieller Haftungsverschärfung also dadurch aufzulösen, alternativ an den Handlungs- oder Erfolgsort anzuknüpfen[73]. Mehrheitlich wurde befürwortet, das Gericht müsse unter Gebrauch der ihm zugänglichen Erkenntnisquellen von Amts wegen ermitteln, ob die geltend gemachte Forderung nach einem der beiden Rechte zum Erfolg führt (Günstigkeitsprinzip), dies aber erst in Ermangelung einer parteiauto-

---

[71] *v.Bar*, IPR I, Rn. 214.
[71a] *v.Hein*, S. 25.
[72] Sie hat, auch in ihrer neuen Gestalt (Art. 40 I EGBGB), viele Gegner, vornehmlich aus europarechtlichen Gründen. So werde der Importeur indirekt diskriminiert, wenn er den deutschen Markt beliefert, weil objektiv zwei Rechtsordnungen für seine Haftung in Frage kommen, während inländische Konkurrenten in vergleichbaren Situationen ohne Auslandsberührung allein nach ihrem eigenen Recht zur Verantwortung gezogen werden können (statt vieler hier nur *Schaub*, RabelsZ 2002, 37 ff., 64; vgl. Fn. 861). Zur Produkthaftung siehe unten 2 bei Fn. 96 ff.; das Wettbewerbsrecht (Fn. 109) wird unter diesem Aspekt in § 4 B I näher behandelt.
[73] Ausgangsentscheidung hier ist RG 30.3.1903, RGZ 54, 198 (205): Der Kläger hatte auf dem Rhein, ungeklärt ob schon in elsässischem Hoheitsgebiet, von einem Kahn aus Tiefen gemessen, als er durch ein Infanteriegewehrgeschoß eines auf badischem Ufer übenden Bataillons in den Rücken getroffen wurde.

nomen Festlegung[74]. Bei letzterer handelte es sich also um eine Erklärung, die Geltung hatte, auch wenn sie sich als ungünstig erwies. Es wurden sodann nicht die jeweils „besten Stücke" zusammengesetzt oder „Rosinen herausgepickt", sondern man berief ausschließlich diejenige Rechtsordnung, welche dem Geschädigten insgesamt, d.h. in tatbestandlichen Voraussetzungen und Rechtsfolgen, die gewinnversprechendste ist (elektive Konkurrenz)[75,75a]. Der Günstigkeitsgrundsatz sollte den Geschädigten nicht besser stellen, als er nach wenigstens einer der beteiligten Rechtsordnungen bei einem Zusammenfallen von Handlungs- und Erfolgsort stünde. Eine Aufspaltung der rechtlichen Beurteilung in Einzelfragen (*dépeçage, split*

---

[74] Vgl. BGH 23.6.1964, IPRspr. 1964-65 Nr. 51 und 9.10.1986, IPRspr. 1986 Nr. 116: Die klagende Partei kann ihre Ansprüche aus der Rechtsordnung herleiten, welche sie „dafür am geeignetsten hält"; so auch BAG 30.10.1963, BAGE 15, 79 (82); OLG Saarbrücken 22.10. 1957, IPRspr. 1956-57 Nr. 42; OLG München 9.8.1995, IPRspr. 1995 Nr. 38; OLG Bremen 21.11.1997, IPRspr. 1997 Nr. 49; *Schönberger*, S. 42; *Busch*, S. 191; MünchKomm³-*Kreuzer*, EGBGB, Art. 38 Rn. 51; *Schütt*, S. 8; Palandt⁵⁸-*Heldrich*, Art. 38 EGBGB Rn. 3; *Seidel*, S. 12 i.V.m. S. 3 in Fn. 10. Anders noch Soergel/Siebert¹⁰-*Kegel*, EGBGB, Art. 12 Rn. 48 (das dem Verletzten günstigste Recht gelte von selbst; wählen dürfe und könne er nicht); ihm zust. *Baum*, S. 83, 178. Nach *v. Bar*, JZ 1985, 966, ließ sich das Günstigkeitsprinzip überhaupt nur unter Beschränkung auf Vorsatztaten rechtfertigen. Gänzlich a.A. *Koziol*, FS Beitzke, S. 581: „Konnte der Täter die schädigenden Auswirkungen seines Verhaltens im Ausland nicht vorhersehen, so ist er allein nach dem Recht des Handlungsortes zum Ersatz zu verpflichten; eine Wahlmöglichkeit des Geschädigten scheidet aus".

[75] AG Bonn 29.9.1987, IPRspr. 1987 Nr. 26a; *Binder*, RabelsZ 1955, 474; *Lewald*, IPR, Anm. Nr. 321; *Hohloch*, Deliktsstatut, S. 105 in Fn. 275; *Mansel*, Kfz-Halterhaftung, VersR 1984, 102; *Riegl*, S. 48, 50; *Busch*, S. 180; *v.Hein*, S. 92 und 224; MünchKomm³-*Kreuzer*, EGBGB, Art. 38 Rn. 50; *Sonnenberger*, RCDIP 1999, 657/658; *Junker*, FS W.Lorenz II, S. 333.

[75a] Gegen den Terminus *Pfeiffer*, NJW 1999, 3676 in Fn. 28. Ihm ist zuzugeben, daß in den eigentlichen Fällen elektiver Konkurrenz erst durch Wahlausübung eine von mehreren konkurrierenden Rechtsfolgen eingreift (vgl. insbesondere *Weitnauer*, FS Hefermehl I, S. 471 ff.), während nach a.F. das günstigere Recht und gemäß Art. 40 I 1 EGBGB dasjenige des Handlungsortes auch ohne jede Parteierklärung zum Zuge kommt. Man mag das Stichwort also für mißverständlich halten (*Mäsch*, S. 40). Gleichwohl läßt es sich hier – in einem weiteren Sinne – verwenden: Der Geschädigte hat zwei rechtliche Möglichkeiten, unter denen er wählen kann und die sich nicht miteinander kombinieren lassen. Ob die Wahl bindend ist oder ein ius variandi besteht, ist dem Regelungszusammenhang der Norm zu entnehmen, welche die konkurrierenden Rechte begründet (Palandt-*Heinrichs*, § 262 BGB Rn. 6); zu Art. 40 I EGBGB siehe unten III.

law) war und ist hier abzulehnen, weil durch eine Herauslösung einzelner Normen (z.B. Verjährung und Beweislast) aus ihrem jeweiligen funktionalen Gesamtzusammenhang sinnwidrige Ergebnisse erzielt würden, und zwar nicht nur, wenn es um denselben Anspruch geht, sondern auch bei verschiedenen Forderungen aus einem einheitlichem Schadensereignis. Das Gericht war jedoch nicht in jedem Fall zu einer Prüfung sämtlicher alternativ berufenen Rechtsordnungen verpflichtet. Hielt es die Klage nach dem ihm am leichtesten zugänglichen Recht für begründet, so erübrigte sich eine weitere Ermittlung ausländischen Rechts[76]. Hinter der Günstigkeitsmaxime stand daher keineswegs bloße „Opfersympathie" (favor laesi)[77]. Letztere erschiene ohnehin kaum tragfähig, wenn doch im ubiquitären Ausgangspunkt Interessengleichheit konstatiert wurde. Diesen Widerspruch vermied der Deutsche Rat, als er zur Begründung von kombinierter Ubiquität und Günstigkeit einzig Praktikabilitätserwägungen ausführte. Es ergäbe sich der Vorteil, „daß ein Gericht den Schadensfall häufig nach der ihm vertrauten lex fori beurteilen kann"[78]. Damit wird offenbar, daß das Günstigkeitsprinzip eher eine „Verlegenheitslösung"[79], den „Stichentscheid" ei-

---

[76] RG 11.12.1932, RGZ 138, 243 (246); BGH 23.6.1964, IPRspr. 1964-65 Nr. 51; OLG Düsseldorf 28.4.1978, IPRspr. 1978 Nr. 24; *v.Bar*, JZ 1985, 964 und *ders.*, IPR II, Rn. 669; *Busch*, S. 178; Staudinger[13]-*v.Hoffmann*, EGBGB, Art. 38 Rn. 121. Dies gemäß dem prozeßrechtlichen Gebot, dem Kläger nicht mehr zuzusprechen, als dieser begehrt (ne ultra petita, § 308 I ZPO).

[77] Allein (so immer noch Kegel/Schurig-*Kegel*, IPR, § 18 IV 1 a aa; *Huber*, JA 2000, 73; *Sonnentag*, S. 229, 244) oder zumindest primär (*Baum*, S. 174; *Spickhoff*, IPRax 2000, 3) auf diesen Gesichtspunkt zu rekurrieren, erweckt den trügerischen Anschein, das Günstigkeitsprinzip sei eine bewußte, rechtspolitisch motivierte Entkräftung der übergeordneten Anknüpfung an die engste Verbindung. Zutr. also *Ch.Schröder*, S. 115: keine Abkehr von der Suche nach dem „räumlich besten" Recht. Dieses Ziel bleibt trotz zwangsläufigen Rückgriffs auf nichtkollisionsrechtliche Wertungen bestehen. A.A. *Mühl*, S. 136 a.E., die eine Brücke schlagen will zum *better law-approach* (führend *Leflar*, etwa N.Y.U.L.Rev. 1966, 282, 295 ff.: Begünstigung des sachlich besseren Rechts als eine von fünf „choice-influencing considerations"); ferner *Freitag*, S. 383 f. Das Gesetz läßt sich bei der Festlegung anwendbaren Rechts nur ausnahmsweise von anderen als räumlichen Idealen leiten. So vor allem, wenn den Parteien Rechtswahlfreiheit gewährt wird: siehe § 8 A I und § 10 zum Schutz des schwächeren Vertragspartners gemäß Art. 29 ff. EGBGB.

[78] *v.Caemmerer*, S. 10. Einen „irregulären lex fori-approach" sah *v.Bar*, JZ 1985, 964.

[79] LG Passau 18.12.1952, IPRspr. 1952-53 Nr. 33; *Neuhaus*, IPR, § 22 III 1; *v.Bar*, IPR II, Rn. 656 zur Tatortanknüpfung überhaupt – dagegen zutr. BGH 8.3.1983, BGHZ 87, 95 (98) und 7.7.1992, BGHZ 119, 137 (140); *Rohe*, S. 244; Soergel[12]-*Lüderitz*, EGBGB, Art. 38 Rn. 16; *v.Hein*, S. 67 f., 151, 179 und öfter; abl. schon

ner Pattsituation[80] oder auch die mangels Besseren „unumgängliche Reflexwirkung"[81] darstellte.

Nun hat der Gesetzgeber die manifestierte Lösung elektiver Konkurrenz, daß eine Wahl es dem Gericht abnimmt, pflichtmäßig nach Günstigkeit zu vergleichen und zu entscheiden, mit Art. 40 I 2 EGBGB in einen fakultativen Zugriff umgestaltet. Ausgehend vom Recht des Handlungsortes gilt Erfolgsortsrecht de lege lata *nur noch* auf Wunsch des Verletzten[82]. Die Alternativität überkommenen Musters sei „überzogen" gewesen und der Handlungsort im Regelfall leichter zu bestimmen[83]. Nach Rechtshängigkeit, d.h. mit Klagezustellung (§§ 261 I, 253 I ZPO), wird die Ausübung des einseitigen Wahlrechts zudem beschränkt, und zwar auf diesen (ersten) Rechtszug, um das Verfahren zu beschleunigen, in welchem sie dann aus prozeßökonomischen Gründen und solchen der Waffen- oder Chancengleichheit mit Ende des frühen ersten Termins bzw. schriftlichen Vorverfahrens (Art. 40 I 3 EGBGB i.V.m. §§ 272 II, 275, 276 ZPO) präkludiert ist; im schriftlichen Verfahren wird es auf das Ende der Schriftsatzfrist nach § 128 II 2 ZPO ankommen. Der Verletzte trägt damit eine höhere Eigenverantwortung. Ihm steht zwar nach wie vor die Tür zum für ihn vorteilhaften Recht offen, doch schließt sie sich eher. Dann geht das admonitorische Recht des Handlungsortes dem kompensatorischer Erwartungs-

---

Beitzke, Rec. 1965 II, 91 ff. Zur Reform: *Looschelders*, VersR 1999, 1317; *Schurig*, GS Lüderitz, S. 706; *Kropholler*, IPR, §§ 20 II 3, 53 IV 2 a (vorhersehbarer Verletzungsort statt Alternativität); *Kadner Graziano*, Gemeineurop. IPR, S. 232 ff., 530 ff., ebenfalls mit einer Präferenz für das Recht des Staates, „in dem die Verletzung des geschützten Gutes eingetreten ist" (Leitsatz § 2 auf S. 491, 607); Bamberger/Roth-*Spickhoff*, Art. 40 EGBGB Rn. 1, 51.

[80] *Schurig*, KollN u. SachR, S. 206 f.
[81] *v. Hein*, S. 146.
[82] Schon vorher hatten Estland (§ 164 III des Gesetzes v. 28.6.1994 über die Grundsätze des ZGB) und Tunesien (Art. 70 II IPRG v. 27.11.1998) eine gleiche Regelung eingeführt.
[83] Begr. RegE 1998, BT-Drs. 14/343, S. 11. Das genaue Gegenteil gilt nach Art. 62 I des italienischen IPRG: im Grundsatz Erfolgsortsrecht, auf Verlangen das Recht des Handlungsortes (rechtsvergleichend *Honorati*, RDIPP 2000, 333). Im letzteren Sinne auch *v. Hoffmann*, IPRax 1996, 4 (RefE 1993) und *ders.* in Staudinger, EGBGB (2001), Art. 40 Rn. 9; *Looschelders*, VersR 1999, 1318; *Schurig*, GS Lüderitz, S. 707; *Kreuzer*, RabelsZ 2001, 425.

sicherung vor[84]. Es hat sich also mit Art. 40 I EGBGB ein Anknüpfungswandel vollzogen, welcher für den Kläger unliebsame Folgen haben kann[85]. Teils wird daher kritisiert, daß es sich mit dem Prozeßzweck der Verwirklichung des subjektiven Rechts und dem Justizanspruch der Parteien[86] nicht vereinbaren lasse, zu einer Wahl großzügigeren Rechts gezwungen zu sein[87]. Gelingt es dem Kläger nicht, sich rechtzeitig über das ggf. günstigere Erfolgsortsrecht zu informieren, steht „auf einmal" das kollisionsrechtliche Interesse des Täters im Vordergrund, weil das Handlungsortsrecht angewandt wird; so würden viele klagende Verletzte überrumpelt, die mit der Last dessen überfordert seien, was der Staat ihnen zuschiebe und seinen Richtern nicht zutraue[88]. Durch das Ordnungsinteresse an schneller, billiger und sicherer Entscheidung sei dies „kaum gerechtfertigt"[89]. Diese Annahme beruht jedoch auf der wie erwähnt unzutreffenden Prämisse, der Günstigkeitsgrundsatz habe dem Opferschutz gedient. In Übereinstimmung mit ausländischen Kollisionsrechten wäre es zudem auch durchaus möglich gewesen, ausschließlich an das Recht des Handlungsortes anzuknüpfen[90]. Wenn der Gesetzgeber dem Verletzten eine im Ver-

---

[84] Wenn aber *Spickhoff*, IPRax 2000, 4, als Parallele den im materiellen Deliktsrecht verstärkten Präventionsgedanken des BGH 15.11.1994, BGHZ 128, 1 (16) – „echter Hemmungseffekt" – anführt, übersieht er nicht nur die Kritik an dieser Rechtsprechung (Fn. 401), sondern vor allem, daß die neue Regelung eben ausschließlich auf Erwägungen der Verfahrensökonomie beruht.

[85] Oft wird dieser aus Furcht vor Beratungshonoraren und Kosten für vorbereitende Privatgutachten (vgl. § 8 B) oder, auch im Falle seiner Vertretung, aus bloßer Unwissenheit (des Anwalts) nicht für fremdes Erfolgsortsrecht plädieren (*Sonnenberger*, RCDIP 1999, 658 und *ders*., FS Henrich, S. 577); näher C I 1, II sowie zur Rechtswahl § 7 B I 2, II 3. Mit dem Recht der engeren Verbindung (Art. 41 I EGBGB) ist zwar nicht auch das ggf. präkludierte Erfolgsortsrecht gemeint, weil dem überkommenen Günstigkeitsprinzip sonst wieder zur Geltung verholfen würde; dies schließt aber nicht aus, daß z.B. durch ein Vertragsverhältnis gemäß Art. 41 II Nr. 1 EGBGB doch einmal das Recht des Erfolgsortes zur Anwendung berufen werden könnte, obwohl es der Geschädigte nicht (rechtzeitig) nach Art. 40 I 2 EGBGB gewählt hat (*Hohloch/Jaeger*, JuS 2000, 1138).

[86] Dazu allgemein Rosenberg/Schwab-*Gottwald*, ZPR, § 3 I.

[87] Zum RefE 1993 siehe MPI, Stellungnahme 1994, S. 4; *Busch*, S. 190.

[88] *Schurig*, GS Lüderitz, S. 708.

[89] Kegel/Schurig-*Kegel*, IPR, § 18 IV 1 a aa. *Seidel*, S. 97 ff, hält aus diesem Grunde das „Günstigkeitsprinzip" (meint: in der n.F. modifizierte Ubiquität) für fehl am Platze.

[90] So etwa § 48 I 1 öst. IPRG (eingeschränkt nach S. 2 durch eine stärkere Beziehung der Beteiligten zum Recht ein und desselben Staates, z.B. wo mit dem Erfolgsein-

gleich zur bisherigen Praxis zwar geringe, aber der objektiven Tatortregel immerhin zusätzliche Möglichkeit eröffnet, kann das keinen zweifelhaften Eingriff in dessen Positionen und Befugnisse bedeuten[91].

2. Konkretisierung von Handlungs- und Erfolgsort

Die kollisionsrechtliche Ungleichbehandlung von Handlungs- und Erfolgsort läßt die Abgrenzung zwischen beiden wichtiger werden. Das setzt begriffliche Konkretisierungen voraus[92]. Vieles ist hier streitig. Nur einige Punkte in diesem Problemfeld sollen aber im folgenden skizziert werden, um den Blick zu schärfen für die mit Art. 40 I 2 EGBGB einhergehenden Unsicherheiten.

Zunächst hat der Handlungsort als Anknüpfungsmoment an Bedeutung gewonnen: Bei Unterlassungen ist er belegen, wo eine Pflicht zur Abwendung

---

tritt zu rechnen war (*Schwimann*, IPR, S. 77)); ebenso Art. 52 I des liechtensteinischen IPRG v. 19.9.1996. Vgl. die bisherige Auffassung des belgischen Kassationshofs zu Art. 3 I C.c. (30.10.1981, JTrib 1982, 649: „que les lois de police d'un Etat sont applicables aux faits commis dans cet Etat"). Ohne Präferenz dagegen die französische Cass. civ. 14.1.1997, RCDIP 86 (1997), 504 (505): „ce lieu (où le fait dommageable s'est produit) s'entend aussi bien de celui du fait générateur du dommage que du lieu de réalisation de ce dernier"; Cass. civ. 11.5.1999, RCDIP 89 (2000), 199 (200 f.), erteilte einer *choix de victime* eine Absage, bediente sich des *principe de proximité* und eliminierte alle Orte mit entfernterer Verbindung, wonach der schottische Erfolgsort übrig blieb. *Nur Erfolgsortsrecht (last event rule)* nach § 377 Restatement of the Law (First), Conflict of Laws, 1934; heute z.B. gemäß Art. 133 II 2 schweiz. IPRG und in der Türkei nach Art. 25 II des Gesetzes Nr. 2675 v. 22.5.1982 (unter dem Vorbehalt einer noch engeren Beziehung, Abs. 3); so auch noch Cass. civ. 8.2.1983, Clunet 111 (1984), 123 (125): „la loi territoriale compétente pour gouverner la responsabilité civile extra-contractuelle est la loi où le dommage a été réalisé".

[91] Zutr. *Spickhoff*, IPRax 2000, 6 f.
[92] Insbesondere vom Deutschen Rat war die Notwendigkeit bzw. Zweckmäßigkeit von speziellen Anknüpfungsregeln für einzelne Delikttypen intensiv erörtert worden (v.Caemmerer, S. 16-26). Demgegenüber zeigte sich der Reformgesetzgeber abstinent. Auch einer Prüfbitte des Bundesrats (zur Produkthaftung) folgte er nicht. Die weitere Ausgestaltung ist damit der Judikatur überlassen (Begr. RegE 1998, BT-Drs. 14/343, S. 10 und Gegenäußerung, a.a.O., S. 22). Sondernormen finden sich z.B. in Österreich (vor allem § 48 II IPRG), der Schweiz (Art. 135 ff. IPRG) und England (Part III, section 13 des Private International Law Act 1995: *double actionability rule*); zu „Rom II" siehe § 15 B und C.

des Schadenseintritts bestand[93]; wo nach Maßgabe dortigen Rechts lediglich Vorbereitungen getroffen werden, kann noch kein Handlungsort liegen[94]; bei Gefährdungshaftung ist „Handlungsort" im kollisionsrechtlichen Sinne der Staat des schadensstiftenden Ereignisses, in dem also die Sache, für welche gehaftet wird, außer Kontrolle gerät und bleibt, so daß sie den Unfall herbeiführt[95]. Denkbar ist auch die Annahme mehrerer Handlungsorte. In der Gesetzesbegründung selbst wird von dieser Möglichkeit ausgegangen. Hier führt die Regelanknüpfung i.S.v. Art. 40 I 1 EGBGB ins Leere und ein Wahlrecht besteht nach dem Wortlaut des Art. 40 I 2 EGBGB nur hinsichtlich des Erfolgsortes. Gerade dieser Konstellation vielzähliger Handlungsorte gegenüber räumt der Gesetzgeber ein, etwa im Bereich der Produkthaftung Definitionsprobleme zu bereiten[96]. In Betracht kommt der Sitz der Hauptverwaltung des Unternehmens, weil hier die tragenden Entscheidungen für Konzeption, Herstellung und Sicherheit getroffen werden; auch an der Produktionsstätte ließe sich die schadensverursachende Handlung lokalisieren[97]. Ebenso plausibel wäre es, den Ort des In-

---

[93] RG 14.2.1936, RGZ 150, 265 (270); LG Köln 22.12.1977, IPRspr. 1978 Nr. 33; *Soergel*[12]*-Lüderitz*, EGBGB, Art. 38 Rn. 10; *Spickhoff*, IPRax 2000, 4 und in Bamberger/Roth, Art. 40 EGBGB Rn. 17; Palandt-*Heldrich*, Art. 40 EGBGB Rn. 3. A.A. Erman-*Hohloch*, Art. 40 EGBGB Rn. 24 (Rechtspflicht sei dem Recht des Verletzungsortes zu entnehmen); differenzierend nach Überwacher- (Ort der Gefahrenquelle) und Beschützergarantenpflicht (akzessorische Anknüpfung) *v.Hein*, S. 304.

[94] Vgl. BGH 5.5.1956, IPRspr. 1958-59 Nr. 62A und 16.6.1994, BGHZ 126, 252 (258). Bestimmt man bei der Abgrenzung den Handlungs- nach dem jeweiligen Vornahmeort, so wird der anerkannte Grundsatz einer Qualifikation lege fori zugunsten der lex causae durchbrochen (so *Riegl*, S. 40; *Soergel*[12]*-Lüderitz*, EGBGB, Art. 38 Rn. 4; MünchKomm[3]-*Kreuzer*, EGBGB, Art. 38 Rn. 44; Kegel/Schurig-*Kegel*, IPR, § 18 IV 1 a bb). Dies ohne Begr. und zudem mit der möglichen Folge einer Normenhäufung (Multiplizität von Handlungsorten); deshalb will *v.Hein*, S. 277, auf den Verlust der Gefahrbeherrschung abstellen.

[95] BGH 8.1.1981, BGHZ 80, 1 (3); *Mansel*, Kfz-Halterhaftung, VersR 1984, 101; *v.Bar*, JZ 1985, 964; *ders.*, IPR II, Rn. 659; *v.Hein*, S. 289; Staudinger-*v.Hoffmann*, EGBGB (2001), Art. 40 Rn. 32 und *ders.*, IPR, § 11 Rn. 29; *Kegel*, a.a.O. (vorige Fn.); Bamberger/Roth-*Spickhoff*, Art. 40 EGBGB Rn. 18.

[96] Begr. RegE 1998, BT-Drs. 14/343, S. 10.

[97] Für den erstgenannten Anknüpfungsmoment die Rspr., z.B. OLG München 9. 8.1995, IPRspr. 1995 Nr. 38 (zugleich Ort der tatsächlichen Herstellung); zwischen beiden offenlassend OLG Düsseldorf 18.12.1998, IPRspr. 1999 Nr. 37 (schwedischer Kaskoversicherer gegen deutsche Herstellerin einer in Südkorea endmontierten Feuerlöschanlage wegen deren Versagens bei ausgebrochenem Schiffsbrand –

verkehrbringens der schadhaften Ware als maßgeblich zu erachten, denn erst durch dieses Tun schafft der Produzent die konkrete Gefahr für seine Abnehmer[98,98a]. Wo diese das Produkt erwerben (Marktort), wird einer neueren Strömung zufolge (auch) „gehandelt"[99]. Nun gibt es Fallgestaltun-

---

[98] sog. Weiterfresserschaden). Ebenso, auch bei Divergenz, v.Caemmerer-*Drobnig*, S. 330; Staudinger-*v.Hoffmann*, EGBGB (2001), Art. 40 Rn. 93 und *Thorn*, IPRax 2001, 565. Gegen den Produktionsort und Geschäftssitz des Haftpflichtigen *Wandt*, Int. ProdHaftung, Rn. 717: Konzentration auf Orte physischer Präsenz sei verfehlt. I.d.S., wegen Art. 28 EG auch *W.-H.Roth*, GS Lüderitz, S. 637 f., 656 und *ders*., in: Systemwechsel, S. 60 sowie *Schaub*, RabelsZ 2002, 41 f.; eine kollisionsrechtliche Diskriminierung ausländischer Hersteller ist dagegen nach *Bruinier*, S. 197, mit Ablösung des strengen Ubiquitätsprinzips entfallen, denn bei Art. 40 I EGBGB hängt die Anknüpfung an das Handlungsortsrecht nicht mehr zwingend mit dessen für den Schädiger größeren Strenge zusammen. Es ist aber mehr als zweifelhaft, ob das Gemeinschaftsrecht überhaupt vorgibt, welches sach- oder internationalprivatrechtliche Interesse der jeweiligen Partei eines Produkthaftungsprozesses bevorzugt werden soll (abl. etwa *Sonnenberger*, ZVglRWiss 1996, 17 und *Freitag*, S. 387; i.E. auch *v.Hoffmann*, a.a.O., Rn. 104).

[98] Vom besseren Handlungsort redet *Wandt*, Int. ProdHaftung, Rn. 722; auch sog. erster Vertriebsort. An das Inverkehrbringen knüpft auch § 84 I AMG an, ein Sondertatbestand der Produzentenhaftung (vgl. *Larenz/Canaris*, SchuldR BT II/2, § 84 VI 2 a), welcher auf Inlandssachverhalte beschränkt ist und es im übrigen beim Deliktsstatut beläßt – keine Kollisionsnorm im eigentlichen Sinne (*Ina Wiedemann*, S. 94 ff. und Staudinger-*v.Hoffmann*, EGBGB (2001), Art. 40 Rn. 105; anders *Wandt*, a.a.O., Rn. 449 ff., 464).

[98a] Teils wird terminologisch abgewichen. So *Schönberger*, S. 73: Freigabe des Produkts an die Konsumenten. Nach Soergel[12]-*Lüderitz*, EGBGB, Art. 38 Rn. 62 handelt es sich dabei um den allein nach außen wirkenden Ort einer Handlung. Letzterer soll nach a.A. (erst) dort liegen, wo das Produkt außer Kontrolle gerät oder sonst seinen Dienst versagt (*Winkelmann*, S. 196); meist fiele er dann mit dem Erfolgsort zusammen (*v.Bar*, IPR II, Rn. 666). Gemeint ist also eigentlich eher der Markt-, Erwerbs- bzw. Absatzort (nachstehende Fn.).

[99] Man darf den Begriff der Handlung – wie bei Gefährdungshaftung und Unterlassungsdelikten – hier nicht naturalistisch verstehen. Stützen läßt sich eine solche Anknüpfung dadurch, daß Maßstab der mithin fremdbestimmten Verhaltenssteuerung die Sicherheitserwartungen der Endabnehmer sind (*Wandt*, Int. ProdHaftung, Rn. 712, 715 i.V.m. 685; *ders*., RabelsZ 2000, 768). Diesen Markt- bzw. Absatzort befürwortet auch *v.Hein* (S. 396 und RIW 2000, 827). Vom Erwerb sprechen bzw. ihn meinen u.a. *Bröcker*, S. 163 (Kauf durch Letztkonsumenten); *Trutmann*, Deliktsobligationen, S. 169 („dernière vente"); *v.Bar*, a.a.O. (vorige Fn.); *Kropholler*, IPR, § 53 V 3; *Kadner Graziano*, Gemeineurop. IPR, S. 282 ff.; auch *U.Wolf*, S. 244, doch nur in Bezug auf den Zweit- und Dritterwerber. *Thorn* will dagegen den Erwerbsort durch Konkretisierung des Erfolgsortes gewinnen (IPRax 2001, 566).

gen, auf welche einige der genannten Kriterien zutreffen und in denen alle oder einzelne dieser Handlungsorte in unterschiedlichen Staaten liegen. So z.B. bei einer in vier Staaten erbauten Bohrinsel, die im schottischen Teil der Nordsee havariert[100]. Oft wird ein Ausweg aus der Pluralität gesucht und vorgebracht, die für den Handlungsort entscheidende admonitorische Funktion gebiete eine Anknüpfung an die „Verhaltenszentrale"; bis auf diese also seien alle Handlungsorte im vorhinein auszuscheiden[101]. Nach anderer Meinung gilt Art. 40 I 2 EGBGB entsprechend[102]. Die letztere Lösung erscheint vorzugswürdig, denn sie allein leitet sich ab aus der Rechtsidee des positiv Normierten und rechtfertigt damit eine Analogie[103]: Weil es die Ratio des Wahlrechts ist, der Prozeßökonomie zu dienen, sollte der in Art. 40 I 2 EGBGB geregelte Fall dem hier in Frage stehenden gleichgestellt werden und die Vorschrift zur Anwendung kommen, denn die Ausübung der Befugnis bei mehreren Handlungsorten entlastet das Gericht in gleicher Weise wie die Optionsbetätigung zugunsten eines Erfolgsortes. Nur wenn ein solches explizites oder schlüssiges Votum (ggf. trotz Hinweises) fehlt, fragt sich, ob der Richter gezwungen ist, alternativ in Be-

---

[100] Cass. civ. 11.5.1999, a.a.O. (Fn. 90).

[101] *v.Hein*, S. 273; *ders.*, RIW 2000, 829; *Looschelders*, VersR 1999, 1319 („Schwerpunktbetrachtung"); Staudinger-*v.Hoffmann*, EGBGB (2001), Art. 40 Rn. 92 f. und *ders.*, IPR, § 11 Rn. 28; *Kreuzer*, RabelsZ 2001, 423; *Thorn*, IPRax 2001, 564. Zu Zwecken dieser Fixierung auf einen dominanten Handlungsort will sich e.A. des Art. 41 I EGBGB bedienen (so etwa *Sonnenberger*, FS Henrich, S. 585 und *Kropholler*, IPR, § 53 IV 2 b). Für eine eingeschränkte Sonderanknüpfung im Bereich der Produkthaftung *Freitag*, S. 115-117: Haben sich Schädiger und Verletzter jeweils in zurechenbarer Weise mit dem Marktort in Beziehung gesetzt, sei dessen Recht als dasjenige der wesentlich engeren Verbindung i.S.v. Art. 41 I EGBGB zu berufen; fehle es an diesen Voraussetzungen (Bsp.: sog. *innocent bystander*, der in seinem Heimatland durch ein Produkt geschädigt wird, das ein Abnehmer aus dem Marktortstaat importiert hat), bleibe es bei der Alternativanknüpfung des Art. 40 I EGBGB, wobei allein maßgeblicher Handlungs- wiederum der Marktort sei (S. 104 und 111). Eine solch unterschiedliche Behandlung von Erwerber und Drittem führt jedoch zu unnötigen Abgrenzungsproblemen (abl. etwa Bamberger/Roth-*Spickhoff*, Art. 40 EGBGB Rn. 40).

[102] So Erman-*Hohloch*, Art. 40 EGBGB Rn. 24; Kegel/Schurig-*Kegel*, IPR, § 18 IV 1 a bb; *Spickhoff*, IPRax 2000, 5 und *ders.* in Bamberger/Roth, Art. 40 EGBGB Rn. 19; Palandt-*Heldrich*, Art. 40 EGBGB Rn. 3. Vgl. auch BGH 6.11.1973, IPRspr. 1973 Nr. 137 (Ausführung durch den Bevollmächtigten in Deutschland und dessen Beauftragten von Belgien aus begründen jeweils einen Handlungsort; erstgenannten, wo zugleich der Erfolg eintrat, bewertete das Gericht aber als günstiger).

[103] Vgl. zu diesem Mittel der Lückenschließung *Canaris*, S. 57.

tracht kommendes Auslandsrecht zu prüfen, soweit der erhobene Anspruch nicht bereits nach deutschem Recht begründet ist oder eine Auflockerung des Deliktsstatuts eingreift, sei es kraft akzessorischer Anknüpfung gemäß Art. 41 II Nr. 1 EGBGB[104] oder im Wege des Art. 41 I EGBGB. De facto bleibt hier also für Günstigkeitsvergleiche keine Nische.

Auch die Festlegung des Erfolgsortes nach Wahl des Verletzten wirft zahlreiche Fragen auf, etwa bei reinen Vermögensschädigungen[105]. Wo nur der Schaden und eventuelle Folgen entstehen, ist unbeachtlich, um zu verhindern, daß auf ein zufälliges Statut verwiesen wird, zu dem sich der Täter nicht zurechenbar in Beziehung gesetzt hat[106]. Häufig liegen bei Distanzdelikten multiple Erfolgsorte in verschiedenen Rechtsordnungen (sog. Mehrstaats- oder Streudelikte), und zwar hauptsächlich auf den Gebieten der traditionellen Massen-, vor allem Printmedien[107], des Internet[108], im Wettbe-

---

[104] Vor allem an das Vertragsstatut. Nach Palandt-*Heldrich*, Art. 40 EGBGB Rn. 10 i.V.m. Art. 41 EGBGB Rn. 4, soll die bisher häufig vertretene Anknüpfung an den Marktort, wo das Produkt an den Abnehmer abgesetzt wurde, nunmehr auf Art. 41 II Nr. 1 Alt. 2 EGBGB stützbar sein, wenn durch Werbung eine besondere tatsächliche Beziehung begründet worden sei (für Art. 41 I EGBGB in diesem Fall *v. Hein*, S. 422).

[105] Art. 40 I 2 RefE 1993 stellte im Anschluß an Art. 3 II Rats-E 1982 noch auf eine Verletzung des geschützten Interesses ab; ebenso für die Eingriffskondiktion Art. 38 II EGBGB. BGH 28.2.1989, WM 1989, 1047 (1049), ging vom Lageortsrecht aus (zust. *v. Bar*, IPR II, Rn. 665; *Spickhoff*, NJW 1999, 2213 und in Bamberger/Roth, Art. 40 EGBGB Rn. 21); dieses ist oftmals zugleich lex domicilii, denn wo sich z.B. sein Bankguthaben befindet, hält sich der Geschädigte meist auch gewöhnlich auf (Art. 40 II EGBGB). Nach Deliktstypen unterscheidend *v. Hein*, S. 376; die Untreue „stets akzessorisch" an das für sie typische Pflichtverhältnis anzuknüpfen, widerspricht jedoch der Gesetzessystematik (siehe § 1).

[106] Eine „money pocket rule" gibt es nicht. Vgl. BGH 10.11.1977, IPRspr. 1977 Nr. 29 (vom Abdruck der kollisionsrechtlichen Erwägungen wurde in BGHZ 70, 7 ff. abgesehen); BGH 24.9.1986, BGHZ 98, 263 (275); *Hohloch*, Deliktsstatut, S. 111; *Schönberger*, S. 74; *Busch*, S. 79; Soergel[12]-*Lüderitz*, EGBGB, Art. 38 Rn. 11; *v. Hein*, S. 312; *Seidel*, S. 6.

[107] Im Mittelpunkt steht der Schutz des individuellen Wert- und Achtungsanspruchs, welcher in Art. 2 I i.V.m. 1 I GG verfassungsmäßig garantiert und als sonstiges Recht i.S.v. § 823 I BGB anerkannt ist (siehe § 14 A I). Bei Pressedelikten gilt jeder Verbreitungsort des Druckwerks als Erfolgsort (BGH 19.12.1995, BGHZ 131, 332 (335) und 29.6.1999, NJW 1999, 2893 (2894); teils wird zur Gegendarstellung eine ausschließliche Geltung des Rechts am Erscheinungs- als Handlungsort vertreten (so von *Birk*, S. 231; Palandt-*Heldrich*, Art. 40 EGBGB Rn. 4) bzw. das Sitzrecht des Medieninhabers berufen (Soergel[12]-*Lüderitz*, EGBGB, Art. 38 Rn. 22).

werbs-[109,109a] sowie Immaterialgüterrecht[110]. Hier kann sich der örtliche Bezug des Schadens „ins Unbestimmte verlieren". Doch hat der Gesetzgeber

---

[108] Zum Rundfunk- und Fernsehdelikt (Ausstrahlungsgebiet, nicht Senderaum – sog. Empfangslandtheorie) OLG München 17.9.1986, RIW 1988, 647. Eine stringente Anwendung des Ubiquitätsprinzips müßte dann dazu führen, daß der Verletzte aus sämtlichen beteiligten Rechten das ihm sympathischste heraussuchen könnte, um seinen gesamten Schaden nach dessen Regeln abzuwickeln (so *Nixdorf*, GRUR 1996, 844). Das auf kollisions- und prozeßrechtlicher Ebene verdoppelte Wahlrecht schrankenlos zu gewähren, ein *forum & law shopping* also, erscheint aber nicht unbedenklich: Die Vorinstanz zu BGH 19.12.1995 (a.a.O.), OLG Hamburg 8.12. 1994, IPRspr. 1994 Nr. 51, hatte als Erfolgsortsgericht die eigene Kognitionsbefugnis daher auf im Bereich ihrer Jurisdiktion entstandene Schäden begrenzt (so dann auch EuGH 7.3. 1995, Slg. 1995, I-415, 450 ff., Tz. 33 – Shevill u.a. ./. Presse Alliance SA; auf das IPR übertragend etwa MünchKomm³-*Kreuzer*, EGBGB, Art. 38 Rn. 216 und *Heldrich*, a.a.O.). Dieses „Mosaikprinzip" jedoch zersplittert einheitlichen Prozeßstoff, verführt zu einem Rückzug der Verlage bzw. Sendeanstalten in „Haftungsoasen" und ist auch kaum praktikabel: Rufschäden sind ohnehin schwer zu berechnen; um so problematischer wird also ihre Aufspaltung im Verbreitungsstaat sein (vgl. *Kubis*, S. 139 f. und *Seidel*, S. 183).
Einschränkend gilt zwar das Kriterium der bestimmungsgemäßen Abrufbarkeit: so z.B. KG 25.3.1997, NJW 1997, 3321 und OLG Karlsruhe 9.6.1999, IPRspr. 1999 Nr. 39 für den unbefugten Gebrauch geschützter Firmenbezeichnungen nach §§ 12, 1004 BGB (noch restriktiver, für o.g. Parzellierung im IPR *Spindler*, ZUM 1996, 559 und *Mankowski*, RabelsZ 1999, 275 f.; dagegen zu Recht *v.Hinden*, S. 167 und Palandt-*Heldrich*, Art. 40 EGBGB Rn. 12; statt dessen für ein „Spürbarkeitskriterium" *Sonnenberger*, ZVglRWiss 2001, 134 in Fn. 113). Dennoch muß sich der Einspeisende grundsätzlich auf globale Haftungsrisiken einstellen, zumal es keine Rolle spielt, wo der Server steht oder die Domain registriert ist (LG München I 21.9.1999, RIW 2000, 466 (467)). Zu den wettbewerbs- und immaterialgüterrechtlichen Implikationen ff. Fn.
[109] Das internationale Wettbewerbsrecht ist mit der Werbung als Hauptgebiet nach herrschendem Verständnis von seinen Wurzeln her Bestandteil des Deliktskollisionsrechts (für eine gesonderte Anknüpfung Staudinger¹³-*Fezer*, Int. WirtschR, Rn. 350). Seit der „Kindersaugflaschenentscheidung" des BGH v. 30.6.1961 wird als Begehungsort, abw. vom Ubiquitätsprinzip, nur der Ort angesehen, an welchem die wettbewerbliche Interessenkollision durch Einwirkung eines Konkurrenten auf die Marktgegenseite stattfindet, also dort, wo die umworbene Kundschaft anzusiedeln ist (BGHZ 35, 329 (334); 26.11.1997, NJW 1998, 1227 (1228); OLG Koblenz 25.2.1993, IPRspr. 1993 Nr. 122; Gloy-*Wilde,* HdB WettbR, § 6 Rn. 19 f.; *Kotthoff*, S. 18; *Van Meenen*, S. 133, 152; *Lindacher*, FS Nakamura, S. 325; z.T. krit. *Beater*, Unl. Wettb., § 31 Rn. 11 ff.). Nunmehr will man für dieses Marktortprinzip Art. 41 I EGBGB heranziehen (so Staudinger-*v.Hoffmann*, EGBGB (2001), Art. 41 Rn. 30 i.V.m. Art. 40 Rn. 301, 326 und *ders.*, IPR, § 11 Rn. 51; *Siehr*, IPR, § 34 III 8 a; *Thünken*, IPRax 2001, 16; *Schaub*, RabelsZ 2002, 52 f.), was methodisch bedenk-

lich ist (*Höder*, S. 27); der Grundsatz ist besser in Art. 40 I EGBGB zu verankern, unter Ausschluß des Bestimmungsrechts (Handlungs- und Erfolgsort im Marktort vereint: *v.Bar*, IPR II, Rn. 696; *Mankowski*, GRUR Int. 1999, 910; *Sack*, WRP 2000, 272; *Vianello*, S. 131). Dagegen sind nach h.L. nicht marktgerichtete, also etwa rufausbeutende Verhaltensweisen völlig aus vorgenanntem Wettbewerbskollisionsrecht herauszunehmen und den subsidiären Anknüpfungsregeln des allgemeinen Deliktsrechts zu unterstellen (zu allem auch unten § 4 A I und II). Die mit Umsetzung der Fernseh-RL 89/552/EWG (ABl.EG 1989 Nr. L 298/23) im Rundfunkstaatsvertrag v. 31.8.1991 geschaffenen Kollisionsnormen (UFITA 119 (1992), 83 ff.) verdrängen das EGBGB zugunsten des Sendelandes (vgl. *Kotthoff*, S. 34; *Sack*, WRP 2000, 284; *Vianello*, S. 84 f.; *Baumbach/Hefermehl*, WettbR, Einl. UWG Rn. 184). Anders im Bereich der Zeitungsanzeigen, vor allem aber des Onlinehandels: Ein Tat- bzw. Marktort liegt z.B. bei Werbung via Homepage überall, außer wenn diese „erkennbar nicht an deutsche Verkehrskreise gerichtet" ist (OLG Frankfurt/Main 3.12.1998, CR 1999, 450; OLG Bremen 17.2.2000, CR 2000, 770 (772)) bzw. „nicht spürbar" auf die Marktgegenseite einwirkt (*Mankowski*, a.a.O., 916; *Sack*, a.a.O., 278; für die allgemeine Einführung einer objektiven Spürbarkeitsschwelle *Höder*, S. 60 ff.); eine Abgrenzung wird hier im Einzelfall sehr schwierig sein, bedeutet also Anknüpfungsunsicherheit, wo doch die Voraussehbarkeit des anzuwendenden Rechts gerade für die Teilnehmer am Wettbewerb wesentlich ist (vgl. v.Caemmerer-*Kreuzer*, S. 270 und *Kotthoff*, S. 27).

[109a] Nach a.A. enthält das EG-Recht direkte Vorgaben für eine Anknüpfung an die Herkunft von Ware, Dienstleistung oder Werbung (siehe dazu § 4 A I).

[110] Sowohl für das Urheberrecht als auch den gewerblichen Rechtsschutz ist mit der lex loci protectionis das Recht des Landes anzuwenden, für dessen Gebiet, sei es der Gerichts- oder ein anderer Ort, Schutz begehrt wird: BGH 16.6.1994, BGHZ 126, 252 (255) und 2.10.1997, BGHZ 136, 380 (385 f.); *Ulmer*, ImmatGüterR, S. 9, 37, 74; MünchKomm³-*Kreuzer*, EGBGB, Nach Art. 38 Anh. II Rn. 8, 13; Schricker-*Katzenberger*, UrhR, Vor §§ 120 ff. Rn. 124; Staudinger¹³-*Fezer*, Int. WirtschR, Rn. 661, 698; Staudinger-v.*Hoffmann*, EGBGB (2001), Art. 40 Rn. 370; Palandt-*Heldrich*, Art. 40 EGBGB Rn. 13; abw. *Schack*, MMR 2000, 64 (für Existenz des Rechts und Aktivlegitimation lex originis). Differenzierend *Muth*: Ein Verbraucher, der Werke über seinen Rechner abruft (*downloading*) bzw. der Standort des vervielfältigenden Servers eines kommerziellen Anbieters gebe das Schutzlandrecht vor (S. 97 f.); anders bei sonstigen internetspezifischen Verwertungen wie dem Angebot auf Abruf oder der digitalen Übermittlung (S. 113) – hier sei universalistisch an die Erstveröffentlichung anzuknüpfen (S. 142 ff.). Für die öffentliche Wiedergabe stellt *M.Junker*, S. 215 ff. und 350 ff., auf das bestimmungsgemäße Empfangs- bzw. Abrufgebiet ab. Begr. RegE 1998, BT-Drs. 14/343, S. 10, legt nahe, daß das Immaterialgüterrecht nicht Teil-, sondern Nebengebiet des Deliktsrechts und seine Regelung gegenüber Art. 40 I EGBGB autonom ist (i.d.S. Münchener MPI, GRUR Int. 1985, 105 f.; *Hohloch*, in: Schwarze, RSchutz UrhR u. WettbR, S. 105 und in Erman, Art. 40 Rn. 55; *Heldrich*, a.a.O.). Der eigenständigen Materie wird man aber auch durch Modifikation der allgemeinen deliktischen An-

nicht etwa, wie teils in der Literatur vertreten, eine sachgebietsbezogene Entscheidung gegen distributive Rechtsanwendung getroffen[111]. Liegen deshalb mehrere Erfolgsorte vor, kann der Geschädigte analog Art. 40 I 2 EGBGB eine Wahl treffen[112]. Die Anknüpfungen von Art. 40 II und 41 I

---

knüpfung gerecht (so u.a. bereits v.Caemmerer-*Sandrock*, S. 383 ff., 405 f., 435 und *Riegl*, S. 67 ff.). Nicht etwa mutiert Art. 41 I EGBGB dafür zur Grundregel (a.A. *v.Hoffmann*, a.a.O., Rn. 371); vielmehr ist der Begehungsort im Schutzland belegen (Möhring/Nicolini-*Hartmann*, UrhG, Vor §§ 120 ff. Rn. 17; *Sack*, WRP 2000, 271; auch *M.Junker*, S. 191). Bei urheberrechtlich relevanten Satellitensendungen ist gemäß Art. 20 a UrhG, hervorgegangen aus Art. 1 II der RL 93/83/EWG v. 27.9.1993 (ABl.EG 1993 Nr. L 248/15), exklusiv die Ausführung der Sendung – Eingabe der programmtragenden Signale in eine ununterbrochene Übertragungskette – maßgebend (vgl. *Sack*, a.a.O., 276), dessen Recht nach abw. Auffassung nicht kollisionsrechtlich, sondern durch Harmonisierung der Sachrechte verbindlich wird (*Katzenberger*, a.a.O., Rn. 142; Wandtke/Bullinger-*v.Welser*, UrhR, Vor §§ 120 ff. UrhG Rn. 18); für terrestrische Sendungen ist dagegen die Belegenheit der Sendestelle allein entscheidend, ausnahmsweise nur der bestimmungsgemäße Empfang (so OLG Saarbrücken 28.6.2000, IPRspr. 2000 Nr. 100).

[111] Siehe Fn. 92. Bei Persönlichkeitsverletzungen durch Publizistik z.B. lassen die Ubiquität für eine einheitliche Anknüpfung fallen: *v.Bar*, IPR II, Rn. 664 (ausschließlich Vertriebs- als Handlungsort) sowie *Riegl*, S. 55, 163-166 (allein Erfolgsortsrecht). Anders *Löffler*, S. 139 ff., 267. Ihm zufolge wird in jedem Verbreitungsstaat ein eigenständiges Delikt begangen, wo der Handlungs- mit dem Erfolgsort übereinstimme, weshalb es keine Option gebe. Eine a.A. betrachtet den Einzelfall. *R.Wagner*, S. 81 ff., stellt eine Erheblichkeitsprüfung anhand objektiver Kriterien an. Dabei korrespondiert nach *Binder*, RabelsZ 1955, 477 und v.Caemmerer-*Heldrich*, S. 375, der Handlungs- mit nur einem Erfolgsort, namentlich dem des Hauptwirkungsfelds der Persönlichkeit bzw. Schwerpunkts sozialer Beziehungen. Man schlägt deswegen eine Anknüpfung an den gewöhnlichen Aufenthalt des Verletzten vor (Erman-*Ehmann*, Anh. § 12 BGB Rn. 133; *Fuchs*, JuS 2000, 881; Staudinger-*v.Hoffmann*, EGBGB (2001), Art. 40 Rn. 61). Ebenso für das Internet *v.Hinden*, S. 175 (sofern dort mit einer nicht unerheblichen Verbreitung zu rechnen war). Doch wird der Sozialbezug weitreichender gestört: Die gesellschaftliche Umwelt einer weltbekannten Persönlichkeit ist das internationale Publikum (*Spindler*, ZUM 1996, 558). Gegen die Verdrängung der Alternativität durch wertendes *grouping of contacts* nach dem impressionistischen Muster Babcock ./. Jackson (New York Court of Appeals 9.5.1963, 191 NE 2d 279) *v.Hein*, S. 336.

[112] Palandt-*Heldrich*, Art. 40 EGBGB Rn. 4; i.d.S. zur Rechtslage vor der Kodifikation *Ferid*, IPR, Anm. 6–147. Für ein Wahlrecht zwar auch *Spickhoff*, IPRax 2000, 5 und in Bamberger/Roth, Art. 40 EGBGB Rn. 22, aber unter der unzutreffenden Prämisse einer Nachrangigkeit gegenüber Art. 41 I EGBGB.

EGBGB erlauben es, der besonderen Interessenlage solch territorial weit aufgefächerter Eingriffen nachzugehen bzw. -geben[113].

III. Verbindlichkeit

Wo Handlungs- und Erfolgsort liegen, läßt sich mithin oftmals nur sehr schwer feststellen. Uneinigkeit herrscht aber schon über die rechtliche Einordnung des Bestimmungsrechts. Die Natur der nach Art. 40 I 2 EGBGB eröffneten Befugnis ist dabei keineswegs lediglich von dogmatischem Interesse, sondern in erheblichem Maße praxisrelevant. Sie ist die Grundlage weitergehender Folgerungen und beantwortet insbesondere, ob das einmal ausgeübte Wahlrecht auch für den Geschädigten verbindlich ist. Es kann sein, daß der Verletzte erst für das Recht des Erfolgsortes optiert hat, sich diese Wahl aber dann als ungünstig erweist. Hier fragt sich, ob das Bestimmungsrecht mit seiner Ausübung erschöpft ist oder aber der Verletzte sukzessive verschiedene Rechte wählen kann. Letztgenanntes Vorgehen wäre für den Kläger deshalb interessant, weil er auf diese Weise die Ermittlung ausländischen Rechts dem Gericht zuweisen könnte. Dieses müßte aufgrund § 293 ZPO von Amts wegen vorgehen, ohne den Kläger zu einem Kostenvorschuß auffordern zu dürfen[114]. Ob Art. 40 I 2 EGBGB ein derartiges „Springen" von einem Recht zum anderen ermöglicht, hängt ab vom Rechtscharakter des dem Distanzgeschädigten zustehenden Wahlrechts. Zum Teil wird erwogen, bei dem einseitigen Geschädigtenwahlrecht handele es sich um ein rein prozeßrechtliches Institut[115]. Zieht man hieraus die Konsequenz, daß eine Wahlrechtsbetätigung nur den jeweils anhängigen Streitgegenstand (prozessualen Anspruch) betrifft, der wiederum ohne Rücksicht auf materielle Rechtsbehauptungen durch den Klageantrag und -grund (§ 253 II Nr. 2 ZPO) gebildet wird[116], hat dies zur Folge, daß in einem späteren Prozeß mit anderem Antrag, aber gleichem Lebenssachverhalt, das Wahlrecht erneut und vom früheren Verfahren verschieden ausge-

---

[113] Vgl. Begr. RegE 1998, BT-Drs. 14/343, S. 10.
[114] *Geimer*, IZPR, Rn. 2619; vgl. unten C I 2.
[115] *St.Lorenz*, NJW 1999, 2217; *Vogelsang*, NZV 1999, 502; *Seidel*, S. 20; Erman-Hohloch, Art. 40 EGBGB Rn. 28; *Spickhoff*, IPRax 2000, 5 und *ders.* in Bamberger/Roth, Art. 40 EGBGB Rn. 24.
[116] Diese Auffassung vom zweigliedrigen Streitgegenstand entspricht der einhelligen Praxis: vgl. nur BGH 19.12.1991, BGHZ 117, 1 (5); 7.3.2002, NJW 2002, 1503 und 18.7.2002, BGHReport 2002, 939 (940); Rosenberg/Schwab-*Gottwald*, ZPR, § 95 III 2, 4 und Zöller-*Vollkommer*, Einl. Rn. 82 f.

übt werden könnte[117]. Im Haftpflichtprozeß etwa werden die Klageansprüche und damit Streitgegenstände in Heilungskosten, vermehrte Bedürfnisse, Erwerbsausfall, Schmerzensgeld sowie Sachschaden differenziert[118]. So würde dem Geschädigten ermöglicht, je nach Schadensart dieses oder jenes Recht zur Anwendung zu bringen und hierdurch im Ergebnis mehr zu erhalten, als er nach jedem der beteiligten Rechte hätte verlangen können. Eine derartige Taktik, vorteilhafte Elemente verschiedener Rechtsordnungen zu kombinieren, war schon unter Geltung des alten Günstigkeitsprinzips ausgeschlossen[119]. Erst recht muß eine solche Teilrechtsbestimmung nach der Reform ausgeschlossen sein, ging es dem Gesetzgeber doch um eine prinzipielle Zurückdrängung der bis dato faktisch zu exzessiven Opferbevorteilung. Der Schädiger könnte sich gegen die Anwendung einer anderen Rechtsordnung in Folgeprozessen nicht effektiv zur Wehr setzen: Auf den Abschluß eines Verweisungsvertrags im Sinne von Art. 42 S. 1 EGBGB brauchte sich der Kläger nicht einzulassen und eine negative Feststellungswiderklage unterläge wieder der kollisionsrechtlichen Wahl des Geschädigten, führte mithin zu einer Spaltung des Deliktsstatuts und Zusatzbelastung des Richters. Richtigerweise ist der Verletzte deshalb auch nach einer Klagerücknahme (§ 269 ZPO) im Falle eines Folgeprozesses oder bei erfolgter Teilklage in Bezug auf noch nicht anhängig gemachte Ansprüche an das schon festgelegte anwendbare Recht unwiderruflich gebunden, kann also nicht probehalber erst ein Recht küren und ein späteres Verfahren zur abweichenden, weil sachlich günstigeren Wahl nutzen[120]. Diese Bindungswirkung legt eine nicht verfahrens-, sondern materiellrechtliche Qualifikation nahe. Es handelt sich vom Wesen her um eine Willenserklärung wie im Rahmen von Art. 42 EGBGB, die nur nicht zwei-, sondern einseitig ist. Einem Anspruch steht entgegen, daß Adressat nicht der Schädiger, sondern das Gericht ist und die Wahl des Verletzten das anwendbare Recht bestimmt, somit die Kollisionsrechtslage inhaltlich „ge-

---

[117] So *St.Lorenz*, *Vogelsang* und *Seidel*, jeweils a.a.O. (Fn. 115). Anders *Hohloch*, a.a.O. sowie *Hohloch/Jaeger*, JuS 2000, 1138; *Spickhoff*, IPRax 2000, 6; *ders.* in Bamberger/Roth, Art. 40 EGBGB Rn. 25.

[118] MünchKomm-*Lüke*, ZPO, § 253 Rn. 106; Geigel-*Kolb*, HaftpflProz., Kap. 39 Rn. 49; Wussow-*Kürschner*, UnfallhaftpflR, Kap. 30 Rn. 18.

[119] Siehe oben II 1; vgl. zur Rechtswahl § 8 C.

[120] *Schurig* dagegen will dem Verletzten ermöglichen, sich zu korrigieren, weshalb – de lege ferenda – eine Klagerücknahme im Falle irrtümlicher, weil inhaltlich nachteiliger Optionsbetätigung auch ohne Zustimmung des Beklagten zulässig sein solle (GS Lüderitz, S. 710).

staltet"[121]. Bestimmungs- oder „Optionsrecht" ist also gleichbedeutend mit Gestaltungsrecht[121a]. Dieses verbraucht sich mit seiner Ausübung[121b]. Es entfaltet seine unmittelbare Hauptwirkung nicht auf prozessualem Gebiet, sondern dem materiellen Rechts (zu welchem das IPR führt und insoweit hinzugehört[122]). Letzterem ist es somit zuzuordnen[123]. Daß es in Art. 40 I 3 EGBGB prozessualen Schranken unterliegt, vermag an seiner Natur selbst nichts zu ändern, zumal auch die Position im EGBGB gegen ein bloßes Verfahrensrecht steht[124]. Vom Gesetzgeber kann unmöglich gewollt sein, daß die neue Regel nur bei anhängigem Prozeß zum Zuge kommt und der Geschädigte auf eine Rechtswahl mit dem Schädiger angewiesen ist (Art. 42 EGBGB). Der Sinn der Verwirkung nach Art. 40 I 3 EGBGB liegt allein darin, das kollisions- und damit materiellrechtlich fundierte Ubiquitätsprinzip mit dem Ziel der Prozeßökonomie zu versöhnen[125]. Folglich wirkt die

---

[121] *v.Hein*, S. 259; *Freitag/Leible*, ZVglRWiss 2000, 122.

[121a] *v.Hoffmann*, IPRax 1996, 5; *ders.* in Staudinger, EGBGB (2001), Art. 40 Rn. 11 a.E. (anders Rn. 9) und IPR, § 11 Rn. 25; *v.Hein*, NJW 1999, 3175 und *ders.*, ZVglRWiss 2000, 264; *Pfeiffer*, NJW 1999, 3676; *A.Staudinger*, DB 1999, 1591; *Freitag/Leible*, ZVglRWiss 2000, 122; *Junker*, JZ 2000, 482; *Gruber*, VersR 2001, 21; *Kropholler*, IPR, § 53 IV 2 b a.E.; *Thorn*, IPRax 2001, 563; *Heiderhoff*, IPRax 2002, 368 und 372.

[121b] Vgl. Soergel[13]-*M.Wolf*, BGB, Vor § 145 Rn. 70; MünchKomm[4]-*Kramer*, BGB, Vor § 145 Rn. 50 und Palandt-*Heinrichs*, Einf. v. § 145 BGB Rn. 23.

[122] *Ferid*, IPR, Anm. 1–10; *Lüderitz*, IPR, Rn. 9. IPR und Sachrecht bilden zwar auch ein antagonistisches Paar, sind aber vereint in ihrer Abgrenzung zum Prozeßrecht (*v.Hein*, ZVglRWiss 2000, 264 in Fn. 70).

[123] Geteilter Meinung ist man darüber, ob ein Doppeltatbestand vorliegt (dagegen *Heiderhoff*, IPRax 2002, 367 f.). Ihn bejahen etwa für die prozessuale Geltendmachung erklärter Aufrechnung *Konzen*, RVerhältnisse, S. 52 ff. und Rosenberg/Schwab-*Gottwald*, ZPR, § 63 VI 3, wohingegen *Henckel* ein Trennungsdogma vertritt (ProzeßR u. mat. Recht, S. 24 f., 31 ff.); die Verflechtungen von materiellem und Verfahrensrecht stellt auch *Coester-Waltjen* heraus (Int. BeweisR, Rn. 94 ff., 221 ff., 258 ff., 623 ff.). Hier jedenfalls sollte man es meiden, das Schlagwort zu gebrauchen. Es birgt zu sehr die Gefahr, aus dem Blick zu verlieren, daß Art. 40 I 2 EGBGB trotz S. 3 nicht den prozessualen Effekt einer Wandelbarkeit nach Streitgegenständen hat. Anders bei Art. 42 EGBGB, wo die Parteien „wählen", indem sie einen Vertrag abschließen, den keine Präklusion i.S.v. Art. 40 I 3 EGBGB bedroht, so daß der materielle Charakter offenkundig ist und sich kein echtes Abgrenzungsproblem stellt. Dessenungeachtet beurteilen sich materielle und prozessuale Fragen stets nach den Rechtsregeln des jeweiligen Bereichs (einerseits z.B. die Auslegung, unten B, andererseits die Vollmacht gemäß §§ 80 ff. ZPO, hierzu § 7 B III).

[124] Richtig *v.Hein*, NJW 1999, 3176; *ders.*, ZVglRWiss 2000, 263.

[125] *Pfeiffer*, NJW 1999, 3675; *Junker*, FS W.Lorenz II, S. 332.

Bestimmungserklärung vorbehaltlich Art. 42 S. 1 EGBGB wie die Erbstatutswahl in Art. 25 II EGBGB[126] irreversibel rechtsgestaltend. Mit seiner Wahl hat der Kläger das Deliktsstatut endgültig definiert und kann sich nicht mehr einseitig von diesem lossagen. Zur selben Einordnung gelangt, wer von einer „kollisionsrechtlichen Ersetzungsbefugnis" ausgeht[127]. Eine Übertragung des Leistungsstörungs-[128] und Gewährleistungsrecht[128a] alter Fassung vertretenen ius variandi verbietet sich dagegen aus Gründen kollisionsrechtlicher Gerechtigkeit: Dem optierten Recht darf der Beklagte Vertrauen schenken und nur seine Zustimmung kann gemäß Art. 42 S.

---

[126] Diese versetzt den Erblasser in die Lage, auf die Ausprägung der erbrechtlichen Verhältnisse vor und nach seinem Tod durch einseitige Erklärung inhaltlich Einfluß zu nehmen, ist also ein Gestaltungsrecht, auch wenn sie in einem gemeinschaftlichen Testament oder beidseitigen Erbvertrag getroffen wird (*Schotten*, IPR, Rn. 294; MünchKomm³-*Birk*, EGBGB, Art. 25 Rn. 37; Staudinger-*Dörner*, EGBGB (2000), Art. 25 Rn. 473 f.).

[127] So *Pfeiffer*, NJW 1999, 3676; *Dörner*, FS Stoll, S. 494; Staudinger-*v.Hoffmann*, EGBGB (2001), Art. 40 Rn. 9 (anders Rn. 11 a.E. und in IPRax 1996, 5). Krit. *Junker*, FS W.Lorenz II, S. 338 in Fn. 86. Beispiele einer Ersetzungsbefugnis (facultas alternativa) des Gläubigers im Sachrecht sind § 249 II 1 und § 843 III BGB. Der Gläubiger hat hier das Recht, eine andere als die geschuldete Leistung zu fordern (vgl. Palandt-*Heinrichs*, § 262 BGB Rn. 9; MünchKomm⁴-*Krüger*, BGB Bd. 2a, § 262 Rn. 8, 10). Die Frage der Ersetzung einer „an sich" anzuwendenden Rechtsordnung stellt sich auf höherer Stufe. Wer gemäß Art. 40 I 2 EGBGB wählt, löst keine Schuld des Gegners ein.

[128] Wegen seiner rechtsgestaltenden Wirkung war nur der Übergang vom Rücktritt zum Schadensersatz ausgeschlossen, nicht aber umgekehrt (vgl. BGH 24.6.1988, NJW 1988, 2878; Erman-*Battes*, § 325 BGB Rn. 25; MünchKomm⁴-*Emmerich*, BGB, § 325 Rn. 42; Palandt⁶¹-*Heinrichs*, § 325 BGB Rn. 8). § 325 BGB i.d.F. des Schuldrechtsmodernisierungsgesetzes v. 26.11.2001 (BGBl. I S. 3138) läßt dagegen in Einklang z.B. mit Art. 45 II CISG die Kumulierung der beiden Rechtsbehelfe ausdrücklich zu. Vgl. jetzt Palandt^E61-*Heinrichs*, § 325 BGB Rn. 1 und *dens.* in der Folgeauflage, Rn. 7; MünchKomm⁴-*Ernst*, BGB Bd. 2a, Vor § 323 Rn. 2 ff., § 325 Rn. 1.

[128a] Der Käufer konnte unter den besonderen Ansprüchen wählen, bis ihm dieses Recht durch Vollzug (§ 465 BGB a.F.) oder Erfüllung erlosch: BGH 19.6.1996, NJW 1996, 2647 (2648); Erman-*Grunewald*, § 465 BGB Rn. 10; Palandt⁶¹-*Putzo*, § 462 BGB Rn. 3, § 463 BGB Rn. 4 und § 465 BGB Rn. 15. § 437 BGB ermöglicht jetzt, daß Schadensersatz (Nr. 3 i.V.m. §§ 280, 281, 283, 311 a BGB) neben Rücktritt (Nr. 2 i.V.m. §§ 323, 326 V BGB) oder Minderung (Nr. 2 i.V.m. § 441 BGB) verlangt werden kann, wenn die Nacherfüllung (Nr. 1 i.V.m. § 439 BGB) erfolglos geblieben, d.h. unmöglich, fehlgeschlagen oder verweigert worden ist – vgl. Palandt-*Putzo*, § 437 BGB Rn. 4.

1 EGBGB noch zu einer Abweichung führen, weil ansonsten unvorhersehbar wäre, welchen Inhalts die gegen ihn geltend gemachten Forderungen sind[129].

Umgekehrt verhält es sich, wenn das Gericht, weil der Kläger zum anwendbaren Recht schweigt, gemäß Art. 40 I 1 EGBGB von Amts wegen das ex lege geltende Handlungsortsrecht ermittelt und beruft. Mit seiner anschließenden Einwendung zugunsten des Erfolgsortsrechts kann der Geschädigte, anders als im Falle früherer Wahl, nicht präkludiert sein[130].

B. Auslegung und Umdeutung

Fraglich ist, wie festgestellt werden kann, ob von der Parteiautonomie überhaupt Gebrauch gemacht wurde und ggf. in welcher Gestalt – Art. 40 I oder aber 42 EGBGB. Das IPR selbst gibt die Interpretationskriterien vor[131]; so muß sich analog Art. 27 I 2 EGBGB der auf eine Deliktsrechtswahl gerichtete Wille beider Seiten mit hinreichender Sicherheit aus den Gesamtumständen ergeben[132]. Darauf abzustellen, ob der Verletzte die endgültige Fixierung des Deliktsstatuts (Art. 42 S. 1, 4 II EGBGB) oder die Wahrnehmung einer gemäß Art. 4 I EGBGB zunächst in fremdes IPR führenden Alternative des Art. 40 I EGBGB im Blick hat, je nachdem, ob er sich auf Sach- oder Kollisionsrecht bezieht[133], kann diese Gewähr nicht leisten. Auf Unterscheidungen hat sich die Rechtsprechung bislang gar nicht erst eingelassen. In einer Entscheidung[134] belegte der BGH sogar die Zulässigkeit des Geschädigtenwahlrechts mit einem früheren Urteil, in welchem von einer konkludenten Abrede ausgegangen worden war[135]. Dem ist zuzugeben, daß schon vor der Kodifikation eine vom Kläger getätigte Option auch die Anforderungen einer nachträglichen Wahlvereinbarung erfüllte, wenn der Beklagte sich einverstanden zeigte, weil sich dieser durch sein konkludentes „Ja", das den Konsens begründet, nicht schlechter stellt[136].

---

[129] *Pfeiffer*, NJW 1999, 3676 in Fn. 29. A.A. *Vogelsang*, NZV 1999, 502; *Freitag*, S. 122 ff. und *Freitag/Leible*, ZVglRWiss 2000, 123 ff.
[130] *v.Hein*, S. 256.
[131] Vgl. § 6 B.
[132] Hierzu § 7 B I 2.
[133] So *Dörner*, FS Stoll, S. 496.
[134] BGH 9.10.1986, IPRspr. 1986 Nr. 116.
[135] BGH 6.11.1973, IPRspr. 1973 Nr. 137.
[136] Vgl. *Busch*, S. 186; de lege lata *Junker*, FS W.Lorenz II, S. 337.

Macht der Verletzte einseitig einen Anspruch nach dem Recht des Erfolgsortes geltend und geht der Schädiger vorprozessual darauf ein, wird nicht zwingend, wohl aber in der Regel ebenfalls ein schlüssiger Wahlvertrag vorliegen, von dem der Kläger auch in der nächsten Instanz nicht allein wieder abrücken darf. Inwieweit die Gerichte hier nach der Reform trennungsschärfer vorgehen und sich auf Auslegungen einlassen werden, bleibt abzuwarten. Jedenfalls ist anzunehmen, daß die Rechtsprechung ihren großzügigen Maßstab für die Bejahung einer stillschweigenden Wahl, einseitig oder vereinbart, auch in Zukunft beibehalten wird, „heimwärts strebend"[137] wie „das Pferd zum Stall"[137a]. Faktisch wird daher auch die Bevorzugung des Handlungsortes in Art. 40 I 1 EGBGB nichts daran ändern, daß die lex fori zur Anwendung gelangt, wenn wenigstens der Erfolgsort in Deutschland liegt und der Kläger allein auf Basis deutschen Rechts verhandelt. Eine Umdeutung kann erst einsetzen, wenn das Auslegungsergebnis feststeht[138]: Wird der Zeitrahmen nicht eingehalten, innerhalb dessen die Ausübung einer Geschädigtenwahl gestattet ist, erfolgte diese also gar nicht oder zu spät, ist sie regelmäßig in ein Angebot auf Abschluß eines Wahlvertrags nach Art. 42 S. 1 EGBGB konvertierbar. Jenen Antrag kann der Ersatzpflichtige annehmen, muß dies jedoch nicht. Zudem kann die Wahrnehmung der Optionsbefugnis, auch wenn sie rechtzeitig erfolgt und damit gemäß Art. 40 I 3 EGBGB wirksam ist, zugleich als Offerte eines Vertragsschlusses im Sinne des Art. 42 S. 1 EGBGB interpretiert werden. Wenn der Schädiger dem zustimmt, kommt eine Rechtswahl zustande, die den Vorzug hat, nicht unter dem flexibel handzuhabenden Auflockerungsvorbehalt des Art. 41 EGBGB zu stehen und damit dem Parteiinteresse an Rechtsklarheit dient.

C. Aufklärungs- und Ermittlungspflichten

Bei der vorausgegangenen Fragestellung und den nachfolgenden, insbesondere der konkludenten Wahlabrede, ist es für die oftmals nicht um ihre Autonomie wissenden Parteien äußerst wichtig, ob und in welchem Umfang ihnen die beteiligten Rechtspflegeorgane zum Beistand verpflichtet sind.

---

[137] *Nussbaum*, Grdz. IPR, § 4 III. Näher § 7 B I (vor 1).
[137a] Mit *v.Steiger* Kegel/Schurig-*Schurig*, IPR, § 2 II 3 d.
[138] Vgl. MünchKomm[4]-*Mayer-Maly/Busche*, BGB, § 133 Rn. 18 und § 140 Rn. 3.

I. Gericht

Die durch Art. 40 ff. EGBGB geschaffene rechtliche Situation wirft ein neues Licht auf die justiziellen Pflichten bei wählbarem Statut.

1. § 139 ZPO

Wie erwähnt und in § 7 B I noch ausführlich zu untersuchen, müssen sich die Parteien ihrer nach Art. 42 S. 1 EGBGB eröffneten Freiheit bewußt sein, eine Wahlvereinbarung abzuschließen. Möglicherweise ist deshalb im Prozeß eine richterliche Rückfrage geboten.

Auch die Ausübung des Bestimmungsrechts setzt eine Kenntnis von der Wahlbefugnis voraus. Schon zur früheren Rechtslage war dies anerkannt[139] und wird terminologisch durch die Gesetzesfassung („verlangen") unterstrichen. Wenn dem Geschädigten nunmehr die Gefahr droht, aus Unkenntnis gar keine oder eine für ihn ungünstige Wahl zu treffen, gewinnt richterliches Eingreifen eine zentrale, risikomindernde Bedeutung.

Von einer Normierung etwaiger Pflichten des Gerichts hat der Gesetzgeber bewußt abgesehen[140]. Es sollen statt dessen die allgemeinen Regeln des – zum 1.1.2002 novellierten[141] – Prozeßrechts gelten: Das Sach- und Streit-

---

[139] MünchKomm³-*Kreuzer*, EGBGB, Art. 38 Rn. 51.
[140] Begr. RegE 1998, BT-Drs. 14/343, S. 11/12; krit. (zum RefE 1993) auch hier *v. Hoffmann*, IPRax 1996, 5.
[141] Zivilprozeßreformgesetz v. 27.7.2001 (BGBl. I S. 1887). Bereits zum RefE hat der Richterbund Position bezogen. Man befürchtet eine Überforderung: „Jedoch bestehen erhebliche Bedenken hinsichtlich der darin vorgesehenen Ausweitung der richterlichen Pflichten" (www.drb.de/stellung/st-zivilprozessreform.html). Diese Sorge ist aber unbegründet, denn nur formal haben sich die Vorgaben gewandelt, nicht inhaltlich (vgl. auch MünchKomm-*Peters*, ZPO/Aktualisierungsbd., § 139 Rn. 1: „Im Kern ... unverändert geblieben"). In der n.F. äußert sich der gesetzgeberische Wille, den schon bisher zu pflegenden kooperativen Prozeßstil generell einzuführen (Zöller-*Greger*, § 139 ZPO Rn. 1). Freilich wird das Verfahren hierdurch nicht eben beschleunigt: jeder Hinweis löst auf Antrag eine Schriftsatzfrist aus, so daß in der Regel vertagt oder in das schriftliche Verfahren nach § 128 II ZPO übergegangen wird; die umfängliche Dokumentation, „wesentlicher Vorgang" i.S.v. § 160 II ZPO, bringt eine Mehrbelastung der Geschäftsstellen mit sich. Dies ist in Kauf zu nehmen, soll § 139 ZPO doch das sachliche Recht verwirklichen helfen (vgl. Begr. RegE BT-Drs. 14/4722, S. 77). Anders der Gesetzesantrag des Landes Hessen v.

verhältnis muß mit den Parteien nach der tatsächlichen und rechtlichen Seite erörtert werden (§ 139 I 1 ZPO). Normiert ist damit die materielle Prozeßleitung, eine amtswegige Frage- und Hinweis-, kurz „Aufklärungspflicht"[142]. § 139 IV 1 ZPO fordert den Richter auf, ihr so früh wie möglich nachzukommen (vgl. § 273 I 2 ZPO a.F.) und dies aktenkundig zu machen. Sie besteht nicht nur in der mündlichen Verhandlung, sondern bereits bei deren Vorbereitung nach § 273 I, II Nr. 1 und §§ 275, 276 ZPO[143]. Das Gericht hat sich in jeder Instanz mit ambivalentem Prozeßverhalten auseinanderzusetzen sowie auf bloßes Ver- bzw. Übersehen, eine dem erstrebten Ziel sachdienliche Antragstellung, die Angabe aller hierfür erheblichen Tatsachen und Abgabe von Erklärungen aufmerksam zu machen (§ 139 I 2, II ZPO). Damit dient § 139 ZPO der Kommunikation vor und mit dem Gericht; dessen Würdigung müssen die Parteien ermessen können[144]. Die Vorschrift ist aber nicht Ausdruck einer juristischen Fürsorge und Beratung zugunsten der Beteiligten: Abs. 1 S. 1 verlangt Erörterungen und Fragen nur, „soweit erforderlich"; Abs. 2 S. 1 (vormals § 278 III ZPO) fordert Abhilfe von Unwissen bzw. Übergehen allein, wenn es „erkennbar" ist. § 139 II 2 ZPO ist demgegenüber keine echte Erweiterung, weil er juristische Streitfragen betrifft, welche die z.B. um Art. 42 EGBGB wissenden Parteien aufgeworfen haben, die das Gericht jedoch eventuell abweichend entscheiden will, so daß eine Überrumpelung der Parteien auch hier ersichtlich droht. Einzig aus konkretem Anlaß wird eine Pflicht zur Aufklärung über

---

10.12.2002 (BR-Drs. 911/02, S. 4): der Richter werde unangemessen „gegängelt". Dementsprechend scharf ist die Presseerklärung ausgefallen, mit der die BRAK am 18.12.2002 auf diese Initiative zur Streichung von Abs. 4 und 5 reagiert hat (KammerForum 2003, 18): Beschränkung von Mandantenrechten im Zivilprozeß.

[142] Geprägt war dieser Begriff schon vor der sog. Emminger-Novelle von 1924, die der Vorschrift ihre bis Ende 2001 geltende Fassung gab und ist vielgebraucht (vgl. etwa BGH 2.10.1951, BGHZ 3, 206 (213)). Er darf freilich nicht dazu verwendet werden, den Untersuchungsgrundsatz einzuführen; Parteiaktivität ist lediglich anzuregen, nicht zu ersetzen (*Stürner*, Richterl. Aufklärung, Rn. 11, 13 und Stein/Jonas-*Leipold*, § 139 ZPO Rn. 5a).

[143] So schon OLG Schleswig 27.6.1986, NJW 1986, 3146 (3148); Rosenberg/Schwab-*Gottwald*, ZPR, § 78 III 1 vor a); Stein/Jonas-*Leipold*, § 139 ZPO Rn. 26a und § 278 Rn. 27 ff. Zutr. daher Zöller[22]-*Greger*, § 273 ZPO Rn. 1: „Verfahrensfehlerhaft, ... Schriftsätze an den jeweiligen Gegner weiterzuleiten, den Termin mechanisch anzusetzen" und bis dahin „den Dingen ihren Lauf zu lassen".

[144] Zur funktionsorientierten Konkretisierung des Anwendungsbereichs von § 139 ZPO eingehend *Spohr*: Klarstellung (S. 57), Transformation (S. 84) und Verständigung (S. 152).

Tatsachen und Rechte also aktuell; dann kann ihre Nichterfüllung die antragsgemäße Zurückverweisung rechtfertigen (§ 538 II 1 Nr. 1 ZPO)[145] und auch Revisionsgrund sein (§§ 557 III 2, 551 III 1 Nr. 2 b ZPO)[145a]. Dieser pflichtbegründende Fall tritt ein, wenn für die Parteien nicht vorhersehbar ist, auf welchen Erwägungen das Gericht sein Urteil stützt und ihr Vortrag (hinsichtlich der Rechtsanwendung) deshalb notleidend ist; eine solche Überraschungsentscheidung (wie die einer Prüfung der Klage nach anderem Recht, als von den Prozeßbeteiligten unterstellt) darf bereits im Hinblick auf Art. 103 I GG nicht ergehen[146].

Bei einer Rechtswahl ist der Richter deshalb zur Aufklärung verpflichtet, wenn trotz dahin deutender Indizien Zweifel bestehen, ob eine (konkludente) Statutsbestimmung vorliegt und welchen Inhalts sie ist. Streiten die Parteien darüber, ob bereits vorprozessual eine Einigung erzielt worden war, sind sie vom Gericht über die Möglichkeit einer klarstellenden Wiederholung in Kenntnis zu setzen; lehnt eine Seite dies ab, ist die andere insoweit beweisbelastet[147]. Gehen die Parteien im Prozeß offenbar von der Anwendung eines nach objektiver Anknüpfung (z.B. Art. 40 II EGBGB) oder einer früheren, expliziten Rechtswahl nicht berufenen Rechts aus, so muß sie das Gericht darüber befragen, ob dieses Recht damit gewählt ist

---

[145] Vgl. jeweils zu § 539 ZPO a.F.: OLG Düsseldorf 25.6.1970, NJW 1970, 2217 (2218); OLG Frankfurt/Main 14.12.1988, NJW 1989, 722; *Laumen*, S. 231 (§ 139 ZPO) und S. 184 f. (§ 278 III ZPO a.F.); Stein/Jonas-*Leipold*, § 139 ZPO Rn. 36 und § 278 ZPO Rn. 64 sowie *Grunsky*, ebenda, § 539 ZPO Rn. 7; MünchKomm-*Rimmelspacher*, ZPO, § 539 Rn. 16. Zwar können die Parteien die Handlungen, auf die sie gemäß § 139 ZPO hätten hingewiesen werden müssen, in der Berufung ohne Verspätung nachholen und so einen fehlerfreien Durchentscheid erlangen; durch diesen ginge aber eine Instanz praktisch verloren (vgl. *Stürrner*, Richterl. Aufklärung, Rn. 109). Beachte: Gegen eine Entscheidung des AG in einem Fall mit Auslandsberührung ist unter den Voraussetzungen des § 119 I Nr. 1 b und c GVG n.F. das OLG für die Berufung zuständig.

[145a] Vgl. nur BGH 8.10.1987, MDR 1988, 309; *Stürner*, Richterl. Aufklärung, Rn. 108; *Laumen*, S. 231; *Gottwald*, a..a.O. (Fn. 143); Stein/Jonas-*Leipold*, § 139 ZPO Rn. 36a und § 278 ZPO Rn. 62.

[146] Vgl. BVerfG 2.1.1995, NJW 1996, 45 (46); BGH 25.1.2000, NJW-RR 2000, 1569 (1570); OLG Hamm 6.5.1998, NJW-RR 1999, 364; *Laumen*, S. 251 f.; *Fudickar*, S. 96; Rosenberg/Schwab-*Gottwald*, ZPR, § 78 III 1 c und d; MünchKomm-*Prütting*, ZPO, § 278 Rn. 22; Zöller^{22}-*Greger*, § 278 ZPO Rn. 5 und *Gummer*, ebenda, § 523 ZPO Rn. 4 sowie Zöller-*Greger*, Vor § 128 ZPO Rn. 6a.

[147] Dazu § 7 B I 2 a.E.

bzw. nunmehr wird[148]. Stets gilt, daß die Bezugnahme auf fremdes Recht ein deutlicherer Anhaltspunkt für eine Rechtswahl ist als das gewohnte Verhandeln auf Basis der lex fori; ein Hinweis erübrigt sich aber in beiden Fällen nicht, weil sowohl ausländisches als auch heimisches Recht in Verkennung der Wahlbefugnis zugrunde gelegt werden kann[149]. Für das Bestimmungsrecht in Art. 40 I 2 EGBGB ist demgegenüber entscheidend, ob der Parteivortrag Andeutungen in Richtung auf übersehenes, für unerheblich gehaltenes oder anders als vom Gericht definiertes Recht des Erfolgsortes enthält[150]; bezüglich seines Inhalts ist ein Hinweis aber nicht zu erteilen, weil sonst gleichsam „durch die Hintertür" die obsolete Parallelprüfung nach dem Günstigkeitsprinzip wieder eingeführt würde[151].

Sind die Parteien anwaltlich vertreten, insbesondere im Anwaltsprozeß (§ 78 ZPO), treffen zwei Pflichtenstellungen zusammen. Die richterliche Aufklärungspflicht besteht im Grundsatz aber auch hier[152]. In einer vereinzelten Entscheidung ist der BGH zwar davon abgewichen[153]. Neben Wortlaut und systematischer Stellung des § 139 ZPO als allgemeiner Verfahrensvorschrift spricht jedoch seine Ergänzung durch den zweifelsfrei auch im Anwaltsprozeß geltenden, ebenso verschuldensunabhängig konzipierten § 278 III ZPO a.F. (jetzt § 139 II 1 ZPO) für die Annahme einer un-

---

[148] *Mansel*, ZVglRWiss 1987, 14.
[149] Siehe § 7 B II 3.
[150] Vgl. Palandt-*Heldrich*, Art. 40 EGBGB Rn. 4. Die Frage ist jedenfalls dann zu verneinen, wenn der Erfolgsort im Ausland belegen ist und der Streit – Art. 40 I 1 EGBGB entsprechend – nur über deutsches Handlungsortsrecht geführt wird (*Spickhoff*, IPRax 2000, 7): Hier wäre ein Hinweis mit der neuen, sich prozeßrechtlich verlängernden Wertung des Gesetzgebers sowie richterlicher Neutralität (dazu BVerfG 25.7.1979, NJW 1979, 1925 (1928) und *Stürner*, Richterl. Aufklärung, Rn. 24, 26) kaum in Einklang zu bringen.
[151] *St.Lorenz*, NJW 1999, 2217; Erman-*Hohloch*, Art. 40 EGBGB Rn. 30; Staudinger-*v.Hoffmann*, EGBGB (2001), Art. 40 Rn. 16; Bamberger/Roth-*Spickhoff*, Art. 40 EGBGB Rn. 28.
[152] Selten hält ein Gericht für nötig, hierzu näher auszuführen: erstmals BGH 2.10.1951, a.a.O. (Fn. 142). Vgl. die sonst eher pointierten Feststellungen des BGH 27.10.1994, BGHZ 127, 254 (260) und 21.1.1999, NJW 1999, 1264; OLG Köln 8.2.1995, NJW 1995, 2116; KG 5.3.2002, NJW 2002, 1732.
[153] BGH 9.11.1983, NJW 1984, 310 (311); zust. *Jauernig*, ZPR, § 25 V 1 und VII vor 1 (wenn die Unschlüssigkeit mit Händen zu greifen oder vom Beklagtenanwalt gerügt ist). So auch *Stürner*, Richterl. Aufklärung, Rn. 17 und *Buchta*, S. 61 („Sinn des Fragerechts ... überschritten").

eingeschränkten Verpflichtung. Dies besagt auch der Normzweck: Irrtümer und Unterlassungen der Partei wie ihres Anwalts sind einkalkuliert, sollen die Durchsetzung der Rechtspositionen im laufenden Streit aber keineswegs scheitern lassen. Die Anwaltsvertretung bedeutet also nicht eine Entlastung des Gerichts von seiner Verantwortung zur den Parteien zugute kommenden Hilfestellung gemäß § 139 ZPO. Eine wegen der Interessenwahrnehmung durch den Anwalt im Vergleich zur Naturpartei ermäßigte richterliche Pflicht ist weder vorgesehen noch geboten[154]. Freilich wird häufiger im Parteiprozeß Anlaß zur Ausübung bestehen. Im Einzelfall kann sich deshalb ein Hinweis erübrigen, weil das Gericht, was nur bei expliziter Wahl denkbar ist, keine Veranlassung zu der Annahme hat, der Rechtsanwalt habe den zentralen Punkt verkannt.

Wo demzufolge eine Aufklärung angezeigt ist, hat der Richter den Parteien bzw. ihren Bevollmächtigten mitzuteilen, daß die Entscheidung möglicherweise auch nach Maßgabe ausländischen Rechts ergehen und insbesondere eine Abrede dies oder aber den Rückzug auf die lex fori verbindlich regeln kann; gegenüber der nicht anwaltlich vertretenen und auch selbst nicht rechtskundigen Partei muß der Sinn dieses rechtlichen Aspekts in einer auch für den Laien verständlichen Weise erklärt werden[155]. Weder § 139 ZPO und Art. 103 I GG noch die verfassungsrechtlichen Prinzipien der prozessualen Waffengleichheit (Art. 3 I GG)[156] und fairen Verfahrensgestaltung (Art. 2 I i.V.m. 20 III GG)[157] verlangen aber, Einzelheiten der juristischen Argumentation und des wissenschaftlichen Meinungsstands auszubreiten bzw. die eigene (vorläufige) Ansicht hierzu näher darzulegen. Ein „Rechtsgespräch" in diesem Sinne wird also nicht gefordert[158]. Deshalb

---

[154] OLG Schleswig 27.6.1986, NJW 1986, 3146 (3147); *Spohr*, S. 80; *Henckel*, ProzeßR u. mat. Recht, S. 131; *Vollkommer*, Stellung d. Anwalts, S. 52; *Laumen*, S. 198, 201; Rosenberg/Schwab-*Gottwald*, ZPR, § 78 III 1; Stein/Jonas-*Leipold*, § 139 ZPO Rn. 6; MünchKomm-*Peters*, ZPO, § 139 Rn. 11, 14.

[155] Vgl. *Laumen*, S. 182; Stein/Jonas-*Leipold*, § 278 ZPO Rn. 44 und MünchKomm-*Prütting*, ZPO, § 278 Rn. 33.

[156] Hierzu BVerfG 25.7.1979, NJW 1979, 1925; Zöller-*Vollkommer*, Einl. Rn. 102.

[157] BVerfG 6.4.1998, NJW 1998, 2044; Stein/Jonas-*Leipold*, vor § 128 ZPO Rn. 65-67 und *Vollkommer*, a.a.O. (vorige Fn.).

[158] Dieser Terminus ist mißverständlich: wie hier Rosenberg/Schwab-*Gottwald*, ZPR, §§ 78 III 1 d und 85 III 3; Stein/Jonas-*Leipold*, § 278 ZPO Rn. 55. Nach *Laumen* stehen einem Rechtsgespräch zwar weder Dispositions- noch Verhandlungsgrundsatz und Unparteilichkeit entgegen (S. 266, 270, 273); wesentlich für den Begriff sei allerdings nicht etwa ein Dialog, sondern nur die an mindestens eine Partei ge-

ist das Gericht auch zu einer beratungsähnlichen Stellungnahme zu pro und contra der Wahl nicht verpflichtet.

2. § 293 ZPO

Hat sich der Verletzte nach Art. 40 I EGBGB festgelegt oder sind sich die Parteien i.S.v. Art. 42 EGBGB einig, kommt § 293 ZPO zum Tragen; die Befugnis in S. 2 wird bezüglich des Ob der Feststellung als Pflicht gelesen[159]. Bei anspruchsbegründenden Normen handelt es sich nicht um Tatsachen, sondern Rechtssätze, welche dem Grundsatz iura novit curia zuzuordnen sind und deshalb keinem Beweis unterliegen (ius allegitur, non probatur). Dieses Prinzip wird lediglich gelockert, wenn § 293 ZPO in S. 1 sagt, fremdes Recht bedürfe des Beweises, was nur bedeutet, daß dem Richter die Methode (z.B. der Strengbeweis[160]) offensteht, von ihm also

---

richtete Äußerung des Gerichts zur rechtlichen Seite der Streitpunkte unter Gewährung einer Stellungnahme (S. 67 f., 148). Unklar *Hartenstein*, S. 29: das Kollisionsrecht sei „zum Thema eines Rechtsgesprächs im Prozeß zu machen".

[159] Vgl. BGH 5.5.1956, IPRspr. 1958-59 Nr. 62A; 21.2.1962, BGHZ 36, 348 (353); 30.3.1976, IPRspr. 1976 Nr. 2; 10.5.1984, NJW 1984, 2763 (2764); 29.3.1990, IPRspr. 1990 Nr. 1; 30.4.1992, BGHZ 118, 151 (162); 23.1.1996, IPRspr. 1996 Nr. 39; 25.9.1997, IPRspr. 1997 Nr. 60; 2.10.1997, BGHZ 136, 380 (386); 30.1.2001, WM 2001, 502 (503) und 23.4.2002, BGHReport 2002, 902 (903); in einem einstweiligen Verfügungsverfahren OLG Koblenz 28.1.1993, RIW 1993, 939 (940): wegen Eilbedürftigkeit ist von dem überw. wahrscheinlichen Norminhalt auszugehen; zur Säumnis OLG Koblenz 28.3.2001, VRS 102 (2002), 345 (348); *Coester-Waltjen*, Int. BeweisR, Rn. 62; *v.Bar*, IPR I, Rn. 372 f.; *Huzel*, IPRax 1990, 78; Rosenberg/Schwab-*Gottwald*, ZPR, § 113 III; *Koerner*, S. 42; *Otto*, IPRax 1995, 301/302; Soergel[12]-*Kegel*, EGBGB, Vor Art. 3 Rn. 172; Stein/Jonas-*Leipold*, § 293 Rn. 31; *Kindl*, ZZP 1998, 179 f.; MünchKomm[3]-*Sonnenberger*, EGBGB, Einl. IPR Rn. 570; *v.Hein*, S. 262; Staudinger[13]-*Fezer*, Int. WirtschR, Rn. 617, 658; *Hartenstein*, S. 66; Erman-*Hohloch*, Einl. Art. 3 EGBGB Rn. 51; Kegel/Schurig-*Schurig*, IPR, § 15 II; *Geimer*, IZPR, Rn. 2577, 2594 und *ders.* in Zöller, § 293 ZPO Rn. 14; *Kropholler*, IPR, § 59 I 2; *Schilken*, FS Schumann, S. 373, 375 f.; *Siehr*, IPR, §§ 44 I 5, 52 I 1 b, 54 III 4 d; *Jaspers*, S. 130, 279; *Jauernig*, ZPR, § 49 VI; *Schack*, IZVR, Rn. 625 f.; Palandt-*Heldrich*, Einl. v. Art. 3 EGBGB Rn. 34; Bamberger/Roth-*St.Lorenz*, EGBGB Einl. IPR Rn. 79; abw. *Ferid*, IPR, Anm. 4–86 (nobile officium). Gegen diese Ableitung: *Schellack*, S. 78; *G.Wagner*, ZEuP 1999, 17.

[160] Ist ein solches Verfahren eingeleitet, so müssen wie bei einer gewöhnlichen Tatfrage die Regeln der §§ 355 ff. ZPO eingehalten werden (vgl. BGH 10.7.1975, IPRspr. 1975 Nr. 1 und 15.6.1994, NJW 1994, 2959 (2960); *Kindl*, ZZP 1998, 191; *Schellack*, S. 126; *Geimer*, IZPR, Rn. 2584; a.A. *Schilken*, FS Schumann, S. 377, 388 (alle nach § 293 ZPO möglichen Verfahren seien Fälle des Freibeweises).

keine positive Kenntnis erwartet wird, dafür aber, seinen Spielraum hinsichtlich Art und Weise der Ermittlung pflichtgemäß zu nutzen. Das Gericht muß also das maßgebende (ausländische) Recht und auch seinen Inhalt von Amts wegen erkunden, denn hierauf erstreckt sich die Verhandlungsmaxime nicht (da mihi facta, dabo tibi ius). Dabei darf es die Mitwirkung der (Rechtswahl-) Parteien in einem ihnen zumutbaren Umfang bei der Erforschung dieses Rechts als Obliegenheit beanspruchen. Dem zu genügen liegt, ebenso wie bereits die den Prozeß vorbereitende Erkundigung, im parteieigenen Interesse[161]. Die Parteien sind demnach berechtigt, Nachweise über das ausländische Recht beizubringen; es gibt aber keinen Vorrang ihrer Tätigkeit. Mitunter werden zwar Beschlüsse dahingehend erlassen, ihnen aufzugeben, deutsche Übersetzungen des Gesetzestextes oder rechtsvergleichende Gutachten zu beschaffen[162]. Mangels objektiver Darlegungslast aber darf keine Partei wegen Nichtbeibringung einen Nachteil erleiden in dem Sinne, daß die Schlüssigkeit ihres Vorbringens zu verneinen bzw. sie mit ihrem Anspruch wegen „Beweisfälligkeit" abzuweisen wäre[163]. Vielmehr bleibt die Rechtspflicht des Gerichts, sonstige erreichba-

---

[161] Vgl. II; zu den Kosten siehe § 8 B.
[162] OLG Frankfurt/Main 13.12.1982, MDR 1983, 410 und zust. *Schneider*, Beweis, Rn. 1423; *Huzel* versteht diese „Auflage nach § 293 ZPO" nicht im technischen Sinne des § 273 II Nr. 1 ZPO (IPRax 1990, 81; im Anschluß Stein/Jonas-*Leipold*, § 293 ZPO Rn. 48). Vgl. auch BGH 23.6.1964, IPRspr. 1964-65 Nr. 51: „Soweit es dem Berufungsgericht bei der Ermittlung des einschlägigen iranischen Rechts an greifbaren Erkenntnisquellen gefehlt haben sollte, hätte es die Klägerin auffordern sollen, ihm die fehlenden Nachweise zu liefern".
[163] Vgl. BGH 29.10.1962, NJW 1963, 252 (253); 26.10.1977, BGHZ 69, 387 (393) und 23.12.1981, IPRspr. 1981 Nr. 2; zu tariflichen Normen BAG 9.8.1995, NZA 1996, 994 (995); *Coester-Waltjen*, Int. BeweisR, Rn. 68; *v.Bar*, IPR I, Rn. 373, 376; *Lüderitz*, IPR, Rn. 179; *Otto*, IPRax 1995, 302; Soergel[12]-*Kegel*, EGBGB, Vor Art. 3 Rn. 178; *Kindl*, ZZP 1998, 180 und 192; *Schellack*, S. 192; *Schröder/Wenner*, Int. VertragsR, Rn. 264; *Mörsdorf-Schulte*, S. 42 in Fn. 201; MünchKomm-*Prütting*, ZPO, § 293 Rn. 6, 52; Staudinger[13]-*Fezer*, Int. WirtschR, Rn. 626; *Geimer*, IZPR, Rn. 2588 f. und *dens*. in Zöller, § 293 ZPO Rn. 16a; *M.Junker*, S. 369; *Mankowski*, IPRax 2002, 259, 262; Bamberger/Roth-*St.Lorenz*, EGBGB Einl. IPR Rn. 79, 81; zu § 4 I 2 öst. IPRG *Schwimann*, IPR, S. 50. A.A. noch OLG Hamm 9.6.1980, IPRspr. 1980 Nr. 1b und OLG Düsseldorf 28.5.1986, IPRspr. 1986 Nr. 43. Vorsichtiger BGH 30.4.1992, BGHZ 118, 151 (164) sowie 4.6.1992, BGHZ 118, 312 (319/320): Haben die Parteien selbst unschwer Einblick in und Zugriff auf die Quellen der ausländischen Rechtsordnung, wird man von ihnen „in der Regel erwarten können", daß sie zum auslösenden Recht substantiiert vortragen. Nach BAG 10.4.1975, BAGE 27, 99 (109), soll allgemein eine starke Vermutung beste-

re Erkenntnisquellen auszuschöpfen, unberührt. Der Richter verletzt seine prozeßrechtliche Offizialpflicht auf nach §§ 557 III 2, 551 III 1 Nr. 2 b ZPO zu rügende[164] bzw. i.S.v. § 538 II 1 Nr. 1 ZPO mangelhafte[165] Weise, falls er den behaupteten Rechtssatz wegen fehlender Parteiunterstützung als schlichtweg nicht vorhanden ansieht oder sich mit einer wirtschaftlichen Betrachtung begnügt, selbst wenn die Prüfung schwierig ist[166,166a].

---

hen, daß die Darstellung des ausländischen Rechts zutrifft, vorausgesetzt, die Parteien gehören jenem Staat an und tragen den Inhalt übereinstimmend vor (ähnlich, beschränkt auf das der Parteiautonomie zugängliche Kollisionsrecht, *Spickhoff*, Aufklärungspflicht, S. 72 f.); zur damit vollzogenen Annäherung an die eingangs (vor A) verworfene Theorie vom fakultativen Kollisionsrecht siehe § 7 B II 3. Unter letzterem Aspekt fragwürdig auch *Huzel*: § 293 ZPO sei zwar weder Beweislastregel noch Sanktionsnorm, doch solle bei versagter Mitwirkung deutsches Recht entscheiden, worauf das Gericht hinzuweisen habe (IPRax 1990, 82); bei wohlverstandener Amtspflicht kommt ein Ersatz durch die lex fori dagegen als Ultima Ratio erst in Betracht, wenn über das berufene Recht keinerlei Informationen zu erlangen bzw. diese nur unvollständig sind und die Anwendung des Inlandsrechts auch nicht unbefriedigend ist (so tendenziell BGH 26.10.1977, a.a.O., 394 und 23.12. 1981, a.a.O.; *v.Bar*, a.a.O.; MünchKomm³-*Sonnenberger*, EGBGB, Einl. IPR Rn. 682; Kegel/Schurig-*Schurig*, IPR, § 15 V 2; *Hartenstein*, S. 64; *Kropholler*, IPR, § 31 III 1; Zöller-*Geimer*, a.a.O. Rn. 27; *St.Lorenz*, a.a.O. Rn. 84; *Schack*, IZVR, Rn. 641, 644).

[164] §§ 559 II 2, 554 III Nr. 3 b ZPO a.F. Ausländisches Recht dagegen ist gemäß §§ 560, 545 I ZPO irrevisibel (a.A. de lege ferenda *I.Wiedemann*, S. 219). Vgl. zur Abgrenzung vom angreifbaren Verfahrensverstoß u.a. *I.Wiedemann*, S. 103 ff. und *Schellack*, S. 212 ff. Sie wird aber nicht konsequent praktiziert. BGH 29.10. 1962 etwa führte die Verfahrenskontrolle durch, indem es zunächst die französische Rspr. detailliert nachzeichnete, um alsdann zu folgern, daß angesichts dieses Befunds die hiermit übereinstimmenden Feststellungen des OLG keinen Anlaß zu weiteren Ermittlungen gegeben hätten (a.a.O. (vorige Fn.)). Siehe auch BGH 10.4.2002, NJW 2002, 3335: Die mit dem Gesuch um Prozeßkostenhilfe beabsichtigte Revisionsrüge habe keine Aussicht auf Erfolg, weil, was eingehend begründet wird, das Ergebnis des OLG nach dem Recht der Dominikanischen Republik richtig sei.

[165] So z.B. bei den Vorinstanzen zu OLG München 9.1.1996, RIW 1996, 329 (330) und OLG Saarbrücken 19.9.2001, NJW 2002, 1209 f.

[166] Vgl. BGH 2.2.1995, NJW-RR 1995, 766 (767); Kegel/Schurig-*Schurig*, IPR, § 15 II. Nur ausnahmsweise hat der BGH es zugelassen, von weiteren Ermittlungen abzusehen, wenn eine Partei die ihr zumutbare Kooperation verweigert (30.3.1976, NJW 1976, 1581 (1583) und zust. *I.Wiedemann*, S. 94 f., 97).

[166a] Umgekehrt sind aber in Frankreich nach den Regeln des Tatsachenbeweises kurze schriftliche Antworten ausländischer Juristen (*certificats de coutume*) grundsätzlich von den – gemäß Art. 16 III C.p.c. über das von Amts wegen berufene Recht in-

Die Regelung des Art. 40 I EGBGB hingegen bringt erhebliche Änderungen im Hinblick auf die Amtsermittlungsmaxime mit sich. Der Vorzug früherer ubiquitärer Anknüpfung lag darin, häufig zum Forumsrecht zu führen, wurde jedoch durch die praktischen Probleme der Günstigkeitsabwägung wohl ebenso oft aufgewogen. Optiert der Geschädigte jetzt nicht gemäß Art. 40 I 2 EGBGB, muß der Richter das Recht des Handlungsortes berufen, auch wenn letzterer im Ausland liegt. Der hieran geübten Kritik[167] ist zwar zuzugeben, daß Fallgestaltungen, in denen der Geschädigte den inländischen Gerichtsstand in Anspruch nimmt, ohne für (deutsches) Erfolgsortsrecht zu optieren, nicht selten sind: hiesiges Unternehmen klagt im Inland gegen italienisches auf Unterlassung der Benutzung bestimmter Firmenbezeichnungen in Deutschland[168]; Anleger klagen hier gegen eine für sie fremdrechtliche Broker-Gesellschaft bzw. Vermittler-GmbH aus Verlusten bei Warentermingeschäften[169]. Art. 40 I EGBGB soll die Gerichte aber lediglich von der mühseligen Doppelprüfung entlasten, nicht jedoch von einer Anwendung ausländischen Rechts schlechthin[170]. Ob die Reform ihr Ziel gerichtlicher Arbeitserleichterung zu erreichen vermag, könnte aber aus anderen Gründen in Frage gestellt werden, wenn man bedenkt, daß schon über das Ob eines Auseinanderfallens von Handlungs-

---

formierten – Prozeßparteien beizubringen, während der Richter lediglich Hilfestellungen gibt (vgl. *Batiffol/Lagarde*, Dr. int. pr. I, Anm. Nr. 331; *Koerner*, S. 66 ff.; *Audit*, Dr. int. pr., Anm. Nr. 268); differenzierend Cass. civ. seit 4.12.1990, RCDIP 80 (1991), 558 (559): Inhaltsermittlungspflicht nur bezüglich Rechten, die der Parteidisposition entzogen sind (vgl. auch 26.5.1999, RCDIP 88 (1999), 707 (708)). Nach englischem Prozeßrecht müssen die Parteien die Anwendung von fremdem Recht verlangen, weil das angerufene Gericht die Sache sonst entscheidet, wie wenn es sich um einen rein innerstaatlichen Fall handeln würde (vgl. *Dicey/Morris*, Conflict of Laws 1, Anm. 9–003). Das englische und, inzwischen etwas eingeschränkt, das französische IPR weisen damit Wesenszüge eines fakultativen Kollisionsrechts auf (vgl. *De Boer*, Rec. 257 (1996), 262 ff., 413 ff.; *G.Wagner*, ZEuP 1999, 9 f.; *Kadner Graziano*, Gemeineurop. IPR, S. 176).

[167] *v.Hoffmann*, IPRax 1996, 5 (zum RefE 1993); *ders.* in Staudinger, EGBGB (2001), Art. 40 Rn. 9 und IPR, § 11 Rn. 26. Skeptisch gegenüber den Aussichten einer Entlastung auch *R.Wagner*, IPRax 1998, 433 (zum RegE 1998); *Looschelders*, VersR 1999, 1318; *Junker*, RIW 2000, 247; *Schurig*, GS Lüderitz, S. 704 bei Fn. 26; *Wandt*, RabelsZ 2000, 767.

[168] OLG Bremen 17.10.1991, IPRspr. 1991 Nr. 173b.

[169] BGH 29.1.1991, IPRspr. 1991 Nr. 169 (Vorlagebeschluß); OLG Bremen 21.11.1997, IPRspr. 1997 Nr. 49 – die Revision (BGH 2.2.1999, ZIP 1999, 486) bestätigte die Ausführungen zum anwendbaren Recht.

[170] Begr. RegE 1998, BT-Drs. 14/343, S. 11.

und Erfolgsort ex officio zu befinden ist[171] und ihrer nicht immer einfachen Abgrenzung jetzt größere Bedeutung zukommt als bisher. Dennoch: Weil der Handlungsort mit dem allgemeinen Gerichtsstand des Schädigers typischerweise zusammentrifft, bedeutet dies auf das anwendbare Recht bezogen, daß der vorgesehene prozeßwirtschaftliche Effekt eintritt[172]. Entsprechendes gilt im umgekehrten Fall der (rechtzeitigen) Optionsausübung. Verlangt der Kläger dabei die Anwendung ausländischen Erfolgsortsrechts, bleibt das Gericht aber gemäß § 293 ZPO verpflichtet, dort einschlägige Vorschriften zu prüfen und modo legis causae, d.h. so zu interpretieren und anzuwenden, wie es auch in dem betreffenden Staat geschieht[173,173a].

II. Advokatur

Für die rechtsberatenden Berufe ist mit der Novelle keine Erleichterung verbunden, allerdings auch nicht beabsichtigt.

Der Anwalt kann sich nicht wie beim Optionsrecht alter Fassung darauf verlassen, daß das Gericht von Amts wegen das günstigste Recht anwendet. Er muß vielmehr Art. 40 I 2 EGBGB kennen und daraus die zutreffenden Schlüsse ziehen, denn gemäß § 3 I BRAO ist der Rechtsanwalt der berufene unabhängige Berater und Vertreter in allen Rechtsangelegenheiten. Er

---

[171] *v.Hein*, S. 262.
[172] Z.B. OLG München 9.8.1995, IPRspr. 1995 Nr. 38: Fabrikations- und Vertriebsprozeß von mangelhafter Ware in Deutschland, Schäden durch Verarbeitung in Italien.
[173] Vgl. § 3 öst. IPRG; BayObLG 20.6.1972, MDR 1972, 876 („Der deutsche Richter hat sich vor einem Widerspruch zu feststehender ausländischer Praxis und Lehre zu hüten"); Soergel[12]-*Kegel*, EGBGB, Vor Art. 3 Rn. 188; MünchKomm-*Prütting*, ZPO, § 293 Rn. 57; *Siehr*, IPR, § 52 I 2 b; Zöller-*Geimer*, § 293 ZPO Rn. 24. Die Einsichtnahme und Verwendung von im Rahmen anderer Verfahren eingeholten Gutachten wird wegen der Spezialkenntnisse erfordernden Beurteilung, ob die vorliegende Fallkonstellation gleichgelagert ist, meist rechtsfehlerhaft sein (*Mansel*, IPRax 1999, 387). Besser wendet sich der Richter z.B. an das MPI bzw. (Universitäts-) Institute, verfährt gemäß dem Europäischen Übereinkommen v. 7.6.1968 (BGBl. 1974 II S. 938 und 1975 II S. 300) i.V.m. dem Auslands-Rechtsauskunftsgesetz v. 5.7.1974 (BGBl. I S. 1433) oder aber förmlich infolge Beweisbeschlusses (siehe oben bei Fn. 160). Diese Ermessensausübung wird vom Revisionsgericht immer schärfer überprüft.
[173a] Auf einem anderen Blatt steht, ob das Ideal äquivalenter Güte ganz erreicht werden kann (siehe § 8 B).

genügt den Sorgfaltsanforderungen demzufolge nur, wenn er das deutsche Recht, welches auch in Bezug auf den anwaltlichen Kenntnisstand die Kollisionsnormen einschließt, richtig im Sinne von vertretbar und im objektiven Interesse des Mandanten angewandt hat[174]. Dennoch wird die Bestimmungsbefugnis neuer Gestalt deshalb nicht ohne weiteres zur „Regreßfalle"[175], denn pflichtwidrig handelt der Anwalt bereits dann nicht, wenn er die mögliche Maßgeblichkeit ausländischen Rechts erkennt und bei der Auftragsbearbeitung dadurch berücksichtigt, daß er den Mandanten hierüber aufklärt und mit ihm das weitere Vorgehen abspricht. Ob der Rechtsanwalt aber ausländisches Sachrecht auf dessen Vorteile hin zu untersuchen hat, ist eine Frage des konkreten Schuld-, d.h. Geschäftsbesorgungsverhältnisses nach §§ 611, 675 BGB[176]; dieses sollte, gemäß § 51 a I BRAO, auch die persönliche Haftung regeln[177].

Gleichermaßen für das einseitige Wahlrecht wie auch Art. 42 S. 1 EGBGB gilt deshalb: Nur aufgrund entsprechender Abrede hat der Anwalt zu prüfen, ob im Hinblick auf fremdes materielles (Delikts-) Recht eine Ausübung der Option (Art. 40 I 2 EGBGB) bzw. ein von der Tatortregel abweichender Konsens ratsam und wie auf letzteren hinzuwirken ist. Dieser

---

[174] *Sieg*, S. 111.

[175] So aber *Pfeiffer*, NJW 1999, 3676. Ihm zust. *Junker*, RIW 2000, 247 und *v.Hein*, RIW 2000, 823 bei Fn. 43.

[176] Regelmäßig ist auf den Anwaltsvertrag deutsches Recht anzuwenden: Fehlt eine Übereinkunft i.S.v. Art. 27 I EGBGB, so wird nach Art. 28 II 2 EGBGB die engste Verbindung zu dem Staat vermutet, in dem der Dienstleistende, d.h. der Rechtsanwalt, seine Haupt- oder Zweigniederlassung unterhält; Art. 29 II EGBGB wird eher selten zu einer abw. Anknüpfung führen (vgl. Reithmann/Martiny-*Mankowski*, Int. VertragsR, Rn. 1475 und Zugehör-*Sieg*, HdB Anwaltshaftung, Rn. 171). Ob der Rechtsvertreter im Prozeß eine Wahl treffen kann, besagt seine Vollmacht (siehe § 7 B III).

[177] Besonders gefahrenträchtig ist der Umstand, daß nach § 51 III BRAO i.V.m. § 4 Nr. 1 b AVB für Vermögensschaden-Haftpflichtversicherung der Rechtsanwalt nicht gegen Regresse aus fehlerhafter Tätigkeit im Zusammenhang mit der Beschäftigung und Beratung mit außereuropäischem Recht geschützt ist (vgl. Borgmann/Haug-*Haug*, Anwaltshaftung, Kap. VIII Rn. 13, 40; Zweifel an der Verhältnismäßigkeit hegt *Feuerich/Braun*, BRAO, § 51 Rn. 18). Es handelt sich um einen echten Risikoausschluß, nicht eine verhüllte Obliegenheit (Zugehör-*Römer*, HdB Anwaltshaftung, Rn. 1843); nur auf letztere wäre § 6 VVG anwendbar mit der eventuellen Folge eines dennoch eingreifenden Versicherungsschutzes aus Billigkeitserwägungen im Sinne der sog. Relevanzrechtsprechung (dazu Prölss/Martin-*J.Prölss*, VVG, § 6 Rn. 101).

Pflicht genügt er bei völliger Unbekanntheit des Sachrechts am besten dadurch, einen im Ausland praktizierenden Kollegen hinzuzuziehen[178]; auch ein Gutachten kommt in Frage[178a]. Hat sich der (nicht spezialisierte) „Normalanwalt" ausdrücklich dazu entschlossen, auch das fremde Recht selbst zu bearbeiten, trifft ihn die eingangs beschriebene Pflicht, das jeweilige deliktsrechtliche Problem mit Anspruchsgrundlagen und relevanter Judikatur zu erfassen und umzusetzen, so daß ihm Fehler angelastet werden können[179]. Insoweit hat der Mandant ein begründetes Vertrauen auf die Sachkunde und den Rat seines Bevollmächtigten. Deshalb ergeben sich hier, bei vereinbarter Einbeziehung des ausländischen Rechts, keine Besonderheiten gegenüber dem allgemeinen Pflichtenstandard, welcher über den des Richters durchaus hinauswächst[180]: Der Anwalt geht nicht staatlich-autoritär, sondern in jeder Richtung beratend vor, wobei er vorauszuseh-

---

[178] Dies entspricht der CCBE-Standesregel Nr. 3.1.3. für Rechtsanwälte der EU, derzeitige Fassung v. 28.11.1998, Text u.a. in AnwBl. 2001, 337 ff.; sie ist als Anlage zu § 29 I BO (i.d.F.v. 1.11.2001, letzter Stand 1.1.2003) verbindlich, nachdem die deutsche Anwaltschaft insoweit Satzungskompetenz erlangt hat (§ 59 b II Nr. 9 BRAO), stellt aber eigentlich eine Selbstverständlichkeit dar, weil ihre Beachtung zur gewissenhaften Berufsausübung gehört (Hartung/Holl-*Lörcher*, Anwaltl. BO, CCBE 3.1. Rn. 4). Analog § 664 I 2 BGB wird eine Haftungsbeschränkung auf culpa in eligendo erwogen (so Borgmann/Haug-*Haug*, Anwaltshaftung, Kap. VI Rn. 29, falls die interne Hinzuziehung mit Einverständnis des Klienten erfolgt und objektiv sachgerecht ist; zur gestatteten Substitution auch *v.Westphalen*, FS Geimer, S. 1492 ff.; *Henssler*, JZ 1994, 185 und Reithmann/Martiny-*Mankowski*, Int. VertragsR, Rn. 1524, wenn der Mandant mit dem ausländischen Anwalt einen eigenständigen Vertrag abgeschlossen hat); dagegen befürwortet *Sieg* eine stringente Anwendung des § 278 BGB, dessen Voraussetzungen erst bei sorgfältiger Auswahl, Einweisung und Überwachung nicht vorliegen sollen (S. 173 und *ders.* in Zugehör, HdB Anwaltshaftung, Rn. 319, 322, 325).
[178a] Hierzu § 8 B.
[179] *Sieg*, S. 127, 131, 142 f.; Reithmann/Martiny-*Mankowski*, Int. VertragsR, Rn. 1523; *Heiderhoff*, IPRax 2002, 369; Palandt[61]-*Heinrichs*, § 276 BGB Rn. 41 und *ders.* in dem Ergänzungsband wie der Folgeauflage, jeweils § 280 BGB Rn. 78. Vgl. auch OLG Hamm 14.3.1995, DZWir 1997, 460. Zu undifferenziert, für eine Gleichstellung a priori hingegen BGH 22.2.1972, NJW 1972, 1044; *Henssler*, JZ 1994, 185 sowie *Schütze*, RVerfolgung, Rn. 154. Vgl. auch BGH 7.2.2002, NJW 2002, 1413, zu den Grenzen der Sachverhaltsaufklärung: „Der Rechtsanwalt hat sich nur mit den tatsächlichen Angaben zu befassen, die zur pflichtgemäßen Erledigung des ihm übertragenen Auftrags zu beachten sind".
[180] Zutr. *Sieg*, S. 126 und ferner *v.Westphalen*, FS Geimer, S. 1488 ff. gegen *Hök*, Jur-Büro 1990, 158.

bare und vermeidbare Nachteile verhindern muß[181]; daß er aber seinem Auftraggeber auch den sichersten Weg zum erstrebten Ziel anzuempfehlen hat, wie es ihm der BGH in ständiger Rechtsprechung abverlangt, steht mit dem auf die allgemeinen Verkehrsbedürfnisse ausgerichteten objektiv-abstrakten Sorgfaltsstandard bei einfacher Fahrlässigkeit (§ 276 II BGB)[182] nicht in Einklang[183]. Nicht anzulasten ist dem Anwalt deshalb auch, sollte er es unterlassen haben, das Gericht auf dessen falsche, ggf. einem Hinweis enthaltene Rechtsauffassung seinerseits noch gesondert hinzuweisen[184].

Ein Rechtsvertreter, dessen Mandat die Bearbeitung ausländischen Rechts einschließt, haftet also nach § 280 I BGB wegen positiver Forderungs- als „Pflichtverletzung" nur, falls er dem Klienten vorgeschlagen hat, sich auf die materiell ungünstigere Rechtsordnung einzulassen, ohne ihn hierüber zu

---

[181] Vgl. nur BGH 25.6.1974, NJW 1974, 1865 (1866); 31.10.1985, NJW-RR 1986, 1281; 6.2.1992, NJW 1992, 1159 (1160); 20.10.1994, NJW 1995, 449 (450); 21.9. 1995, NJW 1996, 48 (51); 30.11.1999, NJW-RR 2000, 791 (792) sowie 21.9.2000, NJW 2000, 3560 (3561); OLG Koblenz 9.6.1989, NJW 1989, 2699; Erman-*Ehmann*, § 675 BGB Rn. 77 und Palandt-*Heinrichs*, § 280 BGB Rn. 76, 79 ff.

[182] Vgl. etwa BGH 11.4.2000, NJW 2000, 2812 (2813); *Deutsch*, Allg. HaftungsR, Rn. 403 f.; Erman-*Battes*, § 276 BGB Rn. 19; MünchKomm^4-*Grundmann*, BGB Bd. 2a, § 276 Rn. 55; Palandt-*Heinrichs*, § 276 BGB Rn. 15.

[183] So ganz zu Recht Borgmann/Haug-*Haug*, Anwaltshaftung, Kap. IV Rn. 113 i.V.m. *Borgmann*, ebenda, Kap. V Rn. 20: „Der Superlativ ... ist in dieser Abstraktheit als Maßstab für die Anwaltstätigkeit absurd". Unmöglich kann der Anwalt alle Eventualitäten und jede denkbare, für seinen Mandanten ungünstigere Rechtsmeinung beachten (*Henssler*, JZ 1994, 182).

[184] A.A. BGH, insbesondere v. 25.6.1974, a.a.O. (Fn. 181): „Mit Rücksicht auf das auch bei Richtern nur unvollkommene menschliche Erkenntnisvermögen und die niemals auszuschließende Möglichkeit eines Irrtums ist es die Pflicht des Rechtsanwalts, nach Kräften dem Aufkommen von Irrtümern und Versehen des Gerichts entgegenzuwirken". Ebenso auch schon BGH 17.9.1964, NJW 1964, 2402 (2403) – Strafverteidiger; desweiteren u.a. BGH 24.3.1988, NJW 1988, 3013 (3016) sowie 21.9.1995, a.a.O. (Fn. 181) und 2.4.1998, NJW 1998, 2048 (2050); zur fehlerhaften Anwendung ausländischen Rechts durch das Gericht OLG Hamm 14.3.1995, OLGR 1995, 250 (252). Muß der Anwalt also Fehler des Gerichts nachgerade einkalkulieren? Dies liefe auf eine sicher unverdiente Geringschätzung der Justiz hinaus. So dennoch zuletzt BGH 17.1.2002, NJW 2002, 1048 (1049). Hiergegen richtig das BVerfG in seinem Nichtannahmebeschluß v. 12.8.2002, NJW 2002, 2937 (2938): „Rechtskenntnis und -anwendung sind vornehmlich Aufgabe der Gerichte. (...) Die Gerichte sind verfassungsrechtlich nicht legitimiert, den Rechtsanwälten auf dem Umweg über den Haftungsprozeß auch die Verantwortung für die richtige Rechtsanwendung aufzubürden".

belehren und so eine verantwortliche Entscheidung zu ermöglichen. Dem wird der Anwalt nur gerecht, wenn er auch das Risiko einer bindenden Wahl des Forumsrechts mit ihren Vorteilen abwägt und seinem Mandanten vermittelt.

Zweites Kapitel
Grenzen der Rechtswahl

Von Freiheiten, über deren Grenzen Unsicherheit besteht, läßt sich kein effektiver Gebrauch machen[185]. Auch deshalb können die Parteien ihren Willen nur in den Grenzen des deutschen IPR zur Grundlage der Anwendung eines bestimmten Rechts auf den Haftungsfall erheben. Auf jenem „Teich" schwimmt, um mit *Kegel* zu sprechen, die Rechtswahlfreiheit „wie eine Seerose"[186]. Denn zunächst geht jeder Richter vom eigenen Kollisionsrecht aus. § 293 S. 2 ZPO macht ihm dies zur Pflicht[187]. Bei der Wahlvereinbarung handelt es sich um einen dem deutschen Kollisionsrecht zugehörigen Vertrag eigener Art. Für eine Rechtswahl im Deliktsrecht enthält Art. 42 EGBGB daher unmittelbare Regelungen, welche – insoweit wie Art. 27 EGBGB – die von ihnen erfaßten Fragen selbst beantworten und dies nicht dem berufenen (fremden) Recht überlassen, sog. kollisionsrechtliche Entscheidungsnorm[188]. Was das (bei Wiederholung: zuerst) gewählte oder nach objektiven Grundsätzen anzuwendende Recht hierzu sagt, ist nicht ausschlaggebend. Diese Spezialität im Kollisionsrecht niedergelegter Erfordernisse resultiert aus dem Bestreben des Forums, den Umfang seiner eigenen Rechtswahltatbestände selbst abzustecken (§ 6 B). Sie gilt zweifelsohne für die Zulässigkeit einer Rechtswahl, d.h. deren prinzipielle Erlaubnis (siehe §§ 1, 2 vor A) und die ihr gesetzten Schranken (dazu §§ 3-5 und 7-14); ob gleiches für das Zustandekommen und die Wirksamkeit des Konsenses zutrifft, wird in § 6 A erörtert.

Die Prüfung der Einschlägigkeit etwaiger Rechtswahlbegrenzungen hat mehrere Stationen zu durchlaufen. Sie beginnt mit einer Klärung des sachlichen Anwendungsbereichs von Art. 42 EGBGB, also der Materie, für die eine solche Abrede statthaft ist (§§ 3 und 4; zur Sonderanknüpfung einzelner Ansprüche § 9 A, B). Wann letztere zeitlich erfolgen kann, wird in

---

[185] *Rawls*, A Theory of Justice, S. 176 ff., 210 ff.
[186] *Kegel*, Vertrag u. Delikt, S. 97 – zu sachrechtlicher Vertragsfreiheit und objektivem Recht.
[187] Siehe die Nachw. in Fn. 159. Vgl. auch BGH 28.11.2002, NJW 2003, 426 (427).
[188] Zum Vertragsrecht *v.Bar*, IPR II, Rn. 460 und *E.Lorenz*, RIW 1992, 697. Eingehend *Stankewitsch*, dessen Arbeit hier aber nicht mehr berücksichtigt werden konnte. Vgl. ferner *Mankowski*, RIW 2003, 8 („kollisionsrechtspolitische Strukturentscheidung").

§ 5 dargelegt. Sodann fragt sich, nach Maßgabe welcher Vorschriften eine Rechtswahl gültig wird (§ 6). Ob die Parteien überhaupt frei entschieden haben und mit welchem inhaltlichen Ergebnis, gilt es im Anschluß herauszufinden: Zur Problematik, in der Praxis Rechtswahl und einseitige Optionsbetätigung voneinander abzugrenzen, wurde bereits oben ausgeführt (§ 2 B); § 7 setzt sich mit den Erfordernissen auseinander, die insbesondere an einen konkludenten Vertragsabschluß zu stellen sind. Eine Begutachtung der Reichweite von Wahlabreden folgt beginnend mit § 8; den Schwerpunkt in persönlicher Hinsicht bilden der Schutz des schwächeren Vertragspartners (§ 10) sowie die Rechte Dritter (§ 12). Letztlich, nach einer Verweisung auf ausländisches Recht, wird untersucht, ob dieses sie per se zu akzeptieren hat, oder ein *renvoi* denkbar (§ 13) und auf welche Weise exzessives Schadensrecht abzuwehren ist (§ 14).

§ 3 Auslandsberührung

Gemäß Art. 3 I 1 EGBGB soll das Einführungsgesetz ausschließlich für Sachverhalte „mit einer Verbindung zum Recht eines ausländischen Staates" gelten. Ob dieser Auslandsbezug auch bei Binnensachverhalten, ohne anderweitigen, faktischen Berührungspunkt des Haftungsgrundes durch die Wahl eines fremden Rechts hergestellt werden kann, erscheint fraglich. Schon im internationalen Vertragsrecht ist dies umstritten[189]. Überwiegend nimmt man hier jedoch an, daß es nicht unzulässig ist, wenn das Recht eines Staates gewählt wird und sich das Geschäft objektiv im Sinne eines nach Art. 28 I EGBGB bedeutsamen Kriteriums nur in *einem* (anderen) Land lokalisieren läßt[189a]. Denn die Vorschrift des Art. 27 III EGBGB/Art. 3 III EVÜ statuiert in solchen Fällen der einseitigen Sachverhaltseinbettung die Unabdingbarkeit des materiellrechtlichen ius cogens derjenigen Rechtsordnung, zu welcher die einzige Beziehung besteht, setzt mithin eine gültige Rechtswahl voraus. An die nichtdispositiven Normen des von ihnen abgewählten (deutschen) Rechts, z.B. das in §§ 305 ff. BGB inkorporierte AGBG oder § 276 III BGB, bleiben die Parteien gebunden. Um eine internationalprivatrechtliche Rechtswahl, also die Derogation des an sich, kraft objektiver Anknüpfung maßgeblichen Rechts, handelt es sich folglich nicht[190,190a]. Jener Verdrängungseffekt aber zeichnet die einvernehmliche

---

[189] Abl. *v.Bar*, IPR I, Rn. 540 und *ders.*, IPR II, Rn. 417.

[189a] Deutsche Denkschrift zum EVÜ, BT-Drs. 10/503, S. 24; Reithmann/Martiny-*Martiny*, Int. VertragsR, Rn. 51; *ders.* in MünchKomm³, EGBGB, Art. 27 Rn. 18; Erman-*Hohloch*, Art. 3 EGBGB Rn. 2; Staudinger¹³-*Magnus*, EGBGB, Art. 27 Rn. 117; Palandt-*Heldrich*, Art. 3 EGBGB Rn. 2, Art. 27 EGBGB Rn. 3 und Art. 30 EGBGB Rn. 4.

[190] *Gamillscheg*, ZfA 1983, 327; *Schlunck*, S. 39; *Lüderitz*, IPR, Rn. 273; *Mäsch*, S. 94; *U.Bauer*, S. 42; Reithmann/Martiny-*Martiny*, Int. VertragsR, Rn. 96 und *ders.* in MünchKomm³, EGBGB, Art. 27 Rn. 79; Soergel¹²-*v.Hoffmann*, EGBGB, Art. 27 Rn. 85; *Schröder/Wenner*, Int. VertragsR, Rn. 288; Kegel/Schurig-*Kegel*, IPR, § 18 I 1 c; *Kropholler*, IPR, § 52 II 5 i.V.m. § 40 IV 3 a; *Schwimann*, IPR, S. 105; *Jaspers*, S. 73; *Kühne*, Liber Amicorum Kegel, S. 73 (Rechtswahl materiellrechtlich, was kollisionsrechtlich begründet sei); Staudinger¹³-*Magnus*, EGBGB, Art. 27 Rn. 33, 115. Krit. dagegen aus Sicht des Art. 116 I schweiz. IPRG *Siehr*, FS Keller, S. 504 (einem nationalen Gesetzgeber sei von einer Regelung wie Art. 3 III EVÜ abzuraten).

[190a] Abw. *Ferid*, IPR, Anm. 6–27,3; *E.Lorenz*, RIW 1987, 569 (echte kollisionsrechtliche Rechtswahl für reine Inlandsverträge); *Van Meenen*, S. 45. Auch OLG Frankfurt/Main 1.6.1989, NJW-RR 1989, 1018 (1019): „... eine die Rechtswahl korrigierende Sonderanknüpfung für zwingendes nationales Recht"; *Püls*, S. 174 („beson-

Deliktsstatutsbestimmung gerade aus[191]. Weil eine die kollisionsrechtliche Verweisung ermöglichende Auslandsberührung allein durch die Verabredung fremden Rechts noch nicht begründet wird, läßt sich diese Wirkung entsprechend Art. 3 I 1 EGBGB nur in Konstellationen erreichen, die bereits aufgrund des Haftungsfalls heteronom, d.h. mit mehreren Rechtsordnungen verknüpft sind. Eine Regelung wie die des Art. 27 III EGBGB, welche als Anhaltspunkt für die Gestattung einer Rechtswahl ohne internationalprivatrechtlichen Sachverhalt dienen könnte, ist mit der Reform nicht erfolgt. Der Auslandsbezug erweist sich damit als Zulässigkeitsbedingung für Art. 42 EGBGB[191a]. Zu strenge Anforderungen dürfen an ihn jedoch nicht gestellt werden. Sie sind zwar ohne weiteres erfüllt, wenn ein Teil des Delikts im Ausland begangen wurde, etwa der Beklagte dort seinen Sitz hat und von diesem aus (Handlungsort) eine mißbräuchliche Zwangsvollstreckung in ein Grundstück betrieb, das in der Bundesrepublik (Erfolgsort) belegen ist[192]; doch unabhängig von einer solchen Ubiquität i.S.v. Art. 40 I EGBGB, die selbst Art. 42 S. 1 EGBGB nicht fordert, genügt (erst recht) für Art. 3 I 1 EGBGB jedweder Kontakt, sei er räumlich oder personell. Die bloße Beteiligung eines Ausländers am Kfz-Unfall im Inland z.B. reicht aus. Als Tatsache ist der Auslandsbezug von den Parteien in den Pro-

---

dere Schranke des Parteiwillens, die den Grundsatz der kollisionsrechtlichen Verweisung bei reinen Inlandsfällen nicht ausschließt, sondern nur in ihrer Wirkung beschränkt"); *Pfeiffer*, HdB HGeschäfte, § 21 Rn. 87 (kollisionsrechtliche Verweisung lediglich in den Grenzen der sachrechtlichen). Eine solchermaßen gekürzte Wahlbefugnis ist aber tatsächlich überhaupt kein kollisionsrechtliches Instrument mehr, sondern Ausdruck der internen Privatautonomie auf Ebene des objektiv bereits bestimmten materiellen Rechts. Den Streit empfindet *Schurig*, RabelsZ 1990, 222, als „ziemlich fruchtlos": Handele es sich um eine sachrechtliche „Rechtswahl", betreffe sie ohnehin nur dispositives Recht; nähme man eine kollisionsrechtliche Wahl an, seien die zwingenden Vorschriften – über Art. 27 III EGBGB – ebenfalls anwendbar (a.a.O., 222/223 in Fn. 13). I.d.S. auch Brödermann/Iversen-*Iversen*, EG u. IPR, Rn. 895.

[191] Vgl. nur *Kropholler*, RabelsZ 1969, 641; Staudinger[13]-*v.Hoffmann*, EGBGB, Art. 38 Rn. 145 und *ders.* in Staudinger, EGBGB (2001), Art. 42 Rn. 2; *Hohloch*, NZV 1988, 165; MünchKomm[3]-*Kreuzer*, EGBGB, Art. 38 Rn. 59. Siehe auch § 1 bei Fn. 14 ff.; § 5 B I a.E.; § 6 C und § 11 bei Fn. 591.

[191a] *Freitag/Leible*, ZVglRWiss 2000, 106; a.A. Palandt-*Heldrich*, Art. 42 EGBGB Rn. 1 i.V.m. Art. 27 EGBGB Rn. 3. Anders auch, falls der Kommissionsvorschlag Wirklichkeit werden sollte (dazu § 15 C II i.V.m. I zum RefE).

[192] Vgl. BGH 6.11.1973, IPRspr. 1973 Nr. 137.

zeß einzubringen; bestehen lediglich Anhaltspunkte, so ist der Richter zu entsprechenden Hinweisen gemäß § 139 ZPO verpflichtet[193].

Wenn der Sachverhalt und nicht nur die Rechtswahl grenzüberschreitend ist, könnte letztere durch einen zweiten Aspekt der Auslandsbeziehung begrenzt werden: Hier wird die Frage aufgeworfen, ob sich die Parteien für jedes beliebige Recht entscheiden können. Weil es sich dann aber nicht mehr um den Anwendungsbereich des deutschen IPR überhaupt, sondern bereits das inhaltliche Ausmaß einer nach Art. 42 S. 1 EGBGB gültigen Rechtswahl handelt, soll eine Prüfung auch erst an späterer Stelle vorgenommen werden[194].

---

[193] *Koerner*, S. 54; vgl. § 2 C I 1.
[194] Siehe § 8 A I und II.

§ 4 Unzulässigkeit in einzelnen Sachbereichen

Im folgenden wird geprüft, in welchen Fallgestaltungen eine Rechtswahl statthaft und Art. 42 EGBGB insofern sachlich anwendbar ist.

Als „unerlaubte Handlung", für die Art. 42 EGBGB die Rechtswahl erlaubt, qualifiziert das IPR des Forums jede Art außervertraglicher Verantwortung für ein Schadensereignis, sei es Verschuldens- oder Gefährdungshaftung. Der Begriff wird somit kollisionsrechtlich gebildet[195].

Die Vereinbarung des geltenden Rechts ist in sämtlichen Sachbereichen möglich, für welche erstens die lex loci delicti maßgebend, also der Anwendungsbereich von Art. 40, 41 EGBGB eröffnet ist und in denen zweitens auch keine Sonderanknüpfung die einzelne Forderung ergreift (dazu § 9 A, B). Beschränkungen, welche das Deliktsstatut allgemein betreffen, gelten auch für das parteiautonom erwählte. Fälle der Amtshaftung (§ 839 BGB, Art. 34 GG) werden daher gar nicht erst erfaßt[196]. Im übrigen aber ist eine Rechtswahl prinzipiell, auf jedwedem Gebiet des Deliktsrechts gestattet, auch bei grenzübertretenden Immissionen, die von einem Grundstück ausgehen und sich als unerlaubte Handlung einordnen lassen (z.B. § 1 UmweltHG). Art. 44 EGBGB, der Tatortrecht beruft (Art. 40 I EGBGB), bezieht nur Abwehransprüche auf eigentlich sachenrechtlicher Grundlage ein (insbesondere also § 1004 BGB); hier ist eine Rechtswahl unzulässig

---

[195] Vgl. v.Caemmerer-*W.Lorenz*, S. 120; *Mansel*, Kfz-Halterhaftung, VersR 1984, 98 in Fn. 8; Soergel[12]-*Lüderitz*, EGBGB, Art. 38 Rn. 84; MünchKomm[3]-*Kreuzer*, EGBGB, Art. 38 Rn. 21, 314; Staudinger-*v.Hoffmann*, EGBGB (2001), Vorb. zu Art. 40 Rn. 1 und Art. 40 Rn. 412; Palandt-*Heldrich*, Art. 40 EGBGB Rn. 3 i.V.m. Einl. v. Art. 3 EGBGB Rn. 27.

[196] Begr. RegE 1998, BT-Drs. 14/343, S. 10, stimmt der h.M. zu: OLG Köln 3. 12.1998, NJW 1999, 1555 (1556); RGRK-*Wengler*, IPR 1, § 15 d 4; *Mueller*, S. 176; MünchKomm[3]-*Kreuzer*, EGBGB, Art. 38 Rn. 277; Geigel-*Haag*, HaftpflProz., Kap. 43 Rn. 46; Staudinger-*v.Hoffmann*, EGBGB (2001), Art. 40 Rn. 109; Palandt-*Heldrich*, Art. 40 EGBGB Rn. 15; Bamberger/Roth-*Spickhoff*, Art. 40 EGBGB Rn. 8. Danach gilt auch bei Begehung im Ausland deutsches Recht als dasjenige des entsendenden Amtsstaates. Diese kollisionsrechtliche Sonderbehandlung ergibt sich aus dem völkerrechtlichen Grundsatz der Staatssouveränität. Andeutungsweise i. d.S. auch bereits BGH 10.11.1977, IPRspr. 1977 Nr. 29 (in BGHZ 70, 7 ff. nicht wiedergegeben).

und kann deshalb auch nicht über Art. 46 EGBGB zur Geltung kommen, da sonst die gesetzgeberische Entscheidung konterkariert würde[197].

Von dem Grundsatz, daß die für Art. 42 EGBGB einschlägige Materie an jene der objektiven Anknüpfungen gekoppelt ist, sind im Wege einer teleologischen Reduktion Ausnahmen zu machen, wenn die Rechtswahlnorm zwar ihrem Wortlaut nach (stets) zutrifft, dieser aber, an der ratio legis bemessen, zu weit gefaßt ist[198]. Art. 42 EGBGB drängt zu der Annahme, daß er für alle Ereignisse gilt, durch die sich außervertragliche, hier deliktische Schuldverhältnisse begründen. Weil er aber die im Mittelpunkt der Diskussion stehenden Sektoren des Wettbewerbs- und Immaterialgüterrechts nicht explizit anführt, könnte er insoweit zu extensiv geraten sein, zumal sich die Legislative hier auch einer objektiven Regelung in Art. 40 EGBGB bewußt enthalten hat[199]. Möglicherweise gebietet Art. 42 EGBGB also eine restriktive Handhabe. Das nur, wenn der Gesetzeszweck verwirklicht und ein mit ihm unvereinbares, daher widersinniges Ergebnis, welches aufgrund einer formallogischen Subsumtion eintreten kann, vermieden wird[200]. Die Ratio einer jeden Norm kann somit verlangen, von deren Anwendung abzusehen, obgleich diese allein nach dem Text zu urteilen, zutreffen würde. Auch Art. 42 EGBGB ist als Teil einer gerechten und zweckmäßigen Ordnung zu ver-

---

[197] Das internationale Sachenrecht kennt keine Parteiautonomie (Fn. 238). Vgl. § 5 A I 1 zum Ausschluß einer antezipierten, mithin nicht gestatteten Deliktsrechtswahl im Rahmen des Art. 41 EGBGB. Wie hier Erman-*Hohloch*, Art. 44 Rn. 12. BT-Drs. 14/343, S. 19, läßt dagegen erkennen, daß auch eine Rechtswahl der Parteien als Indiz für das Vorliegen einer wesentlich engeren Verbindung gewertet werden könnte: „ausnahmsweise ... (nur) für ihre Beziehungen untereinander". I.d.S., zurückhaltend, *A.Staudinger*, DB 1999, 1594; *Ch.Wolf*, S. 70; Palandt-*Heldrich*, Art. 46 EGBGB Rn. 3; Bamberger/Roth-*Spickhoff*, Art. 44 EGBGB Rn. 3. *Junker*, RIW 2000, 252, gibt allerdings zu Bedenken, daß die Begr. vorher (a.a.O., S. 16) einer „objektiv nachvollziehbaren Anknüpfung" das Wort redet. Eine mittelbare Berücksichtigung des Parteiwillens wäre darum mehr als fragwürdig.

[198] Zu dieser – über die einengende Auslegung hinausgehenden – Argumentationsform siehe *Brandenburg*, *Canaris* und *Larenz*, alle a.a.O. (Fn. 9). Sie ist verfassungsgemäß: BVerfG 19.6.1973, BVerfGE 35, 263 (279); 30.3.1993, BVerfGE 88, 145 (166 f.).

[199] Fn. 92.

[200] Zur Interpretation von Gesetzen vgl. schon RG 17.10.1933, RGZ 142, 36 (40 f.) und BGH 23.5.1951, BGHZ 2, 176 (184). Ferner Soergel[13]-*Hefermehl*, BGB, Anh. § 133 Rn. 1, 7; MünchKomm[4]-*Säcker*, BGB, Einl. Band 1 Rn. 128 und Palandt-*Heinrichs*, Einl. Rn. 38, 41.

stehen, der er sich nicht widersetzen will bzw. darf. Mit dieser Vorgabe ist Art. 42 EGBGB zu untersuchen, zuerst für das Wettbewerbsrecht (A), dann im IPR der Immaterialgüter (B).

A. Wettbewerb

Für das Wettbewerbsrecht gilt es erstens, den Ausgangspunkt der objektiven Anknüpfung zu klären (I), um zweitens die (Un-) Möglichkeit einer subjektiven Statutsbestimmung herauszustellen (II).

I. Marktort statt Herkunftsland

Das eigentliche internationale Wettbewerbsrecht erfaßt nur solche unlauteren oder lediglich nicht erlaubten Handlungen, die sich gegen den zu schützenden Leistungswettbewerb richten. Nicht unmittelbar durch eine Marktstörung gekennzeichnete Fallgruppen sog. betriebsbezogener Wettbewerbsrechtsverletzungen (z.B. Geheimnisverrat nach §§ 17 ff. UWG oder Rufausbeutung) werden zum allgemeinen, bürgerlichen Deliktskollisionsrecht gezählt[201]. Hier sind Interessen der Allgemeinheit und der Abnehmer nur am Rande tangiert. Auf marktgerichtete Wettbewerbsverstöße ist dagegen das Recht der wettbewerblichen Interessenkollision anwendbar (Marktort)[202]. Diese Anknüpfung hat den Vorzug, einheitliche Wettbewerbsbedingungen für alle Konkurrenten auf einem bestimmten Markt zu gewährleisten und setzt eine klare Orientierungsmarke für den Verkehr wie für die

---

[201] Im letzteren Fall bliebe es bei der allgemeinen Tatortregel, vgl. Art. 40 II Nr. 2 HS 2 RefE 1984 (sofern „allein oder überwiegend die Geschäftsinteressen eines bestimmten Mitbewerbers betroffen sind") und das Schrifttum (v.Caemmerer-*Kreuzer*, S. 282; *ders.* in MünchKomm³, EGBGB, Art. 38 Rn. 236 f.; *van Meenen*, S. 121 f., 131, 147; *Sack*, WRP 2000, 273; Staudinger-*v.Hoffmann*, EGBGB (2001), Art. 40 Rn. 347 i.V.m. 324 f.; *Höder*, S. 36; auch *Beater*, Unl. Wettb., § 31 Rn. 18, der die Verletzung wettbewerblicher Kollektivinteressen demgegenüber nach den in § 130 II GWB genannten Kriterien beurteilen will, Rn. 36). Freilich sind bei einer Interpendenz der Marktvorgänge reine Individualverletzungen im wettbewerblichen Bereich schon wegen ihrer Nachahmungsgefahr kaum mehr denkbar (Münchener MPI, GRUR Int. 1985, 107; *Einsele*, RabelsZ 1996, 430). Oft wird die Abgrenzung daher schwierig sein. Eine Geschäftsehrverletzung etwa kann die Wettbewerbsposition des betroffenen Unternehmens funktionswidrig verschlechtern. Teils lehnt man die Unterscheidung, wie sie die h.L. vornimmt, deshalb ab (so Staudinger[13]-*Fezer*, Int. WirtschR, Rn. 327 ff., 422, 471, 482, 604).

[202] Siehe Fn. 109.

Betroffenen. Freilich hat auch das sog. Herkunftslandprinzip, wonach auf das Heimatrecht des Leistungserbringers abzustellen ist, also das genaue Gegenteil zur Marktortanknüpfung, Befürworter gewinnen können, und zwar verstärkt unter dem Blickwinkel des Europarechts.

Im Anschluß an das GB-INNO-Urteil des EuGH[203] stellt man die Frage, ob hier nicht ein EG-Kollisionsrecht des unlauteren Wettbewerbs im Werden begriffen sei[204]. Teils wird i.d.S. aus Art. 28, 30, 49 ff. EG eine (vergemeinschaftete) Kollisionsnorm abgeleitet, welche auf das Herkunftsland verweise und gemäß Art. 3 II 2 EGBGB die traditionelle Marktortanknüpfung verdränge[204a]; zumindest seien beide Prinzipien nebeneinander anzuwenden und das im konkreten Fall weniger beschränkende Wettbewerbsrecht entscheide (favor offerentis)[204b]. Diese Überlegungen können jedoch

---

[203] EuGH 7.3.1990, Slg. 1990, I-667, 683 ff., Tz. 21 – GB-INNO-BM ./. Conféderation du commerce luxembourgeois. Ein Verstoß gegen Art. 30 EWGV (Art. 28 EG) liegt demnach vor, wenn auf eine Werbeaktion, die in einem anderen Mitgliedstaat (hier: Belgien) rechtmäßig durchgeführt worden ist, nationale Rechtsvorschriften angewandt werden, welche die betreffende grenzüberschreitende Maßnahme verbieten (luxemburgische Verordnung) und die Anwendung des strengeren Importstaatsrechts nicht durch zwingende Erfordernisse oder Art. 36 EWGV (Art. 30 EG) gerechtfertigt ist. Diese Rspr. erscheint jedoch insoweit überholt, als der EuGH im Strafverfahren ./. B. Keck und D. Mithouard die Regelung bestimmter Verkaufsmodalitäten vom sachlichen Anwendungsbereich des jetzigen Art. 28 EG ausgenommen hat (24.11.1993, Slg. 1993, I-6097, 6126 ff., Tz. 17 f.); zu diesen Umständen zählen allgemeine (d.h. nicht spezifisch produktbezogene) Werbemaßnahmen als Formen der Absatzförderung für Waren und Dienstleistungen (EuGH 9.2.1995, Slg. 1995, I-179, 209 ff., Tz. 22 – Société d'importation Édouard Leclerc-Siplec ./. TF1 Publicité SA und M6 Publicité SA; EuGH 28.10.1999, Slg. 1999, I-7599, 7622 ff., Tz. 45 ff. – Arbeitsgemeinschaft Deutscher Rundfunkanstalten (ARD) ./. Pro Sieben Media AG).

[204] *Jayme/Kohler*, IPRax 1991, 369 (es könne nun nicht mehr darauf ankommen, wo sich die wettbewerblichen Interessen gegenüberstehen); zutr. korrigiert in IPRax 1992, 348 (keine Entwicklung eines EG-Sonderkollisionsrechts; es ginge vielmehr um Berichtigungen des Anwendungsresultats von nationalen Normen, wenn Grundfreiheiten betroffen sind); anders wieder *dies.* in IPRax 1993, 371 (viel spreche dafür, daß die klassische nationale Kollisionsregel durch Art. 30 EWGV „überlagert" werde).

[204a] So im Grundsatz *Drasch*, S. 321.

[204b] *Basedow*, RabelsZ 1995, 50 sowie i.E. schon Brödermann/Iversen-*Brödermann*, EG und IPR, Rn. 409. Ähnlich lautet auch der Vorschlag von *Grandpierre*, S. 189, 206: Alternativ zur Grundanknüpfung an den Marktort soll das Recht des Herkunftslandes berufen sein, wenn dieses die Allgemeininteressen des Marktortstaates

nicht überzeugen. In primärem Gemeinschaftsrecht sind nach zutreffendem Verständnis keine Kollisionsnormen „versteckt". Explizit hat auch der EuGH nie einer Grundfreiheit kollisionsrechtliche Eigenschaften zugesprochen. Vielmehr ermittelt er zunächst stets den Inhalt des vom nationalen Gericht konkret auf den Sachverhalt angewendeten Rechtssatzes, nimmt das kollisionsrechtliche Ergebnis also hin, um es dann daraufhin zu überprüfen, ob ihm – gemessen am Maßstab der Art. 28, 30 EG – eine Beschränkung des zwischenstaatlichen Handels innewohnt[205]; erst bei diesem zweiten Schritt greift er auf die rechtlichen Wertungen des Mitgliedstaates zurück, aus dem die Ware stammt, wobei deren vergleichsweise mindere Strenge eine Vertragsverletzung vermuten läßt[206]. Diese Berücksichtigung des fremden (Herkunftsland-) Rechts bei der Beurteilung der Zulässigkeit einer Vermarktung im Bestimmungsstaat verleiht der Grundfreiheit noch keinen kollisionsrechtlichen Charakter. Kollisionsnormen sind nur solche

---

verwirklicht und dem Anbieter günstiger ist. Damit wird der Rechtsanwender aber vor nicht handhabbare Bewertungsprobleme gestellt, und von uniformen Marktkonditionen bleibt nicht viel, denn einzelne Akteure können so in gewissem Umfang „ihr" Recht mitbringen (abl. etwa *Klinke*, Liber Amicorum Kegel, S. 31).

[205] Jede Regelung der Mitgliedstaaten, die geeignet ist, innergemeinschaftliche Transaktionen unmittelbar oder mittelbar, tatsächlich oder potentiell zu behindern, ist als Maßnahme mit gleicher Wirkung wie eine mengenmäßige Beschränkung anzusehen (ständige Rspr. des EuGH seit 11.7.1974, Slg. 1974, 837 ff., Tz. 5 – Staatsanwaltschaft ./. B. und G. Dassonville). Für eine mögliche Rechtfertigung kommt der Beachtung des Verhältnismäßigkeitsgrundsatzes besondere Bedeutung zu (vgl. EuGH 20.2.1979, Slg. 1979, 649 ff., Tz. 13 f. – Rewe-Zentral-AG ./. Bundesmonopolverwaltung für Branntwein, bekannt geworden unter dem Stichwort „Cassis de Dijon").

[206] Vgl. EuGH 22.1.1981, Slg. 1981, 181 ff., Tz. 15 – Dansk Supermarked ./. Imerco (Gemeinschaftsrecht verhindert prinzipiell nicht, daß in einem Mitgliedstaat die dort geltenden Vermarktungsvorschriften auf die aus anderen Mitgliedstaaten eingeführten Waren angewendet werden); EuGH 27.9.1988, Slg. 1988, 5483, 5505 ff., Tz. 23 – The Queen ./. Daily Mail und General Trust plc (EWGV betrachtet mitgliedstaatliche Anknüpfungsunterschiede im Gesellschaftsrecht als Probleme, welche durch die Bestimmungen über die Niederlassungsfreiheit nicht gelöst sind); EuGH 13.5.1997, Slg. 1997, I-2405, 2441 ff., Tz. 64 – Bundesrepublik Deutschland ./. Europäisches Parlament und Rat der Europäischen Union (Kontrolle aus Sicht des Herkunftsstaates ist kein im Vertrag verankerter Grundsatz). Deutlich die Mitteilung der Kommission zu Auslegungsfragen über den freien Dienstleistungsverkehr und das Allgemeininteresse in der Zweiten Bankenrichtlinie 97/C 209/04 (ABl.EG 1997 Nr. C 209/20): „Grundsätzlich stellt nicht der Mechanismus der Bestimmung des geltenden Rechts eine Behinderung dar, sondern das Ergebnis, zu dem er hinsichtlich des materiellen Rechts führt".

87

Vorschriften, deren Rechtsfolge in der Bestimmung derjenigen Rechtsordnung besteht, welche den tatbestandlichen Sachverhalt beherrscht[207]. Der EuGH jedoch geht vorab von der Geltung des von den mitgliedstaatlichen Gerichten anhand ihres IPR gefundenen Wettbewerbsstatuts, d.h. für Deutschland des Marktortrechts aus. Wenn die Grundfreiheiten demnach nationale lauterkeitsrechtliche Sachnormen des Verbringungslandes für unanwendbar erklären, so handelt es sich allein um die durch höherrangiges Recht erfolgende Anordnung der punktuellen Unwirksamkeit einer Vorschrift des kollisionsrechtlich berufenen nationalen Wettbewerbssachrechts. Das anzuwendende materielle Recht wird eben nicht neu bestimmt, sondern nur die Nichtanwendung der als europarechtswidrig bewerteten Sachnorm angeordnet[208]. Der EG-Vertrag enthält oder gebietet daher kein Herkunftslandprinzip.

Gleiches wird nun für die E-Commerce-Richtlinie v. 8.7.2000 vorgebracht; diese schaffe kein sekundärgemeinschaftliches Kollisionsrecht[209]. Allerdings gilt es zu berücksichtigen, daß sekundäres Gemeinschaftsrecht durchaus anders ausgestaltet sein kann als primäres, soweit es dabei den von letzterem gezogenen Rahmen nicht sprengt[210]. Der Schluß, das in Art. 3 I

---

[207] Vgl. die Legaldefinition in Art. 3 I 1 EGBGB. Zum Begriff statt vieler *Niederer*, IPR, S. 133; *Raape/Sturm*, IPR I, § 1 I 2; *Schurig*, KollN u. SachR, S. 58, 87; *Ferid*, IPR, Anm. 1–3,1 und –10; *Lüderitz*, IPR, Rn. 17 i.V.m. Rn. 50 f.; *Kropholler*, IPR, § 13 II; *Siehr*, IPR, § 44 I 3 i.V.m. § 47 II 1, IV 1.

[208] Vgl. *Duintjer-Tebbens*, RCDIP 1994, 474 ff.; *Kotthoff*, S. 23 f.; *Sonnenberger*, ZVglRWiss 1996, 13, 26 und in MünchKomm³, EGBGB, Einl. IPR Rn. 159; *Kreuzer*, ebenda, Art. 38 Rn. 227a; *dens.*, in: Müller-Graff, Gemeinsames PrivatR, S. 513; *Freitag*, S. 308 f.; 319; Staudinger¹³-*Fezer*, Int. WirtschR, Rn. 342, 433 ff. und *Fezer/Koos*, IPRax 2000, 350; *W.-H.Roth*, GS Lüderitz, S. 646; *ders.*, in: Systemwechsel, S. 53 ff. sowie *Wilderspin*, ebenda, S. 84; *Sack*, WRP 2000, 281; *Thünken*, IPRax 2001, 19; Staudinger-*v.Hoffmann*, EGBGB (2001), Vorb. zu Art. 38 ff. Rn. 8 i.V.m. Art. 40 Rn. 295; *Vianello*, S. 109; *Beater*, Unl. Wettb., § 31 Rn. 4 f.; *Höder*, S. 159 ff., 179 f.; *Lurger/Vallant*, RIW 2002, 193; *Schaub*, RabelsZ 2002, 32 ff.; *Bruinier*, S. 59 f., 156 ff.; Bamberger/Roth-*St.Lorenz*, EGBGB Einl. IPR Rn. 25 in Fn. 58.

[209] So LG Frankfurt/Main 9.11.2000, IPRspr. 2000 Nr. 101; Staudinger¹³-*Fezer*, Int. WirtschR, Rn. 449 und *Fezer/Koos*, IPRax 2000, 352 f.; *Sonnenberger*, ZVglRWiss 2001, 126; *Höder*, S. 187 ff.; *v.Hoffmann*, IPR, § 11 Rn. 54; *Spindler*, in: Systemwechsel, S. 111, 116 sowie *Wilderspin*, ebenda, S. 85.

[210] Speziell zum E-Commerce: *Mankowski*, ZVglRWiss 2001, 139 wie *Thünken*, a.a.O. (Fn. 208).

ECRL²¹¹ enthaltene Herkunftslandprinzip sei – wie im Primärrecht – sachrechtlich zu verstehen, ist also keineswegs zwingend. Gegen eine internationalprivatrechtliche Lösung spricht auch nicht das erklärte Ziel des Normgebers selbst. Er hat keine Definitionsgewalt darüber, was IPR (nicht) ist. Sowohl in Art. 1 IV ECRL als auch Erwägungsgrund Nr. 23 S. 2 der Richtlinie wird davon ausgegangen, daß es sich nicht um IPR handele²¹². Jenem Motiv wurde aber mit Art. 3 I ECRL kein Regelungsgehalt verliehen. Diese „narrative" Norm kann daher keine Sperre gegen eine systematische Auslegung aufbauen²¹³. Im Konflikt zwischen Deklaration und Realität setzt sich letztere durch²¹³ᵃ. Erwägungsgrund Nr. 22 S. 4 ECRL hellt auf, um was es eigentlich geht. Ihm nach sollen die Dienste der Informationsgesellschaft grundsätzlich dem Rechtssystem desjenigen Mitgliedstaates unterworfen werden, in welchem der Anbieter niedergelassen ist. Beschrieben wird damit eine kollisionsrechtliche Verweisung²¹⁴. Andere mögliche Anknüpfungspunkte werden in dieser Bestimmung durch den des Herkunftslandes (Niederlassung des Diensteanbieters) ersetzt. Dies ist eine unverkennbare Abkehr von den bisherigen Regeln des IPR für Wettbewerbsdelikte. Art. 3 I ECRL hat zudem Art. 2 I der Fernseh-Richtlinie zum Vorbild; letzterer gibt zweifelsfrei eine Kollisionsnorm vor²¹⁵. Am 1.1.2002 ist

---

[211] Wortlaut: „Jeder Mitgliedstaat trägt dafür Sorge, daß die Dienste der Informationsgesellschaft, die von einem in seinem Hoheitsgebiet niedergelassenen Diensteanbieter erbracht werden, den in diesem Mitgliedstaat geltenden innerstaatlichen Vorschriften entsprechen, die in den koordinierten Bereich fallen".

[212] Nach *Mankowski*, ZVglRWiss 2001, 141, ist diese Behauptung „bestenfalls Verbalequilibristik, schlimmstenfalls eine bewußte Irreführung"; so auch *ders.*, IPRax 2002, 257.

[213] Staudinger-*v.Hoffmann*, EGBGB (2001), Art. 40 Rn. 299.

[213a] *Mankowski*, IPRax 2002, 258.

[214] So auch die Feststellung des juristischen Dienstes des Rates der EU anläßlich der Beratungen zur ECRL im September 1999, auf die *Tettenborn/Bender/Lübben/Karenfort* Bezug nehmen (BB-Beil. 10/2001, S. 10 in Fn. 37); *Mankowski*, GRUR Int. 1999, 912 f.; *ders.*, ZVglRWiss 2001, 140 ff., 179 f. Ferner *Vianello*: „.... gleichbedeutend mit einer Verweisung auf das materielle Recht des Herkunftslandes" (S. 287), ergo „kollisionsrechtliche Vereinheitlichungsbemühung" (S. 307); *Lurger/Vallant*, RIW 2002, 198; *Schaub*, RabelsZ 2002, 34; Palandt-*Heldrich*, Art. 40 EGBGB Rn. 11 (anders noch in der Vorauflage).

[215] Vgl. Fn. 109.

89

das TDG n.F. in Kraft getreten[216]. Sein § 4 I zeigt[217], daß die Herkunftslandregel als dem IPR zugehörig behandelt wird und sonstige Verweisungsnormen verdrängt. Es gilt das Recht des Diensteanbieters. Auf dem Anwendungsfeld von ECRL und TDG, die einen Großteil aller europäischen Internet-Werbesachverhalte erfassen[218], wird es somit einen Einschnitt für wettbewerbsrechtliche Fälle im Binnenmarkt geben, und auch das bürgerliche Deliktskollisionsrecht bleibt nicht unberührt[219]. Die überkommene Anknüpfung kehrt sich um und bricht eine Diskrepanz zum Gerichtsstand der § 24 II 1 UWG, § 32 ZPO bzw. Art. 5 Nr. 3 EuGVVO auf[220]; auch mit den Arbeiten am VO-Entwurf „Rom II" ist sie nicht le-

---

[216] Kernpunkt des EGG v. 14.12.2001. Zuvor befürwortete *Thünken* die Geltung des Herkunftslandprinzips durch richtlinienkonforme Auslegung des Art. 41 I EGBGB (IPRax 2001, 20, 22).

[217] Wortlaut: „In der Bundesrepublik Deutschland niedergelassene Diensteanbieter und ihre Teledienste unterliegen den Anforderungen des deutschen Rechts auch dann, wenn die Teledienste in einem anderen Staat innerhalb des Geltungsbereichs [der ECRL] geschäftsmäßig angeboten oder erbracht werden". Bedauerlich ist, daß Art. 1 IV ECRL von § 2 VI RegE kopiert (BT-Drs. 14/6098, S. 5, 15) und Gesetz wurde. Krit. *Jayme/Kohler*, IPRax 2002, 463; eine „Regelungspanne" diagnostizieren *Lurger/Vallant*, RIW 2002, 199 (sie ist den Österreichern nicht unterlaufen (E-Commerce-Gesetz, öst. BGBl. I Nr. 152/2001)).

[218] Art. 3 III i.V.m. dem Anh. ECRL bzw. § 4 IV TDG n.F. sieht einige wichtige Ausnahmen vor, z.B. das sog. *spamming* (nicht angeforderter Versand kommerzieller E-Mails – zu ihm u.a. LG Berlin 16.5.2002, NJW 2002, 2569 (2570 ff.) und der Überbl. der Redaktion in JurPC Web-Dok. 47/2000); auch das internationale Immaterialgüterrecht bei Internet-Sachverhalten wird ausgenommen.

[219] Vor allem Ehrverletzungsklagen, wie dem Katalog des Art. 3 IV lit. a ECRL (§ 4 V Nr. 1 TDG) zu entnehmen; im Rahmen der Produkthaftung wird die bisherige (umstrittene, siehe Fn. 96 ff.) Anknüpfung bei Onlinevertrieb von Waren oder Informationen verdrängt.

[220] Wenn man die zum IPR entwickelten Grundsätze auch im Rahmen des Verfahrensrechts anwendet (zum Gleichlauf Fn. 66). Nach e.A. ist internationalkompetenzrechtlich am Nebeneinander von Handlungs- und Erfolgsort festzuhalten; bloß sei letzterer wettbewerbsrechtlich im Sinne des Marktortes zu konkretisieren (*Baumbach/Hefermehl*, WettbR, Einl. UWG Rn. 193a, 194 und § 24 UWG Rn. 6; Staudinger-*v.Hoffmann*, EGBGB (2001), Vorb. zu Art. 40 Rn. 102; auch OLG Bremen 17.2.2000, CR 2000, 770 (771)). Überw. aber wird der Begehungsort ausschließlich als Stätte der wettbewerblichen Interessenüberschneidung verstanden (*Kropholler*, in: HdB IZVR I, Kap. III Rn. 382; *Schack*, IZVR, Rn. 300; *Gloy-Schütze*, HdB WettbR, § 97 Rn. 16; für die Interessentenklage – vgl. §§ 13 II, 24 II 2 UWG – *Lindacher*, FS Nakamura, S. 329, 336 sowie *Vianello*, S. 297): Es gibt nur den

gislativ abgestimmt (dazu § 15 C). Insgesamt ist diese Neuerung nicht zu begrüßen[221]. Das Herkunftslandprinzip lädt zu einem *race to the bottom* ein – die beweglichen Unternehmen verlegen ihren Sitz in Niedrigstandardländer oder gründen dort Tochtergesellschaften. Zugleich droht eine Inländerdiskriminierung, wenn deutsche Unternehmen ihren Sitz nicht ins Ausland verlagern und auf dem Heimatmarkt die Konkurrenz von Anbietern zu gewärtigen haben, für die liberalere Vorschriften gelten. Jeder Marktteilnehmer führt hier sein eigenes Recht mit sich, was den Wettbewerb verzerrt und Rechtsunsicherheit erzeugt.

II. Allgemein- wider Individualinteressen

Grundsätzlich aber lautet die nationale Entscheidung – nach wie vor – zugunsten des Marktortes (Art. 40 I EGBGB), falls nicht das subsidiäre allgemeine Deliktskollisionsrecht entscheidet. Hier eine ggf. anderweitige Wahl des Statuts zuzulassen, begegnet durchgreifenden Bedenken. Richtigerweise ist von dieser Befugnis eine Ausnahme für wettbewerbliche Verstöße zu machen, soweit sie nicht nur bilateral, sondern marktorientiert sind, d.h. typischerweise Dritt- und Allgemeininteressen betreffen. Zwar ging das Kammergericht 1993 davon aus, deutsches Recht könne für Wettbewerbsverstöße nachträglich vereinbart werden[222]; der Sachverhalt wäre aber bei korrekter Qualifikation lege fori nicht dem Wettbewerbsrecht zuzuordnen, sondern nach bürgerlichem Deliktsrecht zu beurteilen gewesen, so daß in casu auch keine Bedenken gegen eine Rechtswahl bestanden[223].

Erfolgsort, und zwar im Bestimmungsstaat, bzw. er fällt dort mit dem Handlungsort zusammen – ein dem Herkunftslandprinzip diametral entgegengesetztes Resultat.

[221] Siehe nur die Kritik von *Mankowski*, GRUR Int. 1999, 913-915 und ZVglRWiss 2001, 158-168; ferner *Höder*, S. 204 ff. Auch Bamberger/Roth-*Spickhoff*, Art. 40 EGBGB Rn. 46, vermag einen wirklichen Grund für ein derartiges „Online-Werbungs-EU-Sonder-Wettbewerbskollisionsrecht" nicht auszumachen.

[222] KG 13.8.1993, IPRspr. 1993 Nr. 124. Streitbefangen war hier die Behauptung eines Berliner Beuys-Experten, es handle sich bei in der Mailänder Brera von einem Wiener Galeristen ausgestellten Werken in der Mehrzahl um Fälschungen.

[223] Vgl. MünchKomm³-*Kreuzer*, EGBGB, Art. 38 in Fn. 938; *v.Hein*, RabelsZ 2000, 599.

Die Unzulässigkeit einvernehmlicher Rechtskür im internationalen Wettbewerbsprivatrecht entspricht der vorherrschenden Ansicht[224]; sie hat auch nach Kodifikation des prima vista offenen Art. 42 EGBGB ihre Berechtigung. Der Gesetzgeber wollte hier keineswegs Parteiautonomie schaffen. Er hat im Gegenteil die strukturellen Unterschiede zum allgemeinen Deliktsrecht herausgestellt[225] und, wie schon vor A erwähnt, keine Sondertatbestände geschaffen. Art. 42 I RefE 1984, der bei gleichzeitiger Normierung des Marktortprinzips (Art. 40 II Nr. 2) eine Rechtswahlmöglichkeit vorsah, wurde nicht rezipiert. Anders in Österreich. § 35 I IPRG gibt für das gesamte internationale Schuldrecht den Parteien die Gelegenheit zur Rechtswahl. Diese soll auch im Bereich des § 48 IPRG bestehen, der neben dem allgemeinen Deliktskollisionsrecht in Abs. 2 auch das IPR des unlauteren Wettbewerbs regelt. Desto bemerkenswerter ist, daß in der Literatur eine Rechtswahl im hier fraglichen Bereich fast durchweg abgelehnt wird[226].

Das Wettbewerbsrecht zeichnet sich durch seine Eigenständigkeit aus, die auch internationalprivatrechtlich Bedeutung hat. Es geht nicht wie sonst im Recht der unerlaubten Handlungen allein um die Regelung individueller Interessenkonflikte durch gerechte Schadensverteilung zwischen Delinquenten und Verletztem, sondern vielmehr auch um das Anliegen der All-

---

[224] *F.Reichert-Facilides*, FS Hartmann, S. 211 f.; v.Caemmerer-*Kreuzer*, S. 280; Münchener MPI, GRUR Int. 1985, 108; *v.Bar*, IPR II, Rn. 698; *Czempiel*, S. 82; *Einsele*, RabelsZ 1996, 428 ff.; a.A. Gloy-*Wilde*, HdB WettbR, § 6 Rn. 55, doch undifferenziert unter der Überschrift „Fakultatives Kollisionsrecht" und zugleich in Frage stellend, ob eine Rechtswahlregel praktische Bedeutung gewinne. Zur n.F.: Staudinger[13]-*Fezer*, Int. WirtschR, Rn. 343 a.E. i.V.m. 470; *Sack*, WRP 2000, 285; *Kropholler*, IPR, § 53 VI 1; *Vianello*, S. 134 ff; *Beater*, Unl. Wettb., § 31 Rn. 19; *Kadner Graziano*, Gemeineurop. IPR, S. 339/340 und Leitsatz § 7 S. 2 auf S. 492, 608; anders offenbar *Baumbach/Hefermehl*, WettbR, Einl. UWG Rn. 192b a.E. Für die Frage der Widerrechtlichkeit auch *Seidel*, S. 158 f.; welche Schäden zu ersetzen sind und wer die Beweislast trägt, seien abspaltbare, der Parteiautonomie zugängliche Fragen (hiergegen § 8 C, D). Einen abw., aber – wie oben ausgeführt – unzutr. Ansatz verfolgt *Drasch*, S. 344: Rechtswahl zugunsten des Herkunftslandes respektiert, soweit nicht das Allgemeinwohl im Bestimmungsstaat eine Anwendung seiner Regeln rechtfertigt.

[225] Begr. RegE 1998, BT-Drs. 14/343, S. 10.

[226] *F.Reichert-Facilides*, a.a.O. (Fn. 224); *Schwind*, IPR, Rn. 482 und *Schwimann*, IPR, S. 80. So auch OGH 14.1.1986, GRUR Int. 1986, 735 (736). Zur Auffassung *Wiltscheks* übernächste Fn.

gemeinheit, daß der unverfälschte Leistungswettbewerb bewahrt werde[227]. Andere Marktbeteiligte, besonders die Konsumenten, sind von Beeinträchtigungen eines unlauteren Wettbewerbsverhaltens zu schützen. Es sind also Belange von Personen im Spiel, die ihrerseits an dem (deliktischen) Rechtsverhältnis der betroffenen Wettbewerber unmittelbar nicht Anteil nehmen: Läßt sich der Kläger, wohl nur infolge Irrtums, auf die Wahl eines großzügigeren als des an sich berufenen Rechts ein, erlaubt ersteres also das Wettbewerbshandeln, während es nach letzterem verboten wird, dann bleiben beeinträchtigte Drittinteressen schutzlos; durch Vereinbarung eines strengeren Rechts dagegen würden die Parteien eine kartellähnliche Wettbewerbsbeschränkung erreichen[228]. Auch der den Markt ordnende nationale Normgeber wäre betroffen, wenn sein sonst anwendbares Recht durch Parteivereinbarung abbedungen würde. Zudem gilt es, die Rechtsgleichheit aller Konkurrenten auf dem Markt zu erhalten. Eine Rechtswahl, die ja konkret und individuell erfolgt, würde diesem Gebot nicht gerecht[229]. Im Gegenteil würden in hohem Maße öffentliche Belange berührt, weil die Ordnung des Marktgeschehens im Sinne der Aufrechterhaltung eines lauteren, mithin den guten Sitten entsprechenden Verhaltens der Allgemeinheit dient. Dieses staatliche „Machtinteresse" ist sach- und kollisionsrechtlich indisponibel; es muß sich vielmehr gegenüber abweichenden privaten Normgeltungsbedürfnissen durchsetzen.

Letztlich sind Wahlverträge auch aus Gründen der Rechtssicherheit unerwünscht, weil ansonsten Parallelprozesse verschiedener Kläger (Mitbewerber, Verbände) gegen einen Beklagten wegen ein und desselben Verstoßes möglich wären und aufgrund inhaltlich divergierender Abreden nach unterschiedlichem Recht entschieden werden müßten. Es drängt sich nach alledem zwar der Gedanke eines „Rechte Dritter" berührenden Verweisungsvertrags auf. Art. 42 S. 2 EGBGB sei heranzuziehen bzw. auf ihn könne sich der Ausschluß stützen, wird denn auch vertreten[230]. Dieser Ansatz ist

---

[227] Vgl. statt vieler *Baumbach/Hefermehl*, WettbR, Einl. UWG Rn. 49, 55.
[228] Das verkennt *Wiltschek*, GRUR Int. 1988, 307 (zu §§ 35 II, 48 II öst. IPRG): Rechtswahl deshalb zu befürworten, weil niemand gezwungen sei, gegen den unlauteren Wettbewerb eines Dritten vorzugehen.
[229] MünchKomm³-*Kreuzer*, EGBGB, Art. 38 Rn. 249 wie auch Staudinger¹³-*Fezer*, Int. WirtschR, Rn. 471 f.
[230] *v. Hoffmann*, IPR⁶, § 11 Rn. 53; *Sack*, WRP 2000, 285; *Kreuzer*, RabelsZ 2001, 418; Bamberger/Roth-*Spickhoff*, Art. 40 EGBGB Rn. 43 (folgert aus Art. 42 S. 2

unstimmig. Er hieße, konsequent verfolgt, daß eine Rechtswahl nicht unzulässig, sondern auf die jeweiligen Parteien beschränkt wäre[231]. Das, und nicht mehr, stellt Art. 42 S. 2 EGBGB klar[232]. Gerade auf diese inter partes-Wirkung mit auch im UWG korrespondierender Rechtskraft des Urteils will sich aber eine Gegenmeinung stützen: Eine zwischen einem Wettbewerber und dem Verletzten getroffene Wahl präkludiere nicht die Möglichkeit anderer, sich selbst gegen das anstößige Verhalten zur Wehr zu setzen und sich ihrerseits auf die Vereinbarung nicht einzulassen[233]. Doch geht dieses Sichtweise am bereits konstatierten Problem vorbei. Man muß den Blick über den jeweiligen Prozeß hinausheben. Denn durch eine Rechtswahl würde zwar, wie Art. 42 S. 2 EGBGB unterstreicht, niemand außer den Parteien in der eigenen Rechtsstellung manipuliert. Allerdings würden, aus vorstehenden Gründen, typischerweise Dritt- und Allgemeininteressen tangiert. Über sie können und dürfen die Parteien nicht verfügen. Außerdem würde sonst wegen der unabschätzbaren Zahl potentiell Betroffener und damit Klagebefugter die Gefahr geradezu heraufbeschworen, daß ein und dieselbe Wettbewerbsmaßnahme vom selben Gericht nach verschiedenen Rechten bewertet werden müßte. Darüber hilft auch nicht die Mutmaßung, daß im Wettbewerbsrecht ohnehin kaum Einigungen erzielt werden würden, hinweg[234]. Zum Schutz des Wettbewerbs als Institution und damit der Gesellschaft wäre eine Rechtswahl hier dysfunktional. Ungeachtet ihrer grundsätzlichen Wertigkeit sollte sie auf diesem Gebiet somit überhaupt ausgeschlossen werden. An ihre Stelle treten die objektiven Anknüpfungen der Art. 40 I, 41 I EGBGB, vornehmlich also diejenige an den Marktort[235].

EGBGB, die Rechtswahlmöglichkeit sei auf rein betriebsbezogene Unlauterkeitstatbestände zu beschränken – nur das Ergebnis ist zutr.).

[231] Dies freilich nehmen auch die a.a.O. (vorige Fn.) genannten Autoren nicht an; anders nur *v. Hoffmann* in der Folgeauflage.

[232] Ausführlich § 12 A II 2 und B; vgl. auch § 6 C.

[233] Staudinger-*v. Hoffmann*, EGBGB (2001), Art. 40 Rn. 345. Er gibt in diesem Punkt *Müller-Graff* Recht (RabelsZ 1984, 314). Dieser äußert sich allerdings auf dem Boden der in § 2 vor A abgelehnten Fakultativität. Hiernach ist eine andere als die vom Kollisionsrecht vorgegebene Lösung nur auf Antrag wenigstens eines Beteiligten zu berücksichtigen. Doch läßt sich die in ihrem Interesse an einer funktionierenden Marktwirtschaft vom Wettbewerbsrecht geschützte Allgemeinheit schwerlich fragen, ob sie auf die Anwendung des vom IPR berufenen Rechts verzichten will.

[234] A.A. *Wilde*, a.a.O. (Fn. 224).

[235] Zweifelhaft erscheint die Anwendung des Art. 40 II EGBGB (Staudinger[13]-*Fezer*, Int. WirtschR, Rn. 343 und Staudinger-*v. Hoffmann*, EGBGB (2001), Art. 40 Rn.

B. Immaterialgüter

Im Ergebnis soll nach vorherrschendem Verständnis der Rechtswahl selbige den Parteien auch im internationalen Immaterialgüterrecht verwehrt sein[236,236a].

Auch hier muß man sich zunächst auf die objektive Anknüpfungsregel besinnen, denn sie ist der Eigenart des Sachbereichs angepaßt und gibt Aufschluß darüber, ob die Parteien autonom von ihr abweichen dürfen. Für

---

[236] 318; *Höder*, S. 37); anders nur, wenn sich der Wettbewerb auf dem Auslandsmarkt ausschließlich zwischen Unternehmen mit Sitz im Inland abspielt oder die Wettbewerbshandlung gezielt gegen den inländischen Mitbewerber adressiert ist (vgl. BGH 20.12.1963, BGHZ 40, 391 (397); OLG Koblenz 25.2.1993, NJW-RR 1993, 1196; Palandt-*Heldrich*, Art. 40 EGBGB Rn. 11; Bamberger/Roth-*Spickhoff*, Art. 40 EGBGB Rn. 44). Abl. schon zur alten Rechtslage v.Caemmerer-*Kreuzer*, S. 279 und *ders.* in MünchKomm³, EGBGB, Art. 38 Rn. 251; Münchener MPI, GRUR Int. 1985, 107; Gloy-*Wilde*, HdB WettbR, § 6 Rn. 21. Die Marktbezogenheit löst die für das Wettbewerbsrecht charakteristische Interdependez von Mitbewerber-, Verbraucher- und Allgemeininteressen aus. Alleinige Grundanknüpfungsregel ist damit der Marktort. Dessen ordnungsrechtlichen Ziele würden sonst gefährdet und die par conditio concurrentium außer acht gelassen. Das trifft auch auf Art. 41 II Nr. 1 EGBGB zu (*Seidel*, S. 163 und *Fezer*, a.a.O., Rn. 476; *Kadner Graziano*, a.a.O. (Fn. 224); nach dem Schutzzweck der Unlauterkeitstatbestände differenzierend v.*Hoffmann*, a.a.O., Rn. 349). Aber schon aus dem tatsächlichen Grund fehlender Sonderbeziehung wird eine akzessorische Anknüpfung kaum in Betracht kommen (so auch *Vianello*, S. 141). Folglich bleibt als Auflockerungsmöglichkeit nur Art. 41 I EGBGB (vgl. MünchKomm³-*Kreuzer*, a.a.O., Rn. 253; *Sack*, WRP 2000, 273).
[236] Vgl. vor der Novelle: BGH 17.6.1992, BGHZ 118, 394 (397 f.) und 2.10.1997, BGHZ 136, 380 (386); *Ulmer*, ImmatGüterR, S. 50 (Beurteilung nach dem Recht des Schutzlandes zwingend; nur das Vertragsstatut kann durch den Parteiwillen bestimmt werden); Münchener MPI, GRUR Int. 1985, 106; *v.Bar*, IPR II, Rn. 710; *Czempiel*, S. 82; MünchKomm³-*Kreuzer*, EGBGB, Nach Art. 38 Anh. II Rn. 15; *Schröder/Wenner*, Int. VertragsR, Rn. 27; Schricker-*Katzenberger*, UrhR, Vor §§ 120 ff. Rn. 134; für Österreich *Schwimann*, IPR, S. 146, gegen *Schwind*, IPR, Rn. 409. Siehe nun Begr. RegE 1998, BT-Drs. 14/343, S. 10; Möhring/Nicolini-*Hartmann*, UrhG, Vor §§ 120 ff. Rn. 19, 28; *Sack*, WRP 2000, 284; Staudinger¹³-*Fezer*, Int. WirtschR, Rn. 738; *M.Junker*, S. 226 und 317. Anders *Hohloch*, in: Schwarze, RSchutz UrhR u. WettbR, S. 105/106; Wandtke/Bullinger-v.*Welser*, UrhR, Vor §§ 120 ff. UrhG Rn. 14; auch Art. 110 II schweiz. IPRG.
[236a] *Habermeier*, Neue Wege zum WirtschKollR, spricht sich dafür aus, die räumliche Anwendbarkeit von Wettbewerbs-, Kartell- und Immaterialgüterrecht miteinander (S. 155 ff.) und unter Ausschluß von Rechtswahlmöglichkeiten (S. 167 ff.) zu korrelieren.

Ansprüche aus einer Verletzung ist die Rechtsanknüpfung an den Tatort nicht anwendbar; sie werden statt dessen nach der lex loci protectionis beurteilt[237]. Letztere steht wie die lex rei sitae, aus welcher sich Erwerb, Bestand und Inhalt dinglicher Rechte ergeben, durch den Parteiwillen unverrückbar fest[238]. Denn es gilt das Territorialitätsprinzip. Immaterialgüterrechte sind räumlich auf das Gebiet des Staates begrenzt, der sie individuell verleiht oder unter bestimmten Voraussetzungen generell anerkennt[239].

Dieser sachrechtlichen Gegebenheit müssen sich die kollisionsrechtlichen Überlegungen anpassen. Hier ist der Schluß erlaubt, daß das Sachrecht bereits die Kollisionsnorm vorgibt[240]. Das über diese zu berufende Recht ist wie im Wettbewerb (A II) mangels Ubiquität berechenbar. Eine Rechtswahl würde die Anknüpfung daher nicht vereinfachen. Vielmehr führte die Wahl des Rechts eines Landes, in dem die beanstandete Eingriffshandlung nicht im Sinne des Schutzlandprinzips begangen wurde, zwangsläufig zur Klageabweisung, weil die lex causae quasi weltweit den Territorialitäts-

---

[237] Siehe Fn. 110.

[238] Eine Parteiautonomie im Sachenrecht läßt Art. 43 EGBGB nicht zu (vgl. Begr. RegE 1998, BT-Drs. 14/343, S. 14, 16); sie würde die auf Typenzwang und Publizität bauende Verkehrssicherheit bedrohen. Schon nach traditioneller Meinung war sie abzulehnen: vgl. nur BGH 25.9.1996, NJW 1997, 461 (462); OLG Köln 9.6. 1994, ZIP 1994, 1459 (1460); *Lüderitz*, IPR, Rn. 318; Palandt[58]-*Heldrich*, Anh. II zu Art. 38 EGBGB Rn. 2; anders BGH 25.9.1997, IPRspr. 1997 Nr. 60 (sofern Rechtswahl nach dem Lageortsrecht statthaft). A.A. für Rechtsänderungen durch Mobiliarverfügung noch *Ritterhoff*, S. 195, 292, 313 und weiterhin krit. *Stoll*, IPRax 2000, 264 (vor allem beim Versendungskauf; insoweit für Schuldvertragsakzessorietät mit erga omnes-Wirkung MünchKomm[3]-*Kreuzer*, EGBGB, Nach Art. 38 Anh. I Rn. 74).

[239] Vgl. nur Soergel[12]-*Kegel*, EGBGB, Anh. Art. 12 Rn. 16: „Bündel nationaler Rechte"; ebenso OLG Saarbrücken 28.6.2000, IPRspr. 2000 Nr. 100. Vor diesem Hintergrund sind auch die multi- und bilateralen Staatsverträge zu verstehen (v.Caemmerer-*Sandrock*, S. 397 f.; *Riegl*, S. 67; MünchKomm[3]-*Kreuzer*, EGBGB, Nach Art. 38 Anh. II Rn. 3; Staudinger-*v.Hoffmann*, EGBGB (2001), Art. 40 Rn. 371). Eine Auflockerung der Regel durch Aufenthalt oder Akzessorietät vertrage sich nicht mit der auf das jeweilige Hoheitsgebiet beschränkten rechtlichen Gewährleistung der Immaterialgüterrechte (vgl. LG Düsseldorf 27.10.1966, GRUR Int. 1968, 101 (102); MünchKomm[3]-*Kreuzer*, EGBGB, Nach Art. 38 Anh. II Rn. 15; *Katzenberger*, a.a.O. (Fn. 236); Möhring/Nicolini-*Hartmann*, UrhG, Vor §§ 120 ff. Rn. 18; *Sack*, WRP 2000, 278 f.; Staudinger-*v.Hoffmann*, EGBGB (2001), Art. 40 Rn. 392; *M.Junker*, S. 228, 230).

[240] Staudinger-*v.Hoffmann*, EGBGB (2001), Art. 40 Rn. 388.

grundsatz als materiellrechtliche Norm enthält. Steht also schon vorab fest, daß eine Rechtswahl den Verletzten in der Sache allein dann zum Erfolg führen kann, wenn eine objektive Anknüpfung dasselbe Statut ergeben würde, ist sie für ihn nicht nur nutzlos, sondern überaus gefährlich. Eine Vereinbarung nach Art. 42 EGBGB macht hier keinen Sinn; trifft der Kläger dennoch eine Wahl und weicht diese von der lex protectionis ab, so kann dies nur auf falscher Rechtsberatung beruhen[241]. Auch um den Anwalt und damit die Partei vor regelmäßiger Selbstschädigung zu bewahren, sollte der Immaterialgüterschutz wie das Wettbewerbsrecht von Art. 42 EGBGB tatbestandlich ausgeklammert werden.

Hiergegen läßt sich freilich einwenden, daß das zutreffende Argument der Territorialität nur in Bezug auf die Haftungsvoraussetzungen sticht, mit denen die Frage nach dem Bestand des geschützten Rechtsguts untrennbar verbunden ist. Die Haftungsfolgen, also Art und Weise des Schadensersatzes, sollen demzufolge nach einem beliebigen anderen Recht als dem des Schutzlandes beantwortet werden können[242]. Hiermit würde jedoch bei entsprechender Wahl der haftungsinterne, zwischen Grund und Folgen existente Zusammenhang aufgelöst. Ihn übergeht, wer sich auf den territorialen Bezug allein der Verletzungshandlung zurückzieht. Eine solche Trennung widerstrebt der Maxime, gesetzliche Schuldverhältnisse in ihrer Gesamtheit anzuknüpfen (§§ 6 C, 8 C und D). Inhalt und Umfang der in einem Staat geschützten Rechte sowie die Tatbestände mit den von ihnen angeordneten Sanktionen haben Gesetz und Rechtsprechung des Schutzlandes unter Berücksichtigung der beteiligten Interessen zu einer Einheit geformt. Wenn sich die Haftungsbegründung unausweichlich nach der lex protectionis richtet und den Parteien gestattet wäre, die Rechtsfolgen einem anderen Statut zu überweisen, würde ein homogenes Geschehen in seine Bestandteile seziert. Dies liefe auch dem parteieigenen Interesse an einer sicheren Anknüpfung und damit Rechtsfindung entgegen. Untersteht der Haftungsgrund einem bestimmten Recht, erfaßt dieses daher auch die Folgen, d.h. Regulierung. Indirekt sind letztere somit von der materiellen Bestandsfrage abhängig, welche die IPR-Norm diktiert. Weder können die Parteien das auf den Verletzungstatbestand anzuwendende Recht festlegen noch das mit der Rechtsfolgenseite verwobene Band durch eine diesbezügliche Teilverweisungsanordnung zerschneiden.

---

[241] Hierzu § 2 C II.
[242] *Schack*, MMR 2000, 65; Staudinger-*v. Hoffmann*, EGBGB (2001), Art. 40 Rn. 392.

Zu berücksichtigen ist außerdem der praktische Gesichtspunkt, daß Immaterialgüterrechtsverletzungen in aller Regel Dauerdelikte sind, bei denen mit jedem Akt (z.B. der Herstellung eines Vervielfältigungsstücks) eine weitere unerlaubte Handlung begangen wird und damit ein weiteres außervertragliches Schuldverhältnis zwischen dem Schutzrechtsinhaber und dem Schädiger entsteht, was jeweils eine Rechtswahl möglich machen würde, wäre diese den Beteiligten nicht kategorisch verwehrt.

Ist also ein Urheber- oder gewerbliches Schutzrecht verletzt, entscheidet die lex protectionis. Hierauf haben die Parteien ebensowenig Einfluß wie auf die Marktortanknüpfung bei multilateralen Wettbewerbsverstößen. Art. 42 EGBGB ist insoweit entgegen seinem freigebigen Wortsinn, aber gemäß der immanenten Teleologie unanwendbar.

§ 5 Vereinbarungszeitpunkt

Fraglich ist, zu welchem Zeitpunkt ein Wahlvertrag abgeschlossen werden kann. Als theoretisch möglich erscheinen das dem deliktischen Ereignis vorausgehende (A) und das ihm nachfolgende Stadium (B).

A. Vor Entstehen deliktischer Schuld

Zunächst soll untersucht werden, ob eine antezipierte Wahl des Deliktsstatuts zulässig ist (I) und wie ansonsten der Parteiwille zur Geltung gelangt (II).

I. Isolierte Abrede

Zweifeln begegnet in Anbetracht der Neuregelung, den Parteien zu gestatten, isoliert von einem zwischen ihnen bereits existenten Sonderverhältnis unmittelbar das für spätere Delikte geltende Recht einvernehmlich vorzuschreiben (1); sodann wird geprüft, ob sich die Beteiligten wirksam dazu verpflichten können, nach Eintritt des deliktischen Ereignisses eine bestimmte Rechtswahl zu treffen (2).

1. Ausschluß gemäß Art. 42 S. 1 EGBGB

Art. 42 S. 1 EGBGB erlaubt den Parteien, das für ihre Rechtsbeziehungen geltende Statut im nachhinein frei festzulegen. Von einer vorsorglichen Wahl ist nicht die Rede. Offener war dagegen noch der Deutsche Rat. Er betonte in den Erläuterungen zu Art. 9 S. 1 seines Entwurfs von 1982, daß die Frage der Zulässigkeit einer antezipierten Rechtswahl durch den Wortlaut („nach Eintritt des schädigenden Ereignisses") nicht präjudiziert, sondern der weiteren Entwicklung durch Wissenschaft und Praxis überlassen werden sollte[243]. Aus der Rechtsprechung ist nur ein Fall bekannt, in dem das Problem behandelt wurde: In einem Urteil aus dem Jahre 1995 bezeichnete das OLG München eine vorwegnehmende Wahl des Deliktsstatuts als grundsätzlich möglich, ohne sie aber zu bejahen, denn es lag allein eine AGB-Klausel für Kaufverträge vor, der keine Auswirkung auf deliktische Haftungsrisiken hatte[244]. Demgegenüber wurde die vortatliche Rechts-

---

[243] v.Caemmerer, S. 27.
[244] OLG München 9.8.1995, IPRspr. 1995 Nr. 38.

wahl in der Literatur beinahe einmütig gutgeheißen[245], teils unter Beschränkung auf das jeweilige (Versicherungs-) Vertragsstatut[245a] oder Rechtsordnungen, an denen ein anerkennenswertes Interesse besteht bzw. die mit dem Sachverhalt verbunden sind[245b].

Nun wird mitunter behauptet, die Kodifikation enthalte eine Regelungslücke[246]. Dem ist entgegenzuhalten, daß sich der Gesetzgeber, abweichend von den erwähnten Intentionen der Kommission, bewußt für den Ausschluß einer anfänglichen Rechtswahl entschieden hat. Die Regierungsbegründung beruft sich auf den Schutzcharakter außervertraglicher Schuldverhältnisse sowie praktische Erwägungen[247]. Dem ist im Ergebnis zuzustimmen. Das aus Art. 42 S. 1 EGBGB zugleich fließende Verbot der vorsorglichen Wahl hat seine Berechtigung[248].

---

[245] *Kropholler*, RabelsZ 1969, 635 und 640; *F.Reichert-Facilides*, FS Hartmann, S. 210; v.Caemmerer-*W.Lorenz*, S. 134; *Mansel*, FG Weitnauer II, S. 51 f. und *ders.* in ZVglRWiss 1987, 4/5; *Hohloch*, NZV 1988, 164; *Schönberger*, S. 183; *U.Bauer*, S. 8; *Patrzek*, S. 36 und 128; *Wandt*, Int. ProdHaftung, Rn. 1225 ff.; Reithmann/Martiny-*Martiny*, Int. VertragsR, Rn. 332; *Einsele*, RabelsZ 1996, 427; MünchKomm³-*Kreuzer*, EGBGB, Art. 38 Rn. 61; *Plänker*, S. 80; Palandt⁵⁸-*Heldrich*, Art. 38 EGBGB Rn. 13.

[245a] Vgl. v.*Walter*, S. 166, der von einer kollisionsrechtlichen Automatik spricht (vereinbartes Vertragsrecht soll einen künftigen Sachverhalt in seiner Gesamtheit beurteilen); auch nach *Fischer*, S. 40, 183 f. und Soergel¹²-*Lüderitz*, EGBGB, Art. 38 Rn. 81, ist in diesen Fällen Einheitlichkeit Voraussetzung, d.h. ein anderes Recht nur ohne materiellrechtlichen Hauptvertrag wählbar.

[245b] Staudinger¹³-*v.Hoffmann*, EGBGB, Art. 38 Rn. 147; siehe dazu § 8 A I.

[246] So zum RefE 1984 bzw. 1993: *Hohloch*, NZV 1988, 164 in Fn. 40; Soergel¹²-*Lüderitz*, EGBGB, Art. 38 Rn. 83; Staudinger¹³-*v.Hoffmann*, EGBGB, Art. 38 Rn. 146; *Stumpf*, MedR 1998, 550. De lege lata: *Seidel*, S. 145 f.; *Freitag*, S. 142 und *Freitag/Leible*, ZVglRWiss 2000, 105; v.*Hein*, RabelsZ 2000, 600; *Wandt*, RabelsZ 2000, 770 a.E.; Staudinger-*v.Hoffmann*, EGBGB (2001), Art. 42 Rn. 4 (teleologische Auslegung); *ders.*, IPR, § 11 Rn. 45; *Kadner Graziano*, Gemeineurop. IPR, S. 185 f. Vgl. zum Bereicherungsrecht *Busse*, S. 243 f. und Staudinger-*v.Hoffmann/Fuchs*, EGBGB (2001), Art. 38 Rn. 33; zur Geschäftsführung ohne Auftrag Staudinger-*v.Hoffmann/Thorn*, EGBGB (2001), Art. 39 Rn. 49.

[247] BT-Drs. 14/343, S. 14.

[248] Für den Umkehrschluß: *R.Wagner*, IPRax 1998, 434; *Hay*, Am.J.Comp.L. 1999, 645; *Koch*, VersR 1999, 1454 und 1457; *Looschelders*, VersR 1999, 1322; *St. Lorenz*, NJW 1999, 2217; *Sonnenberger*, RCDIP 1999, 660 f.; *ders.*, FS Henrich, S. 579 und ZVglRWiss 2001, 113; *Spickhoff*, NJW 1999, 2212; *ders.*, IPRax 2000, 2 und in Bamberger/Roth, Art. 42 EGBGB Rn. 3; *A.Staudinger*, DB 1999, 1593; *Vogelsang*, NZV 1999, 500; *Huber*, JA 2000, 69/70; *Junker*, JZ 2000, 478 und

Die Vorschriften über unerlaubte Handlungen bezwecken den Schutz des einzelnen gegen widerrechtliche Eingriffe in allgemeine Rechtsbeziehungen, die zwischen allen Personen bestehen und von jedem zu beachten sind[249]. So wünschenswert für den Verletzten ein Ersatz erlittener Schäden sein mag, kann dadurch auf der Kehrseite die persönliche und wirtschaftliche Entfaltungsfreiheit seines Gegners eingeschränkt werden. Die Gesetzesverfasser sahen denn auch die Aufgabe des Deliktsrechts darin, „die Rechtskreise der Einzelnen, innerhalb deren sie ihre individuelle Freiheit entfalten und ihre Interessen verfolgen dürfen, von einander abzugrenzen"[250]. Daß es diesen Konflikt auch auf kollisionsrechtlicher Ebene zu lösen gilt, wurde bereits im Rahmen des Art. 40 I EGBGB angesprochen: Die Rechtsanwendungsinteressen sind gleichgewichtig; das Optionsrecht nach S. 2 ist nur aus Gründen der Praktikabilität eingeräumt[251]. Im Sachrecht wird der schonende Ausgleich durch feste Tatbestände geschaffen. Die Verhaltensgebote des Haftungsrechts sind daher grundsätzlich zwingenden Charakters[252], mag die gesetzlich vorgesehene Rechtsfolge auch bis zur Freizeichnung beschränkbar sein[253]. Ohnehin folgt die Parteiautonomie nicht schuldrechtlichen Vorgaben[254]. Sie wird durch IPR gewährt oder versagt. Wer die Haftung ausschließt, bezieht sich auf ein bestimmtes Recht. Ob sich das Delikt mit Auslandsbezug vollzieht und wie dieser beschaffen ist, haben die Beteiligten dabei im Regelfall nicht bedacht. Es wird objek-

---

RIW 2000, 246; Erman-*Hohloch*, Art. 42 EGBGB Rn. 9 sowie *Hohloch/Jaeger*, JuS 2000, 1136; *Kreuzer*, RabelsZ 2001, 400/401; *Kropholler*, IPR, § 53 IV 5; *Vianello*, S. 123; *Kühne*, Liber Amicorum Kegel, S. 68; *Sieghörtner*, S. 455 f.; Palandt-*Heldrich*, Art. 42 EGBGB Rn. 1. So auch Art. 8 S. 1 der Proposition der Europäischen Gruppe (§ 15 B); abw. jedoch die Kommissionsentwürfe (§ 15 C).

[249] Statt aller: Palandt-*Thomas*, Einf. v. § 823 BGB Rn. 1.

[250] Mugdan II, S. 1073. Erweiternde Komponenten haben seitdem Einzug gehalten (Fn. 84, 401 und § 14 A I bei Fn. 738 ff.), dem primären Anliegen, Ausgleich zu schaffen, aber keineswegs den Rang abgelaufen.

[251] Siehe § 2 A II 1.

[252] *Deutsch*, Allg. HaftungsR, Rn. 620. Allerdings beruft er sich auf *Savigny*, dem historischen Gegner der Deliktsrechtswahl (siehe Fn. 13a).

[253] MünchKomm³-*Mertens*, BGB, Vor §§ 823-853 Rn. 34 ff. Es gelten jedoch wichtige Einschränkungen. Zum einen sollte angenommen werden, daß Klauseln, die nicht eindeutig auch deliktische Ansprüche umfassen, allein die vertragliche Haftung betreffen (vgl. etwa BGH 20.12.1983, MDR 1984, 565 und OLG München 9.8.1995, a.a.O. (Fn. 244); Palandt-*Thomas*, Einf. v. § 823 BGB Rn. 10). In einem zweiten Schritt sind solche Abreden einer scharfen Inhaltskontrolle zu unterwerfen.

[254] § 1; siehe auch §§ 6 B, 7 B I 2.

tiv angeknüpft, falls nicht die Parteien nachträglich wählen[255]. Bei einer Rechtswahl müssen beide Seiten ihre Risiken abschätzen können. Allein a posteriori können sie wissen, wo sich der locus delicti befindet und welches Recht ihnen aufgrund dessen adäquat erscheint. Zuvor kann die „Belegenheit" der bedrohten Interessen auch nicht schadensmindernd gesteuert werden, eben weil die Zielrichtung eines potentiellen Angriffs offen ist. Wird letzterer von der erfahreneren Partei erahnt oder gar geplant und ließe man eine antezipierte Rechtswahl zu, bestünde die Gefahr, daß dieser Beteiligte dem anderen ein – verbindliches – Deliktsstatut diktiert und sich das anfangs noch ungewisse Ereignis dann aus Sicht des Übervorteilten mit völlig unerwarteten örtlichen und/oder rechtlichen Bezügen verwirklicht. Schon vor der IPR-Novelle von 1999 fanden sich daher Stimmen, die nur eine nachträgliche Rechtswahl befürworteten[256,256a].

Gegen diese Schranke werden mitunter aus europarechtlicher Perspektive Einwände erhoben. Sie überzeugen jedoch nicht[257]. Die Grundfreiheiten zu verwirklichen, erfordert zwar Rechtssicherheit. Hier kann Parteiautonomie

---

[255] Das Deliktsstatut befindet auch über die Zulässigkeit vertraglicher Haftungsausschlüsse (Fn. 449).

[256] *Raape*, FS Boehmer, S. 121/122; *Beitzke*, Rec. 1965 II, 72; *Seetzen*, VersR 1970, 6; *Ferid*, IPR, Anm. 6–180 (bei vorsätzlichen Schädigungen) und im Persönlichkeitsschutz „aus der Natur der Sache" *R.Wagner*, S. 89; *v.Hinden*, S. 226 f. Zweifelnd *W. Bauer*, S. 142; *v.Bar*, IPR II, Rn. 676 f.; *Kegel*, IPR[7], § 18 IV 2. Mit Art. 29, 30 EGBGB zu argumentieren und nur den Verbraucher bzw. Arbeitnehmer von einer im übrigen bejahten Erlaubnis vorsorglicher Wahl auszunehmen, ist ungenügend (so aber *Wandt*, Int. ProdHaftung, Rn. 1227 und *Ina Wiedemann*, S. 247); dazu § 10.

[256a] Auch in der Schweiz – ihrem Vorbild folgend *v.Bar*, IPR II, Rn. 677 – wurde aus den genannten Gründen mit Art. 132 IPRG auf eine zeitlich weiterreichende Ermächtigungsnorm verzichtet (vgl. Botschaft Nr. 284.221 des Bundesrats v. 10.11. 1982, BBl. 1983 I S. 263 ff.); nicht zwingend war es aber, die leges causae und fori gleichzusetzen, denn die nachträgliche Wahl erfolgt ja *en connaissance de la cause* (krit. deshalb *Heini*, FS Mann, S. 205 – „Zwerg-Autonomie"). Enger noch das ungarische IPR, denn ihm gemäß können die Parteien das eigentlich anwendbare Deliktsrecht nur per gemeinsamen Antrag generell abberufen und so eine Entscheidung lege fori herbeiführen (§ 9 der Gesetzes-VO v. 31.5.1979). Mit dieser Variante fakultativen Kollisionsrechts ist statt des Gerichts den Parteien anheimgestellt, die Nichtanwendung fremden Rechts durchzusetzen.

[257] A.A. *Freitag*, S. 369 und *v.Hein*, RabelsZ 2000, 610 f. Vorsichtiger *Schaub*, RabelsZ 2002, 58. Ihr zufolge wäre „vom Standpunkt des Gemeinschaftsrechts aus die Zulassung einer antizipierten Rechtswahl zumindest sinnvoll gewesen".

einen wesentlichen Beitrag leisten[258]. Dies bedeutet aber nicht, daß die Möglichkeit einer vorsorglichen wie nachträglichen Rechtswahl gemeinschaftsrechtlich geboten wäre[259]. Eine solche Ableitung der Parteiautonomie überdehnt den Gehalt der Grundfreiheiten[260]. Zudem können mit dem EG-Vertrag nicht einfach die Faktoren übergangen werden, welche im vortatlichen Zeitpunkt eine Rolle spielen: Unkenntnis des künftigen Geschehens und der sich mit ihm eröffnenden Optionen sowie ungleiche Verhandlungspositionen.

Die praktische Bedeutung vorsorglicher Wahl ist ohnehin erheblich geringer als die im nachhinein getroffener, da bei den regelmäßig zufälligen Schadensgeschehen zuvor kein Kontakt zwischen den Beteiligten bestand, so daß ihnen auch die Möglichkeit einer Vereinbarung fehlte. Anders, wenn eine Person im Rahmen eines bestehenden, „schadensträchtigen" Geschäftsverhältnisses[261] infolge einer Vertragsverletzung einen materiellen Nachteil mit Auslandsberührung erleidet, der deliktisch zu qualifizieren ist. Hier bietet Art. 41 EGBGB sachgerechte Lösungsmöglichkeiten[262]. Wo das

---

[258] Vgl. EuGH 24.1.1991, Slg. 1991, I-107, 120 ff., Tz. 15 – Alsthom Atlantique SA ./. Compagnie de construction mécanique Sulzer SA. Eine Rechtfertigung für gemeinschaftsrechtswidrige objektive Anknüpfungen vermag allerdings auch eine europarechtliche Parteiautonomie nicht zu liefern, weil sich das auf unerlaubte Handlungen anwendbare Recht im Regelfall nachträglicher Vereinbarung zunächst unabhängig vom Willen der Beteiligten aus dem Gesetz ergibt (insofern zutr. *Freitag*, S. 371).

[259] So aber vor allem *v.Wilmowsky*, a.a.O. (Fn. 19). Verhaltener *Pfeiffer*, in: HdB H-Geschäfte, § 21 Rn. 13: Rechtswahlfreiheit erfahre flankierenden EG-rechtlichen Schutz.

[260] Zutr. insoweit Staudinger-*v.Hoffmann*, EGBGB (2001), Art. 42 Rn. 3. Vgl. auch § 4 A I.

[261] Vgl. *Kropholler*, RabelsZ 1969, 635 und 640; *F.Reichert-Facilides*, FS Hartmann, S. 210; v.Caemmerer-*Deutsch*, S. 226 und *W.Lorenz*, ebenda, S. 135; *Mansel*, ZVglRWiss 1987, 5; *Hohloch*, NZV 1988, 164; MünchKomm³-*Kreuzer*, EGBGB, Art. 38 Rn. 61; Palandt⁵⁸-*Heldrich*, Art. 38 EGBGB Rn. 13.

[262] Zu den Vorzügen einer akzessorischen Anknüpfung vgl. nur *Beitzke*, Rec. 1965 II, 107 ff.; *Kropholler*, RabelsZ 1969, 631 ff.; *v.Walter*, S. 169 ff.; *Seetzen*, VersR 1970, 7 f.; v.Caemmerer-*Deutsch*, S. 217 und *W.Lorenz*, ebenda, S. 155; *Mansel*, FG Weitnauer II, S. 53 und ZVglRWiss 1987, 9 f., 15; *Fischer*, S. 148; *Reder*, S. 108; *Patrzek*, S. 43 ff., 86; *Schönberger*, S. 190 ff.; *Pfeiffer*, HdB HGeschäfte, § 21 Rn. 50, 86; Staudinger-*v.Hoffmann*, EGBGB (2001), Art. 41 Rn. 9. Siehe Fn. 235 zur Ausnahme bei marktbezogenen Wettbewerbsverstößen. Für das Arztdelikt zieht *Schütt*, S. 178 ff., der Akzessorietät eine Anknüpfung an den Ort vor, an welchem

Bestehen einer vertraglichen Beziehung zweifelhaft ist, z.B. bei Gefälligkeitsverhältnissen, Subunternehmerschaft komplexer Infrastrukturprojekte und sportlichen Großveranstaltungen[263], kann gemäß Art. 41 II Nr. 1 Alt. 2 EGBGB akzessorisch angeknüpft werden. Normen des IPR wollen das angemessene, passende Recht bestimmen, welches „am nächsten daran ist", den Fall zu regeln[264]. Zumeist muß und kann das Tatortprinzip (Art. 40 I EGBGB) diesen Zweck erfüllen, denn die Mehrzahl der im internationalen Deliktsrecht anfallenden Sachverhalte haben unerlaubte Handlungen zwischen Personen zum Inhalt, die sich nie zuvor begegnet sind und verschiedene Wohnsitze haben, so daß sich die einzigen möglichen Anknüpfungspunkte auf den locus delicti beziehen. Aus der dort begründeten Rechtsgemeinschaft werden die Parteien aber – ihrer typischen Erwartung entsprechend – durch eine Sonderbeziehung herausgehoben, wenn diese stärker ist, als sie durch das Delikt selbst geschaffen wird. Art. 41 EGBGB hat als spezielle Berichtigungsklausel deshalb den Wert, das Gericht anzuhalten, von den zu Regeln verdichteten Anknüpfungen abzuweichen, um das kollisionsrechtliche Ziel zu verwirklichen, die engste Verbindung über das anwendbare Recht entscheiden zu lassen, auf welches die Parteien vertraut haben. Die Akzessorietät bedeutet innere Entscheidungsharmonie, weil sie vermeidet, daß vertragliche[265] und deliktische Forderungen wegen abwei-

---

der Patient über die Risiken aufgeklärt wurde und dieser hernach in den Eingriff eingewilligt hat (sog. *informed consent*).

[263] *v.Hein*, RabelsZ 2000, 602; Staudinger-*v.Hoffmann*, EGBGB (2001), Art. 42 Rn. 4.

[264] Siehe Fn. 47 f., 77; vgl. auch unten § 8 A I bei Fn. 392 und § 9 D I 2 bei Fn. 514.

[265] Zu ihnen zählt gemäß Art. 32 I Nr. 3 EGBGB auch die positive Vertragsverletzung (vgl. BGH 14.7.1993, BGHZ 123, 201 (207) – von der CMR nicht erfaßter Haftungsgrund; Palandt-*Heldrich*, Art. 32 EGBGB Rn. 5; Bamberger/Roth-*Spickhoff*, Art. 32 EGBGB Rn. 7) und e.A. zufolge entsprechend Art. 31 I, 32 I Nrn. 3, 5 EGBGB die Haftung aus culpa in contrahendo (vgl. BGH 9.10.1986, IPRspr. 1986 Nr. 34; OLG Köln 29. 5.1967, IPRspr. 1966-67 Nr. 25; für die sog. Sachwalterhaftung LG Düsseldorf 23.2.2000, WM 2000, 1191 (1194) gegen OLG Frankfurt/Main 11.7.1985, IPRax 1986, 373 (378); *Seetzen*, VersR 1970, 10 f.; Reithmann/Martiny-*Martiny*, Int. VertragsR, Rn. 261 f.; Kegel/Schurig-*Kegel*, IPR, § 17 V 1 a; *Heldrich*, a.a.O., Rn. 8), während eine a.A. differenziert zwischen der Verletzung von Aufklärungs- und Beratungspflichten einerseits – Vertragsstatut – sowie von Obhuts- und Erhaltungspflichten andererseits – Deliktsstatut (*Bernstein*, RabelsZ 1977, 288 f.; v.Caemmerer-*W.Lorenz*, S. 121; *Ferid*, IPR, Anm. 6–71,1; *Reder*, S. 139, 148; *Patrzek*, S. 152; Soergel[12]-*Lüderitz*, EGBGB, Anh. Art. 10 Rn. 105 und Art. 38 Rn. 85; MünchKomm[3]-*Spellenberg*, Art. 32 EGBGB Rn. 44; Erman-*Hohloch*, Art. 32 EGBGB Rn. 21 und Art. 40 Rn. 57; Staudinger-*v.Hoffmann*, EGBGB (2001), Vorb. zu Art. 40 Rn. 11; dahinstellend *Fischer*, S. 224 f.). Anders zur cic

chender Anknüpfungspunkte im konkreten Fall verschiedenen Rechten unterliegen, gelangt so zum sachnächsten Statut und schafft Rechtssicherheit. Ein internationalprivatrechtlicher Gleichlauf der Verantwortungen führt zu den sinnvollsten Ergebnissen. Sonst würden einheitliche Lebenssachverhalte aufgespalten und Haftungsrisiken verteilt, die keines der beiden anwendbaren Rechte für sich allein vorsieht. Auch wird die Konkurrenz nach verschiedenen Rechtsordnungen begründeter Schadensersatzansprüche unterbunden, insbesondere wenn die ausländische Rechtsordnung nicht wie die deutsche[266] von einem Nebeneinander vertraglicher und deliktischer Verantwortlichkeit ausgeht, so in Frankreich nach dem Prinzip des *non-cumul*[267]. Es werden weniger Einzelfragen gesondert angeknüpft, Qualifikations- und Anpassungsprobleme verringert. Um diesen Einklang mit all seinen Vorteilen im jeweiligen Fall herstellen zu können, empfiehlt es sich, von einer Zulassung antezipierter Wahl des Deliktsstatuts abzusehen und es statt dessen akzessorisch an die ihm zugrundeliegende Sonderbeziehung gemäß Art. 41 II Nr. 1 EGBGB anzuknüpfen. Für diese Variante

---

EuGH 17.9.2002, EuZW 2002, 655 (656, Tz. 27) – Fonderie Officine Meccaniche Tacconi S.p.a. ./. Heinrich Wagner Sinto Maschinenfabrik GmbH: für Klagen wegen einer vorvertraglichen Haftung, die den Verstoß gegen Treu und Glauben zum Gegenstand hat (hier: enttäuschte Erwartung des Vertragsabschlusses), sei Art. 5 Nr. 3 EuGVÜ maßgeblich, nicht Nr. 1 (ebenso BGH 28.11.2002, NJW 2003, 426 (428)). § 311 II, III BGB n.F. (Schuldrechtsmodernisierungsgesetz v. 26.11.2001 (BGBl. I S. 3138)) kodifiziert die cic gemäß derzeitigem Stand der Lehre (vgl. Palandt[E61]-*Heinrichs*, § 311 BGB Rn. 3 ff. und *dens.* in der Folgeauflage, Rn. 11 ff.; MünchKomm[4]-*Emmerich*, BGB Bd. 2a, § 311 Rn. 50 ff.); die pVV bildet einen Unterfall des § 280 I BGB n.F.

[266] Überw. wird von „Anspruchskonkurrenz" gesprochen (BGH 12.12.1991, BGHZ 116, 297 (300); *Katzenmeier*, S. 156; MünchKomm[3]-*Spellenberg*, EGBGB, Vor Art. 11 Rn. 31, Art. 32 Rn. 48, 68; Geigel-*Schlegelmilch*, HaftpflProz., Kap. 14 Rn. 202 i.V.m. Kap. 28 Rn. 1 f.; Wussow-*Kürschner*, UnfallhaftpflR, Kap. 30 Rn. 17, 20; Palandt-*Heinrichs*, § 195 BGB Rn. 17 sowie in der Vorauflage *Putzo*, § 463 BGB Rn. 23 und *Thomas*, § 852 BGB Rn. 1a). Andere sehen einen einzigen mehrfach begründeten Anspruch („Anspruchsnormen- oder grundlagenkonkurrenz"). So *Georgiades*, Anspruchskonkurrenz, S. 167 ff., 204 ff.; ihm folgend *Larenz/Canaris*, SchuldR BT II/2, § 83 VI 1; auch *v.Walter*, S. 35 f., 57 f. („Anspruchseinheit"). Dem entspricht prozessual ein einheitlicher Streitgegenstand (Rosenberg/Schwab-*Gottwald*, ZPR, § 95 III 1; Zöller-*Vollkommer*, Einl. Rn. 70; vgl. BGH 9.12.1999, BGHZ 143, 246 (250)).

[267] D.h. Sperrwirkung der vertraglichen gegenüber der Deliktshaftung. Siehe z.B. Cass. 2e civ. 9.6.1993, Sem. Jur. 1994, Nr. 22264; *Malaurie/Aynès*, Obligations, Nrn. 870 ff.; *v.Bar*, Gemeineurop. DeliktsR I, Rn. 431-435.

hat sich der Gesetzgeber entschieden; einer vorsorglichen Wahl bedarf es nicht (mehr), zumal den Parteien möglich ist, über die akzessorische Anknüpfung das gewünschte Recht zur Anwendung zu bringen und den Haftungsgleichlauf herzustellen (dazu II). Dieser ließe sich zuständigkeitsrechtlich kraft Sachzusammenhangs von Art. 5 Nr. 1 und 3 EuGVVO bzw. §§ 29, 32 ZPO umsetzen. Ist also ein Gericht nach den genannten Vorschriften nur für einen – vertraglichen oder deliktischen – Bereich berufen, sollte es dennoch auch über die jeweils konkurrierenden Ansprüche entscheiden können[268,268a]. Nur auf diese Weise – abgesehen davon, daß der Kläger im allgemeinen Gerichtsstand vorgeht und sich der Beklagte hierauf rügelos einläßt – ist es möglich, alle haftungsrechtlichen Fragen, die aus einem Lebenssachverhalt erwachsen sind, zugleich zu verfolgen. Die Rechtsprechung hat sich eine solche Annexkompetenz bisher zwar nicht zuerkannt[269]. Für den Vorschlag einer übergreifenden Zuständigkeit sprechen

---

[268] Zur örtlichen Zuständigkeit u.a.: BayObLG 31.8.1995, BayObLGZ 1995, 301 (304) unter Bezugnahme auf § 17 II GVG i.d.F. des 4. VwGO-Änderungsgesetzes v. 17.12.1990; ebenso OLG Köln – 5. Zivilsenat – 6.11.1998, NJW-RR 1999, 1981 (1082), im Gegensatz zum 1. Senat v. 26.8.1999, MDR 2000, 170; *Gravenhorst*, Aufspaltung, S. 104; Rosenberg/Schwab-*Gottwald*, ZPR, § 36 VI 2; Wussow-*Kürschner*, UnfallhaftpflR, Kap. 62 Rn. 16; Zöller-*Vollkommer*, § 12 ZPO Rn. 21, § 32 ZPO Rn. 20. Die vom OLG Karlsruhe gemäß § 36 III ZPO dem BGH vorgelegte Frage ließ dieser offen (Beschluß v. 19.2.2002, NJW 2002, 1425 (1426)). Aus der örtlichen folgt trotz ihrer Verschiedenheit (zu §§ 512a, 549 II ZPO a.F. BGH GrZS 14.6.1965, BGHZ 44, 46 (49 ff.)) nach der sog. Doppelfunktionstheorie grundsätzlich die internationale Entscheidungskompetenz (vgl. nur *Heldrich*, IZ u. anwb. Recht, S. 168 f. und *Geimer*, IZPR, Rn. 943). Explizit im Rahmen der internationalen Zuständigkeit befürworten den Sachzusammenhang: *Heldrich*, a.a.O., S. 118, 240; *Mansel*, FG Weitnauer II, S. 74, 76; *ders.*, ZVglRWiss 1987, 21 f. und IPRax 1989, 85; *Banniza v.Bazan*, S. 141 ff. (mit dem Vorschlag, das Gesetz zu ändern); *Geimer*, a.a.O., Rn. 1523.

[268a] Teils wird in Parallelität zur akzessorischen Anknüpfung des Deliktsstatuts erwogen, das für vertragliche Ansprüche zuständige Gericht auch allein über die deliktischen befinden zu lassen. So *Kropholler*, in: HdB IZVR I, Kap. III Rn. 374; *Schack*, IZVR, Rn. 349 („denkbarer Kompromiß"). Dies würde aber der Systematik der Zuständigkeitsordnung nicht gerecht, wonach auch die besonderen Gerichtsstände untereinander gleichwertig sind.

[269] EuGH 27.9.1988, Slg. 1988, 5565, 5579 ff., Tz. 18 ff. – A. Kalfelis ./. Bankhaus Schröder u.a.; im Anschluß BGH 28.2.1996, BGHZ 132, 105 (111 ff.) und OLG Hamm 25.11.1999, BB 2000, 431. Abl. auch die (bisher) wohl h.L.: so etwa *Schack* noch in ZZP 1987, 451; Stein/Jonas-*Schumann*, § 32 ZPO Rn. 17; MünchKomm-*Gottwald*, ZPO/Aktualisierungsbd., Art. 5 EuGVVO Rn. 18 i.V.m. ZPO, Art. 5

aber doch die besseren Argumente: Verfahrenskonzentration, Prozeßökonomie, rasche Streiterledigung und das Interesse an einer abschließenden Entscheidung.

Letztlich ist denkbar, das von den Parteien unwirksam vereinbarte Statut nach Art. 41 I EGBGB zur Anwendung zu bringen[270]. Hierzu bestünde im Einzelfall die Möglichkeit, wenn das Gericht unmittelbar in dem gewünschten Recht eine wesentlich engere Verbindung erblicken dürfte. Dies ist jedoch abzulehnen. Eine Verdrängung der Regelanknüpfung des Art. 40 gemäß Art. 41 I EGBGB verlangt eine „wesentlich engere Verbindung"[271]. Durch eine nach Art. 42 S. 1 EGBGB fehlgeschlagene Rechtswahl kann kein hinreichend starker Bezug hergestellt werden. Sie scheidet als (objektiver) Anknüpfungspunkt i.S.v. Art. 41 I EGBGB aus. Sonst würde das Verbot der antezipierten „Direktwahl" des Deliktsstatuts aufgehoben. An diesem Widersinn ändert deshalb auch der Vorschlag nichts, Art. 41 I EGBGB nur eingreifen zu lassen, wenn die Interessen des Geschädigten nicht entgegenstehen[272]. Im Gegenteil: Gerade zum Schutz der (beiderseitigen) Parteiinteressen ist ja die vorsorgliche Vereinbarung über unerlaubte Handlungen nicht zugelassen; über Art. 41 I EGBGB kann kein abweichendes Ergebnis erzielt werden. Freilich vermögen andere, gewichtige Umstände – z.B. die gemeinsame Staatsangehörigkeit bei getrenntem gewöhnlichem Aufenthalt i.S.v. Art. 40 II EGBGB – über Art. 41 I EGBGB zu dem Recht zu führen, dessen Anwendung die Parteien gewollt hatten.

2. Antezipiertes Einvernehmen über spätere Rechtswahl

Ist eine im vorhinein direkt getroffene Wahl des Deliktsstatuts also de lege lata nicht möglich, so fragt sich, ob die Parteien im Rahmen ihrer (ständigen) Geschäftsbeziehungen vorab verbindlich festlegen können, nach Begehung einer unerlaubten Handlung ein bestimmtes Recht zu wählen.

EuGVÜ Rn. 41 und *Patzina*, ebenda, § 12 Rn. 44, § 32 Rn. 19; *Jauernig*, ZPR, §§ 6 II 1, 12 II.
[270] So Erman-*Hohloch*, Art. 42 EGBGB Rn. 9 und *Junker*, JZ 2000, 478.
[271] Dazu oben Fn. 9.
[272] *Junker*, a.a.O. (Fn. 270).

Möglicherweise ist eine solche Abrede als Vorvertrag anzusehen. Bei diesem handelt es sich um einen schuldrechtlichen Vertrag, durch den die Verpflichtung zum späteren Abschluß eines Hauptvertrags, dem noch Hindernisse entgegenstehen, begründet wird, bezweckt also eine vorzeitige Bindung der Parteien[273]. Die Folge wäre, daß eine Seite bei Weigerung ihres Partners dessen Zustimmung auf dem Klagewege einfordern könnte und damit § 894 I 1 ZPO zur Anwendung käme, weil diese Norm für jedwede rechtsgeschäftliche Erklärung gilt[274]. Doch ist deliktisches Verhalten im Regelfall nicht berechenbar und daher zu unbestimmt für einen Vorvertrag. Dessen Wirksamkeit setzt voraus, daß eine Einigung über alle wesentlichen Punkte erzielt und der Inhalt des in Aussicht genommenen Hauptvertrags – hier einer Rechtswahl nach Art. 42 EGBGB – zumindest ermittelbar ist[275]. Im Ergebnis also ist das eingangs geschilderte Vorgehen zwar zulässig, doch kann die begehrte Annahme mangels vorvertraglicher Qualität nicht erzwungen werden. Es liegt auch kein Rahmenvertrag vor, weil durch die vorgezogenen Erklärungen keine auf Dauer angelegte Geschäftsverbindung mit aus ihr resultierenden Einzelverträgen eröffnet werden soll, deren Nichtabschluß positive Vertragsverletzung wäre[276]. In Sonderbeziehungen mag eine unerlaubte Handlung zwar eher absehbar sein. Wird deshalb von einem Vorvertrag ausgegangen und auf den fiktiven Vollzug gemäß § 894 I 1 ZPO abgestellt, so ereignet sich die Kür zwar letztlich im nachhinein, aber unter Umgehung der in Art. 42 S. 1 EGBGB enthaltenen Ratio, Parteiautonomie ante delictum auszuschließen (oben 1), denn der für den Erfüllungsanspruch entscheidende Konsens ist vortatlich erfolgt.

Daß sich die Beteiligten aber überhaupt in obigem Sinne erklären, wird wohl selten der Fall sein. Wenn sie schon eine Deliktsrechtswahl beabsichtigen, steht ihnen frei, sie *nach* dem eine außervertragliche Haftung begrün-

---

[273] Vgl. BGH 17.12.1987, BGHZ 102, 384 (388) und 30.4.1992, NJW-RR 1992, 977; *Henrich*, Vertragl. Bindungen, S. 118; Erman-*Hefermehl*, Vor § 145 BGB Rn. 39; Soergel[13]-*M.Wolf*, BGB, Vor § 145 Rn. 57, 60; MünchKomm[4]-*Kramer*, BGB, Vor § 145 Rn. 43, 44; Palandt-*Heinrichs*, Einf. v. § 145 BGB Rn. 19.

[274] Vgl. MünchKomm-*Schilken*, ZPO, § 894 Rn. 2; Zöller-*Stöber*, § 894 ZPO Rn. 2.

[275] BGH 20.9.1989, NJW 1990, 1234 (1235) wie BGH 30.4.1992, *Hefermehl* und *Kramer*, a.a.O. (Fn. 273); *Henrich*, Vertragl. Bindungen, S. 122 (Kaufvorvertrag), 140 (Vorgründungsvertrag); Soergel[13]-*M.Wolf*, BGB, Vor § 145 Rn. 62; Palandt-*Heinrichs*, Einf. v. § 145 BGB Rn. 20.

[276] Hierzu BGH 30.4.1992, NJW-RR 1992, 977 (978); *Henrich*, Vertragl. Bindungen, S. 117.

denden Ereignis abzuschließen oder ein vorher bereits existentes Sonderverhältnis z.B. gemäß Art. 27 zu regeln und dieses Recht über Art. 41 II Nr. 1 EGBGB auch für Delikte berufen zu lassen (sogleich II).

II. Mittelbare Geltung einer vorsorglichen Rechtswahl (Art. 27 EGBGB) durch akzessorische Anknüpfung nach Art. 41 II Nr. 1 EGBGB

Art. 42 S. 1 EGBGB ist in seinem systematischen Verhältnis zu Art. 41 II Nr. 1 EGBGB zu betrachten. Für eine nachträgliche Rechtswahl ist Art. 41 EGBGB ohne Belang; haben die Parteien aber vorab für die Sonderbeziehung, z.B. den Transportvertrag, eine Wahlabrede getroffen, bestimmt diese mittelbar auch das deliktische Schuldverhältnis, wenn letzteres akzessorisch angeknüpft wird[277]. Insoweit knüpft hier der Richter objektiv an ein subjektives Moment – den Parteiwillen – an. Das Kalkulationsbedürfnis der Beteiligten in Bezug auf die mit dem anwendbaren Recht verbundenen Haftungsgefahren konnte früher auf eine andere Weise als mit antezipierter Wahl oftmals nicht befriedigt werden, denn die Neigung deutscher Gerichte zu akzessorischer Anknüpfung der Deliktsansprüche nach Maßgabe des prägenden Vertragsstatuts war gering[278]. Ein präventiver Konsens über außervertragliche Ansprüche ist (jetzt) – ganz im Sinne der erstrebten Rechtsanwendungserleichterung[279] – nicht (mehr) gestattet. Der kollisionsrechtliche Gleichlauf vertraglicher und deliktischer Haftung ist zwar, wie oben (I 1) gezeigt, wünschenswert, eine *pre-tort* getroffene Wahl hierfür aber nicht konstitutiv. Nur indirekt vermag ein vorsorgender Wille für das Deliktsrecht den Ausschlag zu geben: Eine hinsichtlich allgemeiner Ehewirkungen (Art. 14 II, III 1 EGBGB), güterrechtlicher (Art. 15 II EGBGB) oder insbesondere schuldvertraglicher Fragen (Art. 27 I 1 EGBGB) geschlossene Vereinbarung kann auf dem Wege des Art. 41 II Nr. 1 EGBGB für das gesetzliche Ausgleichsverhältnis zur Geltung kommen. Wer einen Vertrag einer bestimmten Rechtsordnung unterstellt, ist im Zweifel auch mit deren Maßgeblichkeit für die damit zusammenhängenden deliktsrecht-

---

[277] Ebenso das britische Recht: Eine ausdrückliche Rechtswahlnorm findet sich nicht, doch zählt zu den „factors relating to the parties" nach Part III, section 12 (2) des Gesetzes von 1995 unter anderem „the fact that there is some pre-tort relationship between them" (*Dicey/Morris*, Conflict of Laws 2, Anm. 35–099; ferner *Kadner Graziano*, Gemeineurop. IPR, S. 588 in Fn. 490), so daß die Parteien über das gewählte Vertragsstatut auch das Deliktsrecht beeinflussen können.

[278] Siehe Fn. 45.

[279] Begr. RegE 1998, BT-Drs. 14/343, S. 13.

lichen Haftungsfragen einverstanden, weil sonst vertragliche und deliktische Ansprüche auseinanderfielen, was regelmäßig nicht im Interesse der Parteien liegt. Diese können mittels eines den Vertrag betreffenden Konsenses auch auf das Deliktsstatut Einfluß nehmen, so daß über alle Haftungsaspekte einschließlich von Konkurrenzproblemen nur *ein* Recht entscheidet, und zwar mit gewisser Wahrscheinlichkeit das von ihnen nach Art. 27 I EGBGB gewählte. Gute Aussichten auf diesen Erfolg sind damit auch einer Formulierung beschieden, nach der *alle* (vertragliche wie außervertragliche) Ansprüche, die zwischen ihnen im Kontext des vorliegenden Vertragsverhältnisses entstehen, z.B. dem deutschen Recht unterliegen sollen[280]. Für die vertraglichen Obligationen ist diese Rechtswahl gemäß Art. 27 I EGBGB zulässig, für die gesetzlichen nach Art. 41 II Nr. 1 EGBGB. So gesehen entfällt die zeitliche Einschränkung des Art. 42 S. 1 EGBGB im Falle der akzessorischen Anknüpfung an ein gewähltes Vertragsstatut. Legen sich die Beteiligten schon im Hauptvertrag selbst oder später, jedenfalls aber vortatlich, auf das anwendbare Recht fest, wird dieser Wille mittels Akzessorität auf das deliktsrechtliche Schuldverhältnis ausgedehnt, wenn das vertragliche eine Näherbeziehung i.S.v. Art. 41 II Nr. 1 EGBGB darstellt. Darin liegt kein Widerspruch zum Verbot antezipierter Rechtswahl in Art. 42 S. 1 EGBGB[281]. Der Schluß, es sei nur konsequent, eine isolierte vorherige Deliktsrechtswahl zuzulassen, wenn doch die mittelbare anerkannt sei[282], übersieht den Kontrollvorbehalt einer akzessorischen Anknüpfung und ist daher unzutreffend. Mag auch Art. 41 I EGBGB („*ist* ... anzuwenden") eine gebundene Entscheidung vorsehen, so betrifft diese erst das Anknüpfungsstadium, in dem eine engere Verbindung bereits angenommen wurde; wie Art. 41 II EGBGB zeigt („*kann* sich vor allem ergeben"), ist dem Gericht bei seiner Prüfung des hier relevanten Regelbeispiels Nr. 1 ein breiter Beurteilungsspielraum eröffnet. Falls zwischen den Beteiligten schon ein rechtliches Band existiert, müssen sie also dessen Folgen für etwaige außervertragliche Schadensersatzforderungen zwar stets bedenken, wenn eine Wahl getroffen werden soll, doch kommt ihnen der Einklang ja typischerweise zugute. Rechtssicherheit und -klarheit

---

[280] *Siehr*, IPR, § 34 II 3. In ihrer Stellungnahme zum Kommissionsvorentwurf „Rom II", a.a.O. (Fn. 858 f.), Annex sub 22, gibt die Regierung des United Kingdom folgende Klausel als gebräuchlichste wieder: „This agreement and *any* matters arising out of or connected with it shall be governed by the law of X".

[281] So aber – im Rahmen der Reformüberlegungen von 1982 – v.Caemmerer-*W.Lorenz*, S. 133.

[282] U.a. *Fischer*, S. 182 und *Seidel*, S. 146.

sind auch gewahrt, wenn dieser Gleichlauf nicht den Parteien überlassen ist, denn eine antezipierte Universalabrede, die für deliktische Ansprüche teilunwirksam ist, hat das Gericht gemäß § 139 ZPO zum Anlaß zu nehmen, den Nichtgebrauch von Art. 41 II Nr. 1 EGBGB bekanntzugeben und eine nachträgliche Wahl anzuregen. Selten nur werden die Parteien daran interessiert sein, für unerlaubte Handlungen schon vorweg ein vom Vertragsstatut abweichendes Recht zu berufen[283]. Erscheinen ihnen die Regelungen eines bestimmten Rechts als für den Vertrag geeignet, sehen sie aber die entsprechenden gesetzlichen Haftungsvorschriften als überzogen oder unzureichend an, können sie sich darauf einstellen, daß sie mit einer auf vertragliche Ansprüche gerichteten Wahl dennoch zugleich das Deliktsstatut festlegen. Etwaige Haftungsrisiken bleiben überschaubar: Entweder gilt die gewählte lex contractus auch für Delikte, oder es wird von einer Grundanknüpfung des Art. 40 EGBGB Gebrauch gemacht (gemeinsamer gewöhnlicher Aufenthalt; sonst Tatortregel).

Den Parteien bleibt unbenommen, nachträglich im Konsens z.B. zugunsten des Handlungsortes (Art. 40 I 1 EGBGB) von der Akzessorietät abzugehen und das objektiv bestimmte Statut aufzuspalten, weil ihnen dies wegen Art. 42 S. 1 EGBGB zuvor verwehrt und deshalb auch eine Teilrechtswahl deliktischer Ansprüche nach Art. 27 I 3 Alt. 2 EGBGB (Art. 3 I 3 Alt. 2 EVÜ) ausgeschlossen war[284]. Sieht das Gericht von akzessorischer Anknüpfung ab und beruft Tatortrecht, weil keine wesentlich engere Verbindung besteht (Art. 41 I EGBGB), können sich die Beteiligten im nachhinein darauf verständigen, daß Vertrags- und Deliktsstatut zur Deckung gebracht werden sollen.

Wie bei einer zunächst gänzlich unterbliebenen Wahlabrede können die Parteien endgültige Rechtsklarheit und -sicherheit also erst durch eine nachträgliche Vereinbarung erzielen. Hierauf sind sie beschränkt, wenn eine akzessorische Anknüpfung ohnehin ausscheidet, z.B. ein Warenkaufvertrag dem Einheitsrecht des Wiener UN-Übereinkommens (CISG) unterliegt; dieses enthält keine deliktischen Normen, weshalb ein materiellrecht-

---

[283] Diese Ausnahme wird von Befürwortern einer zeitlich unbegrenzten Wahlfreiheit oft überbewertet (namentlich *Freitag/Leible*, ZVglRWiss 2000, 105, 114; *v.Hein*, RabelsZ 2000, 602).
[284] Vgl. dazu § 8 C.

licher Gleichlauf nicht erreichbar ist[285]. Weder sollte man hier akzessorisch an das lediglich hypothetische autonome Vertragsstatut anknüpfen[286], denn virtuelle Rechtspflichten, die nicht einmal den wirklichen Vertrag effektiv beeinflussen, können erst recht nicht das Deliktsstatut prägen. Noch sollte für diesen Bereich die antezipierte Wahl des Deliktsrechts zugelassen werden[286a]. Solcher Ungleichbehandlung gegenüber nicht vereinheitlichtem Recht bedarf es nicht: Die Parteien wissen, daß sie ausschließlich Vertragsrecht festlegen und eine Geltung der Abrede für Delikte über Art. 41 EGBGB deshalb gar nicht erst in Betracht kommt; wollen sie auf das für deliktische Ansprüche geltende Recht Einfluß nehmen, steht es ihnen frei, von der Wahl eines vertragsstaatlichen Rechts abzusehen, oder eben diese zu treffen[287] und nachträglich eine weitere für die deliktische Haftung, wenn beide Seiten eine nach Art. 40 EGBGB erfolgende objektive Anknüpfung des Gerichts vermeiden wollen.

B. Nachträglich

Art. 42 S. 1 EGBGB läßt nur die nachträgliche Wahl des Deliktsrechts zu. Eine weitergehende temporale Grenze wie die des Art. 40 I 3 EGBGB ist nicht gezogen. Doch kann eine Rechtswahl, die erst in der Revisionsinstanz

---

[285] Vgl. zum EKG OLG München 9.8.1995, IPRspr. 1995 Nr. 38; *Wandt*, Int. Prod-Haftung, Rn. 1216.

[286] Dies hingegen will *Koch*, VersR 1999, 1459.

[286a] Anders *v.Hein*, RabelsZ 2000, 602, 611.

[287] Durch eine Rechtswahl kann stets nur staatliches Recht zur Anwendung berufen werden (zur Sachnormvereisung siehe § 13 B), gemäß Art. 1 I lit. b CISG mit der Folge, daß das vereinheitlichte Kaufrecht gilt. Das CISG wird nicht etwa unmittelbar gewählt (Palandt-*Heldrich*, Art. 27 EGBGB Rn. 3 i.V.m. Art. 28 EGBGB Rn. 7; *Mankowski*, RIW 2003, 10 f.; anders OLG Jena 26.5.1998, IPRspr. 1999 Nr. 25). Diese Frage stellt sub 3.2.3. auch das Grünbuch der Kommission v. 14.1.2003, a.a. O. (Fn. 807). Auf außerstaatliche Regelwerke wie die UNIDROIT Principles of International Commercial Contracts v. 1994 (www.unidroit.org und unilex.info; deutsche Übersetzung in IPRax 1997, 205 ff.) oder die von der sog. *Lando*-Kommission im Jahre 2000 vorgelegten Principles of European Contract Law (auf deutsch in ZEuP 8 (2000), 675 ff.) wird angesichts der Lückenhaftigkeit privater Normsysteme und mangels Gewährleistung umfassender Vertragsgerechtigkeit nicht kollisionsrechtlich verwiesen (zutr. *Kropholler*, IPR, § 52 II 3 e und *Mankowski*, a.a.O., 11 f.). Die Kommission prüft derzeit, ob die Schaffung eines optionellen EG-Vertragsrechts, das die Parteien einsetzen könnten, um ihre grenzüberschreitenden Geschäfte leichter zu tätigen, wünschenswert und ratsam ist (siehe Fn. 807a).

vorgenommen wird, keine Berücksichtigung mehr finden[288]. Sie ist wie andere Tatsachen nach den Verfahrensvorschriften der lex fori einzuführen bzw. vorzutragen[289]. Bei der Revision findet aber grundsätzlich nur eine Nachprüfung der im angefochtenen Urteil aufgeworfenen Rechtsfragen statt, wofür das tatsächliche Parteivorbringen, wie es sich aus dem Tatbestand des Berufungsurteils (vgl. § 314 ZPO) oder aus dem Sitzungsprotokoll ergibt (§ 559 I 1 ZPO), die Grundlage bildet. An die Tatsachenfeststellungen ist das Revisionsgericht gebunden, sofern sie nicht unter Verstoß gegen eine Verfahrensbestimmung (z.B. § 139 ZPO) erfolgten und das von der Revision gerügt wird (§ 559 II, I 2 i.V.m. § 551 III Nr. 2 b ZPO)[290]. Ob sich die Rechtswahl, einmal getroffen, später noch ändern läßt (I) und wie sie wirkt (II), soll im folgenden dargestellt werden.

I. Wandelbarkeit und Statutenwechsel

Das Delikts- ist wie das Vertragsstatut (Art. 27 I 1, II 1 EGBGB) wandelbar, und zwar insofern, als es zur Disposition der Beteiligten steht. Die Parteien können nachträglich jederzeit vereinbaren, daß die unerlaubte Handlung einem anderen Recht unterliegen soll als dem, das zuvor aufgrund einer früheren Rechtswahl oder Art. 40, 41 EGBGB für sie maßgebend war. Ein Statutenwechsel, d.h. die Veränderung der für ein Anknüpfungsmerkmal konstituierenden Tatsachen, auch des Parteiwillens, ist also zulässig[291].

Zunächst fragt sich, welches Recht darüber entscheidet, ob die Parteien eine Abänderung überhaupt vorgenommen haben (§ 6 B). Außerdem müssen sich beide Seiten, die ja durch den ursprünglichen Konsens einen kla-

---

[288] *Buchta*, S. 28 f., gegen *Steiner*, S. 102, jeweils zur Vertragsrechtswahl; zu Art. 42 EGBGB *Hartenstein*, S. 15 a.E. (ohne Begr.). Zu den Folgen § 7 B I 3.

[289] Siehe § 2 C I 1 i.V.m. § 7 B I 2 a.E.

[290] Vgl. die Nachw. in Fn. 145a.

[291] A.A. *Raape*, FS Boehmer, S. 118: „Solange nicht gewählt ist, fehlt es an einem Statut für den Schuldvertrag, und wenn gewählt ist, ist nur die gewählte Rechtsordnung Schuldstatut. Keine andere war es jemals". Ähnlich *Fudickar*, S. 41, 77 f. (ein „an sich anwendbares Recht" gebe es nicht; der Anknüpfungspunkt sei auf seine letzte Erscheinungsform fixiert, d.h. den zuletzt geäußerten Willen); i.d.S. auch *Schaack*, S. 57 und *E.Lorenz*, RIW 1992, 700/701. *Keller/Siehr*, IPR, § 30 I 3 d bb, sprechen von einer „unbeweglichen Anknüpfung"; ebenso *Siehr*, IPR, § 50 I 2 b (aber: „nicht unabänderbar", wegen Art. 15 II, 27, 42 EGBGB). Unwandelbar ist das Deliktsstatut dagegen bei Verschiebung objektiver Anknüpfungstatsachen (siehe § 7 B II 2).

ren Willen zum Ausdruck gebracht haben, über die gestaltende Wirkung ihrer Kehrtwende bewußt sein (§ 7 B). Im Zweifelsfall, soviel schon jetzt, ist davon auszugehen, daß die Parteien ihre Wahl nicht ändern möchten[292].

Die Parteien können eine ex ante geschlossene Vereinbarung durch wiederholte Erklärungen aufrechterhalten und so zur Wirksamkeit verhelfen[293]. Es steht ihnen entsprechend Art. 27 II EGBGB auch frei, von ihrer ggf. vorprozessualen Wahlabrede wieder abzurücken: Die frühere Rechtswahl kann einerseits durch eine spätere geändert und ersetzt, andererseits zugunsten der objektiven Anknüpfung gänzlich aufgehoben werden[294]; im letzteren Fall lebt die Maßgeblichkeit des objektiven Deliktsstatuts wieder auf. Stehen die Abreden nicht in einem Nachordnungsverhältnis, sondern nebeneinander, muß man dagegen aufgrund ihrer Perplexität zur Unwirksamkeit beider Vereinbarungen kommen[295].

Eine Änderungsvereinbarung ist in jeder Verfahrenslage möglich, bis zu dem durch §§ 545 I, 559 ZPO gesetzten Zeitpunkt – dem Schluß der letzten mündlichen Verhandlung.

Stets einerlei ist, was das zunächst gewählte oder nach objektiven Grundsätzen zur Anwendung kommende Recht zur nachträglichen Rechtswahl sagt[296].

II. Rückwirkung

Fraglich ist, welche Auswirkung dieser kraft Parteiwillens (Wahl oder Abwahl) eintretende Statutenwechsel hat. Im Vertragsrecht überwiegt die Auffassung, daß die nachträgliche Rechtswahl – unabhängig davon, ob das zunächst anwendbare Recht bereits auf Parteiwillen oder aber objektiver Anknüpfung beruhte – auf den Zeitpunkt des Vertragsschlusses zurückwirkt, sofern die Beteiligten nicht anderes vereinbaren[297]. Zwar drückt sich Art.

---

[292] Vgl. *Hohloch/Kjelland*, IPRax 2002, 33.
[293] Siehe oben A II.
[294] Vgl. schon § 1 bei Fn. 30 und § 2 C I 1 bei Fn. 148.
[295] *Steiner*, S. 74.
[296] Zur kollisionsrechtlichen Verweisung siehe die Nachw. in Fn. 191.
[297] *Raape*, FS Boehmer, S. 115, 117 und IPR, § 40 IV 3; *Umbricht*, S. 78; *Fudickar*, S. 23; *Lüderitz*, FS Keller, S. 460 (bei Fn. 9), 462; *Siehr*, ebenda, S. 496; *v.Bar*, IPR II, Rn. 480; *U.Bauer*, S. 54; Reithmann/Martiny-*Martiny*, Int. VertragsR, Rn. 91

27 II 1 EGBGB zweideutig aus: der erste HS streitet für ex tunc-Wirkung („der Vertrag" soll einem anderen Recht unterliegen), der letzte eher gegen sie („als dem, das zuvor ... für ihn maßgebend war", nicht: wäre); wirkte aber die Vereinbarung nicht prinzipiell zurück, stellte sich Art. 27 II 2 EGBGB (dem Art. 42 S. 2 EGBGB entspricht) als überflüssig heraus[298]. Dieses Prinzip will man mitunter auf unerlaubte Handlungen transponieren. Es soll also auch eine ex nunc-Wirkung möglich sein; ob sie gewollt ist, sei auf dem Auslegungswege zu ermitteln[299]. Da von der Vereinbarung gemäß Art. 42 S. 1 EGBGB nur ein geschehenes Delikt erfaßt werden kann, wirkt sie jedenfalls auf den Haftungsgrund zurück. Der Statutenwechsel beträfe daher allein das Haftungsfolgenrecht, wollte man der Rechtswahl nur eine Wirkung für die Zukunft beimessen. Damit fände eine *dépeçage* statt: Die Entstehung der gesetzlichen Schuld würde nach dem alten, ihre Folgen nach dem neuen Statut beurteilt[300]. Dies bedeutete eine Teilrechtswahl analog Art. 27 I 3 EGBGB[300a]. Selbst deren Befürworter räumen aber ein, daß bei der Annahme einer gespaltenen Wahl Vorsicht geboten sei, da sie der natürlichen Betrachtungsweise widerspreche und daher regelmäßig nicht im Interesse der Parteien liege[300b]. In der Tat ist den Parteien typischerweise daran gelegen, alle sich aus der unerlaubten Handlung ergebenden

---

und *ders.* in MünchKomm[3], EGBGB, Art. 27 Rn. 58; *Reinhart*, IPRax 1995, 371; Soergel[12]-*v.Hoffmann*, EGBGB, Art. 27 Rn. 73; *Schröder/Wenner*, Int. VertragsR, Rn. 162; *Steiner*, S. 72; *Hartenstein*, S. 14 und 124; *Kropholler*, IPR, § 52 II 4; *Schwimann*, IPR, S. 105 f.; *Jaspers*, S. 152 (zu Art. 3 II EVÜ); Bamberger/Roth-*Spickhoff*, Art. 27 EGBGB Rn. 29; ausdrücklich Art. 116 III 2 schweiz. IPRG. Anders (im Zweifel ex nunc): OLG Frankfurt/Main 13.2.1992, IPRspr. 1992 Nr. 31; *W.Lorenz*, IPRax 1987, 273; Palandt[58]-*Heldrich*, Art. 27 EGBGB Rn. 10 (mit der 59. Auflage aufgegeben). Offen *Möllenhoff*, S. 20 in Fn. 11.

[298] Dazu § 12 A II 2 a).

[299] *E.Wagner*, S. 69 f., 74; *Freitag/Leible*, ZVglRWiss 2000, 108; nur für die willentliche Änderung einer Rechtswahl anscheinend Palandt-*Heldrich*, Art. 42 EGBGB Rn. 1 a.E.

[300] So *E.Wagner*, wie vor.

[300a] Dazu § 8 C.

[300b] *Freitag/Leible*, ZVglRWiss 2000, 108 in Fn. 24. Für Schuldverträge explizit BGH 3.12.1971, BGHZ 57, 337 (338); *Ferid*, IPR, Anm. 6–26; Reithmann/Martiny-*Martiny*, Int. VertragsR, Rn. 53 und *ders.* in MünchKomm[3], EGBGB, Art. 27 Rn. 58 sowie *Spellenberg*, ebenda, Vor Art. 11 Rn. 33; Staudinger[13]-*Magnus*, EGBGB, Art. 27 Rn. 91; Bamberger/Roth-*Spickhoff*, Art. 27 EGBGB Rn. 26. Eine gewollte (exogene) Spaltung überhaupt abl. *Niederer*, IPR, S. 197 i.V.m. 211 ff.; restriktiv *v.Bar*, IPR II, Rn. 426.

Probleme einem einzigen Recht zuzuweisen, um so eine Gesamtregelung ihrer Rechtsbeziehung zu erreichen; diese Vollrechtswahl entspricht dem Ordnungsinteresse an der Einheitlichkeit des Deliktsstatuts. Einer deliktskollisionsrechtlichen Einigung sollte deshalb stets umfassende Rückwirkung zukommen[301]. Daß eine Deliktsrechtswahl nach Art. 42 S. 1 EGBGB ex nunc wirkt, sich die Statute also aneinanderreihen, ist demnach ausgeschlossen.

---

[301] Zutr. *Junker*, JZ 2000, 479 und Palandt-*Heldrich*, Art. 42 EGBGB Rn. 1; mit dem Zitat *Heldrichs*, aber der Einschränkung „im Zweifel" Bamberger/Roth-*Spickhoff*, Art. 42 EGBGB Rn. 3; zum RefE 1993 *Steiner*, S. 72. Die Rechte- und Pflichteordnung wird somit ex post revidiert und infolgedessen ein zunächst rechtmäßiges Handeln womöglich pflichtwidrig. Es obliegt den Parteien, vor der Übereinkunft die Konsequenzen des Statutenwechsels abzuklären – Parteiautonomie bedeutet Selbstverantwortung.

§ 6 Gültigkeit

Dieser Paragraph analysiert, wie eine Deliktsrechtswahl Gültigkeit erlangt und welches Recht hierüber bestimmt. Weit verbreitet ist die Annahme, Art. 27 IV EGBGB gelte analog. Die Auseinandersetzung mit ihr (A) resultiert in einer klaren Aufteilung der Zuständigkeiten (B und C).

A. Analogie zu Art. 27 IV, 31 I EGBGB?

Schranken können sich a priori, noch unter Geltung des Rechts im Forumsstaat also, oder im Wege einer Korrektur durch das gewählte Recht ergeben. Wie eingangs (vor § 3) erwähnt, sind Rechtsfragen, über die das IPR der lex fori selbst befindet, dem geküreten Statut entzogen; für letzteres bleiben nur Fragen übrig, die nicht schon vorher geklärt sind. Art. 42 EGBGB jedoch schweigt über Zustandekommen der Einigung und ihre Wirksamkeit. Oft wird daher vorgeschlagen, hierüber solle das in Aussicht genommene, noch präsumtive Recht urteilen[302]. Neben Art. 26 V 1 EGBGB ist Art. 27 IV i.V.m. Art. 31 I EGBGB (Art. 3 IV i.V.m. Art. 8 I EVÜ) der einzige normativ geregelte Ausnahmefall eines solchen Vorgriffs auf das anscheinend gewählte Recht[303]; er wird sonst nur im Rahmen von Art. 14 II, III 1 und 15 II EGBGB befürwortet[304], vereinzelt auch bei Versi-

---

[302] *Pfeiffer*, NJW 1999, 3676 bei Fn. 30 und ohne Angabe von Gründen: *Schönberger*, S. 180/181; MünchKomm³-*Kreuzer*, EGBGB, Art. 38 Rn. 59 i.V.m. *Martiny*, ebenda, Art. 27 Rn. 83; *St.Lorenz*, NJW 1999, 2217 in Fn. 24; *Vogelsang*, NZV 1999, 501 in Fn. 56; *Freitag*, S. 145 sowie *Freitag/Leible*, ZVglRWiss 2000, 107; Bamberger/Roth-*Spickhoff*, Art. 42 EGBGB Rn. 7; zum Bereicherungsrecht, jetzt Art. 38 EGBGB, *Busse*, S. 81 f.; pauschal auf Art. 27 EGBGB verweisen *A.Staudinger*, DB 1999, 1590 und *Kreuzer*, RabelsZ 2001, 401 (man hätte an Parallelregelungen „denken können"). Dagegen *Junker*, JZ 2000, 478; *Dörner*, FS Stoll, S. 492 und Palandt-*Heldrich*, Art. 42 EGBGB Rn. 1; implizit auch *Hohloch/Jaeger*, JuS 2000, 1138 (Anwendung der §§ 119 ff., 133 BGB). Unentschieden *Sieghörtner*, S. 460.

[303] Anders noch *Raape*, IPR, § 40 IV 1. Die Zulassung der Rechtswahl beruhe auf einer Kollisionsnorm der lex fori, weshalb letztere auch über die materielle Gültigkeit zu entscheiden habe, damit die Parteien wissen, „woran sie sind". Im Gegensatz hierzu will *Lindenmayr*, S. 193 f., auch das für die Zuständigkeitsabrede (§ 7 B II 1) als Prozeßvertrag vereinbarte Recht auf diese Wahl selbst anwenden.

[304] *V.Stoll*, S. 200; MünchKomm³-*Siehr*, EGBGB, Art. 14 Rn. 58 und Art. 15 Rn. 37 (zieht Art. 31 I, 26 V 1 EGBGB heran). Auch für Art. 25 II EGBGB MünchKomm³-*Birk*, EGBGB, Art. 25 Rn. 32; *Kemp*, S. 121; Staudinger-*Dörner*, EGBGB (2000), Art. 25 Rn. 492; Bamberger/Roth-*St.Lorenz*, Art. 25 EGBGB Rn. 21; vgl.

cherungsverträgen mit Branchenkundigen[305]. Der Gesetzgeber hat eine derartige Verweisung ins „Doppeltdunkle"[306] für das Deliktsrecht nicht vorgesehen. In der Entwurfsbegründung wird betont, der enge Zusammenhang mit den Anknüpfungsnormen für vertragliche Schuldverhältnisse zeige sich in jeder Vorschrift des zweiten Unterabschnitts[307]. Dokumentiert wird hiermit die Gemeinsamkeit, daß Art. 27 wie Art. 42 EGBGB einen Konsens voraussetzt. Fehlgehend wäre indes die Folgerung, daß sich sämtliche Regelungen entsprächen. Eine Analogie zu Art. 27 IV i.V.m. 31 I EGBGB verbietet sich vielmehr, weil diese Vorschriften ersichtlich auf einen bestimmten Sachverhalt begrenzt sind, der nicht gleich zu beurteilen ist[308]. Bei internationalen Schuldverträgen soll im Interesse der einheitlichen Geltung nur einer Rechtsordnung für das gesamte Rechtsgeschäft verhindert werden, daß zusammengehörige Vorgänge durch die Maßgeblichkeit unterschiedlicher Statute auseinanderreißen[309]. Zudem könne der Verweisungsvertrag schon deshalb nicht einfach dem Forumsrecht unterworfen werden, weil im Zeitpunkt des Abschlusses noch offen sei, um welches es sich handelt[310]. Beide Argumente treffen auf unerlaubte Handlungen nicht zu. Eine Rechtswahl im Deliktsrecht hat mit ihrem materiellen Bezugspunkt, der ein gesetzliches Schuldverhältnis begründenden Tat, nicht die Verfolgung eines rechtsgeschäftlichen Zwecks gemeinsam; es gibt keine subjektive Einheit wie sie etwa der Verweisungs- mit dem Hauptvertrag bildet, welcher, anders als das heteronome Delikt, bereits nach dem kollektiven Willen der Parteien existent ist[311]. Im Gegenteil steht Art. 42 S. 1

---

bereits *Kühne*, S. 118. Dabei jedoch handelt es sich nicht um eine „Rechtswahl", sondern ein einseitiges Rechtsgeschäft (siehe Fn. 126).

[305] *W.-H.Roth*, Int. VVertragsR, S. 576 i.V.m. 526.
[306] *Lüderitz*, IPR, Rn. 270, in Anlehnung an das geflügelte Wort *Raapes* (Fn. 333).
[307] Begr. RegE 1998, BT-Drs. 14/343, S. 8.
[308] Zum Ähnlichkeitsschluß BGH 4.5.1988, NJW 1988, 2109 (2110); *Canaris*, S. 72, 78 und *Larenz*, Methodenlehre, S. 381 ff.
[309] Begr. RegE 1983, BT-Drs. 10/504, S. 77, 81. Vgl. Soergel^{12}-*v.Hoffmann*, EGBGB, Art. 27 Rn. 100 und Staudinger^{13}-*Magnus*, EGBGB, Art. 27 Rn. 136: akzessorische Anknüpfung der Wahlabrede. Abw. LG Düsseldorf 12.4.1994, RIW 1995, 415 (Rechtswahl zunächst auf Basis des objektiv geltenden Vertragsstatuts überprüft).
[310] Reithmann/Martiny-*Martiny*, Int. VertragsR, Rn. 196; MünchKomm^3-*Spellenberg*, EGBGB, Art. 31 Rn. 3.
[311] Der wesentliche Unterschied zwischen Delikt und Vertragsbruch liegt in den Voraussetzungen der Haftung, da bei der unerlaubten Handlung Pflichten verletzt werden, die jedermann gegenüber bestehen, beim Vertrag dagegen solche, die auf einem individuellen Versprechen beruhen (*Kegel*, Vertrag u. Delikt, S. 119).

EGBGB, anders als Art. 27 I EGBGB, dem zugänglicheren Forumsrecht, dessen IPR ja auch prinzipiell über Wohl und Wehe des Konsenses entscheidet, viel näher[312]. In den weitaus meisten Fällen treten die Parteien erst durch die Schädigung selbst in Rechtsbeziehungen zueinander[313]. De lege lata dürfen sie das federführende Recht ohnehin nur nachträglich vereinbaren[314]; sie können sich dabei bereits auf den möglichen Gerichtsort einstellen, falls dieser, bei Einigung im Prozeß, nicht ohnehin schon feststeht. Zudem wird hier ganz überwiegend die lex fori für maßgeblich erklärt[315]. Insoweit stellt sich die Situation nicht nur rechtlich, sondern häufig auch tatsächlich anders dar als in Vertragsverhältnissen, für welche die parteiautonome Statutsbestimmung in Form einer vorsorglichen Gestaltung bedeutsam ist.

Bei unerlaubten Handlungen befindet also – im Sinne internen Entscheidungseinklangs – das am Forum geltende Recht über seine einvernehmliche Benennung oder Abberufung insgesamt und abschließend (B). Es sollte daher nicht nach einem „Statut der Wahlvereinbarung" gefragt werden[316]. Dieser Terminus ist irreführend. Das gewählte Recht bleibt außer Ansatz, weil es Beurteilungskompetenzen erst erlangt, wenn das forumseigene IPR die Verweisung dem Parteiwunsch gemäß bereits ausgesprochen hat; ersteres beantwortet somit allein Haftungsfragen (C). Hieraus ergibt sich die nachfolgende Unterteilung.

---

[312] Eine solch enge Verzahnung besteht auch bei der Namensrechtswahl nach Art. 10 II EGBGB (vgl. MünchKomm³-*Birk*, EGBGB, Art. 10 Rn. 67; Palandt-*Heldrich*, Art. 10 EGBGB Rn. 14). Sie bejaht *Junker* deshalb für das Bestimmungsrecht des Art. 40 I EGBGB (FS W.Lorenz II, S. 335 f.); wie er lehnt *Thorn*, IPRax 2001, 563, hier eine Analogie zu Art. 27 IV, 31 I EGBGB ab, weil die Optionsbefugnis kein Rechtsgeschäft zum Gegenstand hat; unausgesprochen i.d.S. *Heiderhoff*, IPRax 2002, 371 a.E. („Willenserklärung nach §§ 119 ff. BGB anfechtbar"). Auch in den Vereinheitlichungsplänen, die sich in der Tradition des EVÜ verstehen, wird das prospektive Statut nicht vorgezogen (§ 15 B und C).

[313] Vgl. § 5 A I 1.

[314] Zu diesem Ergebnis gelangt § 5 (B vor I).

[315] Siehe §§ 1, 7 B II 1 und 3 sowie vor allem § 8 B.

[316] Zutr. *Stoll*, FS Heini, S. 440 (gar für das EVÜ); ihm zust. *Jaspers*, S. 68, 134 – doch nur, soweit es den „Anschein eines Konsenses" festzustellen gilt (Zulässigkeit und Ob der Vereinbarung).

B. Beurteilung nach (IPR) der lex fori

Die gemeinsame Wahl des anwendbaren Rechts ist nicht formgebunden; Art. 27 IV i.V.m. Art. 11 EGBGB paßt einzig auf das Vertragsrecht, weil er die Unabhängigkeit von Formerfordernissen des materiellrechtlichen Hauptvertrags ausspricht. Rechts- und Geschäftsfähigkeit behandelt das Kollisionsrecht im Wege einer Sonderanknüpfung gemäß Art. 7 EGBGB; nur für diese Teilfragen kann demnach dasjenige fremde Sachrecht objektiv berufen sein, welches die Parteien selbst anzuwenden wünschten.

Auch was die Rechtswahl im übrigen anbetrifft, ist zuvörderst das EGBGB selbst zu befragen, denn die Parteiautonomie auszugestalten ist Sache des Kollisionsrechts. Dieses sagt, jedenfalls im Grundsatz, von welcher Beschaffenheit eine Wahlvereinbarung sein muß, um als subjektiver Anknüpfungspunkt das maßgebende Deliktsstatut bezeichnen zu können. Es kommt also auf die im Zweifelsfall mittels Auslegung zu treffende Feststellung an, ob eine Vereinbarung wirklich erfolgt und welches ihr Inhalt ist[317]. Diesen Tatbestand beidseitiger Zustimmung gilt es zu ermitteln und rechtlich zu bewerten. Den Vorgang mag man als „Unterart einer Qualifikation" verstehen[318]. Prinzipiell wird zwar lege fori qualifiziert, doch stimmen die Begriffe des IPR nicht notwendig mit den sachrechtlichen derselben Rechtsordnung überein[319]. Das Kollisionsrecht kann, auch wenn es mit

---

[317] Zu dieser zweifachen Funktion einer Interpretation von Rechtsgeschäften grundlegend *Lüderitz*, Auslegung, S. 25.
[318] *Hohloch/Kjelland*, IPRax 2002, 31.
[319] BGH 22.3.1967, BGHZ 47, 324 (336); *Neuhaus*, IPR, § 15 II 2; *Schurig*, KollN u. SachR, S. 215 ff. und *ders.* in Kegel/Schurig, IPR, § 7 III 3, IV; *Hohloch*, Deliktsstatut, S. 237 ff.; *v.Bar*, JZ 1985, 969 und *ders.*, IPR I, Rn. 592, 600 ff.; *Grundmann*, S. 27, 80, 204; *Reder*, S. 130 f.; Soergel^{12}-*Kegel*, EGBGB, Vor Art. 3 Rn. 120 f.; *Schütt*, S. 61 f., 201 f.; MünchKomm^3-*Sonnenberger*, EGBGB, Einl. IPR Rn. 252 i.V.m. 460; *Seidel*, S. 137; *v.Hein*, RIW 2000, 821; *Kropholler*, IPR, § 16 II 2; *Höder*, S. 14/15, 31 f.; *Jaspers*, S. 203 ff.; Palandt-*Heldrich*, Einl. v. Art. 3 EGBGB Rn. 27; Bamberger/Roth-*St.Lorenz*, EGBGB Einl. IPR Rn. 57 f. Nach einer Auffassung muß die der jeweiligen Kollisionsnorm zugrundeliegende Interessenbewertung entscheiden (*Kegel*, a.a.O.); andere befürworten eine Qualifikation anhand der Funktion der einzelnen Institute im Rechtsleben, „da die Lebensverhältnisse und die daraus resultierenden Probleme in der modernen Welt weit mehr übereinstimmen als die rechtskonstruktiven Formen ihrer Bewältigung" (so *Neuhaus*, a.a.O., § 15 III i.V.m. § 9 I 5; auch *Kropholler*, a.a.O., § 17 I; *v.Hein*, a.a.O. („IPR-autonome, funktional-teleologische Qualifikation")).

dem materiellen Recht eng zusammenhängt, eine gewisse Autonomie beanspruchen[319a]. Es ist seine Angelegenheit vorzugeben, ob in einem Parteiverhalten überhaupt eine Rechtswahlerklärung „steckt". Entsprechende Anforderungen werden unmittelbar durch Art. 27 I 2 EGBGB aufgestellt[320]; sie gelten für Art. 42 S. 1 EGBGB analog. Im Mittelpunkt steht dabei die Frage nach dem sog. Erklärungsbewußtsein – zu ihr eingehend § 7 B I 2. Ist sie positiv beantwortet, wendet man sich der nächsten zu: Waren beide Seiten auch in ihrer Willensbildung frei und haben sie so die jeweilige Rechtsordnung akzeptiert? Von dieser Freiheit gehen Art. 27 I, 42 S. 1 EGBGB aus, doch ordnen sie selbst, für den Fall eines Irrtums oder Mißbrauchs, keine Rechtsfolge an. Eine solchermaßen ausgeübte Wahl ist daher, solange sie bewußt erfolgte, nicht per se unwirksam wie bei einem Verstoß gegen eine der Zulassungsschranken der Parteiautonomie[321]. In Ermangelung von Angaben in einer Kollisionsnorm muß deshalb das Sachrecht des Forums entscheiden[322]. Dieser Rückgriff läßt sich nicht nur als schlichter Behelf rechtfertigen wie bei der Prüfung des berufenden Rechts, wenn dieses fremd ist und sein Inhalt nicht ermittelbar[323] oder Lücken entstanden wegen Eingreifens des allgemeinen *ordre public*[324], so daß die lex fori (ihr Sachrecht) als Ultima Ratio ersatzweise eingreifen muß. Er wird vielmehr dadurch zusätzlich legitimiert, daß der Streit um die Schranken kollisionsrechtlicher Parteiautonomie im Spannungsverhältnis von individueller Freiheit und staatlicher Autorität begründet liegt, so wie es sich

---

[319a] Siehe §§ 1, 2 A I a.E.; vor § 3; §§ 5 A I 1, 7 B I 2. IPR verteilt Kompetenzen nach bestimmten, teils auch im Sachrecht angestellten Überlegungen und bezeichnet, für was die zu berufende Rechtsordnung maßgebend sein soll, ob also ein Rechtsverhältnis vorliegt, das den Tatbestand der Kollisionsnorm bildet (vgl. schon *v.Steiger*, Bestimmung der RFrage, S. 47 und 61 ff.).

[320] Wie hier: *E.Lorenz*, RIW 1992, 698; *Schröder/Wenner*, Int. VertragsR, Rn. 51 i. V.m. 212; *Mankowski*, EWiR 2000, 968; *Palandt-Heldrich*, Art. 27 EGBGB Rn. 8. Wer die lex causae maßgeblich sein läßt (so noch *Hohloch*, NZV 1988, 164 bei Fn. 43; *v.Bar*, IPR II, Rn. 474) oder das BGB bemüht (*Hohloch/Kjelland*, IPRax 2002, 31, im Anschluß an BGH 19.1.2000, NJW-RR 2000, 1002 (1003), der französisches Recht für gewählt hielt, dazu aber unter Anwendung der §§ 133, 157 BGB gelangte), macht den gleichwohl aufgestellten Kriterienkatalog bedeutungslos (vgl. § 7 B II).

[321] So z.B., wenn nach bestrittener Auffassung (§ 8 A I) zum gewählten Recht der Bezug fehlt.

[322] Vgl. die Nachw. in Fn. 319, 320.

[323] Fn. 163 a.E.

[324] § 14 B II.

auch in der Eingrenzung privatautonomer Befugnisse zeigt[325]. Damit geben insoweit §§ 119 ff. BGB den Ton an, wenn der Richter – bei vorprozessualer Einigung – nach § 139 ZPO keinen Anlaß zur Erkundigung hat. Der (Motiv-) Irrtum betreffend den Inhalt des gewählten Rechts und/oder darüber, daß der Wahlvertrag für eine Partei zum Prozeßverlust führt, kann jedenfalls kein Anfechtungsgrund sein, weil man sonst die autonome Verweisungsanordnung ad absurdum führen würde[326]. Die erstrebte Rechtsfolge ist hier mit der Berufung des Statuts eingetreten; nicht gewollte Nebenwirkungen, die ex lege eintreten, sind kein Fall des § 119 I Alt. 1 BGB[326a]. Ebenso lege fori ist der Zugang von Rechtswahlerklärungen zu werten, die Bindung an sie und ihre Annahmefrist, also gemäß §§ 130 ff., 145 ff. BGB. Vor Gericht allerdings können die Parteien, ggf. auf Hinweis, für Rechtsklarheit sorgen, indem sie ihre Rechtswahlerklärungen wiederholen. Die richterliche Erkundigung kommt auch bei der Inhaltsermittlung zum Tragen, denn der „wirkliche Wille" (§ 133 BGB), die „Verkehrssitte, Treu und Glauben" (§§ 157, 242 BGB) sind keine deskriptiven, direkt subsumtionsfähigen Tatbestandsmerkmale, sondern unbestimmte Rechtsbegriffe, die weiterer Konkretisierung bedürfen[327]. Durch sie läßt sich hinreichende „Sicherheit", wie Art. 27 I 2 EGBGB sie voraussetzt, nicht erreichen.

C. Maßgabe des gewählten Rechts (lex causae)

Was das Recht, welches im Zweipersonenverhältnis zwischen Schädiger und Geschädigtem gewählt wurde[328], die lex causae, zu ihrer Kür sagt, ist

---

[325] Vgl. *Kropholler*, IPR, § 5 II 1. Siehe §§ 1 und 4 A II, B.
[326] *Schwind*, IPR, Rn. 422; zu Art. 40 I 2 EGBGB *Heiderhoff*, IPRax 2002, 372.
[326a] Vgl. nur BGH 15.12.1994, NJW 1995, 1484 (1485); Soergel[13]-*Hefermehl*, BGB, § 119 Rn. 124; MünchKomm[4]-*Kramer*, BGB, § 119 Rn. 82; Palandt-*Heinrichs*, § 119 BGB Rn. 15.
[327] Für alle zit. Palandt-*Heinrichs* einen „Kanon von Auslegungsgrundsätzen" (§ 133 BGB Rn. 1), „Funktionskreise" und „Fallgruppen" (§ 242 BGB Rn. 2). Einer Geltung des Prinzips von Treu und Glauben im IPR steht *Heeder*, S. 128 ff., (bei der Handhabung von Umgehungsfällen, unten § 11) mit Skepsis gegenüber.
[328] Art. 42 S. 2 EGBGB konstatiert, daß eine Rechtswahl grundsätzlich nur inter partes wirkt (siehe § 12 A II vor 1, 2 b) und B). Bei einer Mehrheit von (Unfall-) Verletzten ist für jeden das anzuwendende Deliktsrecht ohnehin einzeln zu bestimmen (so z.B. BGH 28.10.1992, IPRspr. 1992 Nr. 60). Gleiches gilt, wenn mehrere Schädiger voneinander unabhängig Deliktstatbestände verwirklicht haben oder, z.B. als Halter und Fahrer, in Nebentäterschaft (vgl. AG Bonn 5.11.1974, IPRspr. 1974 Nr.

unbeachtlich. Dafür jedoch vermag nur dieses allein, vorbehaltlich gesonderter Anknüpfung einzelner, selbständiger Rechtsfragen, infolge der Verweisung den jeweiligen Haftungsbereich festzuschreiben. Maßgeblich ist insofern ausschließlich die parteiautonom benannte Sachnormgesamtheit mit den dort enthaltenen Einschränkungen[329]. Ganz allgemein läßt sich sagen: Das Recht, dem ein Rechtsverhältnis unterworfen wird, gilt für dieses grundsätzlich in jeder Hinsicht[330]. Erfaßt werden demnach alle unselbständigen Elemente des Haftungssystems, die seinen Charakter ausmachen. Man kann von einer „Allzuständigkeit" des Deliktsstatuts sprechen[331]. § 8 D zieht ein Resümee.

---

23). Deshalb kann das Optionsrecht des Art. 40 I 2 EGBGB individuell verschieden ausgeübt werden (sofern nicht Art. 41 EGBGB eingreift), und auch Vereinbarungen gemäß Art. 42 S. 1 EGBGB können unterschiedlich ausfallen (vgl. *Freitag/Leible*, ZVglRWiss 2000, 127 in Fn. 103). Dies stellt, weil eigene Schuldverhältnisse betroffen sind, keine Teilrechtswahl dar (zu ihr § 8 C). Haben sich mehrere an *einem* Delikt beteiligt, ist das Haupttäterstatut maßgebend (BGH 11.3.1982, IPRspr. 1982 Nr. 121b; abw. MünchKomm³-*Kreuzer*, EGBGB, Art. 38 Rn. 97 bei einer Gleichrangigkeit, die aber selten ist; nach *Plänker*, S. 114, hat eine individuelle Anknüpfung den Vorrang, falls personelle Momente wie der gemeinsame gewöhnliche Aufenthalt des einen Schädigers und des Geschädigten eine Rolle spielen); a.A. Staudinger-*v.Hoffmann*, EGBGB (2001), Art. 40 Rn. 40. Nicht um ein Mehrzahlproblem handelt es sich beim Einstehenmüssen Dritter für die unerlaubte Handlung eines anderen (etwa des Beaufsichtigenden, § 8 D bei Fn. 444, oder Haftpflichtversicherers, § 9 A), bei der aus Anlaß des Delikts gegenüber dem Verletzten entstandenen Verpflichtung von Personen, die im Innenverhältnis zum Täter diesen auf Ausgleich in Anspruch nehmen (§ 9 B II) sowie bei Forderungen mittelbar Geschädigter, z.B. nach § 844 I BGB (vgl. § 9 C).

[329] Siehe Fn. 191; zur Verweisung gemäß Art. 4 II EGBGB § 13 B.
[330] OLG Köln 26.6.1986, NJW 1987, 1151 und Kegel/Schurig-*Kegel*, IPR, § 17 VII. Es gilt das Prinzip des Einheits- oder Gesamtstatuts (*Becker*, S. 27, 145, 184). Vgl. schon §§ 2 A II 1, 5 B II.
[331] *Hohloch*, Deliktsstatut, S. 102; siehe u.a. auch v.Caemmerer-*Firsching*, S. 184 f. und Bamberger/Roth-*Spickhoff*, Art. 40 EGBGB Rn. 6.

§ 7 Äußerung

Die Rechtswahl setzt eine entsprechende Vereinbarung voraus, welche an keine Form gebunden ist. Äußern können sich die Parteien deshalb nicht nur expressis verbis (A), sondern auch konkludent (B).

A. Explizit

Entscheidungen, in denen eine ausdrückliche Rechtswahl im Prozeß vorgelegen hat, sind selten[332]. Dies liegt daran, daß ein Recht erst ausdrücklich gekürt ist, wenn klar und unmißverständlich ausgesprochen wird, welches Recht berufen sein soll. Meist wissen die Parteien aber gar nicht um ihre Wahlmöglichkeit und glauben, die lex fori sei berufen, oder sie zögern, sich eindeutig festzulegen und den „Sprung ins Dunkle"[333] eines ausländischen Rechts zu wagen. Sind sie jedoch (durch ihren Anwalt) richtig beraten und zum Konsens bereit, müssen sie vor allem bestrebt sein, eine originär über vertragliche Forderungen getroffene Abrede auf konkurrierende deliktsrechtliche Ansprüche auszudehnen, falls sie den Gleichlauf sicherstellen wollen, bzw. für alle Haftungsfragen von ihr abzuweichen, wenn ihnen dies jetzt opportun erscheint, denn das Gericht kann sonst gemäß Art. 41 II Nr. 1 EGBGB akzessorisch an das Vertragsstatut anknüpfen[334]. Hierbei mitwirkende Rechtsvertreter haben für die richtige und vollständige Niederlegung des Willens ihrer Mandanten sowie einen möglichst eindeutigen, nicht erst der Auslegung bedürftigen Wortlaut zu sorgen[335]. Dem be-

---

[332] BGH 10.6.1960, VersR 1960, 907 (908): „... übereinstimmend erklärt, daß deutsches Haftungsrecht Anwendung finden solle"; LG Hamburg 19.12.1973, IPRspr. 1973 Nr. 18 („... hat aber die Klägerin ausdrücklich erklärt, mit der Anwendung des deutschen Rechts einverstanden zu sein"). In dem berühmten Fall der Rheinversalzung (vgl. Fn. 65) erklärte die beklagte Kaliminenbetreiberin vor der Rb. Rotterdam zur Geltung niederländischen Haftungsrechts explizit ihr Einverständnis; den Ausschlag hatte die Eröffnung der Revisionsmöglichkeit gegeben (Zwischenurteil v. 8.1.1979, NJ 1979 Nr. 113, Tz. 15 und hierzu unten Fn. 798).

[333] *Raape/Sturm*, IPR I, § 13 I 1, wie *Raape* selbst, IPR, § 13 I; *Keller/Siehr*, IPR, § 22 IV 1 und *Siehr*, IPR, § 47 IV 4.

[334] Dazu § 5 A I 1, II.

[335] Für den Abschluß eines Vergleichs BGH 17.1.2002, NJW 2002, 1048 (1049); ferner Zugehör-*Sieg*, HdB Anwaltshaftung, Rn. 763 und Rn. 785 f. zur Abfassung eines Vertragstextes. Siehe auch schon § 2 C II. Mit Art. 12 I GG unvereinbar ist allerdings die Ansicht des BGH a.a.O., wonach rechtsfehlerhaftes Unterlassen eines Gerichts, das die Folgen eines anwaltlichen Fehlers wie dem mißverständlicher

reits eröffneten Problem (§ 5 B II), ob es den Parteien auch freisteht, ein bestimmtes Recht nur für Teilbereiche eines Deliktsfalls zu wählen, wird in § 8 C nachgegangen. Wenn eine Deliktsrechtswahl wegen unerlaubter Vorwegnahme gemäß Art. 42 S. 1 EGBGB unwirksam war oder im nachhinein getroffen wurde, den Partnern aber unerwünscht geworden ist (weil der Richter auf ein zügigeres Verfahren unter dem Forumsrecht hingewiesen hat), kann eine weitere Vereinbarung geschlossen werden, welche die alte ersetzt[336].

Es kann auch eine Abwahl staatlichen Rechts vorliegen, ohne daß eine andere Rechtsordnung berufen wird[337]. Nach einer solchen negativen Rechtswahl muß mit den verbleibenden in Frage kommenden Rechten eine objektive Anknüpfung erfolgen. Kommt man dabei zum abgewählten Recht, gilt das gemäß Art. 40 und 41 EGBGB nächstberufene. Unwirksam ist danach ein Wahlvertrag nur, wenn er sämtliche mit dem Sachverhalt in Verbindung stehende Rechtsordnungen ausschließt, weil eine objektive Anknüpfung dann unmöglich wäre und das Delikt keinem Statut mehr unterstellt werden könnte.

B. Konkludent

Ganz überwiegend war in der Judikatur eine stillschweigende, nachträgliche Wahl betroffen[338]. Warum eine solche Vereinbarung so häufig bejaht

---

Formulierung perpetuiert, obwohl ihr Eintritt prozeßordnungsgemäß – vor allem durch Hinweis – hätte verhindert werden können, haftungsrechtlich unbeachtlich sei. Auch als Organe der Rechtspflege, § 1 BRAO, haften die Rechtsanwälte nicht ersatzweise für Fehler der von solcher Verantwortung gemäß § 839 II 1 BGB freigestellten Justiz, nur weil sie entsprechend versichert sind (zutr. BVerfG 12.8.2002, NJW 2002, 2937 (2938)). Zu § 139 ZPO siehe § 2 C I 1.

[336] Vgl. § 5 B I.
[337] *Steiner*, S. 65; *v.Hoffmann*, IPR, § 10 Rn. 28.
[338] BGH 6.11.1973, IPRspr. 1973 Nr. 137; 17.3.1981, IPRspr. 1981 Nr. 25; 24.9.1986, BGHZ 98, 263 (274); 22.12.1987, IPRspr. 1987 Nr. 27 und 22.2.1994, IPRspr. 1994 Nr. 1; OLG Köln 16.12.1953, IPRspr. 1954-55 Nr. 35; OLG Hamburg 27.3.1969, IPRspr. 1970 Nr. 31. Nach §§ 35 I, 11 II öst. IPRG sowie auch Art. 11 II des IPRG Liechtensteins v. 19.9.1996 ist eine in einem anhängigen Verfahren bloß schlüssig getroffene Rechtswahl dagegen unbeachtlich (*Schack*, NJW 1984, 2740 und *Plaßmeier*, S. 415, pflichten dem bei; ebenso *Kadner Graziano*, Gemeineurop. IPR, S. 180 und § 1 I 3 seiner Leitsätze (S. 491, 607); die Praxis mißachtet dies jedoch häufig (zu ihr *Schwimann*, IPR, S. 34). Anders auch Art. 8 S. 2 des GEDIP-

wird und an welche Voraussetzungen ihre Annahme gebunden ist, soll im folgenden herausgearbeitet werden.

I. Problematik des „Heimwärtsstrebens"

Geht das Gericht von einer konkludenten Rechtswahl (zugunsten der lex fori) aus, steht dahinter das an sich legitime Ziel der Verfahrensbeschleunigung und -vereinfachung. Meistens wird nach dem Motto verfahren, lieber das eigene Recht korrekt, als ein fremdes vielleicht völlig falsch anzuwenden[339]. Dem Gericht bleibt die oft schwierige und zeitaufwendige Ermittlung und Anwendung des ausländischen Rechts erspart und kann das ihm bestvertraute Recht anwenden.

1. Präklusion

Nach einer Auffassung soll dieses Resultat „methodenehrlicher" über eine Präklusion zu begründen sein[340]. Dem kann nicht gefolgt werden. Gemäß Art. 42 EGBGB zu wählen heißt nicht, ein Angriffs- und Verteidigungsmittel im Sinne der §§ 146, 282, 296, 530, 531 ZPO auszuüben. Wenn präkludiert werden kann, dann allein Vortrag zu Tatsachen, die eine Subsumtion unter das jeweilige Sachrecht ermöglichen, und dies auch nur, falls sich die Parteien über die kollisionsrechtlichen Fragen überhaupt im klaren waren, ggf. auch darauf hingewiesen worden sind[341]. Ohnehin ist aber nichts ersichtlich, warum das Zivilprozeßrecht einer Rechtswahl entgegenstehen sollte. Denn das Verfahrensrecht soll keinen Selbstzweck erfüllen,

---

E sowie Art. 6 I 2 des RefE der Europäischen Kommission und Art. 11 I 2 deren Vorentwurfs eines VO-Vorschlags: „Ce choix doit être exprès" (hierzu § 15 B, C).

[339] Kegel/Schurig-*Schurig*, IPR, § 2 II 3 d a.E.

[340] *v.Hoffmann*, IPRax 1988, 307 und *ders.* in Staudinger, EGBGB (2001), Art. 42 Rn. 13; zust. Erman-*Hohloch*, Art. 42 EGBGB Rn. 8; im Ansatz ebenso, jedoch für Unzulässigkeit *Schack*, NJW 1984, 2739 (zum IPR der Schuldverträge). I.E. abl. *D.Reichert-Facilides*, S. 58, der jedoch die in Art. 27, 42 EGBGB aufgestellten Voraussetzungen einer nachträglichen Wahl umgeht, wenn er sie nicht kollisionsrechtlich, sondern mit der prozessualen Dispositionsbefugnis über den Streitgegenstand begründet (S. 19) und deshalb aus §§ 256, 307 ZPO ableiten will, daß sich beide Parteien, auch schweigend, ex post auf die lex fori zurückziehen können (S. 63); zu einem solchen *accord procédural* siehe Fn. 375.

[341] Bamberger/Roth-*Spickhoff*, Art. 27 EGBGB Rn. 25.

sondern nur der sachgerechten Entscheidungsfindung dienen[342]. Als folgenschwere Einschränkung des rechtlichen Gehörs (Art. 103 I GG) setzt der Ausschluß verspäteten Vorbringens daher voraus, daß die jeweilige Partei gegen ihre Pflicht zur Prozeßförderung verstoßen hat[343]. Die Anwendung von Präklusionsvorschriften, welche „oft gerechtigkeitshindernden Charakter" haben[344], erfordert deshalb, daß der Betroffene zur Äußerung hinreichend Gelegenheit hatte und diese schuldhaft ungenutzt verstreichen ließ[344a]. Wie aber bereits festgestellt wurde, sind die Parteien nicht verpflichtet, sich vor deutschen Gerichten auf die Maßgeblichkeit einer bestimmten Rechtsordnung zu berufen[345]. Daher können Ausführungen hierzu nicht wegen prozessualer Verspätung ausgeschlossen werden. Es besteht auch bei Art. 42 EGBGB kein Kontrahierungszwang. Eine Art. 40 I 3 EGBGB entsprechende Vorschrift fehlt ebenso wie ein § 39 ZPO, Art. 24 EuGVVO (vormals Art. 18 EuGVÜ) vergleichbarer Rügeverzicht zugunsten der lex fori dem deutschen Recht unbekannt ist.

2. Erklärungsbewußtsein

Angesichts der insoweit parallelen Interessenlage und da in Art. 27 I 2 Alt. 2 EGBGB (Art. 3 I 2 Alt. 2 EVÜ) eine allgemein Platz greifende Beschränkung Gesetz geworden ist, sollte auch für die Kollisionsnorm des Art. 42 S. 1 EGBGB darauf abgestellt werden, daß sich eine stillschweigende Vereinbarung hier wie dort „mit hinreichender Sicherheit" ergeben muß. Wie bei Art. 27 EGBGB wird auch nach Art. 42 EGBGB ein

---

[342] BVerfG 7.10.1983, BVerfGE 55, 72 (93); BGH 8.10.1953, BGHZ 10, 350 (359); GmS 30.4.1979, BGHZ 75, 340 (348); OLG Frankfurt/Main 20.4.1999, NJW-RR 2000, 119 (121); Zöller-*Greger*, § 296 ZPO Rn. 2. Vgl. oben Fn. 141.

[343] BVerfG 15.11.1982, BVerfGE 62, 249 (254); OLG Düsseldorf 8.5.2001, OLGR 2001, 466 (467). Zur allgemeinen Prozeßförderungspflicht vgl. die Begr. zum RegE der ZPO-Vereinfachungsnovelle 1974, BT-Drs. 7/2729, S. 39: „Eine Partei, die ihre Pflicht zur Förderung des Verfahrens verletzt, behindert so einschneidend die Rechtspflege zugleich zu Lasten anderer Rechtssuchender, daß sie sich auch mögliche materiellrechtliche Nachteile gefallen lassen muß"; Rosenberg/Schwab-*Gottwald*, ZPR, § 84 III; Stein/Jonas-*Leipold*, § 282 ZPO Rn. 4 ff. und *Jauernig*, ZPR, § 28 II 4.

[344] BGH 27.1.1994, NJW 1994, 2289 (2292).

[344a] BVerfG 14.11.1989, BVerfGE 81, 97 (105) wie schon 30.1.1985, BVerfGE 69, 145 (149); OLG Düsseldorf 8.5.2001, a.a.O. (Fn. 343). Zum Verschuldensmaßstab Zöller-*Greger*, § 296 ZPO Rn. 23.

[345] Siehe § 2 C I 2.

(Verweisungs-) Vertrag abgeschlossen, ein Rechtsgeschäft also[346]. Die Erforschung eines hypothetischen (ungenau: „mutmaßlichen") Parteiwillens verbietet sich daher[347]. Ein solcher nicht zum Ausdruck gelangter Wille wird unter dem Deckmantel einer subjektiv formulierten Generalklausel in Wahrheit mittels einer vernünftigen Interessenabwägung nach objektiven Grundsätzen gewonnen[348]. Bei der objektiven Anknüpfung liegt gerade keine rechtsgeschäftliche Einigung vor. Die Rechtswahl aber ist eben vertraglicher Natur und erfordert eine tatsächliche Willensübereinkunft, d.h. auf beiden Seiten einen realen Parteiwillen. Zwei korrespondierende Erklärungen müssen vorliegen, die eine Rechtsfolge – hier die verbindliche Festlegung auf das Statut – herbeiführen, weil sie gewollt ist[349]. Vielfach wird deshalb, nicht anders als bei Art. 27 I 2 EGBGB, auch im Rahmen einer gemeinsamen Deliktsrechtswahl das aktuelle Bewußtsein für erforderlich gehalten, überhaupt eine rechtsgeschäftliche Erklärung abzugeben[350].

---

[346] Vgl. §§ 1, 2 vor A; zur Eigenschaft als Prozeßhandlung unten III. Diese Gemeinsamkeit hat auch Begr. RegE 1998 im Blick, wenn sie auf die Rechtswahl „wie bei vertraglichen Schuldverhältnissen" Bezug nimmt (BT-Drs. 14/343, S. 14).

[347] *Kropholler*, RabelsZ 1969, 642; v.Caemmerer-*W.Lorenz*, S. 132 und *ders.*, IPRax 1987, 271; *W.Bauer*, S. 105 f.; *E.Wagner*, S. 71; *Reder*, S. 107; *v.Bar*, IPR II, Rn. 461; *Püls*, S. 156; Soergel[12]-*v.Hoffmann*, EGBGB, Art. 27 Rn. 43; MünchKomm[3]-*Kreuzer*, Art. 38 Rn. 60, 63 i.V.m. *Martiny*, ebenda, Art. 27 Rn. 42 sowie Reithmann/Martiny-*Martiny*, Int. VertragsR, Rn. 72; *Steiner*, S. 78; Staudinger[13]-*Magnus*, EGBGB, Art. 27 Rn. 61. So auch die Deutsche Denkschrift zum EVÜ, BT-Drs. 10/503, S. 21 und zur Ersetzung dieses Übereinkommens durch ein Gemeinschaftsinstrument die Europäische Kommission in ihrem Grünbuch v. 14.1.2003, a. a.O. (Fn. 807), sub 3.2.4.1.

[348] Befürwortend die ständige Rspr. vor Inkrafttreten des Neuregelungsgesetzes v. 25. 7.1986, etwa BGH 18.10.1965, BGHZ 44, 183 (186) und 9.10.1986, IPRspr. 1986 Nr. 34. So auch noch *Sailer*, S. 1, 114; *Neuhaus*, IPR, § 34 I 1, 2; *Fudickar*, S. 82. Krit. dagegen *Lewald*, IPR, Anm. Nrn. 269 ff.; *Raape*, IPR, § 41 II und *Bernstein*, RabelsZ 1977, 283.

[349] Vgl. die Umschreibung des „Rechtsgeschäfts Vertrag" in den Motiven (Mugdan I, S. 421) sowie von *Flume*, RGeschäft, § 2.1 i.V.m. 3 b; Palandt-*Heinrichs*, Überbl. v. § 104 BGB Rn. 2 und Einf. v. § 116 BGB Rn. 1. Zur Auffassung vom Vertrag in der deutschen Rechtswissenschaft des 19. und 20. Jahrhunderts eingehend *Kegel*, Vertrag u. Delikt, S. 26 ff.

[350] *Kropholler*, RabelsZ 1969, 642; *ders.*, IPR, § 53 IV 5, II 5 i.V.m. §§ 52 I 1, 40 IV 4; *Mansel*, FG Weitnauer II, S. 37 und *ders.*, ZVglRWiss 1987, 12; *Schack*, ZZP 1987, 450; *Hohloch*, NZV 1988, 167 und *ders.* in Erman, Art. 42 EGBGB Rn. 8 sowie *Hohloch/Jaeger*, JuS 2000, 1136; *E.Wagner*, S. 70; *Fischer*, S. 36; *Patrzek*, S. 14; *Ina Wiedemann*, S. 244 f.; MünchKomm[3]-*Kreuzer*, EGBGB, Art. 38 Rn. 60; *St.Lorenz*, NJW 1999, 2216; *Vogelsang*, NZV 1999, 499 bei Fn. 34; *Freitag*, S.

Dieser Ansicht ist im Ergebnis beizutreten. Ob das Erklärungsbewußtsein zum inneren Tatbestand einer Willenserklärung gehört, wird – auf sachrechtlicher Ebene – zwar uneinheitlich beurteilt: nach einer Meinung stellt es die notwendige Voraussetzung jeder Selbstbindung dar[351], während andere eine (analog § 119 I Alt. 2 BGB anfechtbare) Willenserklärung als gegeben sehen, wenn der gutgläubige Empfänger von einer eben solchen ausgegangen ist und der sich Äußernde diese Bedeutung bei Anwendung der im Verkehr erforderlichen Sorgfalt auch erkennen konnte[352]. Letzteren Weg wollen manche nun auch im IPR beschreiten, d.h. über den Empfängerhorizont vom Irrtum zur Rechtswahl gelangen[352a]. Folglich müßte der Mißverstandene entsprechend § 121 I 1 BGB unverzüglich nach Kenntniserlangung vom Anfechtungsgrund die Rechtswahl ex tunc (§ 142 I BGB) zu Fall bringen. Während des Prozesses wird ihm diese Erkenntnis nicht kommen können[353]. Erst das Urteil schafft Klarheit – zu spät. Doch steht das Kollisi-

---

144; *v.Hein*, RIW 2000, 828 bei Fn. 121; *Junker*, JZ 2000, 478; *Spickhoff*, IPRax 2000, 6 und *ders.* in Bamberger/Roth, Art. 42 EGBGB Rn. 6; *Schwimann*, IPR, S. 71 i.V.m. 106 f.; *Thorn*, IPRax 2001, 563 in Fn. 20 f.; *M.Junker*, S. 224; *Kadner Graziano*, Gemeineurop. IPR, S. 179 f.; *Sieghörtner*, S. 461 f; Palandt-*Heldrich*, Art. 42 EGBGB Rn. 1. *Stumpf*, MedR 1998, 550 i.V.m. 548, geht über dieses subjektive Element einer rechtskürenden Erklärung hinweg und will eine „Korrektur der getroffenen Rechtswahl unter Billigkeitsgesichtspunkten zulassen".

[351] Lösung im Sinne der sog. Willenstheorie: OLG Düsseldorf 1.2.1982, OLGZ 1982, 240 (242); *Singer*, Willenserklärungen, S. 170, im Gefolge von *Canaris*, Vertrauenshaftung, S. 427 f., 548 ff. Vgl. zu den Geltungsgründen für die Verbindlichkeit von Rechtsgeschäften *Kegel*, Vertrag u. Delikt, S. 103 ff.

[352] Heute h.M.: BGH 2.11.1989, BGHZ 109, 171 (177) und 7.11.2001, NJW 2002, 363 (365); OLG Dresden 22.4.1998, WM 1999, 949 (951); *Bydlinski*, Privatautonomie, S. 176-179; *Buchta*, S. 59; *Steiner*, S. 120 f.; Soergel[13]-*Hefermehl*, BGB, Vor § 116 Rn. 13 sowie *Leptien*, ebenda, § 182 Rn. 7; Erman-*Palm*, Vor § 116 BGB Rn. 3; MünchKomm[4]-*Kramer*, BGB, Vor § 116 Rn. 13 und 18 i.V.m. § 119 Rn. 96, 100; Palandt-*Heinrichs*, Einf. v. § 116 BGB Rn. 17 und § 133 BGB Rn. 11. Eine Mittelposition nimmt *Flume* ein, der scharf zwischen „normalen" (d.h. ausdrücklichen) Erklärungen und schlüssigem Handeln unterscheidet: nur bei letzterem müsse für eine Behandlung als Willenserklärung das Erklärungsbewußtsein vorliegen (RGeschäft, § 5.4 i.V.m. § 23.1)

[352a] So – für Schuldverträge – *Buchta*, S. 58, 65; *D.Reichert-Facilides*, S. 49; *Steiner*, S. 121 und *Dörner*, LM Art. 27 EGBGB Nr. 8; unentschieden *Jaspers*, S. 129. Diese Auffassung verficht *Dörner* auch im Deliktsrecht (FS Stoll, S. 493); ferner *Seidel*, S. 154 ff. A.A. *Hartenstein*, S. 118.

[353] A.A. *Buchta*, S. 64 f.

ons- über dem Sachrecht[354]. Nicht eine normative Zurechnung, sondern nur richterliches Nachfragen bei den Beteiligten kann die in Art. 27 I 2 EGBGB geforderte Bestimmtheit gewährleisten[355]. Ohnehin ist nichts leichter, als sich im Prozeß darüber zu informieren, ob im Verhalten der jeweiligen Partei das Einverständnis zur Wahl des anwendbaren (deutschen) Rechts gesehen werden dürfe[356]. Stets muß die Erkundung und Befolgung übereinstimmender Willenserklärungen im Mittelpunkt stehen; den Parteien darf die Wahl des Forumsrechts nicht einfach untergeschoben werden. Daß es dem Gericht verboten ist, die Parteien unversehens mit der Tür ins Haus fallen zu lassen, folgt bereits aus Art. 103 I GG. Der Grundsatz rechtlichen Gehörs gebietet, daß gerichtliche Entscheidungen nicht auf einen juristischen Aspekt gestützt werden dürfen, den die Parteien offenbar für unerheblich gehalten haben[357]. In Ermangelung ausdrücklicher Vereinbarung muß der Richter die Frage nach dem anzuwendenden Recht sich selbst und beiden Seiten stellen (§ 139 ZPO). Er hat sich entsprechend zu vergewissern, statt eine stillschweigende Wahl aus bloßer Passivität der Prozeßbeteiligten zu konstruieren und es ängstlich zu meiden, das „heiße Eisen" der möglichen Anwendung ausländischen Rechts anzufassen[358]. Vor diesem Hintergrund kann die jeweilige Partei keine Obliegenheit treffen, ihre Nichtzustimmung auszudrücken, wie es von ihr nach herrschender Auffassung etwa bei einem Kaufvertrag zu verlangen wäre[359]. Vielmehr rechtfertigt erst die Rückfrage bei den Beteiligten das Heimwärtsstreben der Gerichte auch methodisch. Der Hinweis kann die kollisionsrechtliche Problematik mithin entschärfen, falls er zu einer Rechtswahl führt, eventuell gar der lex fori. Hat diese Aufklärung den gegenteiligen Erfolg, daß den Parteien an objektiver Anknüpfung liegt, so zeigt sich deutlich, daß sie eben doch nicht stillschweigend miteinander kontrahiert haben. Das Gericht muß dann den etwas beschwerlicheren Weg zur Prüfung der Rechtsanwendungsfrage nach Art. 40 und 41 EGBGB beschreiten.

---

[354] Vgl. § 2 A I a.E.; vor § 3 i.V.m. § 6 B.
[355] Vgl. schon § 6 B.
[356] *Schack*, NJW 1984, 2738. I.d.S. auch *W.Lorenz*, IPRax 1987, 273 in Fn. 47, unter Berufung auf *Mansel*, ZVglRWiss 1987, 14; *Schlosser*, JR 1987, 161; *Hohloch*, NZV 1988, 168.
[357] Siehe § 2 C I 1.
[358] *Bolka*, ZfRV 1972, 251.
[359] Vgl. die Nachw. in Fn. 352.

Steht eine vorprozessuale Rechtswahl in Frage, muß sie im Falle ihres Bestreitens durch einen Beteiligten von dem anderen, der sich auf die Abrede beruft, bewiesen werden[360]. Hatte die bestreitende Partei keine explizite Erklärung i.S.d Art. 42 S. 1 EGBGB abgegeben (A), sondern z.B. lediglich auf eine bestimmte Rechtsordnung Bezug genommen (hierzu II 3), wird es ihrem Gegner nach den soeben getroffenen Feststellungen nicht gelingen, zusätzliche Umstände vorzutragen, aus denen sich mit hinreichender Sicherheit ergibt, daß der andere, eine Wahl Abstreitende, doch den wirklichen Willen hatte, wie Art. 42 S. 1 ihn i.V.m. Art. 27 I 2 EGBGB erfordert. Im Prozeß muß der Richter auf die Möglichkeit der Wiederholung hinweisen. Kommt die bestreitende Partei dem nicht nach, liegt kein Wahlvertrag vor und es muß objektiv angeknüpft werden.

II. Indizien für einen gemeinsamen Willen

Zur Ermittlung des tatsächlichen Willens sind alle Umstände in Betracht zu ziehen, wobei außerhalb des Erklärungsakts liegende gegenüber dem Wortlaut nachrangig sind. Im Hinblick auf das Wesen einer subjektiven Anknüpfung und § 139 ZPO ist jedoch Vorsicht geboten: Indizien können unterschiedlich sicher, stets aber nur mittelbar bedeutsam sein, weil sie ihrerseits erst zu einem an die Parteien adressierten Hinweis des Gerichts Anlaß geben, dagegen keineswegs schon aus sich heraus für einen schlüssigen Konsens sprechen. Vielmehr sind die Prozeßbeteiligten zu Erklärungen aufzufordern. Werden diese abgegeben, so liegt eine explizite Willensbekundung vor, entweder nach Art. 42 S. 1 EGBGB für ein fremdes bzw. das heimische Recht oder auch, weil jedwede Übereinkunft auf ausdrückliche Ablehnung stößt, zugunsten einer objektiven Anknüpfung; schweigen die Parteien, darf man hierin die konkludente Wahl der lex fori erblicken, wobei nahezu ausgeschlossen ist, daß der durch Auslegung ermittelte und der wirkliche Wille (noch) differieren. Folgerichtig bleibt für eine konkludente Vereinbarung kaum noch Raum, denn auf Befragen hin werden sich die Parteien in der Regel final äußern. Die Symptome eines möglichen, nach richterlicher Aufklärung verlangenden Willens zur Rechtswahl sind vielfältig; ohne ihr Vorhandensein wird nicht etwa die lex fori unterstellt, sondern objektiv angeknüpft.

---

[360] *Seidel*, S. 158. Vgl. schon §§ 2 C I 1, 5 B vor I. Andere Grundsätze gelten bei der Ermittlung des (gewählten) ausländischen Rechts: § 2 C I 2. Zur Beweislast unter dem Deliktsstatut Fn. 436.

1. Gerichtsstandsvereinbarung

Eine Gerichtsstandsvereinbarung (§ 38 ZPO, Art. 23 EuGVVO) etwa wäre ein solches Anzeichen. Die Parteien werden normalerweise davon ausgehen, das als zuständig vereinbarte Gericht werde sein eigenes Recht am besten anwenden, weshalb sie die Geltung der lex fori auch beabsichtigen oder doch mit ihr rechnen[361]. Im Vertragsrecht ist Einvernehmen über die Zuständigkeit häufig; regelmäßig wird bereits hierin eine konkludente Rechtswahl erblickt (qui elegit iudicem, elegit ius)[362,362a]. Auch im Deliktsrecht könnte eine Zuständigkeitsabrede theoretisch einen beachtlichen Anhaltspunkt liefern. Gerade in Prozessen um die Regulierung von (Straßenverkehrs-)Unfällen wird sie indes praktisch eher die Ausnahme sein, wenn dem Verletzten ohnehin die Wahl zwischen unterschiedlichen internationalen Gerichtsständen zusteht[363]. Falls die Parteien hierüber aber doch eine nachträgliche Vereinbarung abschließen, dann kaum, ohne zugleich auch das anwendbare Recht mit einzubeziehen, weil sie ihre schuldrechtlichen Beziehungen post factum beurteilen können. Erfolgte eine Prorogation da-

---

[361] Vgl. §§ 1, 6 A; unten § 8 A III i.V.m. B.

[362] Bericht *Giuliano/Lagarde*, BT-Drs. 10/504, S. 49. So z.B. BGH 18.10.1972, AWD 1973, 101; vgl. Soergel^{12}-*v.Hoffmann*, EGBGB, Art. 27 Rn. 47; Reithmann/Martiny-*Martiny*, Int. VertragsR, Rn. 76 und *dens.* in MünchKomm^3, EGBGB, Art. 27 Rn. 43; Kegel/Schurig-*Kegel*, IPR, § 18 I 1 c; Palandt-*Heldrich*, Art. 27 EGBGB Rn. 6. Relativierend BGH 13.6.1996, ZIP 1996, 1291 (1292: „... ein gewichtiges Indiz") sowie OLG Celle 20.11.1991, IPRspr. 1991 Nr. 27: weisen *mehrere* Umstände auf dieselbe Rechtsordnung hin, so wird hierdurch deren Indizwirkung verstärkt und es ist von einer stillschweigenden Rechtswahl auszugehen (i.d.S. auch *W.Bauer*, S. 75 f.; *E.Lorenz*, RIW 1992, 702; *Steiner*, S. 86 bei Fn. 404; *Pfeiffer*, in: HdB HGeschäfte, § 21 Rn. 34 f.); krit. demgegenüber *Mitterer*, S. 90 und 187 (die Häufung typischer Indizien beeinflusse nicht den Aussagegehalt des jeweiligen Auslegungskriteriums; der Richter habe anhand der Begleitumstände die Gerichtsstandsklausel auf den Einzelfall bezogen zu bewerten). Umgekehrt jedoch bedeutet die Wahl deutschen Rechts nicht die Prorogation der internationalen Zuständigkeit (vgl. OLG Saarbrücken 13.10.1999, NJW 2000, 670 (671); *Geimer*, IZPR, Rn. 1674, 1775 und *dens.* in Zöller, IZPR Rn. 82; *Lindenmayr*, S. 129 ff.); a.A. Reithmann/Martiny-*Hausmann*, Int. VertragsR, Rn. 2089.

[362a] Zur Vereinbarung eines institutionellen Schiedsgerichts mit ständigem Sitz siehe nur BGH 19.12.1968, AWD 1970, 31; Schiedsgericht der Handelskammer Hamburg, Teil-Schiedsspruch v. 21.3.1996, NJW 1996, 3229 (3230) und Schiedsgericht Hamburger Freundschaftliche Arbitrage v. 29.12.1998, RIW 1999, 394 (395).

[363] *Hohloch*, NZV 1988, 167. Siehe zu § 32 ZPO bzw. Art. 5 Nr. 3 EuGVÜ/EuGVVO die Nachw. in Fn. 65.

gegen im vorhinein und bezog sie sich auf vertragliche Ansprüche oder pauschal alle Streitigkeiten, wird es schwerfallen, sie mittels Auslegung auf einen naturgemäß nicht vorhersehbaren deliktischen Haftungsfall zu erstrecken[364]. Dort ist ebenso ein Hinweis angebracht wie im Falle einer ausdrücklichen, antezipiert getroffenen Bestimmung des forum delicti, denn einer Interpretation als konkludenter Konsens steht die zeitliche Restriktion des Art. 42 S. 1 EGBGB entgegen[365]; einigen sich die Parteien auch nach richterlicher Rückfrage nicht auf ein Recht, kommt statt dessen in Betracht, das Deliktsstatut (objektiv) akzessorisch an eine schon bestehende Sonderbeziehung anzuknüpfen und damit einer für diese abgeschlossenen Wahl mittelbar Geltung zu verleihen, wie oben (§ 5 A II) ausgeführt wurde.

2. Verschiebung der Anknüpfungstatsachen

Äußerst zweifelhaft ist, ob in dem nachträglichen Wechsel des Aufenthaltsortes oder der Staatsangehörigkeit ein Indiz dafür gesehen werden kann, daß die betreffende Partei das entsprechende neue Recht auf das zurückliegende Delikt angewandt wissen will. Diese Folgerung wäre vorschnell. Einer internationalprivatrechtlichen Relevanz für das deliktische Geschehen wird sich der jeweilige Beteiligte wohl kaum bewußt sein. Erst recht kann nicht davon ausgegangen werden, daß die gegnerische Seite ein solches „Angebot" erkennt und es annimmt[366]. Werden also Anknüpfungstatsachen verschoben, liegt darin kein aussagekräftiges Kriterium für eine Rechtswahl. Das Deliktsstatut ist insofern unwandelbar[366a].

3. Übereinstimmendes Parteiverhalten

Demgegenüber kann die Verwendung von juristisch-technischen Begriffen auf typische ausländische Rechtseinrichtungen und somit ein bestimmtes Statut hindeuten, es sei denn, die Ausdrücke sind auch im deutschen Recht

---

[364] Staudinger[13]-*Hausmann*, EGBGB, Anh. II zu Art. 27-37 Rn. 222, will hierüber einen „hinreichend engen inneren Zusammenhang" zwischen Vertragsverletzung und unerlaubter Handlung entscheiden lassen. Doch kommt es auf den wahren Parteiwillen an; § 139 ZPO verlangt eine Erkundigung durch das Gericht.

[365] Siehe § 5 A I 1.

[366] So i.E. auch *E.Wagner*, S. 72 f.

[366a] Auch bei objektiver Anknüpfung: BGH 8.3.1983, BGHZ 87, 95 (103); Staudinger-*v.Hoffmann*, EGBGB (2001), Art. 40 Rn. 403; *Kropholler*, IPR, § 53 IV 3 a; Palandt-*Heldrich*, Art. 40 EGBGB Rn. 5.

üblich[367]. Klarer ist die Situation, wenn sich die Parteien fremdsprachlicher Terminologie bedienen (etwa *dommage moral*[368]), auf einzelne Vorschriften eines spezifischen Rechts, beispielsweise Art. 1384 C.c., oder einen *arrêt* Bezug nehmen[369].

Im umgekehrten Fall ist dagegen Zurückhaltung angebracht, die bislang nicht praktiziert wurde. Die Rechtsprechung gelangt, einer rügelosen Einlassung ähnlich, zu dem Ergebnis, daß Forumsrecht gilt, wenn sich zumindest eine Partei hierauf stützt und die andere nicht widerspricht[370]. Sie begnügt sich oft mit der bloßen Tatsache gleichen Prozeßverhaltens, ohne dieses genauer zu würdigen und nach dem erforderlichen Erklärungsbewußtsein zu fragen. In den Gründen heißt es apodiktisch: „... aus dem Gesamtvorbringen der Parteien..."[370a]; „... ersichtlich nach deutschem Recht vorgenommen wissen wollten"[370b]; „... haben die Haftung der Beklagten aus unerlaubter Handlung übereinstimmend ausschließlich unter dem Gesichtspunkt des § 823 II BGB i.V.m. ... weinrechtlichen Bestimmungen erörtert und damit zu erkennen gegeben, daß sie eine Entscheidung auf der Grundlage des deutschen Deliktsrechts erstreben"[370c]. Wenn ein Gericht so

---

[367] Vgl. BGH 22.11.1955, BGHZ 19, 110 (112); LG Waldshut-Tiengen 27.1.1983, IPRax 1984, 100; *v.Bar*, IPR II, Rn. 471; *Patrzek*, S. 12; *Steiner*, S. 89.

[368] Hierzu Fn. 419, 747.

[369] Vgl. etwa BGH 24.11.1989, IPRspr. 1989 Nr. 3 (Verkauf eines Grundstücks mit Klausel: „nach den in Spanien geltenden Gesetzen auch ohne notarielle Beurkundung ... rechtsverbindlich" und BGH 19.1.2000, NJW-RR 2000, 1002 (1004): „Vergleich im Sinne der Art. 2044 ff. C.c."; *Koerner*, S. 93; *Steiner*, S. 90, 111 f.

[370] Deutlich *Kreuzer*, IPRax 1982, 3: die unwidersprochene prozessuale Parteibezugnahme habe sich zu einer „speziellen objektiven Anknüpfungsnorm" entwickelt. So BGH 6.11.1973, IPRspr. 1973 Nr. 137 und 28.2.1989, WM 1989, 1047 (1049); LG Bremen 4.2.1965, IPRspr. 1964-65 Nr. 66a. Vgl. auch BGH 12.12.1990, IPRspr. 1990 Nr. 44 (Warenkauf) und 5.10.1993, IPRspr. 1993 Nr. 43 (Wechsel). Zust. *E.Lorenz*, RIW 1992, 703; billigend auch *Winkelmann*, S. 204; *Rohe*, S. 200 (wenn „der Bezug zu Deutschland dominiert"). Für die anwaltlich vertretene Partei *Buchta*, S. 64 (Wahl käme schon zustande, wenn ein Rechtsanwalt erkennbar Vertrauen auf das Verhalten des anderen gesetzt hat); so auch *Mitterer*, S. 138 und *Steiner*, S. 126.

[370a] OLG Köln 16.12.1953, IPRspr. 1954-55 Nr. 35.

[370b] BGH 27.11.1962, IPRspr. 1962-63 Nr. 36; ähnlich 29.6.1999, IPRspr. 1999 Nr. 41 („Von der Anwendbarkeit deutschen Rechts gehen übereinstimmend auch beide Parteien aus").

[370c] BGH 24.9.1986, BGHZ 98, 263 (274); ebenso 22.2.1994, IPRspr. 1994 Nr. 1.

verfährt und einen rechtsgeschäftlichen Willen fingiert, um nicht „schlafende Hunde" zu wecken[371], kehrt es die Verweisungsfreiheit gegen die Parteien, weil letztere auf einem Rechtsirrtum gleichsam „festgenagelt" werden[372]. Zum Teil ließ der BGH sogar genügen, wenn die Parteien nicht beanstandet haben, daß vom (Berufungs-) Gericht eine Rechtsfrage nach deutschem Recht entschieden worden ist[373]. Schwerwiegende Folge einer solchermaßen aufoktroyierten „Vereinbarung" ist also, daß sich von ihr keine Partei mehr einseitig lösen kann, weder in der Revisions- noch zweiten, jetzt eingeschränkten Tatsacheninstanz (vgl. §§ 513 I Alt. 2, 520 III 2 Nr. 3, 529 I Nr. 1 ZPO), sobald das Berufungsgericht die Wahl einmal als geschehen angenommen hat[374]. In bedenklicher Weise nähert sich

---

[371] *v. Hein*, S. 238.

[372] Vgl. Soergel/Siebert[10]-*Kegel*, EGBGB, Vor Art. 7 Rn. 247; *Fudickar*, S. 88; *Schröder/Wenner*, Int. VertragsR, Rn. 246. I.d.S., freilich unter anschließendem Rückgriff auf den hypothetischen Parteiwillen, LG Hamburg 20.4.1977, IPRspr. 1977 Nr. 16 (Grundstückskauf): „... anderenfalls könnte schon das fälschliche Zitat einer deutschen Rechtsvorschrift – möglicherweise auch gegen den Willen der Parteien – als Rechtswahl gewertet werden, ein nicht zu billigendes Ergebnis". Immerhin betont der BGH mit Urteil v. 19.1.2000, a.a.O. (Fn. 369), daß es „zumindest" für eine die ursprüngliche Wahl abändernde Vereinbarung „eines dahingehenden beiderseitigen Gestaltungswillens" bedarf, wofür die übereinstimmend geäußerte irrige Auffassung, eine bestimmte Rechtsordnung sei maßgeblich, nicht ausreicht. Freilich bezieht sich der VIII. Senat hier auf ein früheres Senatsurteil v. 12.12.1990 (NJW 1991, 1292 = a.a.O. (Fn. 370)), in dem er wiederum auf seine Urteile v. 15.1.1986 (NJW-RR 1986, 456) und 30.9.1987 (WM 1987, 1501) verwiesen hatte, doch findet sich in keinem dieser Judikate von einem „besonderen Gestaltungswillen" auch nur eine Spur (zutr. *Sandrock*, JZ 2000, 1119). Abzulehnen *Hohloch*, NZV 1988, 167: „Ohne weiteres" sei von schlüssiger Rechtswahl auszugehen, wenn das erstinstanzliche Gericht das Parteiverhalten so gedeutet hat und im Rechtsmittelzug keine Rüge dieses Entscheidungsinhalts erfolgt.

[373] BGH 13.6.1984, IPRspr. 1984 Nr. 121 und ähnlich 15.1.1986 sowie 12.12.1990, a. a.O. (vorige Fn.) – jeweils zum Schuldstatut.

[374] Vgl. OLG Hamburg 7.11.1974, IPRspr. 1974 Nr. 39: „... von Anfang des Rechtsstreits an im Hinblick auf die Anspruchsgrundlagen ausschließlich auf deutsches Recht bezogen haben". Anders OLG Köln 26.6.1986, NJW 1987, 1151 (1152) und 2.10.1992, IPRspr. 1992 Nr. 53: „... kann auch keine stillschweigende Abbedingung der Regeln des EKG (zugunsten des BGB) darin gesehen werden, daß die Parteien ihre erstinstanzliche Rechtsdiskussion ausschließlich auf der Grundlage des BGB geführt haben". „Denn ein stillschweigender Wille setzt schon begrifflich voraus, daß man sich entsprechende Gedanken macht, und daß dies hier der Fall gewesen wäre, ist den Akten nicht zu entnehmen". Ebenso in einer vertragsrechtlichen Sache OLG München 9.1.1996, RIW 1996, 329 (330): Aufhebung und Zu-

die Judikatur hiermit der These vom fakultativen Kollisionsrecht[375]: Wer schweigt, will die Anwendung der (materiellrechtlichen) Vorschriften des Forums. Eigenes Recht soll kraft faktischer Normalität geborenes Primärstatut sein. Es läuft auf dasselbe hinaus, wenn die Sache nur aus dem Grunde nach der lex fori beurteilt wird, daß die IPR-Frage von den Parteien nicht aufgeworfen worden ist, oder aber letztere im Verfahren reziprok nur auf inländische Sachnormen Bezug genommen haben und dies vom Richter als entsprechende Rechtswahl gewertet wird. Diese Übung ist unannehmbar, denn fehlende Ausführungen zu fremdem Recht lassen (noch) nicht auf einen Rechtswahlwillen zugunsten der lex fori schließen; ein gleichgerichteter Glaube bedeutet noch keinen Willen[376]. Eine stärkere Vermutung spricht vielmehr für „kollisionsrechtliche Unschuld"[377], d.h. es besteht der dringende Verdacht, daß die Parteien ihre Wahlmöglichkeit schlichtweg übersehen haben und sich der Rechtserheblichkeit ihres Handelns gar nicht bewußt sind (siehe I 2). Es gibt zwar durchaus beachtliche Vorteile, derentwegen ihnen an der Geltung des Forumsrechts gelegen sein könnte und *sie* deshalb heimwärts streben[378]. Weil aber meist nur rein routinemäßig auf

---

rückverweisung an das Erstgericht wegen fehlenden Rechtswahlbewußtseins. Auch im Hinblick auf das in Fn. 369, 372 zit. Urteil des BGH v. 19.1.2000 bahnt sich hier möglicherweise eine Änderung der Rspr. an, die seit langem notwendig ist.

[375] Siehe § 2 vor A. Abl. in diesem Kontext: *Bolka*, ZfRV 1972, 250 f.; RGRK-*Wengler*, IPR 1, § 14 c; *D.Reichert-Facilides*, S. 49; *Spickhoff*, Aufklärungspflicht, S. 71; *Geimer*, IZPR, Rn. 2573 und *ders.* in Zöller, § 293 ZPO Rn. 10; *Schack*, IZVR, Rn. 622. Hierzu konträr sieht *Müller-Graff*, RabelsZ 1984, 309, gerade in der „über das Ziel hinausschießenden Fiktion" der lex fori-Vereinbarung ein Indiz für den Gerechtigkeitsgehalt der Fakultativitätsregel; auch *De Boer*, Rec. 257 (1996), 331 f., 359 ff., zeigt sich dieser Lehre gegenüber offen (ihn könne der Vorhalt, fakultatives Kollisionsrecht basiere auf fiktiver Wahl, nicht überzeugen (a.a.O., 362)). Zur französischen Praxis Fn. 166a; ihr steht der *accord procédural* i.E. gleich, d.h. Verzicht auf das IPR zugunsten der lex fori, wenn die Parteien in ihren Schlußanträgen ausschließlich nationale Sachvorschriften zitieren (Cass. civ. 6.5.1997, RCDIP 86 (1997), 514).

[376] *Raape*, FS Boehmer, S. 120; RGRK-*Wengler*, IPR 1, Anh. § 20; *Schack*, NJW 1984, 2739; *ders.*, ZZP 1987, 450 und IZVR, Rn. 623; *Mansel*, FG Weitnauer II, S. 37; *ders.*, ZVglRWiss 1987, 12; *Schlosser*, JR 1987, 161 („sehr zweifelhaft, ob ... Erklärungsgehalt ... nicht überstrapaziert"); *v.Bar*, IPR II, Rn. 678; *Schotten*, IPR, Rn. 363 in Fn. 15; Reithmann/Martiny-*Martiny*, Int. VertragsR, Rn. 83; *Sonnenberger*, RCDIP 1999, 661; *Hartenstein*, S. 118, 124; *Junker*, RIW 2000, 244 in Fn. 37; *Kropholler*, IPR, § 40 IV 4.

[377] So benannt von *Kreuzer*, IPRax 1982, 4.

[378] Eingehend § 8 B.

dieser Basis deutschen Rechts argumentiert wird und seine Berufung nicht selten aus Unkenntnis oder aufgrund der irrigen Annahme zwingender Geltung erfolgt, muß sich das Gericht Klarheit darüber verschaffen, ob das beidseitige Verhalten wirklich die Artikulation gemeinsamen realen Willens und daher als schlüssiges Angebot und dessen Annahme zu verstehen ist.

III. Prozeßvollmacht

Soll z.B. aus der beidseitigen Bezugnahme auf fremdes Recht nach ihrer Verifizierung durch richterlichen Hinweis eine Wahl gefolgert werden, so stellt sich im Falle der Beauftragung eines Anwalts die vorab zu klärende Frage nach dem Umfang der Vertretungsmacht. Von ihr ist die Wirksamkeit einer (stillschweigenden) Rechtswahl im Prozeß abhängig. Die Reichweite dieser Befugnis würde sich ohne die Regelung des § 81 ZPO aus dem Innenverhältnis ergeben[379]. Weil letzteres aber lückenhaft sein kann, dient § 81 ZPO der Rechtssicherheit, indem für die Partei gewährleistet wird, daß ihr Vertreter ausreichend handlungsfähig ist, um ihre Interessen wahrzunehmen; dem Bevollmächtigten gibt die Vorschrift eine klare Definition seiner Kompetenzen und bewahrt ihn damit vor einer eventuellen Haftung nach § 179 BGB[380]. Eine Prozeßvollmacht erfaßt nach § 81 HS 1 ZPO alle den Rechtsstreit betreffenden Prozeßhandlungen, d.h. Maßnahmen, die nach ihrer Zweckbestimmung den Streit betreiben, fördern oder beenden sollen, auch wenn sie zugleich materiell-, hier kollisionsrechtliche Voraussetzungen und Folgen haben; materielle und prozessuale Probleme sind über das jeweilige Rechtsgebiet zu lösen[381]. Auf eben diese Weise wirkt

---

[379] Zu ihm § 2 C II. Für die Bevollmächtigung gewährt deutsches IPR keine Parteiautonomie; das Statut bestimmt sich nach dem Recht des (Prozeß-) Ortes, an welchem die Vollmacht Wirkungen entfalten soll (BGH 16.4.1975, BGHZ 64, 183 (192) und 26.4.1990, NJW 1990, 3088; LG Köln 29.6.2000, IPRspr. 2000 Nr. 16 wie auch LG Karlsruhe 6.4.2001, RIW 2002, 153 (155); Soergel[12]-*Lüderitz*, EGBGB, Anh. Art. 10 Rn. 96; Reithmann/Martiny-*Hausmann*, Int. VertragsR, Rn. 1742; MünchKomm[3]-*Spellenberg*, EGBGB, Vor Art. 11 Rn. 187, 209 ff.; *Geimer*, IZPR, Rn. 2232; *Schütze*, RVerfolgung, Rn. 146), bei Klage im Inland ergo hiesige lex fori.

[380] Borgmann/Haug-*Haug*, Anwaltshaftung, Kap. III Rn. 87 f.; MünchKomm-*v.Mettenheim*, ZPO, § 81 Rn. 1.

[381] Vgl. Rosenberg/Schwab-*Gottwald*, ZPR, § 63 II, VI 3; Zöller-*Greger*, Vor § 128 ZPO Rn. 14; Palandt-*Heinrichs*, Überbl. v. § 104 BGB Rn. 37. Gegen den Begriff der Doppelfunktionalität wendet sich *Henckel*, ProzeßR u. mat. Recht, S. 33. Zu Art. 40 I 2 EGBGB vgl. § 2 A III.

eine im laufenden Verfahren getroffene Rechtswahl[382]. Die intraprozessuale Kür des anwendbaren Rechts nach Art. 42 S. 1 EGBGB ist nicht lediglich Tatsachenvortrag, sondern aktiv verfahrensgestaltend und liefert zugleich die Grundlage für eine richterliche Entscheidung. Zum Kreis des § 81 HS 1 ZPO zählt sie dennoch nicht, falls sie Wirkungen über den Prozeß hinaus entfaltet. Sind also durch eine (schlüssige) Vereinbarung Interessen am Verfahren nicht Beteiligter betroffen, ist die vom Rechtsanwalt erzielte Wahl vom gesetzlichen Mindestumfang seiner Vollmacht nicht mehr gedeckt. Eine solche Rechtswahl wäre demnach unbeachtlich. Allerdings ermächtigen die sog. Einheitsvollmachten formularmäßig auch „zur Begründung und Aufhebung von Vertragsverhältnissen". Sie statuieren damit nach außen die anwaltliche Befugnis, auch einen über den Prozeß hinauswirkenden, das Statut anordnenden Vertrag abzuschließen[383]. Weil sich die gerichtliche Pflicht darin erschöpft, überhaupt ein Wahlbewußtsein zu wecken, den im Prozeß vertretenen Parteien deshalb Überlegungen zur Reichweite und Günstigkeit einer (streitentscheidenden) Abrede nicht abgenommen werden[384], muß der Anwalt reiflich überlegen, ob er sich mit der anderen Seite ins Benehmen setzen soll, denn ein Konsens könnte Leistungspflichten Dritter zum Erlöschen bringen oder umgekehrt Rechte z.B. der Haftpflichtversicherung des Schädigers berühren und insoweit bereits nach Art. 42 S. 2 EGBGB beschränkt sein[385].

---

[382] *Buchta*, S. 46, 55: Verweisungsvertrag als Rechtsgeschäft *und* Prozeßhandlung. A. A. *Steiner*, S. 100. Vgl. Fn. 123.
[383] *Schack*, NJW 1984, 2739; *Mansel*, ZVglRWiss 1987, 13; auch *Flessner*, RabelsZ 1970, 568, nach dessen Fakultativitätslehre aber die Berufung auf ein Recht rein prozessualen Charakter trägt. Das Problem übersehen *Buchta*, S. 88 (auf die verwendeten Formulare käme es nicht an) und *Hartenstein*, S. 116 in Fn. 18 (keine Vertretungsbefugnis aus § 81 ZPO).
[384] Siehe § 2 C I 1 a.E.
[385] Näher unten § 12.

§ 8 Gegenstand

Ob die Parteien ein beliebiges staatliches Recht wählen können (A) bzw. sollten (B) und in welchem Ausmaß sie hierüber verfügen (C) oder umgekehrt an das wunschgemäße Statut gebunden sind (D), soll an dieser Stelle begutachtet werden.

A. Wählbare Rechtsordnungen

Ist es den Parteien also gestattet, jedwede Rechtsordnung zu wählen? Auf diese Frage wird im folgenden eine Antwort zu finden sein. Sie fällt nach überwiegender Ansicht positiv aus[386].

I. Objektive Beziehung und anerkennenswertes Interesse

Teils wird aber auch Skepsis geäußert[387]. Dem liegt die Absicht zugrunde, das Mißbrauchsrisiko zu mindern, weshalb nur die Verabredung eines mit der unerlaubten Handlung oder den Beteiligten in Kontakt kommenden Rechts zuzulassen sei. Doch ist eine solche *substantial relationship* oder *reasonable basis*[388] richtigerweise nicht zu verlangen. Fälle „kapriziöser" Rechtswahl dürften kaum vorkommen. Warum auch sollte ein Deutscher, der in seinem daheim versicherten Wagen einen auf Europabesuch weilen-

---

[386] *Kropholler*, RabelsZ 1969, 642 und *ders.*, IPR, § 40 IV 3 a; *Neuhaus*, IPR, § 33 IV 2; *Hohloch*, NZV 1988, 165; *Fischer*, S. 41; *Schönberger*, S. 181; *Seidel*, S. 148; *Sieghörtner*, S. 454; *Kadner Graziano*, Gemeineurop. IPR, S. 175, 188; Bamberger/Roth-*Spickhoff*, Art. 42 EGBGB Rn. 4; für den Fall nachträglicher Rechtswahl auch Staudinger[13]-*v.Hoffmann*, EGBGB, Art. 38 Rn. 147 (weitergehend in der Neubearbeitung, Art. 42 Rn. 6). Vgl. allgemein zur Parteiautonomie *Siehr*, FS Keller, S. 497 und *Püls*, S. 166; für das internationale Vertragsrecht statt vieler MünchKomm³-*Martiny*, EGBGB, Art. 27 Rn. 20 und *Mankowski*, RIW 2003, 4 f.

[387] v.Caemmerer-*W.Lorenz*, S. 135 und *Deutsch*, ebenda, S. 227; *Ina Wiedemann*, S. 246; für die – de lege lata unwirksame – vorherige Rechtswahl Staudinger[13]-*v. Hoffmann*, EGBGB, Art. 38 Rn. 147 (anders *ders.* in der Neubearbeitung, Art. 42 Rn. 6). Zur schweiz. Begrenzung auf die lex fori siehe Fn. 15, 256a. Vgl. für vertragliche Schuldverhältnisse Art. 41 des ZGB Portugals, wonach nur ein Statut in Betracht kommt, dessen Anwendbarkeit einem redlichen Interesse der Beteiligten entspricht oder welches objektiv mit einem kollisionsrechtlich relevanten Element des Rechtsgeschäfts in Verbindung steht.

[388] Zum US-amerikanischen *case law* und § 187 Restatement of the Law (Second) *Scoles/Hay/Borchers/Symeonides*, Conflict of Laws, §§ 18.6 ff.

den Kanadier unentgeltlich von Trier nach Paris mitgenommen und unterwegs, in Luxemburg, einen Verkehrsunfall verursacht hat, italienisches Recht als maßgeblich vereinbaren wollen? Die Wahl eines fremden und mit dem deliktischen Geschehen völlig zusammenhangslosen Rechts, eine Willkür also, widerspricht schon den Interessen beider Beteiligten. In reinen Inlandsfällen, d.h. ohne Verknüpfung mit dem Ausland, ist eine Rechtswahlmöglichkeit ohnehin von vornherein nicht gegeben[389]. Im übrigen ist zu beachten, daß aufgrund des gewählten ausländischen Rechts eintretende Rechtsfolgen, die den Vorstellungen des Forums zuwiderlaufen, durch den *ordre public*-Vorbehalt verhindert werden können[390]. Eine Beschränkung des Wahlvertrags ist daher nicht überzeugend[391]. Auch das Anknüpfungsmotiv der engsten Verbindung, ratio principalis des Kollisionsrechts[392], gebietet sie nicht. Der Grundsatz *kann* vielmehr durch den Willen der Beteiligten, denen zuliebe die Verweisungsautonomie ja eingeräumt ist, umgesetzt werden; ihn können die Parteien aber auch durchbrechen, wenn sie sich bei der Wahl nicht von den stärksten Beziehungen lenken lassen[393]. Art. 41 EGBGB ist eine Ausgestaltung jener IPR-Maxime[394]. Er vermag einem *grouping of contacts*[395] im Rahmen des Art. 42 EGBGB deshalb nicht zu dienen. Die Rechtswahl geht den objektiven Anknüpfungen vor, denn ihr liegen, wie in § 1 gezeigt, spezifische Gerechtigkeitserwägungen zugrunde. Eine Begrenzung reduziert den Willen auf eine Lokalisierungsfunktion im Rahmen der vorgegebenen objektiven Bezüge und verträgt sich folglich nicht mit der Rolle des Parteiwillens als primärer Anknüpfung. Sie führte außerdem zu einer unnötigen Kompliziertheit des internationalen Deliktsrechts, weil es kaum zu überschauen wäre, welche Rechtsordnung von den Parteien vereinbart werden dürfte[396]. Die Parteien sind darin frei, welches Staates Privatrecht sie wählen möchten. Es besteht kein Zwang, sich für ein Statut zu entscheiden, mit welchem die Beteiligten oder das

---

[389] Siehe § 3.
[390] Dazu § 14.
[391] Zum Verbraucher- und Arbeitnehmerschutz § 10.
[392] Siehe Fn. 264 i.V.m. 47, 77; auch § 9 D I 2 bei Fn. 514.
[393] Vgl. *Baum*, S. 241; *Geisler*, S. 79 f.; *Kropholler*, IPR, § 4 II 3 b.
[394] Siehe § 1 bei Fn. 48.
[395] Vgl. Fn. 111.
[396] *Sailer*, S. 123: „... da das Damoklesschwert einer nicht näher präzisierten und präzisierbaren Generalklausel die getroffene Wahl jederzeit ihrer Verbindlichkeit berauben kann".

Schuldverhältnis einen vorgegebenen Berührungspunkt in räumlich-sachlicher oder persönlicher Hinsicht haben.

Aus den genannten Gründen ist ebensowenig ein anerkennenswertes oder vernünftiges Interesse an dem gewünschten Statut notwendig[397]. Ein solches *intérêt légitime* liegt jeder Rechtswahl zugrunde; sonst hätten die Parteien sie nicht getroffen. Wer dies abstreitet, muß einen erklärten Willen durch einen vermeintlichen ersetzen, was dem rechtsgeschäftlichen Charakter zuwiderläuft[398].

II. Neutrales Recht

Die Parteien können also die Abwicklung der deliktischen Haftung demjenigen Statut überlassen, welches ihnen nach seiner inhaltlichen Ausgestaltung am meisten zusagt. Unter Umständen haben sie, besonders wenn andere Anknüpfungen (Art. 40, 41 EGBGB) nur auf ihre Heimatländer verweisen, auch ein berechtigtes Interesse daran, die Beziehung gerade einer „neutralen" Rechtsordnung zu unterstellen. Diese wird nicht exklusiv vom locus delicti (Art. 40 I EGBGB) angegeben, der – wie in dem Beispiel, das unter I gegeben wurde – zwar keine persönliche, aber eine Sachverhaltsverbindung bedeutet. Die Parteien, z.B. in verschiedenen Staaten niedergelassene Firmen, müssen vielmehr die Gelegenheit haben, im Wege des Kompromisses „gesichtswahrend" ein Recht auszuhandeln, von dem sie ansonsten im Einzelfall nicht berührt worden wären. Das ist häufig eben deshalb so attraktiv, weil es beiden Seiten gleich fern steht. Es ist dann ratsam, auch eine dementsprechende, unter Umständen an sich nicht international zuständige Justiz zu wählen, weil diese ihre eigene, von den Parteien vereinbarte materielle lex fori am einfachsten, zutreffendsten und billigsten anwenden kann (vgl. nachfolgend III).

---

[397] A.A. OLG Hamburg 2.6.1965, IPRspr. 1964-65 Nr. 46; *Raape*, IPR, § 40 III 1; *Umbricht*, S. 108; RGRK-*Wengler*, IPR 1, Anh. § 20; Kegel/Schurig-*Kegel*, IPR, § 18 I 1 c. Wie hier aber z.B. OLG Frankfurt/Main 1.6.1989, NJW-RR 1989, 1018 (1020); Reithmann/Martiny-*Martiny*, Int. VertragsR, Rn. 52; Erman-*Hohloch*, Art. 27 EGBGB Rn. 7.

[398] Zur Irrelevanz eines hypothetischen Parteiwillens siehe § 7 B I 2.

III. Verstärkung durch Prorogation

Es wird jedoch nicht zu fordern sein, daß die Wahl des geltenden Rechts durch die eines international zuständigen Gerichts verstärkt werden *müßte*[399]. Verfahrensrecht und Rechtsanwendung sind nicht miteinander verkoppelt[400]. Eine Abhängigkeit hieße hier: Was das Kollisionsrecht (in Art. 27, 42 EGBGB) gibt, wird durch die Verneinung einer übereinstimmenden Zuständigkeitsabrede wieder genommen. Die Synchronisation von Deliktsstatut und Forum kann nach zutreffendem Verständnis also nur eine von mehreren Möglichkeiten sein, welche den Parteien offenstehen[400a]. Sie mag allenfalls empfehlenswert sein, denn die Praxis setzt einer von der lex fori abweichenden Rechtswahlvereinbarung gewisse faktische Grenzen (zu ihnen B).

B. Zweckmäßigkeit

Auch Gesichtspunkte der Zweckmäßigkeit können – und sollten – die Rechtswahl beeinflussen. Sie spielen eine entscheidende Rolle.

Jede Partei hat Überlegungen zur materiellen Günstigkeit einer Wahl anzustellen. Die lex fori kann sich in concreto auszahlen, nicht nur, weil sich das Gericht im Umgang mit ihr am besten versteht. Bei Verletzung des allgemeinen Persönlichkeitsrechts durch unerlaubte Verwertung privater Daten etwa findet nach neuerer Judikatur eine Gewinnabschöpfung und Erlösherausgabe statt, so daß sich die Wahl des deutschen Rechts für den Geschädigten als durchaus lukrativ erweisen kann[401]. Möglicherweise wäre

---

[399] Zutr. *Püls*, S. 167 gegen *Schaack*, S. 41.
[400] Siehe Fn. 66.
[400a] Vgl. zur Effizienz bei Verträgen des internationalen Wirtschaftsverkehrs *Mankowski*, RIW 2003, 4.
[401] In seiner Entscheidung „Caroline I" hat der BGH dem deliktsrechtlichen Schutz des allgemeinen Persönlichkeitsrechts eine neue Komponente hinzugefügt, indem er den vom Schädiger erzielten Gewinn als Bemessungsfaktor für den immateriellen Schaden qualifizierte (15.11.1994, BGHZ 128, 1 (15); Bestätigung in BGH 5. 12.1995, NJW 1996, 984 (985) – „Caroline II"). Ohne eine für die Beklagte fühlbare Geldentschädigung – in der erstgenannten Sache DM 180.000 = € 92.033 (OLG Hamburg 25.7.1996, NJW 1996, 2870 (2874)) – sei die Klägerin einer rücksichtslosen Zwangskommerzialisierung (durch frei erfundenes Zeitungsinterview) weitgehend schutzlos ausgeliefert. Ihr Vertreter in diesem und anderen Verfahren hatte mit 0,5 % des Bruttomonatsumsatzes noch mehr gefordert, um Strafmandaten

ein anderes Statut aber im Einzelfall und innerhalb der vom *ordre public* gezogenen Grenzen (unten § 14) vorteilhafter. Allerdings macht es keinen Sinn, irgendeine ausländische Rechtsordnung zu wählen, deren Inhalt nicht bekannt ist und schwer zu ermitteln sein wird. Voraussetzung ist ohnehin, daß die Gegenseite Zustimmungsbereitschaft signalisiert hat. Sonst lohnt der Aufwand nicht. Die Scheu vor fremdem Norminhalt ist deshalb groß; man denke nur an den unbestimmten Rechtsbegriff der Fahrlässigkeit. Einem Konsens zugunsten der (deutschen) lex fori steht man also näher[402]. Vor deutschen Gerichten verzögert der Umstand, daß ausländischem Recht unterliegende Fragen zu beurteilen sind, den Prozeß häufig erheblich[402a]. Ein inländischer Richter – ähnliches gilt, wenn auch abgeschwächt, für einen Gutachter – kann trotz Beobachtung seiner Ermittlungspflicht das fremde Recht niemals in derselben authentischen, die rechtlichen Nuancen und Billigkeitsregeln auch im Detail erfassenden Weise feststellen, anwenden und erforderlichenfalls fortbilden wie ein in dem betreffenden Ausland Wirkender, dem dieses Recht durch Studium und tägliche Praxis vertraut ist[402b]. Zudem haftet der hierzu mandatierte Anwalt für die Auskunft über ihm fremdes, ausländisches Recht in gleichem Maße wie für inländischen

---

für falschparkende „Normalbürger" zu entsprechen (*Prinz*, NJW 1996, 956). Als tragend wurden in den Urteilen die Gesichtspunkte der durch Unterlassung, Gegendarstellung oder Widerruf nicht erreichbaren Genugtuung und Prävention herausgestellt (vgl. bereits Fn. 84). Im Schrifttum wird hierüber eine heftige Kontroverse geführt. Abl. etwa *Canaris*, der statt dessen für eine bereicherungsrechtliche Lösung nach §§ 812 I 1 Alt. 2, 819 I, 818 IV BGB i.V.m. § 281 BGB a.F. eintritt (FS Deutsch, S. 98; auch Erman-*Ehmann*, Anh. § 12 BGB Rn. 771 ff. und *Westermann*, ebenda, § 812 BGB Rn. 69 a.E.); daneben bejahen *Beuthien/Schmölz*, Persönlichkeitsschutz, S. 51, einen Anspruch wegen Geschäftsanmaßung aus § 687 II i.V.m. §§ 681 S. 2, 667 BGB; ebenso *Ehmann*, a.a.O., § 687 BGB Rn. 14. Zu allem Fn. 740 ff.

[402] Siehe schon §§ 1, 6 A sowie § 7 B II 1 und 3.
[402a] Vgl. § 2 C I 2 und II; § 7 B I vor 1.
[402b] Vgl. Fn. 173a; LG Karlsruhe 8.6.1999, IPRspr. 1999 Nr. 32A, freilich mit der unzutr. Folgerung, die Nichtannahme eines zugunsten der lex fori abgegebenen Wahlangebots führe mangels entgegenstehender sachlicher Gründe gleichwohl zu jenem Recht (siehe Fn. 30). *Flessner*, RabelsZ 1970, 554: „Justiz ... von minderer Qualität". Dagegen mutet es wie ein frommer Wunsch an, daß Unsicherheit beim Umgang mit ausländischem Recht durchaus Vorteile haben kann, weil sie den Richter zu gründlicher Arbeit zwingt und selbiger das Ergebnis der Rechtsanwendung kritischer betrachten wird als bei der gewohnten Anwendung deutscher Vorschriften (so aber *Koerner*, S. 103).

Rechtsrat und ist insoweit nicht immer ausreichend versichert[402c]. Um herauszufinden, ob man, auf Beklagtenseite, unter den vermeintlich laxen Regeln eines anderen Staates „besser fährt" als daheim, und um die aus Sicht des Rechtsberaters eigenen Haftungsrisiken zu minimieren, muß ein Sachverständigengutachten eingeholt oder ein Kollege im betroffenen Ausland befragt werden[402d]. Gutachten jedoch kosten Zeit und Geld. Aus § 293 ZPO folgt, daß diejenige Partei, welche sich auf einen ausländischen Rechtssatz beruft, als wäre sie beweisbelastet, mit der Pflicht zur Zahlung eines Vorschusses für die voraussichtlich durch die Ermittlung des Rechts verursachten Kosten belegt werden kann (§ 68 III 1 GKG), insbesondere bei Einholung eines Gutachtens[403]. Der Anwalt verdient eine Beweisgebühr (§ 31 I Nr. 3 BRAGO), wenn das Gericht im Rahmen des § 293 ZPO eine Beweisaufnahme – sei sie förmlich oder nicht[404] – durchführt bzw. die Beteiligten nach Aufforderung eine Auskunft oder ein Gutachten beschaffen und vorlegen[405]. Freilich handelt es sich im letzteren Fall und auch, wenn bereits zur Planung des Prozesses ein entsprechender Aufwand dafür betrieben wurde, sich über den Inhalt des anzutragenden fremden Rechts zu vergewissern, um ein „Privatgutachten"[406]: Die hierbei anfallenden Kosten

---

[402c] Vgl. Fn. 177.

[402d] Vgl. Fn. 178.

[403] *Schellack*, S. 148. Entrichtet diese Partei die Kosten nicht, so darf das Gericht deren Vortrag aber nicht einfach wegen „Beweisfälligkeit" unberücksichtigt lassen, sondern muß entweder anhand der ihm sonst noch zugänglichen Erkenntnisquellen entscheiden, oder dennoch das Gutachten erheben (siehe § 2 C I 2 bei Fn. 163 ff.).

[404] Vgl. Fn. 160.

[405] Vgl. OLG Köln 30.11.1970, JurBüro 1972, 991; Stein/Jonas-*Leipold*, ZPO, § 293 Rn. 46; MünchKomm-*Prütting*, ZPO, § 293 Rn. 71. Zur Mitwirkungsobliegenheit oben bei Fn. 161. Anders das im Entwicklungsstadium befindliche Rechtsanwaltsvergütungsgesetz (RVG). Die „BRAGO-Strukturreform" der Expertenkommission sieht vor, daß künftig eine Beweisgebühr nicht mehr entstehen, dafür die Verfahrensgebühr um 0,5 Gebühren gehoben und zusätzlich eine Terminsgebühr anfallen soll. Der Bundestag hat zwei Entwürfe (BT-Drs. 14/8818 und 9037) nach erster Lesung (stenografischer Bericht in AnwBl 2002, 414 ff.) an den Rechtsausschuß zur weiteren Beratung verwiesen, der sie in seiner letzten Sitzung am 3.7.2002 vertagte und der Diskontinuität anheimfallen ließ (NJW 29/2002, S. VI), so daß nun in der 15. Legislaturperiode ein neues Gesetzgebungsverfahren eingeleitet werden muß („wütend" und „schockiert" zeigten sich hierauf BRAK wie DAV in ihren Stellungnahmen, abgedruckt u.a. in KammerForum 2002, 227).

[406] Es handelt sich um qualifiziertes substantiiertes Vorbringen. Verwertung als „Urkundenbeweis" nur, wenn beide Parteien damit einverstanden sind (Stein/Jonas-*Leipold*, vor § 402 ZPO Rn. 58 und MünchKomm-*Damrau*, ZPO, § 402 Rn. 9); die

hat die Partei (zunächst) auf sich zu nehmen, doch fragt es sich, ob sie sie bei Obsiegen vom Gegner nach § 91 I 1 ZPO erstattet verlangen oder ihr die eigene Parteiautonomie unter Umständen teuer zustehen kommen kann. Der prozessuale Kostenerstattungsanspruch richtet sich ohne Rücksicht auf das in der Sache anwendbare Recht nach der lex fori[407]. Rechtsgutachten sind zwar grundsätzlich nicht erstattungsfähig, weil es Aufgabe des Prozeßbevollmächtigten ist, sich die für eine erfolgreiche Führung des Rechtsstreits erforderlichen Kenntnisse – einschließlich derer zur Bestimmung anwendbaren Rechts – selbst zu verschaffen[408]. Für Gutachten über ausländisches Recht hingegen werden nach allgemeiner Meinung Ausnahmen akzeptiert. Ob das Gutachten tatsächlich in den Prozeß eingeführt worden sein muß[409] oder etwa ausreichend ist, wenn sein Inhalt zur Vorbereitung der Schriftsätze Verwendung gefunden und das Gericht auf diese Weise von ihm Kenntnis erlangt hat[410], wird uneinheitlich beurteilt. Auch ist strittig, ob es das Verfahren wirklich günstig beeinflußt haben muß[411]. Eine solche ex post-Betrachtung widerspricht aber den Parteiinteressen, da niemand sicher vorhersehen kann, ob das Gericht die gestellten Rechtsfragen in Einklang mit dem vorgelegten oder zumindest schriftsätzlich mittelbar eingebrachten Gutachten beantwortet[412]. Maßgebend sollte daher sein, ob die Einholung objektiv vom Horizont der jeweiligen Partei zur Prozeßführung notwendig und geeignet war[413]. Es wird also je nach Lage des Falls entschieden – finanziell ein gewisses Wagnis, das einzugehen gut überlegt sein will.

---

§§ 402 ff., 375 ff. ZPO finden dann keine Anwendung (Zöller-*Greger*, § 402 ZPO Rn. 2).

[407] *Martiny*, in: HdB IZVR III/1, Rn. 330; *Schack*, IZVR, Rn. 580c.
[408] Siehe § 2 C II.
[409] OLG München 9.11.1990, IPRspr. 1990 Nr. 234; *Schneider*, MDR 1988, 548.
[410] OLG Bremen 23.6.1958, Rpfleger 1965, 130 (131): New Yorker Erbrecht.
[411] So etwa OLG Hamm 26.11.1991, JurBüro 1992, 818 (zu einem technischen Gutachten).
[412] OLG Frankfurt/Main 11.12.1989, Rpfleger 1990, 182 (Botanik); Stein/Jonas-*Bork*, § 91 ZPO Rn. 60a i.V.m. 45; MünchKomm-*Belz*, ZPO, § 91 Rn. 54. Zum pflichtgemäßen Ermessen siehe die Nachw. in Fn. 159 f., 162 ff., 173.
[413] So auch OLG Köln 5.1.1983, RIW 1985, 330; OLG Frankfurt/Main 1.9.1992, IPRspr. 1992 Nr. 247; *v.Hein*, S. 265; *Heiderhoff*, IPRax 2002, 370 in Fn. 45; Zöller-*Herget*, § 91 ZPO Rn. 13 unter dem Schlagwort „Privatgutachten".

In der Gesamtschau aller Gesichtspunkte kann nur einer hinreichend informierten Partei zur Abgabe respektive Annahme eines Rechtswahlangebots geraten werden, das fremdes Recht zum Inhalt hat. Die mit der erforderlichen Ermittlung verbundene Last ist mit den Vorteilen ins Verhältnis zu setzen. Meist wird hier das Argument der zügigen Abwicklung unter der allseits vertrauten lex fori den Ausschlag geben.

C. Teilrechtswahl

Im folgenden wird die bereits an mehreren Stellen angeklungene Problematik behandelt, ob der Umfang einer Rechtswahl zur Disposition der Schadensbeteiligten steht. Nicht gemeint sind voneinander unabhängige Taten. Dies sind jeweils eigenständige Schuldverhältnisse. Sie erfordern eine getrennte Bestimmung des Statuts, sei es objektiv oder mittels Verabredung[414]. Es sind jedoch diverse Varianten einer partiellen Rechtswahl vorstellbar.

Eine „kollisionsrechtliche Teilverweisung" im weiteren Sinne bedeutet, daß die Parteien eine Rechtswahl nur für einzelne Bereiche ihrer gegenseitigen Rechtsbeziehungen treffen[415]. So können sie für eine vordeliktisch existente Sonderbeziehung ein Recht wählen und nachträglich hinsichtlich der unerlaubten Handlung ein anderes bzw. die Abrede allein auf deliktische Aspekte konzentrieren[416]; zu einer akzessorischen Anknüpfung nach Art. 41 II Nr. 1 EGBGB kann und darf es dann nicht mehr kommen[417].

Art. 27 I 3 EGBGB erlaubt aber darüber hinaus auch eine Teilverweisung im engeren Sinne; eine solche Vereinbarung bezieht sich auf einzelne Vertragsteile oder bestimmte Fragen eines Vertragsverhältnisses[418]. So wird es mitunter auch im Deliktsrecht als unbedenklich erachtet, nicht für alle Schadensposten und -ansprüche, welche aus dem Ereignis fließen können, eine Rechtswahl zu treffen, sondern diese auf *eine*, unter Umständen besonders strittige Forderung zu beschränken. Als Beispiel sei ein Schmer-

---

[414] § 6 C; § 12 A I.
[415] Definition nach MünchKomm³-*Martiny*, EGBGB, Art. 27 Rn. 54.
[416] Siehe § 5 A II, B II und § 7 A. Vgl. v.Caemmerer-*W.Lorenz*, S. 134/135 („teilweise Rechtswahl").
[417] Siehe bereits §§ 1 und 5 A II.
[418] Abl. noch *Wiesner*, S. 131.

zensgeldanspruch angeführt, den die Rechtsordnungen in höchst unterschiedlichem Maße gewähren, in Frankreich etwa als *dommage moral*[419], im anglo-amerikanischen Rechtskreis durch erhöhten (Straf-) Schadensersatz[420]. Hier diene eine sektorale, auf den jeweiligen Anspruch reduzierte Rechtswahl der Vereinfachung[421]. Dasselbe Argument streitet aber gegen eine kraft Parteiwillens geteilte Verweisung, denn ein einheitliches Statut für den gesamten deliktischen Sachverhalt bedeutet klare und einfache Rechtsanwendung[422]. Dennoch soll sogar eine Trennung von Anspruchsvoraussetzungen und -folgen möglich sein[423]; ebenso die Beschränkung auf Einzelfragen innerhalb der erstgenannten Gruppe, z.B. Schutzgesetze[423a] oder die Verjährung[423b]. Anders als bei Art. 27 I 3 jedoch geht die Parteiautonomie nach Art. 42 S. 1 EGBGB nicht so weit, ein Recht teilweise oder Bruchstücke verschiedener Rechte zur Anwendung zu berufen[424]. Eine Art. 27 I 3 EGBGB entsprechende Regelung fehlt. Ihre analoge Heranziehung scheidet aus, weil die normativen Anordnungen kein ungewolltes Manko erkennen lassen, sondern eine bewußte – und richtige – Entscheidung des Gesetzgebers erfolgt ist[425].

---

[419] Art. 1382 C.c. nimmt, anders als das BGB in §§ 253, 847 a.F. (zum Änderungsgesetz Fn. 739), keine Unterscheidung zwischen materiellem und Nichtvermögensschaden vor. Echte Rechtsfortbildungsprobleme beim Schadensersatz wegen Persönlichkeitsverletzungen, wie der BGH sie hatte (siehe Fn. 401), haben sich deshalb nie ergeben. Der bisher wohl höchste Einzelbetrag von FF 250.000 = € 38.110 wurde Brigitte Bardot wegen rechtswidriger Veröffentlichung erotischer Fotofien zugesprochen: Cour d'appel de Paris 4.1.1988, D. 1989 Somm., 92 (93).

[420] Zu ihm § 14 A I.

[421] *Hohloch*, NZV 1988, 165; Staudinger-*v.Hoffmann*, EGBGB (2001), Art. 42 Rn. 8; dazu neigt auch *Junker*, JZ 2000, 479.

[422] § 5 B II. Eine gespaltene Wahl beschwört Inkohärenzen herauf und liegt damit regelmäßig nicht im Parteiinteresse. Vgl. *Freitag/Leible*, ZVglRWiss 2000, 108 in Fn. 24; *Sieghörtner*, S. 459.

[423] Siehe Fn. 299 ff.; unten Fn. 437.

[423a] *Seidel*, S. 151 f.: isolierte Wahl eines ausländischen Schutzgesetzes bei ansonsten vereinbarter lex fori (§ 823 II BGB) möglich, wenn dies kein widersprüchliches Ergebnis zur Folge hat.

[423b] *Hohloch*, a.a.O. (Fn. 421).

[424] So i.E. *St.Lorenz*, NJW 1999, 2217 („legt die ... Rechtswahl das auf *alle* aus dem jeweiligen Lebenssachverhalt resultierenden Deliktsansprüche anwendbare Recht unabhängig vom jeweiligen Streitgegenstand endgültig fest"); *Vogelsang*, NZV 1999, 502 in Fn. 73; Palandt-*Heldrich*, Art. 42 EGBGB Rn. 1.

[425] Zur gebotenen Vorsicht bei Analogien zum Kollisionsrecht der Verträge siehe schon § 6 A. Dennoch wird die Gleichsetzung mit Art. 27 I 3 EGBGB vielfach be-

Voraussetzung jeder Teilverweisung nach Art. 27 I 3 EGBGB ist die „Abspaltbarkeit"[426]. Die Rechtsspaltung muß sachgerecht durchführbar sein, sich mithin auf Elemente des Schuldverhältnisses beziehen, die verschiedenen Rechten unterworfen werden können, ohne daß dies zu widersprüchlichen Ergebnissen führt[427]. Ein komplexes Vertragswerk etwa mag, sofern es in sich abgeschlossene Teile hat, diversen Statuten unterstellt werden, auch wenn selbst hier die Gefahr unleidlicher Reibungen besteht. Die Inkohärenz läßt sich in einer einfachen Formel nicht einfangen. Man will die Rechtswahl daher nur bei „absoluter Unvereinbarkeit und unüberwindlichen Schwierigkeiten" scheitern lassen. Mittels Auslegung der jeweiligen Vereinbarung und sodann der gekürten materiellen Rechte soll zunächst versucht werden, Widersprüchen abzuhelfen[427a]. Rechtssicher ist dieser Weg nicht. Für Deliktsforderungen jedenfalls darf man ihn ohnehin nicht einschlagen. Eine Beschränkung auf einzelne Aspekte einer deliktsrechtlichen Verbindlichkeit kann nie sachgerecht sein, denn gesetzliche Schuldverhältnisse bilden stets eine organische Einheit aus den einzelnen Forderungsrechten[428]. Sie entstehen unabhängig von einer Sonderbeziehung und kollektivem Willen allein aufgrund einer Rechtsverletzung, wenn die im Interesse der Beteiligten klar vorgegebenen Voraussetzungen der maßgeblichen Norm erfüllt sind.

---

fürwortet, außer *Hohloch* aber meist unreflektiert: vgl. *Busse, A.Staudinger* und *Kreuzer*, a.a.O. (Fn. 302) sowie Staudinger-*v.Hoffmann*, EGBGB (2001), Art. 42 Rn. 8.

[426] *Windmöller*, S. 80, hält sie für verzichtbar und will statt dessen mit den Mitteln der Auslegung und Anpassung arbeiten, um Widersprüche der Regelungsbereiche zu beseitigen; gelinge dies nicht, sei die Teilverweisung wegen Perplexität unwirksam (vgl. § 5 B I bei Fn. 295).

[427] *Giuliano/Lagarde*, BT-Drs. 10/503, S. 49; *U.Bauer*, S. 155; Soergel[12]-*v.Hoffmann*, EGBGB, Art. 27 Rn. 56 ff.; Reithmann/Martiny-*Martiny*, Int. VertragsR, Rn. 54 und *ders.* in MünchKomm[3], EGBGB, Art. 27 Rn. 56; *Schröder/Wenner*, Int. VertragsR, Rn. 140; Erman-*Hohloch*, Art. 27 EGBGB Rn. 21; *Kropholler*, IPR, § 52 II 3 b; Staudinger[13]-*Magnus*, EGBGB, Art. 27 Rn. 94; Bamberger/Roth-*Spickhoff*, Art. 27 EGBGB Rn. 27.

[427a] MünchKomm[3]-*Martiny*, EGBGB, Art. 27 Rn. 57.

[428] Palandt-*Heinrichs*, Überbl. v. § 311 BGB Rn. 5 i.V.m. Einl. v. § 241 BGB Rn. 2; MünchKomm[4]-*Kramer*, BGB Bd. 2a, Einl. Rn. 57 i.V.m. 13. Vgl. auch § 5 A I 1 und B II; § 6 A.

Ein parteiautonomes Auseinanderreißen dieses sachlichrechtlichen Gefüges der unerlaubten Handlung, sei es nach Ansprüchen oder innerhalb derselben, ist demzufolge abzulehnen. Art. 42 S. 1 EGBGB ermöglicht eine eigentliche Teilrechtswahl, wie Art. 27 I 3 EGBGB sie meint, in keiner Form.

D. Umfang des Deliktsstatuts

Art. 42 EGBGB stellt den Parteien frei, das Deliktsrecht zu wählen. Wie schon konstatiert wurde, sind sie in der Auswahl unbehindert (oben A) und nur von Zweckmäßigkeitsüberlegungen geleitet (B). In Teilaspekte der Haftung können sie ihre Wahl jedoch nicht spalten (C). Ist ein bestimmtes Recht berufen, hat dieses demnach eine weitreichende Geltung (siehe bereits § 6 C). Nach ihm müssen sich die Rechtswahlparteien richten. So findet es auf die Fähigkeit Anwendung, wegen außervertraglicher Rechtsverletzungen durch eigene Handlungen haftbar werden zu können[429]: Art. 12 S. 1 EGBGB nennt zwar die „Handlungsfähigkeit", betrifft aber nur Rechtsgeschäfte. Dem autoritativen Deliktsstatut ist die Tatbestandsmäßigkeit einer unerlaubten Handlung zugewiesen, u.a. also die Feststellung der Haltereigenschaft i.S.v. § 7 I StVG[430] und Verkehrs(sicherungs)pflichten[431]. Das Deliktsstatut umschreibt, welches Rechtsgut geschützt ist und woge-

---

[429] Deliktsfähigkeit. Vgl. IPG 1973 Nr. 10 (Hamburg); *Lewald*, IPR, Anm. Nr. 324; *v.Steiger*, Bestimmung der RFrage, S. 127; *Delachaux*, S. 205; *Ferid*, IPR, Anm. 6–185; *Becker*, S. 100 f.; *Brandt*, S. 22; Soergel[12]-*Lüderitz*, EGBGB, Art. 38 Rn. 93; MünchKomm[3]-*Kreuzer*, EGBGB, Art. 38 Rn. 282; Erman-*Hohloch*, Art. 40 EGBGB Rn. 60; Kegel/Schurig-*Kegel*, IPR, § 18 IV 2; Staudinger-*v.Hoffmann*, EGBGB (2001), Vorb. zu Art. 40 Rn. 23; Palandt-*Heldrich*, Art. 40 EGBGB Rn. 16. So auch Art. 142 I schweiz. IPRG.

[430] IPG 1983 Nr. 11 (München) für das LG I v. 15.11.1983, VersR 1984, 95 und zust. *Mansel*, Kfz-Halterhaftung, VersR 1984, 104. Ferner *Brandt*, S. 20; Staudinger-*v.Hoffmann*, EGBGB (2001), Art. 40 Rn. 190; Bamberger/Roth-*Spickhoff*, Art. 40 EGBGB Rn. 9 und *Heldrich*, a.a.O. (vorige Fn.). Das Heimatrecht bleibt unberücksichtigt.

[431] Welche, sagt die lex loci actus, wenn sich diese durchsetzt (folgende Fn.). Aus deutscher Sicht sind sie primär in § 823 I BGB zu verorten und konkretisieren dort den Begriff der widerrechtlichen Verletzung (vgl. nur BGH 27.1.1987, NJW 1987, 2671 (2672); 9.6.1998, BGHZ 139, 79 (82) und 16.2.2001, NJW-RR 2001, 1208; OLG Schleswig 6.2.1997, ZfS 1999, 189 sowie LG Frankfurt/Main 3.11.2000, RRa 2001, 30 (32); *Larenz/Canaris*, SchuldR II/2, § 76 II 2 b; Wussow-*Hemmerich-Dornick*, UnfallhaftpflR, Kap. 3 Rn. 3). Krit. MünchKomm[3]-*Mertens*, BGB, § 823 Rn. 104. A.A. *Deutsch*, Allg. HaftungsR, Rn. 367, 658: Schutzgesetz.

gen. Es regelt auch, ob und bejahendenfalls welche Schutzgesetze zur Anwendung kommen[432]. Dies können, über § 823 II BGB, auch (Straf-) Normen des Auslands sein, wenn dort der Tatort belegen ist[433]. Ein subjektives Recht, dessen Existenz sich erst im Rahmen eines anderen Rechtsverhältnisses klärt, stellt eine Vorfrage dar und wird selbständig angeknüpft (§ 9 C). Das einvernehmlich berufene Sachrecht wiederum entscheidet über die Auslegung von Normen, Rechtswidrigkeit[434], Verschulden[435] und Kausalität. Einbezogen ist auch die Beweislast[436]. Aus diesem Zusammenhang

---

[432] *v.Bar*, IPR II, Rn. 711; *Brandt*, S. 17; Soergel[12]-*Lüderitz*, EGBGB, Art. 38 Rn. 91 a.E.; MünchKomm[3]-*Kreuzer*, EGBGB, Art. 38 Rn. 282. Bamberger/Roth-*Spickhoff*, Art. 40 EGBGB Rn. 12, will rechtskreiserweiternde Schutzgesetze des Auslands ausscheiden. Schutzgesetze, welche nicht den Kreis geschützter Rechtsgüter oder der verbotenen Verletzungshandlungen erweitern, sondern schon eine Gefährdung unterbinden sollen, sind dagegen stets dem Recht des ggf. ausländischen Handlungsortes zu entnehmen (Soergel/Siebert[10]-*Kegel*, Art. 12 Rn. 29, 44, 59 und *ders.* in Kegel/Schurig, IPR, § 18 IV 2).

[433] *v.Hoffmann*, FS Henrich, S. 287. Er meint aber, dies sei eine Berücksichtigung fremdrechtlicher Tatsachen bei Anwendung deutschen Sachrechts, also keine Sonderanknüpfung. So auch *Sonnenberger*, ebenda, S. 582/583, zum Verstoß gegen ausländische Datenschutznormen. Zu Maßgeblichkeit und Dogmatik der lex loci im Rahmen eines von ihr verschiedenen Deliktssachrechts, vor allem bei der Rechtswidrigkeits- und Verschuldensprüfung siehe § 9 D, insbesondere II.

[434] Vgl. BGH 17.12.1963, NJW 1964, 650 (651); OLG Celle 21.7.1966, IPRspr. 1966-67 Nr. 29; *Trutmann*, Deliktsobligationen, S. 102 f.; v.Caemmerer-*Firsching*, S. 184; *v.Bar*, IPR II, Rn. 714; *Brandt*, S. 30; Bamberger/Roth-*Spickhoff*, Art. 40 EGBGB Rn. 9. Abw. *Böhmer*, S. 24 f., 141 f., mit verschiedenen Anknüpfungsregeln für die einzelnen Rechtfertigungsgründe (Neben- oder Vorfragen des Deliktstatbestands).

[435] Vgl. OLG Celle 21.7.1966, a.a.O. (vorige Fn.); OLG Hamm 18.4.1978, IPRspr. 1978 Nr. 22; *Delachaux*, S. 203 f.; *Trutmann*, Deliktsobligationen, S. 104 f.; *Brandt*, S. 34; *Spickhoff*, a.a.O. (vorige Fn.).

[436] Jedenfalls ihre Verteilung und gesetzliche Vermutungen, vgl. Art. 32 III 1 EGBGB (BGH 26.11.1964, BGHZ 42, 385 (388/389); *Birk*, S. 144, 151; *Trutmann*, Deliktsobligationen, S. 118; *Coester-Waltjen*, Int. BeweisR, Rn. 384, 309, 319; v. Caemmerer-*Deutsch*, S. 224, 228; *Keller/Siehr*, IPR, § 47 IV 3; *Brandt*, S. 111; MünchKomm[3]-*Kreuzer*, EGBGB, Art. 38 Rn. 297; *Geimer*, IZPR Rn. 2340; *Schack*, IZVR, Rn. 664 f.; Bamberger/Roth-*St.Lorenz*, EGBGB Einl. IPR Rn. 86). Weil die Grundsätze über den prima facie-Beweis die Position einer Partei verbessern und daher geeignet sind, die materiellrechtliche Verteilung des Haftungsrisikos zu beeinflussen, sind auch sie e.A. zufolge der lex causae, hier also dem Deliktsstatut zu entnehmen (*Coester-Waltjen*, a.a.O., Rn. 342, 353; *Brandt*, a.a.O.); die Gegenauffassung plädiert für die lex fori, da es um richterliche Würdigung i.S.v. § 286 ZPO geht (BGH 4.10.1984, RIW 1985, 149 (150) zur CMR; IPG 1980/81 Nr. 8 (Göttin-

aller Bestandteile einer deliktischen Haftung darf die Rechtsfolgenseite nicht herausgelöst werden[437]. Zu ihr zählt neben dem Inhalt von Ansprüchen (Naturalrestitution, Wertersatz in Geld, Gegendarstellung etc.)[438] deren Umfang (etwa Nutzungsausfall, Vorteilsausgleichung[439], Bemessungsgrundlagen[440], Höchstbeträge) und Übertragbarkeit[441]. Ebenso bestimmt sich der Kreis der Haftenden, u.a. also, ob eine juristische Person oder eine Personenvereinigung für ihre Organe verantwortlich ist, z.B. bei einem Verkehrsunfall im Firmenwagen: es entscheidet das Deliktsstatut (des unmittelbar Handelnden)[442]. Auf gleiche Weise regelt sich die haftungsrecht-

---

gen); *Birk*, S. 154; *v.Bar*, IPR II, Rn. 552; *Kreuzer*, a.a.O.; *Schack*, a.a.O., Rn. 668). Vgl. auch Fn. 784 (Ausforschungsbeweis).

[437] Abzulehnen deshalb *Kahn-Freund*, Rec. 1968 II, 91 ff., 121 ff., der generell den Handlungsort im Hinblick auf den Haftungsgrund entscheiden lassen will („standard of liability") und die Folgen nach dem Recht beurteilt, mit welchem das Opfer am engsten verbunden ist. Eine „folgenorientierte" Trennung erwägt auch Erman-*Hohloch*, Art. 40 EGBGB Rn. 59, und zwar für „Ausnahmesituationen" (gleichfalls i.d.S. *v.Bar*, JZ 1985, 965 ff.; *E.Wagner*, S. 173 f.). Die Vereinfachung der Schadensregulierung wird dadurch überbetont. Letztere ist der Bewertung der Tat unterworfen. Anders Staudinger-*v.Hoffmann*, EGBGB (2001), Vorb. zu Art. 40 Rn. 17 f. i.V.m. Art. 42 Rn. 8 sowie im Anschluß Bamberger/Roth-*Spickhoff*, Art. 40 EGBGB Rn. 10 und Art. 42 EGBGB Rn. 4: eine Teilrechtswahl soll möglich sein. Siehe dagegen oben C.

[438] Statt vieler nur MünchKomm³-*Kreuzer*, EGBGB, Art. 38 Rn. 289. A.A. für das Schmerzensgeld, in Verkennung der beidseitigen Erwartung, *v.Bar*, JZ 1985, 968 und *ders.*, IPR II, Rn. 718 (Recht des gewöhnlichen Aufenthalts des Geschädigten).

[439] Siehe § 9 B I.

[440] OLG Köln 27.5.1993, VersR 1993, 977 (978). Die abw., von *Mansel* besprochene Entscheidung des OLG München v. 10.12.1982 (VersR 1984, 745) wurde vom BGH am 8.1.1985 aufgehoben (BGHZ 93, 214). Zwar können die am Lebensmittelpunkt des Opfers herrschenden wirtschaftlichen Verhältnisse zu berücksichtigen sein (vgl. aber OLG Koblenz 15.10.2001, NJW-RR 2002, 1030 (1031): keine Aufstockung bei amerikanischer Staatsangehörigkeit), doch ginge eine Sonderbehandlung der Bemessung, wie *Trutmann* sie vorschlägt (Deliktsobligationen, S. 114), zu weit.

[441] Siehe § 9 C a.E.

[442] OLG Schleswig 3.3.1970, IPRspr. 1970 Nr. 19; OLG Köln 7.1.1998, NJW-RR 1998, 756; *Stoll*, FS Lipstein, S. 267; *Brandt*, S. 66; Staudinger-*v.Hoffmann*, EGBGB (2001), Vorb. zu Art. 40 Rn. 31; Palandt-*Heldrich*, Anh. zu Art. 12 EGBGB Rn. 11 und Art. 40 EGBGB Rn. 16. Richtigerweise galt dieses aber nach bislang ganz überw. Meinung nur für die innere Organisation und deren Außenwirkungen, vor allem also die Rechtsfähigkeit. Anknüpfungspunkt war insoweit der tatsächliche Sitz der Hauptverwaltung, was jedoch nach EuGH 9.3.1999, Slg. 1999, I-1459,

liche Verantwortung unter Ehegatten[443], wenn nicht gemäß Art. 41 II Nr. 1 i.V.m. Art. 14 EGBGB angeknüpft wird[443a]; zur Rechtswahl ist man hier wohl kaum bereit. Auch der Aufsichtspflichtige haftet nach dem anzuwendenden Deliktsrecht, z.B. § 832 BGB[444]. Dies erfordert der Vertrauens-

---

1484 ff. – Centros Ltd. ./. Erhvervs- og Selskabsstyrelsen, höchst streitig wurde: konservativ Palandt-*Heldrich*, Anh. zu Art. 12 EGBGB Rn. 2, 2a mit weiteren Nachw., auf deren Wiedergabe hier verzichtet wird. Etwas voreilig dekretierte der öst. OGH, die Sitzanknüpfung des § 10 IPRG würde durch Art. 48 I, 43 EG verdrängt (15.7.1999, ZfRV 41 (2000), 36 (39); krit. *Schwimann*, IPR, S. 16 f., 60 f.). Zum Vorlagebeschluß des BGH, VII. Senat v. 30.3.2000 (IPRax 2000, 423) in Sachen Überseering BV ./. Nordic Construction Company Baumanagement GmbH vgl. die Schlußanträge des Generalanwalts *Colomer*. Seines Erachtens verstößt es zwar gegen die Niederlassungsfreiheit, wenn ein Mitgliedstaat (Deutschland) sich weigert, die Rechts- und Parteifähigkeit einer Gesellschaft anzuerkennen, die dorthin ihren tatsächlichen Sitz vom satzungsmäßigen (Niederlande) verlegt haben soll, doch zwinge der EG-Vertrag nicht zur Anwendung der sog. Gründungstheorie (ZIP 2002, 75 (82)). Am 5.11.2002 erkannte der EuGH dann i.d.S. (EuZW 2002, 754 (758, Tz. 94)). Die auf Bestätigung vorgenannter IPR-Theorie abzielende zweite Vorlagefrage des BGH wird nicht bejaht. Eine bestimmte Anknüpfung schreibt der EuGH nicht vor. Mit einer Alternative zum Theorienstreit wartet daher bereits der II. Zivilsenat auf: Behandlung der ausländischen Gesellschaft als gemäß § 14 II BGB aktiv und passiv parteifähige GbR (BGH 1.7.2002, NJW 2002, 3539 (3540)). Das faktische Neugründungserfordernis im Aufnahmestaat entfällt. Wieder wird so die Gemeinschaftsrechtswidrigkeit eines Verweisungsergebnisses auf sachrechtlicher Stufe zu beseitigen versucht, vgl. § 4 A I. Ob dies hier gelingen wird, ist allerdings insofern zweifelhaft, als der EuGH offenbar die Behandlung „als Gesellschaft niederländischen Rechts" fordert (a.a.O., Tz. 81).

[443] MünchKomm³-*Kreuzer*, EGBGB, Art. 38 Rn. 284 a.E.; auch Erman-*Hohloch*, Art. 14 EGBGB Rn. 31 und Art. 41 EGBGB Rn. 11 (bei Teilnahme am allgemeinen Verkehr). Bezüglich besonderer Schuldmaßstäbe – vgl. § 1359 BGB – sind viele a.A., etwa *v.Bar*, IPR II, Rn. 192 sowie Staudinger¹³-*v.Bar/Mankowski*, EGBGB, Art. 14 Rn. 297; *Lüderitz*, IPR, Rn. 343 und *ders.* in Soergel¹², EGBGB, Art. 38 Rn. 94; Kegel/Schurig-*Kegel*, IPR, § 20 V 3. Explizit von einer Vorfrage geht *Brandt* aus (S. 72).

[443a] Vgl. *Fischer*, S. 255 ff.; *v.Bar/Mankowski*, a.a.O. (vorige Fn.), Rn. 298; MünchKomm³-*Siehr*, EGBGB, Art. 14 Rn. 109; Staudinger-*v.Hoffmann*, EGBGB (2001), Vorb. zu Art. 40 Rn. 25. A.A. Soergel¹²-*Lüderitz*, EGBGB, Art. 38 Rn. 33.

[444] So u.a. *Brandt*, S. 69; MünchKomm³-*Kreuzer*, EGBGB, Art. 38 Rn. 284 i.V.m. 291; Kegel/Schurig-*Kegel*, IPR, § 18 IV 2; Palandt-*Heldrich*, Art. 40 EGBGB Rn. 16; Bamberger/Roth-*Spickhoff*, Art. 40 EGBGB Rn. 9. Anderes gilt für die (Vor-)Frage, ob eine Aufsichtspflicht besteht: siehe Fn. 488.

schutz des Opfers. Ebenso verhält es sich bei Verrichtungsgehilfen[445]. Welcher Art die Haftung mehrerer in Anspruch genommener Deliktsbeteiligter ist (Gesamtschuld, Quoten, Subsidiarität)[446] und wie sich ein etwaiger Regreß unter ihnen regelt[447] besagt im Interesse einheitlicher Beurteilung des Lebenssachverhalts das nach Art. 40 ff. EGBGB bestimmte Haupttäterstatut. Auf der anderen Seite befindet das vordringlich berufene Deliktsrecht auch darüber, wer Anspruchsberechtigter ist, es sei denn, es handelt sich um den Rückgriff eines Drittleistenden (§ 9 B II) oder eine Vorfrage ist zu beantworten[448]. Außerdem kann nur die lex delicti privatautonome Haftungsdispositionen zulassen[449], weshalb sie auch die bei Divergenz vom Vertragsstatut, also außerhalb des Art. 41 II Nr. 1 EGBGB relevante Aus-

---

[445] OLG Düsseldorf 23.3.1989, IPRspr. 1989 Nr. 55: Ein Leistungsträger des beklagten Reiseveranstalters erfüllt im allgemeinen nicht die Voraussetzungen des § 831 BGB, weil es ihm an der dafür erforderlichen Abhängigkeit und Weisungsgebundenheit fehlt. So u.a. auch LG Frankfurt/Main 3.11.2000, RRa 2001, 30 (31 f.). Die eigene Verkehrssicherungspflicht (Fn. 431) des Reiseveranstalters kann jedoch weiter gehen: § 9 D I 2 bei Fn. 518.

[446] BGH 14.1.1953, BGHZ 8, 288 (293); *Trutmann*, Deliktsobligationen, S. 106; *Brandt*, S. 50; Soergel[12]-*Lüderitz*, EGBGB, Art. 38 Rn. 98; Staudinger-*v.Hoffmann*, EGBGB (2001), Art. 40 Rn. 39; *Spickhoff*, a.a.O. (Fn. 444); im Grundsatz auch MünchKomm[3]-*Kreuzer*, EGBGB, Art. 38 Rn. 98.

[447] BGH 18.10.1988, IPRspr. 1988 Nr. 41; *Birk*, S. 77 f.; v.Caemmerer-*Firsching*, S. 185, 188/189; Soergel[12]-*Lüderitz*, EGBGB, Art. 38 Rn. 101; MünchKomm[3]-*Kreuzer*, EGBGB, Art. 38 Rn. 99; *Plänker*, S. 62 (wenn ein einheitliches Deliktsstatut auszumachen ist; im übrigen einzelfallorientiert, S. 141); Staudinger-*v.Hoffmann*, EGBGB (2001), Art. 40 Rn. 41. A.A. *Delachaux*, S. 207.

[448] Vgl. OLG Köln 18.12.1986, NJW-RR 1988, 30; *v.Bar*, IPR II, Rn. 713; *Trutmann*, Deliktsobligationen, S. 106 ff.; *Delachaux*, S. 205; v.Caemmerer-*Firsching*, S. 188; MünchKomm[3]-*Kreuzer*, EGBGB, Art. 38 Rn. 287.

[449] Vgl. etwa BGH 29.1.1959, BGHZ 29, 237 (241); *Trutmann*, Deliktsobligationen, S. 142 f.; MünchKomm[3]-*Kreuzer*, EGBGB, Art. 38 Rn. 282. Abw. *Delachaux*, S. 200 und *Kahn-Freund*, Rec. 1968 II, 142 sowie im Anschluß *Brandt*, S. 89: gesonderte Anknüpfung der Gültigkeit. Zur grds. Zulässigkeit vertraglicher Haftungsbeschränkungen auch für Ansprüche aus Delikt schon RG 13.10.1916, RGZ 88, 433 (436); BGH 28.4.1953, BGHZ 9, 295 (306).

legungsfrage beantwortet, ob eine prima vista rein schuldvertragliche Enthaftungsklausel überhaupt auf Deliktsansprüche einwirkt[450]. Zuletzt herrscht dieses Statut über die Verjährung[451].

---

[450] *Kahn-Freund* und *Kreuzer*, wie vor; *Bröcker*, S. 213 f. A.A. (Vertragsstatut) *Birk*, S. 28 ff. Dahinstellend AG Bremerhaven 7.12.1994, VersR 1995, 1120 (1121), weil im dort zu entscheidenden Fall insgesamt deutsches Recht und damit § 607 a I HGB anwendbar war. Daß der Ausschluß vertraglicher Schadensersatzansprüche auf parallele aus unerlaubter Handlung durchschlägt, muß hinreichend deutlich vereinbart sein (siehe die Nachw. in Fn. 253).

[451] RG 29.9.1927, RGZ 118, 141 (142); BGH 31.5.1983, NJW 1983, 2771 (2772); OLG Celle 21.7.1966, a.a.O. (Fn. 434); *Delachaux*, S. 210; *Birk*, S. 110 ff.; *Trutmann*, Deliktsobligationen, S. 117; *Ferid*, IPR, Anm. 6–185 a.E.; *v.Bar*, IPR II, Rn. 714; *Brandt*, S. 93; *Lüderitz*, a.a.O. (Fn. 446); *Spickhoff*, a.a.O. (Fn. 444). Dagegen beruht die Verwirkung auf dem Gedanken der unzulässigen Rechtsausübung und ist vom Charakter des jeweiligen Anspruchs unabhängig, doch kann über dessen Erlöschen gleichwohl nur diejenige Rechtsordnung entscheiden, welche seine Begründung klärt (zutr. *Lüderitz*, a.a.O., Art. 10 Anh. Rn. 121; MünchKomm³-*Spellenberg*, EGBGB, Art. 32 Rn. 104; Staudinger-*v.Hoffmann*, EGBGB (2001), Vorb. zu Art. 40 Rn. 47; *Spickhoff*, a.a.O.); a.A. v.Caemmerer-*Firsching*, S. 185, 189 und *Brandt*, S. 94.

§ 9 Sonderanknüpfungen

Im folgenden sollen einschlägige Sonderanknüpfungen zusammengetragen werden. Dieses Stichwort soll dabei in einem weiten Sinne verstanden und hierunter allgemein die Problematik gefaßt werden, daß nicht alle mit der Lösung des Sachverhalts verbundenen Fragen ein und demselben Statut unterstehen[452].

Die Weiche hierfür kann sich schon im Anknüpfungsprozeß stellen, bevor ggf. kraft Parteiwillens eine Verweisung ausgesprochen wird. So muß man ganze Sachverhaltsgruppen abtrennen. Dies bei der Qualifikation einer Tat als unerlaubte Handlung[453] bzw. bestimmter, aus ihr resultierender Ansprüche (sogleich unter A und B), jeweils mit Auswirkung auf die Rechtswahl. Eine eigene Kollisionsnorm, Art. 7 EGBGB, regelt die Rechts- und Geschäftsfähigkeit als Teilfragen einer Vereinbarung nach Art. 42 EGBGB[454].

Aber auch nach in der Hauptfrage erfolgter Verweisung kommt – ausnahmsweise, wenn dies zur Erreichung sachgerechter Ergebnisse unerläßlich ist[455] – eine gesonderte Behandlung einzelner Aspekte noch in Betracht, namentlich von materiellrechtlichen Vorfragen, die das IPR zu beantworten hat, und zwar selbständig mit der Folge, daß auch eine Rechtswahl auf Möglichkeit und Ausübung hin neu geprüft werden muß (C). Eventuell sind außerdem örtliche Verhaltensstandards zu berücksichtigen, selbst wenn sie dem ggf. gewählten Deliktsstatut nicht zugehören (D vor I); ob das eine Sonderanknüpfung darstellt, ist umstritten (D II), im Ergebnis jedoch zu bejahen.

A. Direktanspruch gegen den Haftpflichtversicherer, Art. 40 IV EGBGB

Existenz, Voraussetzungen und Wirkungen einer *action directe* des obligatorisch Versicherten (§ 3 Nr. 1 PflVG) können de lege lata über das Deliktsstatut der Art. 40 ff. EGBGB oder das gemäß Art. 37 Nr. 4 EGBGB

---

[452] So auch *Keller/Siehr*, IPR, § 23 IV 2 b.
[453] Vorgezogen in § 4, weil dort das Problem thematisiert wird, ob Art. 42 EGBGB überhaupt sachlich anwendbar ist und sich bei negativem Ergebnis eine weitere Untersuchung erübrigt.
[454] Vgl. § 6 B.
[455] Siehe § 6 C. Die Ausnahme folgt der Regel. Deshalb wurde der prinzipielle Umfang des Deliktsstatuts soeben dargestellt (§ 8 D).

i.V.m. Art. 7 ff. EGVVG anwendbare Recht des Vertrags zwischen Schädiger und seinem Versicherer gewonnen werden. Die Rechtsprechung war bisher von einer rein deliktsrechtlichen Qualifikation ausgegangen, da dem Opfer (kraft gesetzlichen Schuldbeitritts) im Versicherer des Schädigers ein zweiter Schuldner verschafft werde und es sich wegen dieses Zwecks um ein „deliktisches Annex zum Haftpflichtanspruch" handele[456]; unerwähnt blieb dabei jedoch, daß ein Direktanspruch auch zur Durchsetzung vertraglicher Schadensersatzansprüche Verwendung finden kann, weshalb es sachgerechter gewesen wäre, das jeweilige Haftungsstatut akzessorisch maßgebend sein zu lassen[457]. Seltener wurde das Gegenteil einer allein versicherungsrechtlichen Einstufung vertreten[458]. Demgegenüber rückte man zunehmend überhaupt von einer Ausschließlichkeit ab, teils durch subsidiäre Anknüpfung an das Versicherungsvertragsstatut[459], überwiegend aber im Wege der Alternativität[460]. Im letzteren Sinne eines effektiveren Opfer-

---

[456] BGH 18.12.1973, IPRspr. 1973 Nr. 17. Diesen Standpunkt hatte der erkennende VI. Zivilsenat schon zuvor eingenommen: 23.11.1971, BGHZ 57, 265 (270). Vgl. auch BGH 5.10.1976, NJW 1977, 496 (498); 4.7.1989, BGHZ 108, 200 (202); 7.7.1992, BGHZ 119, 137 (139) sowie in Ergänzung 28.10.1992, BGHZ 120, 87 (89); OLG Köln 27.5.1993, VersR 1993, 977 und 8.3.1994, IPRspr. 1994 Nr. 47; OLG Hamburg 1.10.1999, IPRspr. 2000 Nr. 29. Ebenso weite Teile der Literatur, etwa *Birk*, S. 54, 62; *Grundmann*, S. 194 ff.; *W.-H.Roth*, Int. VVertragsR, S. 643 ff.; *Prölss/Martin-Knappmann*, VVG, § 3 Nrn. 1, 2 PflVG Rn. 4; *Soergel*[12]*-Lüderitz*, EGBGB, Art. 38 Rn. 102; *Staudinger*[13]*-v.Hoffmann*, EGBGB, Art. 38 Rn. 265; *Palandt*[58]*-Heldrich*, Art. 38 EGBGB Rn. 18, 27. Ferner IPG 1987/88 Nr. 16 (Köln).

[457] So *Mansel*, FG Weitnauer II, S. 66 und *ders.*, Direktansprüche, S. 21; zust. *v.Bar*, IPR II, Rn. 721 und *Möllenhoff*, S. 78. In Anlehnung an diesen Vorschlag soll e.A. zufolge Art. 40 IV EGBGB auch auf nichtdeliktische Ansprüche angewandt werden (*Gruber*, VersR 2001, 23; vgl. Kegel/Schurig-*Kegel*, IPR, § 18 VII 2: „Forderungsstatut").

[458] OLG Celle 11.3.1970, IPRspr. 1972 Nr. 16, mit gleicher Erwägung in einem späteren Berufungsverfahren – Vorinstanz zu BGH 18.12.1973, a.a.O. (Fn. 456) –, spricht vom Versicherungsvertragsstatut als „Auflockerung" des Deliktsstatuts; *Beitzke*, Rec. 1965 II, 128; *Seetzen*, VersR 1970, 8 (abschwächend); *Brandt*, S. 116.

[459] Art. 5 des Entwurfs des Deutschen Rates und v.Caemmerer-*Firsching*, S. 188. Zu Art. 6 GEDIP-E und seiner Entsprechung im VO-Entwurf der Europäischen Kommission, Art. 10, siehe § 15 B bzw. C. Das Haager Straßenverkehrsunfallübereinkommen von 1971 hat in Art. 9 II mit dem Recht des Unfallortes sogar noch einen Gang dazwischen geschaltet (abl. *Trutmann*, Deliktsobligationen, S. 121).

[460] Dasjenige der beiden Rechte sei berufen, welches die dem Geschädigten günstigsten Direktanspruchsnormen enthält (*Hübner*, VersR 1977, 1074 f.; *Grundmann*, S. 199; MünchKomm[3]-*Kreuzer*, EGBGB, Art. 38 Rn. 292 i.V.m. 125) oder das er wählt (v.Caemmerer-*Deutsch*, S. 226, 229 f.).

schutzes ist die neue Lösung in Art. 40 IV EGBGB weit angelegt. Der gegen den Versicherer gerichtete Anspruch wird je nachdem, welches der alternativ in Frage kommenden Rechte ihn vorsieht, akzessorisch an das Delikts- oder Versicherungsvertragsstatut angeknüpft. Für eine noch in Art. 40 III RefE 1984 und 1993 durch die conditio „anderenfalls" anklingende Subsidiarität[461] gibt es jetzt („oder") keinen Anhaltspunkt mehr[462]. Die kryptische Andeutung in den Materialien („notfalls")[463] findet sich im Wortlaut des Art. 40 IV EGBGB nicht wieder. Somit hat der Gesetzgeber zwar in der Grundanknüpfung (Art. 40 I EGBGB) auf den Günstigkeitsvergleich verzichtet[464], ihn dem Gericht in Art. 40 IV EGBGB dagegen zur Aufgabe gemacht, falls der Geschädigte nicht selbst wählt. Zu einer Spaltung der Anknüpfung kommt es demnach, wenn nur das Statut des Versicherungsvertrags eine Inanspruchnahme der Assekuranz gestattet.

Aber auch das Direktanspruchsstatut selbst wird zersplittert, falls es dem Deliktsstatut nach Art. 40 IV Alt. 1 EGBGB folgt, dem Geschädigten alternativ oder kumulativ nichtdeliktische Ansprüche zustehen und das auf diese anwendbare Recht (wie das deutsche in § 3 PflVG etwa bei positiver Vertragsverletzung durch den Personenbeförderer, § 8 a I StVG) für sie eine *action directe* bereithält, aber eine akzessorische Anknüpfung ausscheidet. Art. 41 II Nr. 1 EGBGB ist also auch im Rahmen von Art. 40 IV EGBGB von großer Bedeutung[465]. Das Vorhersehbarkeitsinteresse des Versicherers steht ohnehin bereits hintan. Dies wurde legislativ so entschieden.

---

[461] MünchKomm³-*Kreuzer*, EGBGB, Art. 38 Rn. 127.
[462] Vgl. *Looschelders*, VersR 1999, 1323; *Spickhoff*, NJW 1999, 2212 und dens. in Bamberger/Roth, Art. 40 EGBGB Rn. 13; *A.Staudinger*, DB 1999, 1592; Erman-*Hohloch*, Art. 40 EGBGB Rn. 79; *Huber*, JA 2000, 72; *Junker*, JZ 2000, 486; Kegel/Schurig-*Kegel*, IPR, § 18 IV 2, VII 2; *Gruber*, VersR 2001, 19; Geigel-*Haag*, HaftpflProz., Kap. 43 Rn. 55; Staudinger-*v.Hoffmann*, EGBGB (2001), Art. 40 Rn. 439 und dens., IPR, § 11 Rn. 47; *Kreuzer*, RabelsZ 2001, 428; *Sieghörtner*, S. 107 f.; Palandt-*Heldrich*, Art. 40 EGBGB Rn. 22. A.A. *Vogelsang*, NZV 1999, 502.
[463] Begr. RegE 1998, BT-Drs. 14/343, S. 13. Andererseits wird a.a.O. auf die Parallele zu Art. 141 des schweiz. IPRG verwiesen, der aber gerade eine alternative Anknüpfung regelt.
[464] § 2 A II 1.
[465] *Gruber*, VersR 2001, 20 und *Sieghörtner*, S. 109; zum früheren Rechtszustand vgl. *Mansel*, Direktansprüche, S. 16. A.A. Staudinger-*v.Hoffmann*, EGBGB (2001), Art. 40 Rn. 443 (Recht des Tatortes, Art. 40 I EGBGB) im Gegensatz zur 13. Bearbeitung des Kommentars, Art. 38 Rn. 268.

Gilt nach Art. 40 IV EGBGB Deliktsrecht, dann prinzipiell dasjenige, welches zwischen den an der unerlaubten Handlung unmittelbar Beteiligten anzuwenden ist. Es läßt sich nicht einsehen, warum auf den Direktanspruch auch dann Tatortrecht oder die lex communis domicilii zur Anwendung gelangen soll, wenn eine wesentlich engere Verbindung zu einer anderen Rechtsordnung besteht. Wird demnach akzessorisch an das Vertragsstatut angeknüpft, unterliegen vertragliche Schadensersatzansprüche und solche aus unerlaubter Handlung einem einzigen Recht[466]. Ebenso einheitlich ist dann das Direktanspruchsstatut ausgestaltet.

Eine andere Frage ist, ob sich die Berichtigungsklausel des Art. 41 I EGBGB dazu einsetzen läßt, eine von Art. 40 IV EGBGB eingeräumte Alternative oder gar beide im Einzelfall zugunsten eines Sonderrechts für den Direktanspruch auszuschalten. Dies muß verneint werden[467]. Art. 41 EGBGB vermag nur das Deliktsstatut als solches, niemals aber Einzelfragen einem Näherrecht zu unterstellen[467a].

Der Haftpflichtversicherer ist ohne eigene positive Willensbekundung nicht an einer vom schädigenden Versicherungsnehmer und dem Geschädigten nachträglich getroffenen Rechtswahl beteiligt, also „Dritter". Ebenso der Delinquent, wenn sein Versicherer mit dem Deliktsopfer das auf den Direktanspruch anzuwendende Recht verabredet. Letztgenannte Möglichkeit besteht durchaus[468]. Zwar wird das Statut der *action directe* bei Art. 40 IV Alt. 1 EGBGB akzessorisch zu dem zugrundeliegenden Deliktsstatut bestimmt, doch bezieht das Gesetz, mag es auch eine alternative Anknüpfung vorsehen, „seinen Anspruch" auf die haftungsbedingte, nicht aus dem Versicherungsvertrag abgeleitete Forderung, so daß ein außervertragliches Schuldverhältnis betroffen ist und Art. 42 S. 1 EGBGB eingreift. Hier wie im erstgenannten Fall fällt infolgedessen die Dispositionsschranke des Art. 42 S. 2 EGBGB (siehe § 12).

---

[466] Vgl. § 5 A II.
[467] *Kreuzer*, RabelsZ 2001, 428.
[467a] Vgl. § 1.
[468] *Mansel*, Direktansprüche, S. 49; *Gruber*, VersR 2001, 21; *Sieghörtner*, S. 121.

B. Drittleistungen

Der durch eine unerlaubte Handlung Verletzte erwirbt mit dem Schadensereignis nicht selten außer der Ersatzforderung gegen den Deliktstäter einen zusätzlichen, auf Versicherungs-, Unterhalts- oder Arbeitsrecht (Lohnfortzahlung) beruhenden Deckungsanspruch. Es fragt sich, welches Statut darüber entscheidet, ob eine derartige Drittleistung den Schädiger bzw. seinen Haftpflichtversicherer[469] entlasten, ihm im Gegenteil nicht zugute kommen (I) oder eine Schadensverlagerung auf den Dritten mit der Möglichkeit des Regresses erfolgen soll (II).

I. Vorteilsausgleichung

Die Vorteilsausgleichung gehört zum Gesamtkomplex der Schadensberechnung[470]. Wie aus der unerlaubten Handlung erwachsene Vorteile haftungsrechtlich zu berücksichtigen sind, besagt deshalb das Deliktsstatut[470a]. Das IPR hält zwar eigene Kollisionsnormen zur Beantwortung der Frage bereit, ob eine Pflicht Dritter zur ggf. schon erbrachten Leistung überhaupt entstehen konnte. Insoweit wird gesondert angeknüpft[471]. Dieses Statut entscheidet jedoch nicht darüber, inwieweit Drittleistungen zu berücksichtigen sind[472]. Allein das (gewählte) Deliktsrecht determiniert, auf welche Weise sich ein Anspruch aus unerlaubter Handlung wegen Vorteilen auf der Kehrseite des Schadens vermindert.

---

[469] Vgl. BGH 16.9.1986, VersR 1986, 1231 (1233): Leistungsfreiheit des deutschen Haftpflichtversicherers nach § 25 I VVG trotz § 3 Nr. 4 PflVG, weil der Geschädigte vom öst. Sozialversicherungsträger Leistungen beanspruchen konnte (§ 3 Nr. 6 PflVG i. V.m. § 158 c IV VVG).

[470] Vgl. § 8 D bei Fn. 439.

[470a] BGH 18.10.1988, IPRspr. 1988 Nr. 41; OLG Celle 21.7.1966, IPRspr. 1966-67 Nr. 29; OLG Frankfurt/Main 19.3.1981, IPRspr. 1981 Nr. 26 (nach Flugzeugabsturz in Ankara Ersatz des den Witwen der deutschen Opfer durch die entgangene Unterhaltsversorgung entstandenen Schadens gemäß türkischem Handelsgesetzbuch ohne finanzielle Besserstellung); Soergel[12]-*Lüderitz*, EGBGB, Art. 38 Rn. 94; MünchKomm[3]-*Kreuzer*, EGBGB, Art. 38 Rn. 293; Staudinger-*v. Hoffmann*, EGBGB (2001), Vorb. zu Art. 40 Rn. 34, Palandt-*Heldrich*, Art. 40 EGBGB Rn. 17.

[471] Abw. *Stoll*, FS Lipstein, S. 274; *Brandt*, S. 103: zur Beurteilung, ob nach dem Deliktsstatut die Voraussetzungen einer Vorteilsausgleichung erfüllt sind, seien lediglich Sinn und Zweck der Drittleistung heranzuziehen (vgl. unten D II 1).

[472] So aber v.Caemmerer-v.*Marschall*, S. 200/201; MünchKomm[3]-*Kreuzer*, EGBGB, Art. 38 Rn. 293.

II. Regreß

Was aber, fragt sich, wenn das anwendbare Deliktsrecht den Schaden infolge einer Leistung des Dritten auf diesen verlagert und ein Regreß möglich ist? Das Kausal- oder Drittleistungsstatut gibt vor, in welcher Form dieser Rückgriffsoption entsprochen wird (cessio legis, Abtretung oder eigener Ersatzanspruch gegen den Täter)[473,474]. Der Anspruch des Geschädigten bleibt hier unvermindert erhalten. Eine Anrechnung der Drittleistung findet nicht statt. Somit ist der Rückgriff kein integraler Teil des Haftungskomplexes und einer Sonderanknüpfung zugänglich. Dem entspricht Art. 33 III EGBGB, der eine ausdrückliche Kollisionsnorm für die Legalzession enthält und auf Delikte anwendbar ist[475]. Wird also ein Deutscher an der Riviera von einem Pkw angefahren und macht er nun gegen den italienischen Halter Schadensersatz geltend, so geht der Anspruch, wenn auch dem Codice civile unterliegend, nach Leistung des deutschen Versicherers auf diesen nach § 67 VVG über. Klagt eine schwedische Gesellschaft als Kaskoversicherer gegen die deutsche Herstellerin einer Feuerlöscheinrichtung aus Produkthaftung gemäß § 823 I BGB, weil diese Anlage, auf einer koreanischen Werft in das versicherte Motorschiff (eines panamaischen Eigners, der es nach Schweden verchartert hatte) eingebaut und funktionsgetestet, angeblich aufgrund von Rückständen im Rohrsystem bei einem Brand in niederländischen Hoheitsgewässern wirkungslos blieb, beurteilt

---

[473] Vgl. OLG Hamm 30.11.1970, IPRspr. 1970 Nr. 23A; OLG Oldenburg 18.11.1983, IPRspr. 1983 Nr. 34 (niederländisches Rückforderungsgesetz bei Unfällen Staatsbediensteter und deutschem Deliktsstatut); OLG Düsseldorf 13.5.1998, VersR 2000, 460 (462) zur Übertragung einer Kondiktionsforderung; *Birk*, S. 92; *v.Caemmerer-v.Marschall*, S. 199; *Ferid*, IPR, Anm. 6–124; *Brandt*, S. 105; Münch-Komm³-*Kreuzer*, EGBGB, Art. 38 Rn. 293; Kegel/Schurig-*Kegel*, IPR, § 18 VII 2; Geigel-*Haag*, HaftpflProz., Kap. 43 Rn. 46 i.V.m. 43; Staudinger-*v.Hoffmann*, EGBGB (2001), Vorb. zu Art. 40 Rn. 42, Art. 40 Rn. 451; Palandt-*Heldrich*, Art. 40 EGBGB Rn. 17 i.V.m. Art. 33 EGBGB Rn. 3; ohne IPR-Erörterung BGH 16.9.1986, a.a.O. (Fn. 469). A.A. LG Hamburg 21.9.1977, IPRspr. 1977 Nr. 65 (über die Forderung herrschendes Recht, hier also der unerlaubten Handlung).

[474] Der Vorschlag von *Stoll*, Geschädigten und Dritten als Gesamtgläubiger zu behandeln (FS Lipstein, S. 275), begegnet durchgreifenden Bedenken, denn der Regreßanspruch kann niedriger sein als die Schadensersatzverpflichtung (zutr. *v.Caemmerer-v.Marschall*, S. 198).

[475] Art. 13 I des zugrundeliegenden EVÜ ist dagegen auf vertragliche Forderungen beschränkt.

sich der Rechtsübergang nach den allgemeinen Kaskobedingungen Schwedens[476].

C. Vorfragen

Das Deliktsstatut entscheidet, wie in § 8 D gezeigt, prinzipiell erschöpfend über sämtliche Voraussetzungen und Folgen einer unerlaubten Handlung, weil jedes materielle Haftungsrecht eine in sich geschlossene Gesamtordnung bildet[477]. Es gibt aber auch hier präjudizielle Fragen, die einer separaten Antwort zugänglich sind. Sie stellen sich nach vollzogener Anknüpfung der Hauptfrage bei Anwendung des für diese maßgebenden Sachrechts[478]. Über sie muß eine eigene kollisionsrechtliche Entscheidung getroffen werden. Diese erneute Anknüpfung erfolgt selbständig durch das IPR des Forums[479]. Hierdurch wird interne Entscheidungsharmonie gesichert, von welcher die Gegenauffassung steter Bewertung nach dem primär geltenden

---

[476] OLG Düsseldorf 18.12.1998, NJW-RR 2000, 833 (835) – insoweit nicht abgedruckt in IPRspr. 1999 Nr. 37. Das LG hatte hierzu ein Gutachten des MPI Hamburg eingeholt. Die Klage wurde abgewiesen, weil die Klägerin den ihr obliegenden Beweis der Fehlerhaftigkeit nicht führen konnte. Zur Beweislast Fn. 436.

[477] Vgl. auch bereits § 8 C.

[478] Treffend spricht man von einer materiellrechtlichen Vorfrage in Unterscheidung zur kollisionsrechtlichen („Erstfrage"), die ein im Tatbestand der eigenen IPR-Norm vorausgesetztes Rechtsverhältnis betrifft (*Lüderitz*, IPR, Rn. 137; *Kropholler*, IPR, § 18 II i.V.m. § 32 I im Anschluß an *Neuhaus*, IPR, § 16 IV; *Siehr*, IPR, § 52 II 1 a). Oft jedoch wird es entweder als unnütz abgelehnt, zwischen den Situationen zu differenzieren (*Raape/Sturm*, IPR I, § 16 III 3 d; *Becker*, S. 6; Münch-Komm³-*Sonnenberger*, EGBGB, Einl. IPR Rn. 496; Kegel/Schurig-*Schurig*, IPR, § 9 II 1 a.E.; Bamberger/Roth-*St.Lorenz*, EGBGB Einl. IPR Rn. 65) oder – wie in der Rspr. – schlichtweg ignoriert. Gegen den eingebürgerten Begriff der „Vorfrage" überhaupt hatte sich *Nussbaum* gewandt, weil jene, was sich nicht abstreiten läßt, in Wirklichkeit durch die präliminäre „Hauptfrage" bedingt ist und dieser nachfolgt (Grdz. IPR, § 11).

[479] Ständige Rspr.: BGH 10.11.1977, IPRspr. 1977 Nr. 29; OLG Celle 21.7.1966, a. a.O. (Fn. 434, 470a); OLG Köln 8.3.1994, IPRspr. 1994 Nr. 47. Freilich hatte sie es dabei immer mit vorgreiflichen Rechtsfragen zu tun, welche vom heimischen Recht als Deliktsstatut aufgeworfen wurden. Vgl. für viele *v.Bar*, IPR I, Rn. 608 ff. und II, Rn. 693; *Lüderitz*, IPR, Rn. 140 und *dens.* in Soergel¹², EGBGB, Art. 38 Rn. 117; Palandt-*Heldrich*, Einl. v. Art. 3 EGBGB Rn. 29 und Art. 40 EGBGB Rn. 18; Bamberger/Roth-*St.Lorenz*, EGBGB Einl. IPR Rn. 72.

Recht[480] zu viel preisgibt. Ohne Gefolgschaft blieb ein materiellrechtliches Verständnis der Vorfrage (Berücksichtigung ausländischen Rechts nach den Zwecken des deutschen)[481]. Ihm fehlen die für die richterliche Rechtsanwendung erforderlichen Konturen[482].

Vorfragen sind nicht nach dem über Art. 42 EGBGB bestimmten Statut, sondern gemäß denjenigen Sachnormen zu beurteilen, welche von der einschlägigen lex fori-Kollisionsnorm nichtdeliktischer Art berufen werden. Diese Kollisionsnorm bestimmt auch, ob insofern eine Rechtswahlmöglichkeit besteht. So richtet sich die Frage, ob der Kläger Eigentümer der durch ein Delikt beschädigten Sache ist, nach den von Art. 43 ff. EGBGB berufenen Vorschriften[483]. Dagegen befindet das Statut der unerlaubten Handlung über Bestehen und Inhalt eines Persönlichkeitsrechts, weil man dieses nicht mittels eines Rechtsakts, sondern aufgrund des Menschseins erwirbt[484]; die Erlangung eines Namensrechts ist wiederum als Vorfrage selbständig nach Art. 10 EGBGB anzuknüpfen[485]. Den Schutz von Imma-

---

[480] RGRK-*Wengler*, IPR 1, § 15 e 2; MünchKomm³-*Sonnenberger*, EGBGB, Einl. IPR Rn. 499 sowie *Kreuzer*, ebenda, Art. 38 Rn. 291a; Staudinger-*v.Hoffmann*, EGBGB (2001), Vorb. zu Art. 40 Rn. 64.

[481] *Stoll*, FS Lipstein, S. 271.

[482] Zutr. Staudinger-*v.Hoffmann*, EGBGB (2001), Vorb. zu Art. 40 Rn. 63.

[483] Davon war schon die Lehre zur a.F. überzeugt: v.Caemmerer-*Heldrich*, S. 372; *Mansel*, Kfz-Halterhaftung, VersR 1984, 104; *Ferid*, IPR, Anm. 6–137; *v.Bar*, a.a.O. (Fn. 479).

[484] *R.Wagner*, S. 98 ff. und 115; *v.Bar*, IPR II, Rn. 694; *Löffler*, S. 166; Palandt-*Heldrich*, Art. 40 EGBGB Rn. 14. Der BGH hält dies für selbstredend, denn er schweigt hierzu auch in einer weiteren „Caroline"-Entscheidung (19.12.1995, BGHZ 131, 332). Das Statut des verletzten Rechts will die Gegenmeinung vorfrageweise anwenden (Kegel/Schurig-*Kegel*, IPR, § 18 IV 2; ähnlich v.Caemmerer-*Schlechtriem*, S. 56, im Rahmen von Bereicherungsansprüchen); dem entspricht, wer das Personalstatut des Opfers beruft (*Riegl*, S. 91 ff.; *Ferid*, IPR, Anm. 7–118). Die Persönlichkeitsrechte sind jedoch in einem solch starken Maße in die entsprechenden Haftungsnormen integriert, daß für eine vom Schutzstatut abweichende Sonderanknüpfung kein Raum ist.

[485] Begr. RegE 1998, BT-Drs. 14/343, S. 10; Palandt-*Heldrich*, Art. 40 EGBGB Rn. 14. Art. 10 EGBGB ist auf juristische Personen entsprechend anwendbar; es gilt das Recht am Sitz der Hauptverwaltung (*Heldrich*, a.a.O., Anh. zu Art. 12 EGBGB Rn. 8 i.V.m. Art. 10 EGBGB Rn. 5). Die Firma als Handelsname beurteilt sich nach dem Recht des Unternehmenssitzes bzw. der betreffenden Zweigniederlassung (Kegel/Schurig-*Kegel*, IPR, § 17 IV 3).

terialgütern gestalten die Sachvorschriften der lex loci protectionis exklusiv[486]; daß eine Rechtswahl hier unzulässig ist, hat § 4 B ergeben.

Die Haftung des Aufsichtspflichtigen und diejenige für Verrichtungsgehilfen richtet sich nach dem Deliktsstatut[487]. Ob eine Rechtspflicht zur Beaufsichtigung besteht, ist eine Vorfrage und gesondert nach dem Aufsichtsstatut (Art. 21, 24 EGBGB oder bei vertraglicher Übernahme Art. 27, 28 EGBGB) zu beurteilen[488]. Keine Vorfrage ist dagegen das Einstehenmüssen des einen Ehegatten für seine unerlaubten Handlungen zum Nachteil des anderen[489].

Auch über den Kreis Anspruchsberechtigter befindet im Grundsatz das Deliktsstatut. Anders, wenn es darum geht, in welcher Beziehung eine Person zum (getöteten) Opfer gestanden haben muß, damit sie, als mittelbar Verletzte, Forderungsinhaberin wird. Diese Vorfrage ist gesondert anzuknüp-

---

[486] Vgl. Fn. 110 und als Bsp. BGH 21.10.1964, AWD 1965, 455 (Übertragung eines französischen Warenzeichens). Siehe *Ulmer*, ImmatGüterR, S. 37 (Entstehung, Wirkung und Erlöschen), 39 ff. (*who is the first owner of the copyright?*), 108; v.Caemmerer-*Sandrock*, S. 400; Münchener MPI, GRUR Int. 1985, 105; MünchKomm³-*Kreuzer*, EGBGB, Art. 38 Rn. 291 i.V.m. Nach Art. 38 Anh. II Rn. 17; Schricker-*Katzenberger*, UrhR, vor §§ 120 Rn. 129. Dies als Vorfrage (*Sandrock*, a.a.O., S. 386 ff.; *Czempiel*, S. 114; *Kreuzer*, a.a.O., Nach Art. 38 Anh. II Rn. 26; *M.Junker*, S. 183). A.A. *Schack*, der insofern die lex originis befürwortet (MMR 2000, 64). Für eine einheitliche Anknüpfung an das Ursprungsland Soergel¹²-*Kegel*, EGBGB, Anh. Art. 12 Rn. 28; gegen dieses Prinzip zuletzt u.a. *M.Junker*, S. 327 ff.

[487] Siehe § 8 D bei Fn. 444 f.

[488] Vgl. BGH 29.3.1978, BGHZ 71, 175 (177) – Pensionsvertrag mit Schutzwirkung für Dritte haftungsauslösend i.S.v. § 832 II BGB; *Bröcker*, S. 150; *Mansel*, Kfz-Halterhaftung, VersR 1984, 103; *Brandt*, S. 70; Soergel¹²-*Lüderitz*, EGBGB, Art. 38 Rn. 117; MünchKomm³-*Kreuzer*, EGBGB, Art. 38 Rn. 291; Bamberger/Roth-*Spickhoff*, Art. 40 EGBGB Rn. 9. I.E. auch OLG Celle 12.7.1965, IPRspr. 1964-65 Nr. 52 (19jähriger Sohn benutzte am Urlaubsort in Jugoslawien ohne Wissen seiner Mutter deren Pkw zu einer nächtlichen Spritztour und verursachte einen Unfall, bei dem er und ein mitfahrender Österreicher getötet wurden, dessen Eltern nun von der Mutter des Fahrers Ersatz von Überführungs- und Bestattungskosten verlangen): jugoslawisches Tatortrecht berufen, nach welchem die Aufsichtspflicht mit der Volljährigkeit endet, letztere nach deutschem Recht (damals noch mit 21 Jahren) und folglich die Haftung bejaht.

[489] Siehe Fn. 443.

fen⁴⁹⁰. Deshalb beantwortet bei deutschem Deliktsstatut das Erbrecht die Frage, wer die Beerdigungskosten (§ 844 I BGB) primär zu tragen hat und damit dem Schädiger gegenüber ersatzberechtigt ist⁴⁹¹. Ob und ggf. in welchem Umfang der Getötete einem Dritten (dem Kläger) gegenüber unterhaltspflichtig war (§ 844 II BGB bzw. § 5 II HPflG), richtet sich nach dem vom deutschen internationalen Familienrecht (Art. 18 EGBGB) bezeichneten Unterhaltsstatut⁴⁹²,⁴⁹³.

Das Deliktsstatut entscheidet, ob der Schadensersatzanspruch des Verletzten mit seinem Tod untergeht oder aber vererblich ist⁴⁹⁴. Die Vererbung selbst richtet sich nach Art. 25, 26 EGBGB. Parallel hierzu untersteht die vertragliche und gesetzliche Übertragbarkeit deliktsrechtlicher Forderungen dem Deliktsstatut (Art. 33 II EGBGB), während deren Übertragung in Voraussetzungen und Wirkungen vom Zessionsstatut geregelt wird⁴⁹⁵.

---

[490] Anders auch hier *Stoll*, FS Lipstein, S. 268 und *v.Bar*, JZ 1985, 967: im Rahmen des Deliktsstatuts zu bewertende Rechtstatsache (vgl. D II 1).

[491] OLG Celle 21.7.1966, a.a.O. (Fn. 434, 470a); LG München I 10.4.1981, IPRspr. 1981 Nr. 32; *Beitzke*, Rec. 1965 II, 125; *Lüderitz* und *Kreuzer*, a.a.O. (Fn. 488). A. A. *Stoll*, FS Lipstein, S. 271.

[492] BGH 23.11.1971, BGHZ 57, 265 (276); 27.4.1976, NJW 1976, 1588 (1589) und 10.11.1977, a.a.O. (Fn. 479); OLG Celle und LG München I, a.a.O. (vorige Fn.); IPG 1984 Nr. 13 (Hamburg); *Ferid*, IPR, Anm. 6–185; *v.Bar*, IPR II, Rn. 693; *Lüderitz*, IPR, Rn. 308 und *ders*. in Soergel¹², EGBGB, Art. 38 Rn. 117; *Brandt*, S. 74, 78; MünchKomm³-*Kreuzer*, EGBGB, Art. 38 Rn. 291; *Erman-Hohloch*, Art. 40 EGBGB Rn. 18; *Junker*, JZ 2000, 486; *Kropholler*, IPR, § 47 II 4 a.

[493] A.A. *Stoll*, FS Lipstein, S. 271 (dasjenige Recht sei zu berücksichtigen, auf dessen Schutz der Unterhaltsberechtigte bei Zahlungsunwilligkeit des Verpflichteten hätte vertrauen dürfen). Dieses materiellrechtliche Verständnis der Vorfragen krankt aber daran, daß sich die Hinterbliebenen möglicherweise auf die Geltung unterschiedlicher Rechtsordnungen verlassen haben (zutr. *Brandt*, S. 78).

[494] *Beitzke*, a.a.O. (Fn. 491); *Trutmann*, Deliktsobligationen, S. 108 f.; *v.Caemmerer-Firsching*, S. 185, 188; *Ferid* und *Hohloch*, a.a.O. (Fn. 492); *Brandt*, S. 81; Palandt-*Heldrich*, Art. 40 EGBGB Rn. 18; *Spickhoff*, a.a.O. (Fn. 488); abw. bei Passivlegitimation MünchKomm³-*Kreuzer*, EGBGB, Art. 38 Rn. 288. A.A. *Kahn-Freund*, Rec. 1968 II, 112 (Erbstatut).

[495] Vgl. nur *Brandt*, S. 82; *Kreuzer* und *Heldrich*, a.a.O. (vorige Fn.). Anders noch *Delachaux*, S. 206 (lex loci delicti commissi).

D. Örtliche Verhaltensregeln

Häufig sind Haftungstatbestände offen formuliert. Ob ein bestimmtes Verhalten sie erfüllt, läßt sich erst sagen, wenn die in Bezug genommenen Normen untersucht wurden. So verweist § 823 II BGB auf Individualschutz bezweckende Verhaltensregeln und § 826 BGB auf die guten Sitten (vgl. § 138 I BGB). Im Zentrum steht aber § 823 I BGB, von dessen Einschlägigkeit im folgenden ausgegangen wird. Ihm liegt das Gebot zugrunde, jedwede Verletzung durch Beachtung der im Verkehr erforderlichen Sorgfalt zu vermeiden (§ 276 II BGB). Zwar kann die Bewertung eines solchen Verstoßes schon bei der Feststellung der Rechtswidrigkeit eine Rolle spielen, doch besteht ein wohl noch größerer Einfluß auf das Verschulden, welches endgültige Aussagen über die Verantwortlichkeit des Schädigers für sein normwidriges Verhalten zu treffen hat; da beides zusammen das Vorwerfbarkeitsurteil ausmacht, ist eine klare Trennung somit ohnehin kaum möglich[496]. Zum Beispiel indiziert die Verletzung öffentlich-rechtlicher Betriebspflichten die Rechtswidrigkeit einer Schädigung, während andererseits ihre Einhaltung den Fahrlässigkeitsvorwurf ausschließt[497].

I. Lex loci actus

Kompliziert ist die kollisionsrechtliche Behandlung derartiger Verhaltensregeln, gleich ob zivil- oder öffentlichrechtlicher Natur, als Normen kodifiziert (wie in der StVO), Teil privater Regelwerke (z.B. DIN) oder ungeschrieben. Ist der Schadensausgleich aufgrund einer Option zugunsten des Erfolgsortes (Art. 40 I 2 EGBGB), gemeinsamen Personalstatuts (Art. 40 II EGBGB), gemäß Art. 41 EGBGB oder, allem voran, kraft Einverständnisses (Art. 42 S. 1 EGBGB) nicht nach dem am Handlungsort geltenden Recht vorzunehmen, muß eine dort verübte Handlung zwar an dem allgemeinen Haftungsstandard des Deliktsstatuts gemessen werden, wofür die Mitverantwortung des Täters für eine von ihm herausgeforderte Selbstgefährdung des Geschädigten als Exempel genannt sei[498]. Im Grundsatz sind

---

[496] Vgl. *Deutsch*, Allg. HaftungsR, Rn. 226, 249 und öfter; ferner *Brandt*, S. 34.
[497] *U.Wolf*, S. 255 a.E.
[498] Hierzu in Binnenfällen BGH 21.1.1986, NJW 1986, 1865 und 12.3.1996, BGHZ 132, 164 (166, 172 ff.); Palandt-*Thomas*, Einf. v. § 823 BGB Rn. 14.

sich Gerichte[499] und Lehre[500] aber darüber einig, daß besondere Verhaltensregeln, unter Ausklammerung ihrer Rechtsfolgen (deren Anordnung wiederum Sache des Hauptstatuts ist), gleichwohl dem Ortsrecht zu entnehmen sind, denn diejenigen des Inlands sprechen ein Verhalten im Ausland regelmäßig gar nicht erst an. Art. 7 des Haager Abkommens v. 4.5.1971, Art. 9 des Produkthaftungsübereinkommens v. 2.10.1973 sowie die Pendants in Art. 12 des Vorentwurfs eines EWG-Übereinkommens über das internationale Schuldrecht und in den neuen EG-Entwürfen (§ 15) enthalten, wie Art. 142 II des schweizerischen IPRG, einen entsprechenden Generalvorbehalt zugunsten der „règles de sécurité et de comportement". Schließlich ist es Sache des Territorial- und Personalhoheit innehabenden Staates, zu bestimmen, wie sich z.B. die Verkehrsteilnehmer auf seinem Gebiet zu gerieren haben. Nicht etwa sind die genannten Regeln der Parteiautonomie von vornherein entzogen[501]. Denn eine Rechtswahl könnte auch zur lex loci actus führen. Vom einvernehmlich berufenen Statut wird daher in einem Teilbereich zugunsten des Ortsrechts abgewichen. Im folgenden Punkt 1 werden wichtige Fallgruppen zur Veranschaulichung genannt. Daß die lex loci-Maxime zu durchbrechen ist, wenn es die Einzelfallgerechtigkeit verlangt, wird sodann erörtert (2).

1. Sachverhaltskonstellationen

Plastisch ist das Beispiel eines Unfalls zweier Deutscher im Straßenverkehr der britischen Inseln: Es macht keinen Sinn, den Rechtsstreit deshalb auf Grundlage unseres Rechtsfahrgebots (§ 2 I 1, II StVO als eine Ausnahme zur erwähnten Nichtkodifikation) zu entscheiden, weil die Parteien sich gemäß Art. 42 EGBGB für die heimatliche lex fori ausgesprochen haben. Entscheidungen in diesem Bereich sind zahlreich[502]. Sie alle betonen den

---

[499] In ständiger Rspr. seit BGH 23.11.1971, BGHZ 57, 265 (267 f.). Zust. Begr. RegE 1998, BT-Drs. 14/343, S. 11.

[500] Siehe die Nachw. in Fn. 522 ff.; abzulehnen aus den in § 2 vor A genannten Gründen ist die Ansicht von *D.Reichert-Facilides*, S. 75, die hier in Frage stehenden Normen sollten nur fakultativ gelten. Anders RGRK-*Wengler*, IPR 1, § 15 c 7 i.V. m. 12. Er zieht den Handlungsort insgesamt vor, wenn Verhaltensgebote aktuell geworden sind (gewichtigste Kombination aller bestehenden Verknüpfungen).

[501] Das scheint *Seidel*, S. 149, anzunehmen.

[502] Vgl. nur BGH 23.11.1971, a.a.O. (Fn. 499); 13.3.1984, BGHZ 90, 294 (298); 7.7.1992, BGHZ 119, 137 (140) und 23.1.1996, IPRspr. 1996 Nr. 39 (Beachtung der öst. StVO bei Glatteisunfall); OLG Köln 7.12.1998, IPRspr. 1998 Nr. 45 (Gurtan-

Grundsatz, daß für das eine Haftung auslösende, am Handlungsort gezeigte Verhalten insoweit dortiges Recht maßgebend ist. Dieselbe Aussage enthalten Urteile zum Schiffahrtsverkehr[503]; sie läßt sich auf die Luftfahrt transferieren[503a]. Umfangreich ist auch die Rechtsprechung zu Skiunfällen[504]. Die lex loci actus stellt mit den Pistenordnungen die hier einschlägigen Direktiven auf; zudem werden die FIS-Verhaltensregeln[504a] herangezogen, gleichgültig, wo der Unfall stattgefunden hat. Im Bade- und Wassersportbereich gelten dieselben Grundsätze[505].

Die bei Herstellung eines Produkts zu beachtenden Vorschriften über Sicherheitsstandards unterliegen dem Recht des Marktortes[506]. So auch diejenigen Stimmen, welche den Handlungsort anderswo ansiedeln, z.B. am

---

legepflicht); OLG Hamburg 1.10.1999, IPRspr. 2000 Nr. 29; LG Mainz 17. 8.1998, NJW-RR 2000, 31 (Frontalzusammenstoß auf englischer Landstraße wegen Fahrens auf deren rechter Seite); AG Hadamar 19.5.1994, IPRspr. 1994 Nr. 49 (verkehrsgefährdendes Halten in der Mitte eines Hafenvorplatzes in Ancona).

[503] BGH 2.2.1961, BGHZ 34, 222 (226); OLG Hamburg 6.11.1969, IPRspr. 1968-69 Nr. 49.

[503a] Staudinger-*v.Hoffmann*, EGBGB (2001), Vorb. zu Art. 40 Rn. 57, Art. 40 Rn. 257 f.

[504] OLG Köln 12.11.1968, IPRspr. 1968-69 Nr. 36 gegen 14.4.1962, NJW 1962, 1110 f., wo bei Tatort in St. Anton „groteske" (*Ferid*, IPR, Anm. 6–155) Anwendbarkeit des § 9 I StVO nur wegen Nichtvergleichbarkeit des Skisports abgelehnt und statt dessen eine allgemeine Sorgfalt postuliert worden war, mit der ein Läufer Zusammenstöße vermeiden könne; OLG München 17.2.1976, IPRspr. 1976 Nr. 12; OLG Düsseldorf 3.2.1989, IPRspr. 1989 Nr. 54 und 19.4.1996, VersR 1997, 193 (194); OLG Hamm 17.5.2001, NJW-RR 2001, 1537 (1538).

[504a] Aktuelle Fassung von 1990 abgedruckt in SJZ 1991, 7 ff. und DAR 1993, 132 ff. Im Zweifel ist der vor Ort herrschenden Auslegung zu folgen (Staudinger-*v.Hoffmann*, EGBGB (2001), Art. 40 Rn. 176).

[505] Vgl. LG Köln 12.10.1972, IPRspr. 1972 Nr. 24 (Schwimmer in Bucht bei Brescia von Motorboot überfahren – hier galt aber ohnehin vollumfänglich italienisches Tatortrecht); OLG Hamburg – Schiffahrtsobergericht 9.12.1998, TranspR 2001, 85 (86): Anwendung der Wettsegelbestimmungen der International Yacht Racing Union auf einen Unfall während Segelregatta auf der Trave.

[506] Vgl. OLG Düsseldorf 28.4.1978, IPRspr. 1978 Nr. 24 (deutscher Kläger war zu Hause mit Klappfahrrad französischen Fabrikats wegen gebrochenen Gabelschafts gestürzt; den Vortrag der beklagten Herstellerin, das Rad habe den in Frankreich geltenden Vorschriften entsprochen, wertete das Gericht zutr. als unbeachtlich); *Kreuzer*, IPRax 1982, 3; *U.Wolf*, S. 240 und 244; Staudinger-*v.Hoffmann*, EGBGB (2001), Vorb. zu Art. 40 Rn. 60 i.V.m. Art. 40 Rn. 90, 103.

Verwaltungssitz des Unternehmens[506a]. Dem liegt die Überlegung zugrunde, daß der Produzent Waren meist den Anforderungen des Marktes gemäß produziert, auf dem er sie später anbieten möchte.

Beim Arbeitsschutz stellt der BGH[507] implizit und die Lehre[507a] ausdrücklich auf den Handlungsort ab.

Im Umweltschutzrecht bestimmt die Belegenheit der störenden Anlage (im Ausland), welche Standards gelten[508]. Anders nach einer Meinung, wenn es um behördliche Genehmigungen geht, die sich privatrechtsgestaltend auf Abwehr- und Schadensersatzansprüche auswirken. Das Bewilligungsverfahren sei rein national; es fehle am Anerkennungswillen der inländischen Rechtsordnung[509]. Hiernach stünde eine zusprechende Entscheidung im Widerstreit mit der Genehmigung. Der diese erteilende (Emissions-) Staat wird daher geneigt sein, ein solches Urteil gemäß Art. 34 Nr. 1 EuGVVO nicht zu vollstrecken. Daher sollte nach seinem Recht auch die Präklusion zivilrechtlicher Ansprüche infolge öffentlich-rechtlicher Genehmigung beurteilt werden[510].

[506a] Etwa *Schönberger*, S. 229; i.E. auch *Bröcker*, S. 158, der einen selbständigen Handlungsort nicht anerkennt. Zum Streit um die Anknüpfung siehe § 2 A II 2 bei Fn. 96 ff.

[507] BGH 9.5.1980, NJW 1980, 2018: Der Vertrieb importierter Asbestware, die im Ausland nach den dortigen Vorschriften ordnungsgemäß, aber ohne Beachtung von Sicherheitsbestimmungen hergestellt worden ist, wie sie in der Bundesrepublik zum Schutz der Arbeitnehmer bestehen (Unfallverhütungsvorschrift der Berufsgenossenschaft Textil und Bekleidung), ist nicht wettbewerbswidrig.

[507a] MünchKomm³-*Kreuzer*, EGBGB, Art. 38 Rn. 290; Staudinger-v.*Hoffmann*, EGBGB (2001), Vor Art. 40 Rn. 57.

[508] Vgl. zur TA-Luft BGH 18.9.1984, BGHZ 92, 143 (146/147, 151 f.). A.A. MünchKomm³-*Kreuzer*, EGBGB, Art. 38 Rn. 290: Bei grenzüberschreitender Umweltbeeinträchtigung und inländischem Deliktsstatut sollte es solange bei dessen geschlossener Anwendung bleiben, bis die Harmonisierung der Umweltschutzvorschriften international soweit fortgeschritten ist, daß die anzustrebende ausschließliche Anwendung des Rechts des Emissionsstaates möglich wird. Aus Art. 44 EGBGB ergibt sich die Unzulässigkeit einer Rechtswahl (siehe § 4 vor A).

[509] *Rest*, Umweltschutz, S. 38 f.; Soergel¹²-*Lüderitz*, EGBGB, Art. 38 Rn. 37, 91.

[510] *Jayme*, GS Ehrenzweig, S. 216; MünchKomm³-*Kreuzer*, EGBGB, Art. 38 Rn. 269 (bis zur *ordre public*-Grenze); *Wandt*, RabelsZ 2000, 773 f.; Staudinger-v.*Hoffmann*, EGBGB (2001), Art. 40 Rn. 169. Zu Art. 13 des „Rom II"-Vorentwurfs der Kommission (Sicherheits- und Verhaltensregeln) sowie Art. 16 (Formgültigkeit eines einseitigen Rechtsakts alternativ nach dem für das betreffende außervertragli-

2. Einzelfallgerechtigkeit

Unsicherheit besteht darüber, ob alle am Handlungsort geltenden Verhaltensnormen zum Zuge kommen oder nur bestimmte. Manche wollen trennen zwischen dem Kernbereich rein örtlich wirkender Verkehrsregelungen (die somit der lex loci zu entnehmen seien) und den überregional orientierten, personengebundenen, ergo dem Deliktsstatut unterfallenden Sicherheitsbestimmungen, d.h. allgemeinen Vorschriften z.b. über Fahrverhalten und technische Ausstattung des Kfz[511]. Indes wird eine solche Suche nach räumlichen Geltungsansprüchen Schwierigkeiten bereiten. Teils differenziert man deshalb weiter zwischen internem (z.B. Insassenunfall, an dem zwei Deutsche als Fahrer und Beifahrer beteiligt sind) und externem Verkehrskreis; allein im letztgenannten Fall einer Außenbeziehung zum Tatort, wo die Pflichtenstellung ad hoc erwachse, seien die an ihn gebundenen Verhaltensnormen zu beachten[512]. Es sei eine Schutzzweckprüfung vorzunehmen und bei nicht zufälligem Zusammentreffen von Personen, die bereits in einer vertraglichen oder faktischen Sonderbeziehung standen, das Deliktsstatut auch insoweit berufen[512a]. Keine der zitierten Auffassungen gewährleistet jedoch eine genaue, einzelfallgerechte Grenzziehung[513]. Über jeder Anknüpfung und vor jeder Verweisung steht das Prinzip der engsten

---

       che Schuldverhältnis maßgebenden Recht oder demjenigen des Vornahmestaates) die Haager Konferenz für IPR unter dem 18.9.2002, a.a.O. (Fn. 859), S. 13 f.

[511] Vgl. OLG Düsseldorf 28.4.1978, a.a.O. (Fn. 506). I.d.S. auch BGH 5.10.1976, NJW 1977, 496 (497); *Kropholler*, RabelsZ 1969, 618 in Fn. 67; *Lüderitz*, IPR, Rn. 308 und *ders.* in Soergel[12], EGBGB, Art. 38 Rn. 91; Erman-*Hohloch*, Art. 40 EGBGB Rn. 43; *Sieghörtner*, S. 439 ff., 448.

[512] *Koziol*, FS Beitzke, S. 585; v.Caemmerer-*Stoll*, S. 178; MünchKomm[3]-*Kreuzer*, EGBGB, Art. 38 Rn. 293. Auf OLG Celle 12.7.1965 (Sachverhalt in Fn. 488) nimmt *v.Bar* Bezug (JZ 1985, 967). Diese Entscheidung sei falsch (so auch *Rohe*, S. 205). Betroffen sei der jugoslawische Straßenverkehr. In ihm müsse sich jedermann darauf einstellen, daß über 18jährige nicht mehr unter elterlicher Kontrolle fahren und man deshalb keine Möglichkeit hat, seinen Schaden gegen eine Aufsichtsperson geltend zu machen. Richtigerweise handelt es sich jedoch bei dem Bestehen einer Aufsichtspflicht um die Sonderanknüpfung einer Vorfrage (siehe oben C), so daß dem OLG i.E. beizupflichten ist.

[512a] Staudinger-*v.Hoffmann*, EGBGB (2001), Vorb. zu Art. 40 Rn. 59; zust. *U.Wolf*, S. 243.

[513] Abl. auch *Schönberger*, S. 228 (es seien generell *nur* die speziellen Verhaltensnormen der lex loci zu berücksichtigen).

Verbindung[514]. Auch Art. 40 ff. EGBGB setzen es um, wobei es den Parteien freisteht, ein hiervon divergierendes Recht zu vereinbaren[515]. Eine Abweichung von diesem Statut, sei es gewählt oder nicht, kommt deshalb nur in Betracht, wenn sie im Interesse der Sachnähe und Erwartungshaltung der Beteiligten zwingend ist. Durfte in erster Linie der Verletzte auf die Geltung eines anderen Rechts vertrauen als dasjenige des Handlungsortes, ist letzteres sachfern und es muß bei der Maßgabe des Deliktsstatuts bleiben, welches den Geschädigten und ggf. auch seinen Gegner stärker bindet, z.B. durch eine Gemeinsamkeit i.S.v. Art. 40 II EGBGB, die beide in das Tatgeschehen hineingetragen haben, oder eben mittels Rechtswahl. Das Ordnungsinteresse des locus delicti commissi tritt zurück. Im Ergebnis werden hierfür wohl nur die sog. Sicherheitsvorschriften in Frage kommen, und zwar solche, die im Hauptstatut strenger sind als am Handlungsort, wo sie möglicherweise überhaupt nicht bestehen. So bestimmte der BGH den zulässigen Blutalkoholgehalt bei einem Unfall zweier Deutscher in Österreich nach deutschem Recht[516]. Selbiges kann für die Gurtanlegepflicht unter inländischem Deliktsstatut gelten, wenn eine solche im Unfallstaat nicht bestand[517]. Ein Pauschalreiseveranstalter mit Sitz in Deutschland haftet seinem deutschen Kunden aus unerlaubter Handlung für Mängel einer Hotelanlage, die ein Leistungsträger im Ausland betreibt. Diese Mitverantwortung ergibt sich aus der eigenständigen gewerblichen Verkehrssicherungspflicht, den baulichen Zustand auch ohne besonderen Anlaß regelmäßig vor Ort zu kontrollieren, auch wenn in der Urlaubsregion legerere Standards üblich sind, denn der Reisende darf die von zu Hause gewohnte Sicherheit erwarten, wenn er sich z.B. an das Holzgeländer des Balkons seines Hotelzimmers auf Gran Canaria lehnt[518]. Löst sich dieses Geländer und ist ein Sturz die Folge, ist der Reiseveranstalter, wenn er keinerlei Überprüfung vorgenommen hatte, zu Schadensersatz und Schmerzensgeld verpflichtet. Selbiges gilt bei vom Urlauber vor Ort gesondert zu buchenden Einrichtungen, wenn der Veranstalter durch die Gestaltung seines Prospekts den Ein-

---

[514] Zu ihm Fn. 47 f., 77 und bei Fn. 264, 392; im vorliegenden Zusammenhang *U.Wolf*, S. 242.
[515] § 8 A I und II.
[516] BGH 21.2.1978, IPRspr. 1978 Nr. 18.
[517] KG 30.11.1981, VersR 1982, 1199 und OLG Karlsruhe 3.10.1984, IPRspr. 1984 Nr. 34.
[518] BGH 25.2.1988, BGHZ 103, 298 (304 ff.). Vgl. zu den Grundstrukturen einer solchen Pflichtbegründung die Nachw. in Fn. 431.

druck erweckt hat, daß er auch insoweit für die Qualität sorgen werde[519]. Ob in einer Schweizer Gemeinde eine Verpflichtung besteht, eisglatte Wege innerhalb einer Hotelanlage abzustreuen, kann offenbleiben, denn sie ergibt sich nach dem deutschen Hauptstatut, mithin daraus, daß derjenige, der in seinem Verantwortungsbereich eine Gefahrenquelle für Dritte schafft oder unterhält, grundsätzlich auch die Pflicht hat, zumutbare Vorkehrungen zu treffen, um eine Schädigung anderer möglichst zu vermeiden[520]. Es kann sich aber auch umgekehrt die alleinige Geltung unter Umständen milderer Ortsregeln rechtfertigen, nämlich wenn diese auf besondere tatsächliche Gegebenheiten abgestimmt sind und sich der Geschädigte hierauf eingestellt hat – was bei den vorzitierten Entscheidungen ersichtlich nicht der Fall war –, z.B. bezüglich des Anschnallens wegen geringeren Verkehrsaufkommens und deutlicherer Geschwindigkeitsbegrenzung, oder beim Sturz eines Touristen auf dem Gelände seines Hotels, das er über eine Agentur oder direkt selbst gebucht hat, so daß kein Veranstalter zwischen ihm und Ortsansässigen steht und Vertrauen auf die Geltung heimatlichen Rechts erweckt.

II. Methodik

Was die dogmatische Einordnung angeht, ist man sich dagegen uneinig. Es werden zwei Positionen vertreten. Unter der Prämisse der vor I getroffenen Feststellungen unterscheiden sie sich praktisch allerdings nicht[521].

1. Tatbestandswirkung im Rahmen des Deliktsstatuts

Die herrschende Literaturmeinung[522] geht davon aus, daß bei einer Divergenz von Deliktsstatut und Tatortrecht die örtlichen Verhaltensnormen

---

[519] BGH 14.12.1999, NJW 2000, 1188: Reitausflug von tunesischer Clubanlage aus. Das Pferd „Mistral" sprang und trat den Reisekunden, der später, in Deutschland mehrfach operiert, dort verstarb und von den Klägern beerbt wurde.

[520] OLG Düsseldorf 23.3.1989, IPRspr. 1989 Nr. 55; zur Streu- als Verkehrssicherungspflicht allumfassend Geigel-*Schlegelmilch*, HaftpflProz., Kap. 14 Rn. 132, 147 ff. Vgl. auch LG Frankfurt/Main 12.8.1999, RRa 2000, 72 f. (nach deutschem Recht keine Verkehrssicherungspflichtverletzung eines italienischen Hoteliers, auf dessen Parkplatz ein dort vom Reisenden abgestellter Pkw durch Erdrutsch beschädigt wurde).

[521] Vgl. *Rohe*, S. 187 in Fn. 18.

nicht als eine Geltungsanordnung treffende Rechtssätze anzuwenden, sondern „by nonchoice" zu berücksichtigen sind[522a]. Handlungsortsrecht wird lediglich als Fakt, mithin Bestimmungsgrund realen menschlichen Handelns zur Kenntnis genommen[523]. Dieses „datum" entfalte nur Tatbestandswirkungen, denn es diene zur Konkretisierung der Sorgfaltsmaßstäbe, die das (fremdes Recht überlagernde) Statut errichte. Ob sich der Schädiger rechtswidrig und schuldhaft verhalten habe, besage einzig das Deliktsstatut, welches ja zumeist nur seine eigene Rechtsordnung meint, wenn es auf die Übertretung von Verhaltensbestimmungen abstellt[524]. Werde die deliktsrechtliche Handlung in einem anderen Staat vorgenommen, seien die Haftungsnormen des Deliktsstatuts deshalb dem Auslandssachverhalt anpassen, d.h. sinngemäß, unter Berücksichtigung der fremden Regeln zweckgerecht zu interpretieren. Der Täter entspricht demnach den Anforderungen des deutschen Rechts nur, wenn er alle Verhaltensnormen beachtet, von deren Einhaltung andere Verkehrsteilnehmer nach den örtlichen Umständen ausgehen dürfen[525].

---

[522] Angeführt von *Stoll*, FS Lipstein, S. 264; *dems.* in v.Caemmerer, S. 174 ff. und IPRax 1989, 92 f. Ferner v.Caemmerer-*W.Lorenz*, S. 145; *Mansel*, Kfz-Halterhaftung, VersR 1984, 105; *v.Bar*, JZ 1985, 967 f.; *ders.*, IPR I, Rn. 222; *Hohloch*, NZV 1988, 164/165; *Schönberger*, S. 229; *Brandt*, S. 37; *U.Wolf*, S. 241, 245; MünchKomm³-*Kreuzer*, EGBGB, Art. 38 Rn. 290 i.V.m. *Sonnenberger*, ebenda, Einl. IPR Rn. 394 sowie *Kreuzer*, RabelsZ 2001, 420; *v.Hoffmann*, FS Henrich, S. 289; *ders.* in Staudinger, EGBGB. (2001), Vorb. zu Art. 40 Rn. 58, Art. 40 Rn. 195 und IPR, § 11 Rn. 58; Erman-*Hohloch*, Art. 40 EGBGB Rn. 43. Unentschlossen: *A.Staudinger*, DB 1999, 1591 in Fn. 38; *Freitag/Leible*, ZVglRWiss 2000, 108 a.E. (entweder Sonderanknüpfung oder Anpassung). *Sieghörtner*, S. 435 f., will einen Fall der Substitution erkennen; eine nahe Verwandtschaft meint auch Bamberger/Roth-*St.Lorenz*, EGBGB Einl. IPR Rn. 92, zu sehen.

[522a] *Jayme*, GS Ehrenzweig, S. 39, 43 f. und 49, unter Bezugnahme auf die Datum-Theorie *Ehrenzweigs*. Unklar *Schütt*, S. 13, der einerseits *Jayme* (a.a.O.) und andererseits BGH 7.7.1992 zit., obwohl der VI. Zivilsenat dort eher eine Sonderanknüpfung beschreibt (siehe unten bei Fn. 528).

[523] Vgl. *Weber*, RSoziologie, S. 68 ff., welcher die faktischen Regelmäßigkeiten des menschlichen Verhaltens von dessen normativer Geregeltheit zwar begrifflich scheidet, beides aber, als Ursache und Wirkung, in das Mit-, Neben- und Gegeneinander der Menschen verflochten sieht.

[524] Einschränkend zum Umweltschutz *U.Wolf*, S. 258: „sofern die schädigenden Auswirkungen beträchtlich und vorhersehbar sind".

[525] So insbesondere *Stoll*, FS Lipstein, S. 263.

2. Kritische Würdigung

Dieses Bild einer sich von Land zu Land wandelnden inländischen Pflichtenstellung wirkt gekünstelt. Es bringt der Praxis auch keinerlei Erleichterung, denn die Ermittlung des Inhalts der örtlichen Normen wird nicht entbehrlich. Auch wäre die Konsequenz nicht sinngerecht, solchen Verhaltensregeln fremden Rechts, welche als Schutzgesetze i.S.v. § 823 II BGB zu verstehen sind, ihre Normqualität abzuerkennen und somit Haftungslücken aufzureißen, wenn – wie zumeist – die entsprechenden Vorschriften des Inlands die auf ausländischem Gebiet vorgenommene Handlung nicht erfassen[526]. Gegen eine Umwidmung spricht: Recht ist Recht und Tatsache ist lediglich, daß ein bestimmter Rechtssatz zum fraglichen Zeitpunkt in Geltung stand[527]. Aus Sachnormen des Deliktsstatuts läßt sich aber kein Anwendungsbefehl zugunsten eines anderen Rechts ableiten. Verweisungstechnisch ist dies unmöglich. Es liegt eben doch ein kollisionsrechtliches Problem vor. Auch der BGH scheint demzufolge anzunehmen, daß sich das Verhalten des Schädigers unmittelbar an den Normen des Handlungsortes messen lassen muß. Auf „diese Regeln haben sich die Beteiligten einzustellen, wenn sie sich in ihren Geltungsbereich begeben"[528]. Es wird von der „Anwendung" der ausländischen Normen gesprochen, nicht ihrer bloßen Berücksichtigung[529]. Dies impliziert eine Entscheidung auf der IPR-

---

[526] Dagegen auch v.Caemmerer-*Stoll*, S. 174; Staudinger-*v.Hoffmann*, EGBGB (2001), Vorb. zu Art. 40 Rn. 58.

[527] *Overbeck/Volken*, RabelsZ 1974, 68 in Fn. 42.

[528] BGH 7.7.1992, BGHZ 119, 137 (140). Daß die Rspr. hier der Sonderanknüpfung aufgeschlossen gegenübersteht, indem sie das Abweichen vom Hauptstatut mit den engen Beziehungen des abgetrennten Sachverhaltsteils begründet, schlußfolgert auch *Becker*, S. 102 f., 157 i.V.m. S. 174 in Fn. 157.

[529] Z.B. BGH 23.11.1971, a.a.O. (Fn. 499). Das Urteil führt *Jayme* an (GS Ehrenzweig, S. 39 in Fn. 13). Der BGH stelle vor der eigentlichen Prüfung der IPR-Normen fest, daß sich die Anwendbarkeit der „verkehrsrechtlichen Verhaltensnormen" der lex loci aus der Natur der Sache ergebe. Dieser Deutung ist zu entgegnen, daß die Erklärung, es gelte Unfallortsrecht, der Bestimmung des anwendbaren Deliktsrechts nachfolgt und eine von diesem Hauptstatut abweichende Verweisung bedeutet, also eine gesonderte Anknüpfung voraussetzt. Vgl. i.d.S. „gelten" (OLG Hamburg 1.10.1999, a.a.O. (Fn. 502)), „entnehmen", „unterliegen allein dem Recht dieses Ortes" und ähnlich: *Lüderitz*, IPR, Rn. 308 sowie in Soergel[12], EGBGB, Art. 38 Rn. 91; *Junker*, JZ 2000, 486 bei Fn. 95; *Kropholler*, IPR, § 53 IV 7 a; Palandt-*Heldrich*, Art. 40 EGBGB Rn. 8, 16 und Art. 42 EGBGB Rn. 1. Zwar hieß es in Art. 12 des EWG-Vorentwurfs von 1972 „berücksichtigt" und demgemäß „il doit ... être tenu compte" in den entsprechenden Artikeln der jüngsten gemeinschaftsrecht-

Ebene. Zwar sind Rechtswidrigkeit und Verschulden keine internationalprivatrechtlich eigenständigen Gesichtspunkte und unterstehen deshalb dem Deliktsstatut[530]. Wenn aber die mit der Verweisungsanordnung verlassene Bühne des Kollisionsrechts wieder betreten wird, weil es notwendig ist, bei der Prüfung eines deliktischen Anspruchs das Verhalten des Schädigers an einschlägigen Regelungen des ausländischen Tatortrechts zu werten, ist deren Sonderanknüpfung nicht von der Hand zu weisen[531]. Vorschriften einer fremden Rechtsordnung können nur gelten, falls eine deutsche Kollisionsnorm, mag sie auch ungeschrieben sein, die Heranziehung gebietet. Dies ist das Wesen und die Aufgabe des IPR[532]. Unterstehen also Verhalten und Sicherheit jedenfalls im Grundsatz aus Respekt vor dem Anwendungswillen fremder Normen, wegen ihrer Sachnähe und weil die Beteiligten damit im Begehungszeitpunkt rechnen, dem Handlungsortsrecht (vor I), bedeutet das ein eigenes kollisionsrechtliches Urteil und damit eine Sonderanknüpfung. Würde die lex loci hier nicht ohne Umschweife angewandt, wäre z.B. das Risiko der Einhaltung von Sicherheitsstandards für den Warenproduzenten nicht vorauszusehen und unversicherbar[533]. Ob ein – nach Maßgabe der lex loci actus zu bejahender – Regelverstoß etwa den Fahrlässigkeitsvorwurf begründet, beantwortet das Recht, welches diese Frage gestellt hat: das Deliktsstatut[534]. Das Unfallortsrecht gibt zwar die Verhaltensgebote und, weil untrennbar mit ihnen verbunden, den Sorgfaltsmaßstab vor, an dem u.a. das Verschulden eines Verkehrsteilnehmers im Falle seines Versagens zu messen ist[535]. Doch muß sich die Klammer, die man

---

lichen Entwürfe, zugleich aber auch „Unabhängig von dem nach Artikel 10 anzuwendenden Recht" bzw. „Quelle que soit la loi applicable", womit eine im Einzelfall gebotene Sonderanknüpfung beschrieben wird (siehe § 15).

[530] § 8 D bei Fn. 434 f.
[531] *Dörner*, JR 1994, 9 und *ders.*, FS Stoll, S. 498. Vgl. *Winkelmann*, S. 184 ff.; Staudinger[13]-*Hausmann*, EGBGB, Art. 4 Rn. 304; Bamberger/Roth-*Spickhoff*, Art. 40 EGBGB Rn. 11 und Art. 42 EGBGB Rn. 4. I.E. meint auch v.Caemmerer-*Sturm*, S. 359, eine Sonderanknüpfung: spiegelbildliche Anwendung ausländischer Rechtfertigungs- und Schuldausschließungsgründe auch gegenüber Ansprüchen, die auf inländisches Recht gestützt werden. Ferner *Reder*, S. 115/116 („bleiben ... auch im Rahmen eines hiervon verschiedenen Deliktsstatuts selbständig bestehen") und bereits *Binder*, RabelsZ 1955, 485 („... abgesondert voraus nach dem Ortsrecht beurteilt").
[532] Siehe § 2 vor A und A I a.E.; § 4 A I.
[533] Darauf weist *Drobnig* hin (in v.Caemmerer, S. 336).
[534] BGH 21.2.1978, IPRspr. 1978 Nr. 18; Palandt-*Heldrich*, Art. 40 EGBGB Rn. 8.
[535] BGH 23.1.1996, IPRspr. 1996 Nr. 39; *Junker*, JZ 2000, 486.

z.B. im Rahmen der Abwägung bei § 17 I StVG mit dem Verschuldensgrad „grober Fahrlässigkeit" geöffnet hat, auch wieder schließen: Wurde durch das örtliche Fehlbetragen „die im Verkehr erforderliche Sorgfalt in besonders schwerem Maße verletzt"[536]? Dadurch wird die Problemstellung nicht etwa internrechtlich[537]. Vielmehr vermengen sich kollisions- und sachrechtliche Erwägungen. Das Sachrecht fragt nach der Schuld, IPR (der lex fori) benennt für Verhalten und Sicherheit Normen des Handlungsortes; die Konformität bzw. der Verstoß wird als Zwischenergebnis vom Deliktsstatut, das die „rule of decision" stellt, aufgenommen und im Hinblick auf eine Haftungsbegründung abschließend begutachtet. Das Statut der unerlaubten Handlung wird also nicht wirklich gespalten, aber doch ein Teilaspekt gesondert angeknüpft, wenn auch in einem weiteren Sinne als bei Vorfragen nach einem selbständigen Rechtsverhältnis, deren Beantwortung durch das eigens berufene Recht das ggf. hiervon abweichende Hauptstatut hinzunehmen hat (oben C).

---

[536] Vgl. BGH 8.7.1992, BGHZ 119, 147 (149) – Augenblicksversagen; BGH 23.1.1996, a.a.O. (vorstehende Fn.).

[537] So aber MünchKomm³-*Sonnenberger*, EGBGB, Einl. IPR Rn. 394.

§ 10 Schutz des Schwächeren (protectio laesi)

Eine Wahlvereinbarung stößt aber auch dort an ihre Grenzen, wo das Gesetz den Schutz des schwächeren Beteiligten bezweckt. Der Stärkere könnte seine Freiheit der parteiautonomen Rechtsgestaltung zum Anlaß nehmen, seine Interessen auf Kosten des anderen durchzusetzen (*bargaining power*). Hier baut das IPR der Schuldverträge vor (A). Auch in Art. 27 III EGBGB manifestiert sich ein Mißtrauen gegenüber der den Parteien zunächst im Prinzip zugestandenen Freiheit, das anwendbare Recht zu wählen (§ 3). Während man dort zu große Willkür und Umgehungsmöglichkeiten fürchtet, wollen Art. 29 I, 30 I EGBGB auf jeden Fall einen Grundtatbestand an Schutznormen garantieren. Das IPR ist also nicht (mehr) unpolitisch und arm an sozialen Werten[538]. Die Rechtswahlfreiheit verliere ihren Sinn, „wenn sie zur Herrschaft des Stärkeren über den Schwachen wird"[539]. Worum modernes Sachrecht ringe, dürfe kollisionsrechtlich nicht konterkariert werden[539a]. Mittels räumlichen Verweises sollen größere Unparteilichkeit, Objektivität und Sachlichkeit der kollisionsrechtlichen Entscheidungsfindung im Sinne „kritischer Rationalität" gewährleistet werden[540]. Durch solche Fürsorge wird in das herkömmliche liberale Verweisungsrecht eingegriffen. Dieses zielt auch und gerade auf zwingende Normen[541]. Den Rechtsgedanken der Art. 29 ff. EGBGB auf Deliktsobligationen zu übertragen, wie es in der Literatur so oft und selbstverständlich geschieht, ist deshalb bei näherer Betrachtung äußerst fragwürdig (dazu B).

---

[538] Anders lautete noch das berühmt gewordene Attest *Zweigerts* (RabelsZ 1973, 443). Er trat deshalb für fakultatives Kollisionsrecht (a.a.O., 445; siehe Fn. 55) und einen subsidiären *better law-approach* ein (447; vgl. Fn. 77).

[539] So formulierte zuerst *Neuhaus*, IPR, § 33 III 2 a; jetzt *Kropholler*, IPR, § 40 IV 1.

[539a] *v.Bar*, JZ 1985, 965.

[540] *Habermeier*, Neue Wege zum WirtschKollR, S. 204/205. Es böte sich „eine modifizierte Einheitsanknüpfung an, die unter Verzicht auf die klassische Figur der internationalprivatrechtlichen Parteiautonomie die bislang nach einer unüberschaubaren Anzahl von Kriterien räumlich disparat angeknüpften Vertragsregulativen fortan nur noch einer singulären, nach objektiven Kriterien determinierten Rechtsordnung zur Regulierung überantwortet" (a.a.O., S. 304).

[541] Vgl. §§ 1 und 3.

A. Zwingende Normen bei Schuldverträgen

Im Vertragskollisionsrecht ist die schrankenlose Zulässigkeit der Parteiautonomie zweifelhaft geworden, soweit zwischen den Vertragspartnern eine Subordination besteht und die mächtigere oder besser informierte Seite eine Rechtswahl als Mittel nutzt, um dasjenige Statut zur Geltung zu bringen, welches ihr als das vorteilhafteste erscheint. Normativ geregelt ist deshalb eine Inhaltskontrolle: Bei Verträgen in typischen Ungleichgewichtslagen darf eine Wahlabrede nicht dazu führen, einer Seite denjenigen Schutz zu entziehen, welcher ihr durch zwingende Bestimmungen („Sonderprivatrecht") sonst zustünde, bei Art. 29 I EGBGB nach Maßgabe ihres Umweltrechts. Nun kann man darüber streiten, ob bspw. die vorgenannte Kollisionsnorm eine allseitige Sonderanknüpfung dieser sonderprivatrechtlichen Regelungen vorsieht[542]. Es spricht aber mehr für einen Fall alternativer Rechtsanwendung[543]. Gleichzeitig sind mehrere Rechte berufen. Daß nur spezielle Vorschriften, und zwar solche zum Schutz des Verbrauchers bzw. Arbeitnehmers, in Art. 29 I und 30 I EGBGB (Art. 5 II, 6 I EVÜ) bewahrt werden, während das ius dispositivum stets dem gewählten Recht zu entnehmen ist, stellt wohl den eigentlichen Grund dar, warum teils von einer „Sonderanknüpfung" die Rede ist. Letzteres bedeutete aber, daß ein Teilaspekt von der Hauptanknüpfung ausgenommen würde[544]. Anders Art. 29 ff. EGBGB, in denen die Aufteilung schon im vorhinein festgelegt ist. Des-

---

[542] So insbesondere Soergel[12]-*v. Hoffmann*, EGBGB, Art. 29 Rn. 1, 32 i.V.m. Art. 30 Rn. 3, 12 und *ders.*, IPR, § 10 Rn. 96. Beiläufig *U.Bauer*, S. 77 und 141; Brödermann/Iversen-*Iversen*, EG u. IPR, Rn. 899; *Freitag*, S. 368/369; Erman-*Hohloch*, Art. 29 EGBGB Rn. 17; Kegel/Schurig-*Kegel*, IPR, § 18 I 1 f; *Kühne*, Liber Amicorum Kegel, S. 73; Palandt-*Heldrich*, Art. 27 EGBGB Rn. 8, Art. 29 EGBGB Rn. 5 f., Art. 29 a EGBGB Rn. 5 ff., Art. 30 EGBGB Rn. 3, 4 a.E. und Art. 36 EGBGB Rn. 1. Auch OLG Frankfurt/Main 1.6.1989, NJW-RR 1989, 1018 (1019).

[543] *Schurig*, RabelsZ 1990, 224 i.V.m. *dems.*, KollN u. SachR, S. 204 ff.; *Junker*, IPRax 1993, 9; *Mäsch*, S. 28 ff. Ebenso Soergel[12]-*v. Hoffmann*, EGBGB, Art. 29 Rn. 30, der aber trotzdem a.a.O., Rn. 32, von einer „klassischen Sonderanknüpfung" spricht, was *Mäsch* als Etikettenschwindel brandmarkt (S. 152 i.V.m. 30 f. in Fn. 20 und 23). *Ch.Schröders* Ansicht von einer „unechten bedingten Mehrfachverknüpfung" (S. 40) wird offenbar von *Martiny* geteilt (MünchKomm[3], EGBGB, Art. 29 Rn. 38 bei Fn. 189), besagt aber nur die Aufspaltung einer Rechtsfrage bei Eintritt eines bestimmten – unerwünschten – Ergebnisses. „Sonderanknüpfung" heißt es auch bei *Ch.Schröder*, S. 59. Gegen Alternativität *Baum*, S. 171 (beschränkte Rechtswahl) und *Schlunck*, S. 161, sie jedoch begründungslos.

[544] Siehe § 9 vor A.

halb hat sich nicht schon § 9 mit dieser Problematik beschäftigt. Unter der Bezeichnung als Sonderanknüpfung würden die hier in Frage stehenden Kollisionsnormen außerdem fälschlich in die Nähe der Lehre von den Eingriffsnormen der lex fori gerückt (Art. 34 EGBGB, Art. 7 II EVÜ), welche einen internationalen Geltungswillen hegen und sich daher ohne Rücksicht auf das Vertragsstatut im Wege abstrakter Korrektur als Verweisungsersatz behaupten[545].

I. Verbraucher, Art. 29 I und 29 a EGBGB

Art. 29 I EGBGB gilt für abschließend aufgezählte „Verbraucherverträge", namentlich Lieferungen, Dienstleistungen und Finanzierungen. Es handelt sich, wie die kasuistisch ausgestaltete und damit dezisive Regelung (Nrn. 1 bis 3) zeigt, nicht um eine umfassende kollisionsrechtliche Verbraucherschutznorm[546]. Dies steht einer analogen Anwendung auf andere Fallkonstellationen grundsätzlich entgegen[546a]. Abhängig vom Vorliegen einer die-

---

[545] *Lüderitz*, IPR, Rn. 276 i.V.m. 215. Ihm zufolge formuliert Art. 34 EGBGB einen Vorbehalt des *ordre public*; zust. *Junker*, IPRax 1993, 9; a.A. MünchKomm³-*Martiny*, EGBGB, Art. 34 Rn. 33, 89. *Schurig* zieht der „Sonderanknüpfung" hier den Begriff der besonderen oder gesonderten Anknüpfung vor (KollN u. SachR, S. 330 sowie RabelsZ 1990, 236, 240 und in Kegel/Schurig, IPR, § 6 V 2); ebenso *Mäsch*, S. 160, wie auch Staudinger¹²-*Reinhart*, EGBGB, Art. 29 Rn. 83 und Staudinger¹³-*Armbrüster*, EGBGB, Anh. I zu Art. 37 Rn. 14.

[546] BGH 19.3.1997, BGHZ 135, 124 (133); LG Bielefeld 27.5.1999, NJW-RR 1999, 1282 (1283); *Junker*, IPRax 1993, 8 f.; Soergel¹²-*v.Hoffmann*, EGBGB, Art. 29 Rn. 34; *Steiner*, S. 56; Palandt-*Heldrich*, Art. 29 EGBGB Rn. 5. Soweit bislang eine Analogie bejaht worden ist, betraf sie lediglich einzelne Voraussetzungen der Vorschrift, namentlich den erforderlichen Inlandsbezug (vgl. nur *Mäsch*, S. 166 ff.; *Van Meenen*, S. 97 ff.; MünchKomm³-*Martiny*, EGBGB, Art. 29 Rn. 8, 26 ff.; Erman-*Hohloch*, Art. 29 EGBGB Rn. 10, 15; Staudinger¹³-*Magnus*, EGBGB, Art. 29 Rn. 94); auch hiergegen u.a. OLG Hamm 1.12.1988, NJW-RR 1989, 496. Eine generellere Regelung hat die GEDIP auf ihrer Tagung in Rom/Castelgandolfo vorgeschlagen (französischer Text in IPRax 2001, 64 f.; englische Fassung bei *Magnus*, a.a.O., Vorb. zu Art. 27-37 Rn. 32); vgl. auch die Kritik *Sonnenbergers*, ZVglRWiss 2001, 112, 130 ff. und die Lösungsvorschläge der Kommission in ihrem Grünbuch v. 14.1.2003, KOM (2002) 654 endgültig, sub 3.2.7.3.

[546a] Soweit sich Art. 29 EGBGB als lückenhaft erweist, fragt sich, ob auf Art. 34 EGBGB Rückgriff genommen werden kann (in diese Richtung zeigen BGH 26.10.1993, BGHZ 123, 380 (391) und 19.3.1997, BGHZ 135, 124 (135); Palandt-*Heldrich*, Art. 34 EGBGB Rn. 3a); abl. etwa Staudinger¹³-*Magnus*, EGBGB, Art. 34

ser drei Alternativen von Art. 29 I EGBGB behaupten sich die „zwingenden Bestimmungen" des Staates, in dem der Verbraucher seinen gewöhnlichen Aufenthalt hat, gegen das parteiautonom benannte Statut. Welche aber sind zwingende Normen im Sinne der Vorschrift? Nach überwiegender Auffassung sollen nur „Verbraucherschutzbestimmungen" erfaßt sein, also solche Regeln mit spezifischer Schutztendenz zugunsten des Konsumenten[547]; genannt werden für Deutschland bspw. das AGBG (§§ 305 ff. BGB n.F.), HaustürWG (§§ 312, 312 a BGB n.F.), VerbrKrG (§§ 491 ff., 655 a ff. BGB n.F.) und §§ 651 a ff. BGB[548]. Andere teilen diese restriktive Sicht nicht und stützen sich auf die in Art. 27 III EGBGB gegebene Definition. Alle zwingenden vertragsrechtlichen Vorschriften seien einzubeziehen[549]. Demnach partizipiert an der Verweisungsregel des Art. 29 I EGBGB etwa auch § 138 BGB, über den der Schutz des privaten Kunden vor überhöhten Zinsen erreicht wird[550]. Gleich wie eng man den Kreis zieht: Von wesentlicherer Bedeutung ist, auf welche Weise die Geltungserhaltung überhaupt durchgeführt werden muß. Aus der Begründung zu Art. 29 EGBGB läßt sich nichts ersehen. Eine Rechtswahl sei „zwar gleichwohl möglich, jedoch in ihren Wirkungen beschränkt"[551]. Ergiebiger sind die Materialien zu Art. 6 I EVÜ: Die besseren Schutz offerierenden Regeln des abbedungenen Statuts schließen „die entsprechenden Vorschriften des gewählten Rechts aus und gelten an deren Stelle"[552]. In der Denkschrift zog die Bundesregierung ausdrücklich die Parallele zu Art. 5 EVÜ (= Art. 29 EGBGB)[553]. Greift man auf die elektive Konkurrenz in ihrer bis zum Inkrafttreten des Art. 40 I EGBGB weithin anerkannten Version zurück, müßte sich die Un-

---

Rn. 71; statt dessen will *Kühne* das „flexible Arsenal" des allgemeinen *ordre public* ausnutzen (Liber Amicorum Kegel, S. 77).

[547] Vgl. nur *W.-H.Roth*, Int. VVertragsR, S. 501; Soergel[12]-*v.Hoffmann*, EGBGB, Art. 29 Rn. 29; Reithmann/Martiny-*Martiny*, Int. VertragsR, Rn. 740 und *Heldrich*, a. a.O. (vorige Fn.).

[548] Palandt-*Heldrich*, Art. 29 EGBGB Rn. 6.

[549] *Mäsch*, S. 51; MünchKomm[3]-*Martiny*, EGBGB, Art. 29 Rn. 41 ff.; Staudinger[12]-*Reinhart*, EGBGB, Art. 29 Rn. 97 sowie Staudinger[13]-*Magnus*, Art. 29 Rn. 102; Bamberger/Roth-*Spickhoff*, Art. 29 EGBGB Rn. 17.

[550] Der BGH sieht hierin eine Domäne nicht von Art. 34 EGBGB, sondern der allgemeinen *ordre public*-Klausel (19.3.1997, BGHZ 135, 124 (139)); zust. etwa Palandt-*Heldrich*, Art. 34 EGBGB Rn. 3.

[551] BT-Drs. 10/504, S. 80.

[552] *Giuliano/Lagarde*, BT-Drs. 10/503, S. 57.

[553] BT-Drs. 10/503, S. 27/28.

tersuchung auch im Rahmen von Art. 29 I EGBGB danach orientieren, welches Recht dem Prozeßbegehren Erfolg bescheidet. Dieses Recht käme dann insgesamt zur Anwendung[554]. Art. 29 I EGBGB jedoch, das ist unverkennbar, will den Verbraucher weitergehend schützen. Schließlich intendierte das deliktsrechtliche Günstigkeitsprinzip nicht die Protektion des Opfers, wohingegen Art. 29 I EGBGB den Marktschwachen gezielt in Schutz nimmt. Die Rechtswahlfreiheit aus Art. 27 I, II 1 EGBGB soll ermöglicht werden, ohne das Schutzniveau des Marktrechts preiszugeben[555]. Die Verweisung wird deshalb, so der Boden auf dem die nahezu einmütige Lehrmeinung steht, durch das in concreto günstigere Aufenthaltsortsrecht geteilt, und letztlich fügen sich beide abstrakt evaluierten Statute zusammen[556]. Art. 29 I EGBGB verlangt aber nicht, daß „Norm für Norm auf Günstigkeit abgeklopft" werden muß[557]. Wie auch wären dann voneinander abweichende Lösungen zu handhaben, wenn sie teils für den Verbraucher sprechen und teils zu seinem Nachteil? Eine „Rosinentheorie" würde die Anhäufung aller Vorteile erlauben. Daß sie abzulehnen ist, wurde für das Deliktskollisionsrecht schon oben herausgestellt[558]. Die Addition verschiedener Teile hätte Folgen, die keine der beteiligten Rechtsordnungen für sich kennt – ein mißliches „Potpourri"[558a]. Eine Anpassung bzw. Angleichung müßte hier somit „absurde Auswüchse" verhindern[559]. Diese sind

---

[554] In Metaphern *Mäsch*, S. 41: „der Verbraucher soll zwei Eisen im Feuer haben, nicht aber sich selbst ein neues schmieden können" und „die vom gleichen Recht mit den Rosinen verabreichten bitteren Pillen schlucken"); rigoros dann S. 71 f. (Rechtswahlverbot, wie es Art. 120 II des schweiz. IPRG ausspricht). Im ersteren Sinne bereits *Baum*, S. 192 f.; zust. offenbar auch *Van Meenen*, S. 34 f.

[555] A.A. *Kroeger*, S. 158 f. i.V.m. 96 f., 119 ff. (gesamte Rechtswahl hinfällig, wenn sie geringeren Schutz nach sich zieht).

[556] So vor allem Soergel^{12}-*v.Hoffmann*, EGBGB, Art. 29 Rn. 31; ihm beitretend *Schröder/Wenner*, Int. VertragsR, Rn. 307; MünchKomm^3-*Martiny*, EGBGB, Art. 29 Rn. 38; Staudinger^{12}-*Reinhart*, EGBGB, Art. 29 Rn. 82, 84 sowie Staudinger^{13}-*Magnus*, EGBGB, Art. 29 Rn. 105 f.; Erman-*Hohloch*, Art. 29 EGBGB Rn. 17; *Kühne*, Liber Amicorum Kegel, S. 73; Palandt-*Heldrich*, Art. 29 EGBGB Rn. 4, 6; Bamberger/Roth-*Spickhoff*, Art. 29 EGBGB Rn. 18. Ferner *U.Bauer*, S. 77 f. und *Möllenhoff*, S. 116 f.

[557] *Schurig*, RabelsZ 1990, 225. In seinem Sinne schon *E.Lorenz*, RIW 1987, 577.

[558] Vgl. § 2 A II 1, III zu Art. 40 I EGBGB und § 8 C zur Rechtswahl gemäß Art. 42 EGBGB.

[558a] *Raape*, IPR, § 40 IV 4. A.A. *W.-H.Roth*, Int. VVertragsR, S. 514 (zwingende Folge der gesetzgeberischen Zielsetzung).

[559] So *Schurig*, a.a.O. (Fn. 557).

jedoch besser im Keim zu ersticken. Das gelingt zwar, indem man der konkreten Analyse einen Gesamtvergleich vorzieht und das Recht vollständig zum Zuge kommen läßt, welches mit dem besseren Schutzkonzept für den Verbraucher aufwartet, selbst wenn letzterer im gegebenen Fall unter dem Recht seines Wohnsitzes besser stünde. Dann bliebe eine gemäß Art. 27 I EGBGB getroffene Wahlvereinbarung, falls sie das allgemein günstigste Recht erkoren hat, gänzlich unbeeinträchtigt. Umgekehrt würde die Abrede völlig ausgeschlossen, wenn sich die lex domicilii als verbraucherfreundlicher erweist. Ein solchermaßen abstrakter Vergleich ist aber nicht praktizierbar. Es gibt kein den beiden Rechtsordnungen hierarchisch übergeordnetes Normen- und Wertegefüge, so daß die Entscheidung letztlich von persönlichen Vorlieben – regelmäßig zugunsten der dem Richter vertrauten lex fori – diktiert wäre[560]. Deshalb kommt man nicht umhin, das Vertragsstatut zu spalten. Indes wird dem parteiautonom angeordneten Recht nicht jede einzelne Vorschrift „aufgepfropft" oder „injiziert". Statt einer solchen Kumulation isoliert betrachtet optimal schützender Paragraphen sind die Aussagen der Normgruppen für den jeweiligen Teilkomplex des Sachverhalts einander gegenüberzustellen[561]. Bleibt das erkorene Recht insoweit hinter dem des abgewählten zurück, wird es von diesem ausschnittsweise verdrängt. Der Konsument kann also gemäß §§ 312 I, 355 I BGB widerrufen, obwohl ihm diese Befugnis vom vereinbarten und im übrigen auch weiterhin maßgeblichen Statut nicht eingeräumt ist.

Art. 29 a EGBGB greift erst dann ein, wenn Art. 29 EGBGB tatbestandsmäßig, auch aufgrund von Art. 37 S. 1 EGBGB, nicht anwendbar ist oder die Wahl zu einem drittstaatlichen Recht führt. Bei engem Zusammenhang des gewählten Statuts mit dem Gebiet eines innereuropäischen Staates (Art. 29 a II EGBGB) sind die dort geltenden Bestimmungen zur Umsetzung der in Abs. 4 enumerativ genannten Richtlinien gleichwohl beachtlich[562]. Die-

---

[560] *Schurig*, a.a.O.; i.E. bereits *Mühl*, S. 172 und im Arbeitskollisionsrecht besonders eindringlich warnend *Gamillscheg*, ZfA 1983, 339 („gröbste Willkür").

[561] Reithmann/Martiny-*Martiny*, Int. VertragsR, Rn. 741; *ders.* in MünchKomm³, Art. 29 Rn. 38; Staudinger¹³-*Magnus*, EGBGB, Art. 29 Rn. 106 wie schon Staudinger¹²-*Reinhart*, EGBGB, Art. 29 Rn. 88.

[562] Bereits über den Verbraucherschutzbereich hinaus weist EuGH 9.11.2000, IPRax 2001, 225 (227, Tz. 25 f.) – Ingmar GB Ltd. ./. Eaton Leonard Technologies, Inc. (zwingende Bestimmungen der Handelsvertreter-RL Nr. 86/653 EWG v. 18.12. 1986 (ABl.EG L 382, 17) behaupten sich bei Wahl kalifornischen Rechts). Krit.

ses Transformationsrecht gilt strikt, also auch, wenn es dem Verbraucher geringeren Schutz angedeihen läßt als das gewählte ausländische oder deutsche Recht, denn einen Günstigkeitsvergleich sieht Art. 29 a I EGBGB nicht vor[563]. Der kollisionsrechtliche Gehalt erschöpft sich in der Garantie eines hinreichenden räumlichen Gemeinschaftsbezugs.

II. Arbeitnehmer, Art. 30 I EGBGB

Bei „Arbeitsverträgen" (Dienstverträge zwischen Arbeitgeber und -nehmer, die eine abhängige, weisungsgebundene Tätigkeit zum Gegenstand haben) und „Arbeitsverhältnissen" (nichtige, aber in Vollzug gesetzte Arbeitsverträge und faktische Beschäftigungsverhältnisse ohne vertragliche Grundlage) kann sich der Arbeitnehmer gemäß Art. 30 I EGBGB weiterhin auf zwingendes, nach Abs. 2 objektiv bestimmtes Recht berufen, wenn ihm sonst der entsprechende Schutz durch das gewählte Statut entzogen würde. Ob letzteres der Fall ist, will eine Ansicht dadurch ermitteln, jede Vorschrift, wenn vorhanden, mit ihrem Pendant zu vergleichen und alle vorteilhaften anzuhäufen[564,565]. Das andere Extrem wäre eine Gesamtbetrachtung, die aber aus den in I genannten Gründen zu verwerfen ist. Als Mittelweg verdient daher ein abstrakter Teil- oder Gruppenvergleich den Vorzug[565a]. Ihn läßt auch die Gesetzesbegründung erkennen[565b]. Die Lösungen,

---

Kühne, Liber Amicorum Kegel, S. 76 f., 82. Zum deliktsrechtlichen Äquivalent in den Planungen der Europäischen Kommission zu „Rom II" siehe § 15 C I, II.

[563] Dies entgegen der kollisionsrechtlichen Vorgaben in Art. 6 II der Klausel-, Art. 9 der Timesharing- sowie Art. 12 II der Fernabsatzrichtlinie (93/13/EWG, ABl. EG 1993 Nr. L 95/29; 94/47/EG, ABl. EG 1994 Nr. L 280/83; 97/7/EG, ABl. EG 1997 Nr. L 144/19). Gegenüber der bisherigen Anknüpfung nach § 12 AGBG in seiner Fassung vor Inkrafttreten des Änderungsgesetzes v. 19.7.1996 (BGBl. I S. 1013; vgl. Palandt[58]-*Heldrich*, § 12 AGBGB Rn. 9) und § 8 TzWrG i.d.F. der Erstbekanntmachung (*Heldrich*, a.a.O., § 8 TzWrG Rn. 3) bedeutet das einen Rückschritt.

[564] *E.Lorenz* und *Schurig*, a.a.O. (Fn. 557); *v.Bar*, IPR II, Rn. 449.

[565] Drastisch die Ablehnung *Gamillschegs*, ZfA 1983, 338: „Wenn die Praxis mit dem Günstigkeitsgrundsatz so ernst macht, ... wird die Rosinentheorie wahre Orgien feiern". Moderater die nachbenannten Autoren (Fn. 565a).

[565a] Vgl. *Baum*, S. 190; *Schlunck*, S. 185 f.; Soergel[12]-*v.Hoffmann*, EGBGB, Art. 30 Rn. 33 („konkreter Gesamtvergleich"); Reithmann/Martiny-*Martiny*, Int. VertragsR, Rn. 1344 und *dens.* in MünchKomm[3], EGBGB, Art. 30 Rn. 25; Erman-*Hohloch*, Art. 30 EGBGB Rn. 12; Staudinger[13]-*Magnus*, EGBGB, Art. 30 Rn. 83 ff.; Palandt-*Heldrich*, Art. 30 EGBGB Rn. 5; Bamberger/Roth-*Spickhoff*, Art. 30 EGBGB Rn. 16.

zu denen die beteiligten Rechte für die konkret umstrittene Sachfrage im ganzen gelangen, sind abzugleichen. Somit kann das Rechtsverhältnis unter Umständen einem Mosaik zwingender Schutzvorschriften verschiedener staatlicher Herkunft unterliegen, z.b. Kündigungsfristen dem parteiautonom erkorenen fremden Statut und die Erfindervergütung unserem ArbN-ErfG. Doch verbleibt es bei der Anwendung des subjektiv benannten Rechts nach Abs. 1, wenn dieses mitsamt seinen zwingenden Vorschriften den Arbeitnehmer mindestens genauso schützt wie das objektiv gemäß Abs. 2 des Art. 30 EGBGB anwendbare Recht[566].

B. Übertragbarkeit auf Deliktsobligationen

Diese eine Vertragsrechtswahl inhaltlich korrigierenden Kollisionsnormen könnten auch für Art. 42 EGBGB in Ansatz gebracht werden (I). Eine Analogie setzt parallele Sachverhalts- und Interessenlagen voraus[567]. Die Frage lautet also hier, ob Art. 42 EGBGB wortlautgemäß nicht erfaßt, was er billigerweise unter Berücksichtigung des Gleichheitssatzes wie in Art. 29 ff. EGBGB regeln müßte. Ob dies der Fall ist, scheint zweifelhaft (II).

I. Meinungsstand

Die allgemeine Lehrmeinung befürwortet die Geltung dieser Rechtsgedanken auch im Deliktsrecht[568]. Eine Begründung wird nicht gegeben, vielmehr pauschal auf Art. 29 I, 29 a und 30 I EGBGB Bezug genommen. Nur vereinzelt zweifelt man an der analogen Heranziehung[569].

[565b] BT-Drs. 10/504, S. 81.

[566] Dies stellt vor allem *Gamillscheg* klar (ZfA 1983, 335); ferner MünchKomm³-*Martiny*, EGBGB, Art. 30 Rn. 24 sowie *Heldrich* und *Spickhoff*, a.a.O. (Fn. 565a).

[567] Vgl. § 2 A II 2; §§ 3, 6 A.

[568] *Kropholler*, RabelsZ 1969, 642; Soergel¹²-*Lüderitz*, EGBGB, Art. 38 Rn. 81; v. Caemmerer-*W. Lorenz*, S. 135; *Fischer*, S. 135; *Einsele*, RabelsZ 1996, 426; MünchKomm³-*Kreuzer*, EGBGB, Art. 38 Rn. 63 i.V.m. *Martiny*, ebenda, Art. 27 Rn. 9; *Stumpf*, MedR 1998, 550 i.V.m. 548; *Seidel*, S. 158 und 160 a.E.; *A. Staudinger*, DB 1999, 1593 in Fn. 76; *Freitag*, a.a.O. (Fn. 542) sowie *Freitag/Leible*, ZVglRWiss 2000, 115 bei Fn. 51; *Wandt*, RabelsZ 2000, 770; Staudinger-*v. Hoffmann*, EGBGB (2001), Art. 42 Rn. 7 i.V.m. 15; für Kondiktionen *Busse*, S. 80 und andeutungsweise *Plaßmeier*, S. 416. So auch Art. 6 III und IV des RefE einer „Rom II-VO" (siehe § 15 C I), wovon der jüngste Vor-E freilich wieder abweicht (§ 15 C II).

[569] So *Junker*, JZ 2000, 478 in Fn. 14. Auch *Huber*, JA 2000, 71, im Kontext des Art. 40 III EGBGB: Der *ordre public* sei unabdingbar, weil das internationale Delikts-

II. Bewertung

Wird das Deliktsstatut akzessorisch an das des Vertrags angeknüpft (Art. 41 II Nr. 1 EGBGB) und ist letzteres im vorhinein parteiautonom festgelegt worden, gilt dieser Wille mittelbar auch für die unerlaubte Handlung[570]. Folglich müssen die Beschränkungen der Art. 29 ff. EGBGB hier eingreifen.

Anders bei einer Direktwahl i.S.v. Art. 42 S. 1 EGBGB. Sie vorsorglich zu treffen, ist unstatthaft[571]. Dies gerade aus dem Grunde, daß hier sonst allzu leicht Mißbrauchsgefahren entstünden. Wer also – contra legem – eine antezipierte Wahlmöglichkeit gewährt, muß in einem zweiten Schritt ausgleichen und auf Art. 29 I, 29 a und 30 I EGBGB zurückgreifen[572]. Dem entgeht man durch den konsequenten Ausschluß.

Damit verbleibt die nachträgliche Rechtswahl. Eventuell erfolgt diese im Rahmen laufender Beziehungen, wie Art. 29 ff. EGBGB sie meinen. Schlagen nun deren Wertungen auf Art. 42 EGBGB durch, obwohl die Wahl ein Delikt betrifft und keinen Schuldvertrag? Bei Art. 29 I EGBGB etwa wird schon eine Erstreckung auf andere Vertragstypen abgelehnt (oben I). Das IPR für Sonderprivatrecht ist also grundsätzlich nicht analogiefähig[573]. Deshalb verwundert, mit welcher Leichtigkeit fast einhellig Art. 29 ff. EGBGB für unerlaubte Handlungen bemüht werden. Wenn schon innerhalb des Vertragsrechts Moderation vonnöten ist, gilt dies im deliktischen Bereich erst recht, wo er doch eine Schuld betrifft, die als gesetzliche unabhängig vom Parteiwillen entsteht[574]. Auf eine ex post erbotene Wahl des Deliktsstatuts braucht sich der „Schwächere" nicht einzulassen. Bei einer antezipierten, in der Regel mit dem Hauptvertrag verbundenen Kür i.S.v. Art. 29 ff. EGBGB ist das anders. Der Arbeitsvertrag z.B. ist einseitig vorformuliert und wird ohne Wahlabrede meist nicht zustande kommen. Diesem Druck wird sich der verhandlungsschwächere Arbeitneh-

---

recht anders als Art. 29, 30 EGBGB keine spezifischen Schutzvorschriften zugunsten der schwächeren Partei kenne (vgl. § 14 A vor I).

[570] Siehe § 5 A II.
[571] § 5 A I.
[572] So Staudinger-*v.Hoffmann*, EGBGB (2001), Art. 42 Rn. 7, 15.
[573] Siehe oben I zu Anfang.
[574] Vgl. § 6 A.

mer fügen. Auf eine gemeinsame Überzeugung ist eine solche Wahl nicht gegründet. Vielmehr setzt sich ein unilaterales Anliegen durch. Gleichwohl wird der Befund des vertragsrechtlichen Schwächerenschutzes in Frage gestellt, namentlich daß die Rechtswirklichkeit überhaupt zur Korrektur der Anknüpfung an den Parteiwillen auffordere[575]. Die Zweifel potenzieren sich für den Deliktsfall. Hier können beide Seiten die Lage rückblickend betrachten und sind in ihrer Entscheidung frei. Wo es dennoch Bedenken gibt, erfolgt ein richterlicher Hinweis[576]. Als letztes Mittel kann der *ordre public* einer Wahl (genauer: dem gewählten Recht) Einhalt gebieten – hierzu § 14. Es besteht also keine Regelungslücke. Eine Analogie zu Art. 29 I, 29 a, 30 I EGBGB ist somit nicht angebracht. Sie würde auch, wie die unter A umrissenen Schwierigkeiten einer Günstigkeitsabwägung zeigen, die der Gesetzgeber mit Art. 40 ff. EGBGB weitgehend entbehrlich machen wollte, der Rechtssicherheit und Verfahrensökonomie abträglich sein. Diese Belastung könnte der Unternehmer bzw. Arbeitgeber nur abwenden, indem er überhaupt nicht wählt; eine Teilrechtswahl (Art. 27 I 3 EGBGB) ist im Rahmen des Art. 42 EGBGB unzulässig[577]. Letzterer erfährt mithin keine Modifikation durch internationales Sonderprivatrecht.

Wenn dies für eine Deliktsrechtskür bei verbraucher- oder arbeitsvertraglicher Beziehung gilt, dann – a maiore ad minus – auch, wenn es außer der Wahl zwischen den Parteien keinen vertraglichen Kontakt gegeben hat. Ein abweichender Vorschlag lautet, gewähltes Recht und objektives Deliktsstatut in der jeweiligen Günstigkeit für den kategorisch schwachen Partner der Abrede gegenüberzustellen[578]. Dieser Ansatz ist nach den getroffenen Feststellungen unhaltbar. Er würde den in Art. 29 ff. EGBGB verfügten Schutz, ohne daß es seiner hier bedarf, generalklauselartig ausdehnen und den Verweisungsvorgang grundlos erschweren.

Die kollisionsrechtlichen Verbraucher- und Arbeitnehmerschutzregeln der Art. 29 I, 29 a und 30 I EGBGB sind nach alledem nicht entsprechend auf die Deliktsrechtswahl gemäß Art. 42 S. 1 EGBGB anwendbar.

---

[575] *Junker*, IPRax 1993, 3 und 9 f. Vgl. auch *Habermeier*, a.a.O. (Fn. 540).
[576] Siehe § 2 C I 1; § 7 B I 2, II 3.
[577] § 8 C.
[578] *Wandt*, RabelsZ 2000, 770.

§ 11 Gesetzesumgehung (fraus legis)

Statt einer Analogie zu Art. 29 ff. EGBGB ist in Betracht zu ziehen, die parteiautonome Anknüpfung nach den allgemeinen Grundsätzen der Gesetzesumgehung auf den Prüfstand zu stellen. In Deutschland ist die Devise „fraus omnia corrumpit" nicht besonders normiert[579]. Teils will man Elemente des *ordre public* heranziehen[580]. Die Klauseln der Art. 40 III und 6 EGBGB sollen aber die Anwendung bestimmter ausländischer Rechtsnormen wegen ihres materiellen Ergebnisses ausschalten (siehe § 14 A, B). Eine kollisionsrechtliche fraus legis dagegen wird schon zuvor aufgedeckt. Denn das mögliche Resultat kollisionsrechtlicher Normanwendung rückt früh ins Blickfeld. Es muß die Plausibilitätskontrolle, also der Vernünftigkeit und Sachgemäßheit, passieren[581]. Man könnte daher, um das „Ansehen des eigenen IPR"[582] zu wahren, einen diesem immanenten Ahndungstatbestand formulieren, nach dem eine subsumtionslogisch erfüllte Kollisionsnorm nicht anzuwenden ist, sofern auf eine ihren Zweck vereitelnde Weise bewußt für den Anknüpfungsbegriff relevante Tatsachen beeinflußt wurden, um die Maßgeblichkeit eines willkommeneren Rechts zu begründen, das ohne die fraudulöse Manipulation keine Geltung hätte[583]. Die Problematik soll einer anderen Meinung nach unabhängig von Absicht oder Zufall mit den üblichen methodischen Werkzeugen der Rechtsanwendung bewältigt werden (restriktive Auslegung bzw. teleologische Reduktion)[584]. Ob die Kollisionsnorm auch für einen solchen Fall gelten will, lautet dann die Frage.

Eine Gesetzesumgehung wohnt jedem Versuch inne, die Anknüpfung im Einzelfall um eines privaten Vorteils willen zu beeinflussen, damit das mißliebige Recht durch ein anderes ersetzt wird. Dies könne, so meint man, vor allem durch Gebrauch einer formal zulässigen Rechtswahl gesche-

---

[579] Anders bspw. Art. 21 des portugiesischen Código civil von 1966.
[580] *Raape/Sturm*, IPR I, § 18 III 3 e.
[581] *Schurig*, KollN u. SachR, S. 182 f.
[582] *Kegel*, IPR⁷, § 14 III 1.
[583] Statt vieler: *Schurig*, KollN u. SachR, S. 246 und *ders.* in Kegel/Schurig, IPR, § 14 III; *Ferid*, IPR, Anm. 3–159 und –176; *Lüderitz*, IPR, Rn. 144; *Heeder*, S. 321 ff.
[584] *Kegel*, a.a.O. (Fn. 582) und *ders.* in Soergel¹², EGBGB, Vor Art. 3 Rn. 136, 139, 143; MünchKomm³-*Sonnenberger*, EGBGB, Einl. IPR Rn. 692; *Kropholler*, IPR, § 23 II 3 wie bereits *Neuhaus*, IPR, § 25 II 3.

hen[585]. Doch ist ein solches Vorgehen eben nicht fraudulös[586]. Wer das Gesetz beim Wort nimmt und dessen Möglichkeiten nutzt, umgeht es nicht (in vorzuwerfender Manier) – weder das die Wahl gestattende IPR noch das abgewählte Sachrecht. Fragen der Strategie wurden bereits behandelt. Auf die treibenden Motive kommt es nicht an, solange nur die Vorgaben der Parteiautonomie erlaubenden Kollisionsnorm eingehalten werden, vor allem in temporaler Hinsicht[587]. Inhaltlich aber hat ein Wahlvertrag kein Limit[588], falls sich beide Partner des Abschlusses bewußt sind[589]. Die „Gewitztheit" als solche kann nicht bestraft werden[590]. Zwingende Vorschriften auszuschalten, ist schließlich das Wesen einer Rechtswahl. Sie verdrängt objektiv geltendes Recht vollumfänglich zugunsten der lex causae[591]. Der Wunsch und Impetus, das Schuldverhältnis unter einem gefälligen Statut abzuwickeln, wird von Art. 27 I, II 1 und 42 S. 1 EGBGB nicht nur hingenommen, sondern geradezu zum Regelungsgrund erhoben. Wer auf „fraus legis" erkennen will, muß bereits wissen, welches das eigentlich kompetente Recht ist. Was die Parteien erklärtermaßen wollen, ersetzt aber gerade diese Suche nach objektiven Indizien für das Recht der stärksten oder engsten Verbindung[592]. Bei eindeutiger Lokalisierung des Sachverhalts im Inland ist eine Abrede ohnehin bereits nach Art. 42, 3 I 1 EGBGB unzulässig[593]. Ihr werden im übrigen durch Sonderanknüpfungen (§ 9), Rechte Dritter (§ 12) und den *ordre public* (§ 14) Riegel vorgeschoben.

---

[585] *Neuhaus*, IPR, § 25 I vor 1. Auch *Heeder*, S. 287 und 324, doch sei mit dem Institut hier „extrem zurückhaltend" umzugehen: „Kriterium der besonderen Verwerflichkeit". Ähnlich einengend MünchKomm³-*Martiny*, EGBGB, Art. 27 Rn. 10.
[586] *Nussbaum*, Grdz. IPR, § 13 I; *Umbricht*, S. 119; *Sailer*, S. 128 f.; *v. Bar*, IPR I, Rn. 575 und ihm beipflichtend *Van Meenen*, S. 96 bei Fn. 77; *Siehr*, FS Keller, S. 503 f.; *ders.*, IPR, § 53 I 3 a und 5; *Püls*, S. 167; *Stoll*, FS Heini, S. 442 bei Fn. 43; *Schröder/Wenner*, Int. VertragsR, Rn. 281; Erman-*Hohloch*, Einl. Art. 3 EGBGB Rn. 45; Staudinger¹³-*Magnus*, EGBGB, Art. 27 Rn. 29 und Art. 29 Rn. 92; Bamberger/Roth-*St.Lorenz*, EGBGB Einl. IPR Rn. 73.
[587] § 5 A I, insbesondere 2.
[588] § 8 A I und II; § 10 B II.
[589] § 6 B; § 7 B I 2 und II 3.
[590] *Kropholler*, IPR, § 23 II 1. Vgl. §§ 1 und 8 B.
[591] Siehe schon § 1 bei Fn. 14 ff.; desweiteren Fn. 191 mit Nachw.
[592] § 8 A I.
[593] Siehe § 3.

Für das Rechtsinstitut der fraus legis bleibt daher kein Raum, wenn die Verweisung auf eine übereinstimmende Disposition der Parteien zurückgeht, wie Art. 42 EGBGB sie gestattet.

§ 12 Rechte Dritter, Art. 42 S. 2 EGBGB

Haben die Parteien sich nicht gemäß Art. 42 S. 1 EGBGB geeinigt, wird eventuell akzessorisch angeknüpft (Art. 41 II Nr. 1 EGBGB). Ist das maßgebliche Statut der Sonderbeziehung durch vorherige Rechtswahl der Parteien bestimmt, z.B. gemäß Art. 27 I EGBGB, so entscheidet jenes Recht auch darüber, ob deliktische Ansprüche gegen Dritte geltend gemacht werden können; haben die Parteien nach Entstehung eines Schadens gewählt, „berührt" diese Kür bereits nach Art. 27 II 2 EGBGB (Art. 3 II 2 EVÜ) nicht die „Rechte Dritter"[594]. Letztere werden also im Schuldvertragsrecht explizit geschützt.

„Rechte Dritter bleiben unberührt", sagt jetzt auch Art. 42 S. 2 EGBGB. Eine gemäß Art. 42 S. 1 EGBGB erfolgte Wahl ist also in ihrem personellen Radius beschränkt. Art. 42 S. 2 EGBGB ist, wie Art. 27 II 2 EGBGB, knapp gehalten, was – bisher nur im Schuldvertragsrecht – schon zu den unterschiedlichsten Versuchen geführt hat, umzusetzen, was im früheren IPR unter dem Stichwort „Bestandsschutz für Dritte" oder allgemeiner: „Grenzen nachträglicher Rechtswahl" diskutiert und dem Grunde nach für richtig gehalten wurde[595]. Doch sind die hier entwickelten Methoden vielfältig, denn der Normzweck wird uneinheitlich interpretiert (A II). Ihre Übertragung auf Art. 42 S. 2 ist kritisch zu beleuchten. Welcher Weg dort letztlich der gangbarste ist, zeigt B auf. Vorab soll aber der sachliche Schutzbereich abgesteckt werden (A I).

---

[594] Erman-*Hohloch*, Art. 42 EGBGB Rn. 8; Staudinger-*v. Hoffmann*, EGBGB (2001), Art. 42 Rn. 16; auch *Sieghörtner*, S. 465 f. Zur mittelbar maßgeblichen Vertragsrechtswahl bei der objektiven Anknüpfung unerlaubter Handlungen siehe § 5 A II.

[595] *Raape*, FS Boehmer, S. 115 f.; *Beitzke*, Rec. 1965 II, 73; *Umbricht*, S. 78 f.; *Kropholler*, RabelsZ 1969, 642 in Fn. 139; *Kühne*, S. 146 f.; *North*, FS Lipstein, S. 219. Für entbehrlich gehalten von Soergel/Siebert[10]-*Kegel*, EGBGB, vor Art. 7 Rn. 383 und *dems.* in Kegel/Schurig, IPR, § 18 I 1 c (rechtspolitisch leuchte nicht ein, daß die Parteien nicht sollten weiter gehen können: „Die Rechte Dritter ... zu wahren ist Sache derjenigen materiellen Rechte, denen ihr Verhältnis zu den Vertragsparteien unterliegt"); ferner *Fudickar*, S. 101 („Bei richtigem Betrachtungsweise können nämlich die Parteien eines Schuldvertrages auf die Rechtsposition Dritter ... in der Regel keinen Einfluß nehmen").

A. Schutzbereich

Im folgenden ist also zu klären, wer als Dritter Schutz verdient (I) und wie die Begriffe „Rechte ... unberührt" aufzufassen sind (II).

I. Sachlich („Dritter")

„Dritter" ist jeder, der aus dem Delikt zwar „Rechte" ableitet, aber an der Rechtswahl nicht partizipiert. Je nachdem, ob erst Zwischenakte diese Stellung begründeten oder die unerlaubte Handlung unmittelbar, läßt sich differenzieren.

Zur ersten Gruppe zählen Personen, welche wie der Geschäftsherr[596] oder Haftpflichtversicherer[597] für fremdes Handeln einzustehen haben und auch solche, die aus Anlaß des Schadensereignisses gegenüber dem Geschädigten verpflichtet sind und deren Ausgleichsansprüche gegen den Schädiger in Rede stehen (Unterhaltspflichtige, Arbeitgeber, Sach-, Schadens- und Sozialversicherer)[598]. Mittelbar Geschädigte sind ebenfalls Dritte, z.B. die Hinterbliebenen eines Unfallopfers, das mit dem Schädiger einen Wahlvertrag abgeschlossen hatte[599]. Auch können Dritte im Zusammenhang mit einer Forderungsabtretung von einer Deliktsrechtswahl tangiert werden. Über die Rechtsordnung, die für die Beziehungen zwischen Altgläubiger (Geschädigter, Zedent) und Schuldner (Täter) gemäß Art. 33 II EGBGB einschließlich der Abtretung maßgeblich ist, können nur die Parteien des Schuldverhältnisses (Delikt) bestimmen, so daß der Neugläubiger (Zessionar) mangels Zuständigkeit nicht nach Art. 42 S. 1 EGBGB mit dem Zedenten kontrahieren darf und keine Drittberührung (des Schuldners) eintreten kann[600]. Verabreden sich Altgläubiger und Schuldner vor der Abtretung auf ein Recht, regelt dieses gemäß Art. 33 II EGBGB auch die Zes-

---

[596] § 8 D bei Fn. 445.
[597] § 9 A. Umgekehrt können auch das Opfer und der Haftpflichtversicherer eine Rechtswahl treffen; Dritter ist dann der Ersatzpflichtige (Nachw. in Fn. 468).
[598] § 9 B II.
[599] Vgl. § 9 C.
[600] Zum Vertragsrecht OLG Köln 26.6.1986, NJW 1987, 1151 f.; *v.Bar*, IPR II, Rn. 565; *Möllenhoff*, S. 83; Soergel[12]-*v.Hoffmann*, EGBGB, Art. 33 Rn. 9; Münch-Komm[3]-*Martiny*, EGBGB, Art. 33 Rn. 10; Erman-*Hohloch*, Art. 33 EGBGB Rn. 4.

sion⁶⁰¹. Ist die Forderung bereits abgetreten, bleiben Zedent und Schuldner zwar Parteien des Rechtsverhältnisses, dem der zedierte Anspruch entstammt; der Zessionar erwirbt aber die Stellung des Altgläubigers⁶⁰². Deshalb wäre eine Abwahl des bislang anzuwendenden Deliktsrechts durch diese Parteien zulässig und würde nach Art. 33 II EGBGB auch das Zessionsstatut ex tunc verändern; der neue Gläubiger ist daher Dritter i.S.v. Art. 42 S. 2 EGBGB. Auch ihm ist nicht verwehrt, das Statut gemeinsam mit dem Schuldner nachträglich und rückwirkend zu vereinbaren, so daß der Zedent als Rechtsvorgänger schutzwürdig wird⁶⁰³. Der Zessionar hat durch die Abtretung die Forderung nebst den zu deren Durchsetzung erforderlichen Hilfsrechten erworben, nicht aber selbständige Gestaltungsrechte, die das Schuldverhältnis insgesamt betreffen⁶⁰⁴. Also muß eine solche Rechtskür die Grenzen des Art. 42 S. 2 EGBGB beachten. Dies gilt auch hinsichtlich anderer Gläubiger des Täters (weitere Geschädigte).

Auch direkt vom Delikt Betroffene sind unter Umständen Dritte. Ein zweiter Schädiger etwa kann Dritter sein, wenn er an der Vereinbarung eines Schädigers mit dem Verletzten nicht teilnimmt⁶⁰⁵. Dies gilt zunächst für unabhängig voneinander begangene unerlaubte Handlungen, welche ohnehin selbständig anzuknüpfen sind. Bei auf Täterseite Beteiligten ist für diese das Statut des Haupttäters maßgeblich⁶⁰⁶. Diese Akzessorietät liegt begründet in der Verbindung der Schädiger untereinander. Der vom objektiven Tatbeitrag her Untergeordnete folgt in seiner deliktischen Verantwortung derjenigen des Haupttäters und nicht umgekehrt (vgl. nur § 27 II 1 StGB). Ausgeschlossen ist damit, daß einem Schädiger mit geringerem Tat-

---

⁶⁰¹ Vgl. i.d.S. zur früheren Rechtslage das soeben zit. Urteil des OLG Köln v. 26. 6.1986.

⁶⁰² Er rückt in diese ein (vgl. nur Palandt-*Heinrichs*, § 398 BGB Rn. 18 und Münch-Komm⁴-*G.H.Roth*, BGB Bd. 2a, § 398 Rn. 19, 93). Abw. *Möllenhoff*, S. 84, 88, in Bezug auf Art. 27 II 2 EGBGB (Zessionar habe „ein Stück Vertragspartnerstellung" inne, so daß eine Wahl hier wegen fehlender Rechtszuständigkeit unmöglich sei).

⁶⁰³ Vgl. OLG Frankfurt/Main 14.8.1984, RIW 1984, 919 (Inkassozession einer Kaufpreisforderung). Ihm zust. u.a. Soergel¹²-*v.Hoffmann*, EGBGB, Art. 33 Rn. 9 und MünchKomm³-*Martiny*, EGBGB, Art. 27 Rn. 69b, Art. 33 Rn. 10

⁶⁰⁴ Statt vieler Erman-*Westermann*, § 398 BGB Rn. 28; *Heinrichs*, a.a.O. (Fn. 602); MünchKomm⁴-*G.H.Roth*, BGB Bd. 2a, § 398 Rn. 99.

⁶⁰⁵ *Plänker*, S. 81; *Sieghörtner*, S. 467.

⁶⁰⁶ Oben Fn. 328 und 446 f.

beitrag oder Teilnehmern (Anstifter, Gehilfe) die Eigenschaft als Dritte zukommt. Sie müssen eine vom Haupttäter mit dem Verletzten nach Art. 42 S. 1 EGBGB getroffene Abrede auch für und gegen sich gelten lassen. Der Haupttäter wird dagegen zum Dritten im Sinne des Art. 42 S. 2 EGBGB, wenn das Opfer mit einem anderen verklagten Beteiligten einen Verweisungsvertrag abschließt. Bei mehreren Opfern durch jeweils eine selbständige Tat des Schädigers folgt jede ihren eigenen Regeln nach Art. 40 ff. EGBGB. So auch, wenn mehrere durch eine Tat in einem Recht verletzt wurden, dessen Trägerschaft sie sich nicht teilen (Gesundheit)[607]. Anders liegt eventuell der Fall, in welchem die Geschädigten Inhaber desselben Rechtsguts sind. Hier könnte die Ansicht zutreffen, nach der eine nicht durch alle Verletzten eingegangene Wahl bereits gemäß Art. 42 S. 1 EGBGB unmöglich sein soll. Man will sich dazu auf § 62 I ZPO stützen[608]. Voraussetzung wäre eine notwendige Streitgenossenschaft der Opfer. Sie wird z.B. angenommen, wenn Miteigentümer die Herausgabe verlangen (vgl. §§ 1011, 432 BGB) und damit ein ihnen zu ideellen Bruchteilen (§ 1008 BGB) gemeinsam zustehendes identisches Recht[609]. Anders aber bei den vorliegend in Rede stehenden deliktischen Forderungen. Der Streitgegenstand ist hier geteilt und nötigt nicht zur einheitlichen Entscheidung, weil jeder Geschädigte einen eigenen Schadensersatzanspruch hat, über den unabhängig von demjenigen des anderen geurteilt werden kann[610]. Aus Sicht des § 62 I ZPO ist somit jedem anheimgestellt, selbständig nach Art. 42 S. 1 EGBGB zu wählen. Geht er über seine Aktivlegitimation hinaus, klagt er also auch die ihm sachlich nicht zustehenden Ansprüche in eigener Person ein, wird die Klage insoweit als unbegründet abgewiesen[611]. Entsprechend verhält es sich bei einer kompetenzübertretenden Rechtswahl: Die Mitgeschädigten sind Dritte gemäß Art. 42 S. 2 EGBGB.

---

[607] Lenker und Beifahrer eines verunfallten Pkw oder, im Exempel von *Kropholler/v.Hein*, die Opfer eines verheerenden Umweltvergehens (FS Stoll, S. 565).
[608] *Seidel*, S. 159.
[609] So etwa Stein/Jonas-*Bork*, § 62 ZPO Rn. 8, 18; Zöller-*Vollkommer*, § 62 ZPO Rn. 16. A.A. jedoch BGH 26.10.1984, BGHZ 92, 351 (354) – Klage auf Unterlassung der Benutzung eines Grundstücks; Erman-*Aderhold*, § 747 BGB Rn. 6; Münch-Komm-*Schilken*, ZPO, § 62 Rn. 20; Palandt-*Bassenge*, § 1011 BGB Rn. 2.
[610] Vgl. BGH 15.10.1992, NJW 1993, 648 (649).
[611] Vgl. BGH 12.3.1986, NJW 1986, 3206 (3207); Zöller-*Vollkommer*, Vor § 50 ZPO Rn. 18 und *Greger*, ebenda, Vor § 253 ZPO Rn. 25; *Jauernig*, ZPR, § 22 I.

Diesen Fallgruppen entsprechend ist Grundlage eines „Rechts" entweder die Forderung zwischen den wählenden Parteien (etwa weil aus ihr die Verpflichtung des Dritten resultiert) oder ein von ihr unterscheidbares Rechtsverhältnis zwischen dem Dritten und einer der Parteien (bspw. wenn der Dritte einen eigenen Anspruch aus unerlaubter Handlung hat).

II. Funktional

Zu untersuchen ist der Bedeutungsgehalt des Art. 42 S. 2 EGBGB. Ausgangspunkt ist die Frage der zwischenparteilichen Geltung. Bei Rückbesinnung auf die rechtsgeschäftlichen Grundlagen der Parteiautonomie wird deutlich, daß eine Wahl zweier Beteiligter jedenfalls prinzipiell auch nur zwischen ihnen Rechtswirkungen äußern kann[612]. Zu Art. 27 II 2 EGBGB wurde daher vorgebracht, er regele eine Selbstverständlichkeit[613]. Allerdings veranschaulicht schon die bloße Diskussion um diese Kollisionsnorm, daß letztere so selbstverständlich nicht sein kann. Auch eine lediglich deklaratorische Aussage von Art. 27 II 2, 42 S. 2 EGBGB hätte zudem ihr Verdienst, denn sie unterstreicht die Schutzbedürftigkeit von Personen, die zwar in gewisser Form vom Delikt betroffen (oben I), nicht aber an der Vereinbarung über das hierfür anwendbare Recht beteiligt sind. Die kollisionsrechtlichen Drittschutzbestimmungen haben also durchaus ihre Berechtigung. Nachdem Art. 27 II 2 EGBGB mit der Reform 1986 eingeführt worden war, mußte eine entsprechende Regelung auch für außervertragliche Schuldverhältnisse erfolgen, denn ihre Abstinenz hätte zu dem Mißverständnis Anlaß geben können, daß eine Rechtswahl in diesem Bereich ohne weiteres auf andere Personen übergreift. Weitergehende Schlüsse läßt der Wortlaut jedoch nicht zu.

1. Lösungsmodelle

Art. 27 II 2, 42 S. 2 EGBGB ist unmittelbar nur zu entnehmen, daß Auswirkungen auf die Rechtssphäre Dritter zu unterbleiben haben. Hier gabelt sich der Lösungsweg in zwei Richtungen. Um den Schutz Dritter zu realisieren, kann man entweder a) den sich nicht beteiligenden Dritten stets ausklammern, oder b) die materiellen Ergebnisse zu seinen Gunsten berücksichtigen.

---

[612] § 6 C.
[613] Mit Nachdruck *Ferid*, IPR, Anm. 6–26,1.

a) Inter partes-Ansatz

Der erstgenannte Weg, die Rechtswahl unmittelbar zu begrenzen, läßt sich methodisch auf mehrere Arten verfolgen und umsetzen.

Zum einen könnte die Rechtswahl auf die Zukunft beschränkt und Art. 42 S. 2 EGBGB als Rückwirkungsverbot gedeutet werden. So wird zwar der Dritte erfaßt. Doch schneidet man der Übereinkunft ihre sonstige Retroaktivität ab oder limitiert sie relativ auf die Wählenden[614]. Wirkte eine Wahl aber bloß ex nunc, entspräche das nicht dem Art. 42 S. 1 EGBGB zugrundeliegenden Parteiinteresse. Ihm liefe eine intertemporale Spaltung sogar zuwider. Daß nur das Rechtsverhältnis des Dritten ex nunc dem gewählten Statut unterstehen soll, während die Wahl inter partes auf das Delikt selbst zurückwirkt, ist ebensowenig einzusehen. Eine nach Personen zeitlich abgestufte Dualität anwendbarer Rechte würde die Rechtsfindung erheblich erschweren.

Dieser Schritt ist auch gar nicht notwendig, denn es kann auf andere Weise sichergestellt werden, daß Dritte nicht betroffen werden. Deren „Rechte" sind garantiert unwandelbar, wenn sie die nachträgliche Verweisungsanordnung der Wahlparteien überhaupt ausspart. So wird das inter partes-Prinzip konsequent gehandhabt. Sämtliche Wirkungen der Rechtswahl sind auf das Verhältnis der Partner dieser Vereinbarung reduziert[615], was keines-

---

[614] Letztere Variante befürworten etwa *Raape*, a.a.O. (Fn. 595) und *Umbricht*, S. 78/79.

[615] Vgl. zum Vertragsrecht *North*, FS Lipstein, S. 220 („the variation of the proper law ought to leave unaffected both the rights and obligations of third parties"); *Fudickar*, S. 101 f.; *v.Bar*, IPR II, Rn. 481; *Reinhart*, IPRax 1995, 371; *Soergel*[12]-*v.Hoffmann*, EGBGB, Art. 27 Rn. 78; *Schröder/Wenner*, Int. VertragsR, Rn. 169 f.; *Erman-Hohloch*, Art. 27 EGBGB Rn. 24; *Schwimann*, IPR, S. 34 (§ 11 III öst. IPRG). Zum internationalen Deliktsrecht *Beitzke*, Rec. 1965 II, 73 („Mais on ne peut pas faire usage de cette construction juridique si la convention touchait les intérêts d'autres personnes, par exemple d'un assureur du dommage, sans que celuici ait consenti au choix de la loi applicable"); *v.Caemmerer-W.Lorenz*, S. 133; *Mansel*, ZVglRWiss 1987, 6; *Einsele*, RabelsZ 1996, 429 (anders aber S. 426); *Soergel*[12]-*Lüderitz*, EGBGB, Art. 38 Rn. 81; *MünchKomm*[3]-*Kreuzer*, EGBGB, Art. 38 Rn. 63; *Huber*, JA 2000, 70; *Kadner Graziano*, Gemeineurop. IPR, S. 190; offenbar i.d.S. *Hohloch*, a.a.O., Art. 42 EGBGB Rn. 8 sowie *Sack*, WRP 2000, 285 bei Fn. 166 und Palandt-*Heldrich*, Art. 42 EGBGB Rn. 2; ebenso *v.Hein*, RabelsZ 2000, 603 („... der in Art. 42 S. 2 EGBGB enthaltene Rechtsgedanke, daß die Rechtswahl

wegs Teilrechtswahl bedeutet[616], denn die Verweisung wird nicht in Einzelteile der Haftung gespalten, sondern auf den zwischenparteilich streitbefangenen Gegenstand bezogen.

Ein Regreßanspruch bzw. Anfechtungsrecht, wie sie in die Diskussion eingebracht wurden[617], ist dogmatisch unbegründbar und ohnehin die falsche Fährte, weil diese erst nach Anknüpfung an den erstreckten (vermeintlichen) Willen der Wählenden beginnt[618]. Daß sich der Dritte gegen eine Wahl anderer verteidigen muß, da sie ihn sonst trifft, mithin sein Einspruch als auflösende Bedingung, konterkariert die von Selbstverantwortung geprägte Parteiautonomie. Umgekehrt sollte ein Übergreifen der Wahl von einer positiven Erklärung des Dritten abhängig sein.

b)   Günstigkeitsbetrachtung

Zu spät käme der Schutz des Dritten auch, wenn man ihm zwar kein Veto zumutete, aber Art. 42 S. 2 EGBGB Eigenschaften einer speziellen Vorbehaltsklausel zuschriebe, um materielle Normen des neuen Statuts zu eleminieren[619]. Darüber hinaus bezieht sich der *ordre public* des Forums auf Er-

---

nur inter partes wirken soll"); wohl auch Staudinger-*v.Hoffmann*, EGBGB (2001), Art. 42 Rn. 16, der zwar eine Vermehrung der Rechte Dritter für „grundsätzlich zulässig" hält und *Spickhoff* zit. (IPRax 2000, 2: „... nur gegen Nachteile ... schützen, ... nicht aber Vorteile vorenthalten"), diese Besserstellung aber wie *v.Bar* und *Wenner* (a.a.O.) als nicht vom Parteiwillen getragen zurückweist, um schließlich kurzum die „Unmaßgeblichkeit einer nachträglichen Rechtswahl für Dritte" zu statuieren – vgl. unten bei Fn. 651.

[616] So hingegen *U.Bauer*, S. 62, der aber selbst gar keine Teilrechtswahl im eigentlichen Sinne meint, wie seine Entscheidung zeigt, die er nach einigen Umwegen letztlich trifft (S. 154). Fälschlich zit. er mehrfach *E.Lorenz*. Dieser favorisiert in der Tat eine Teilrechtswahl, allerdings im Rahmen eines ganz anderen Konzeptes: Die Vereinbarung hebt die ursprüngliche (subjektive oder objektive) Anknüpfung nur so weit auf, wie der Dritte nicht schlechter gestellt wird, erfaßt also nur Vorschriften, die dessen „Rechte" wahren (hierzu oben II).

[617] *U.Bauer*, S. 92 ff.

[618] Letztlich abl. auch *U.Bauer*, S. 146 ff.

[619] Nach *Schaub*, RabelsZ 2002, 57, soll Art. 42 S. 2 EGBGB eine besondere *ordre public*-Klausel enthalten sein. *Schaub* führt in Fn. 164 Erman-*Hohloch*, Art. 42 EGBGB Rn. 4, an. Dieser jedoch meint lediglich, die Vorschrift dürfe nur in Extremfällen eingreifen, wenn Rechte Dritter kraft (z.B. durch Drohung beeinflußter) Rechtswahl beeinträchtigt werden.

gebnisse im (gewählten) Sachrecht, während hier ein Statutenwechsel zu beanstanden wäre, nämlich dadurch, daß ein ggf. fremdes Recht für den Dritten zunächst berufen und dann, je nach Günstigkeit, korrigiert werden würde[620]. Welche Einzelregelungen sich so letztlich „zusammenfügen", ist unvorhersehbar[621]. Durch eine solche Gemengelage würden kaum zu überwindende Anpassungsprobleme entstehen. Diesen Makel trägt auch der Vorschlag, Art. 27 II 2 EGBGB nur als Teilrechtswahl solcher Normen des neuen Statuts zu begreifen, welche jedes der Rechte des Dritten wahren[622]. Eine derartige Meistbegünstigung ist mit Art. 27 II 2, 42 S. 1 EGBGB nicht in Einklang zu bringen. Ohnehin sind singuläre Haftungsfragen durch Art. 42 EGBGB nicht abspaltbar, da eine unerlaubte Handlung ein einheitliches Schuldverhältnis begründet[623]. Die Wahl müßte außerdem – entgegen dem erklärten Parteiwillen – in eine Teilverweisungsanordnung umgestaltet werden. Hierdurch würde der Richter unzulässigerweise in Freiheiten der Kontrahierenden eingreifen. Zu diesem Ergebnis kann und darf Art. 42 S. 2 EGBGB nicht führen.

Demgegenüber wähnt sich eine andere Auffassung überlegen, nach der es sich – bei Art. 27 II 2 EGBGB – um eine Alternativanknüpfung nach dem Muster der Art. 29 I, 30 I EGBGB handeln soll[624]. Es sei ein Vergleich anzustellen, und zwar, so eine Untermeinung, indem man im Zuge der Drittwirkung die Einzelpositionen des Dritten analog der Transpositionslehre (jetzt Art. 43 II EGBGB) in kongruente Institute des aktuellen Rechts überführe. Stünde der Dritte hiernach schlechter oder scheitert bereits die Überleitung selbst, weil sich überhaupt keine Entsprechung findet, müßten die Effekte der Wahl auf die Parteien beschränkt, die Erstreckung und Verweisung also rückgängig gemacht werden[625]. Etwas weniger kompli-

---

[620] Deswegen wäre es auch unrichtig, die allseitig konzeptionierten Art. 29 ff. EGBGB als spezielle Vorbehaltsklauseln zu bezeichnen (a.A. *Ferid*, IPR, Anm. 3–29,11 f. und 6–28).

[621] *Möllenhoff*, S. 132.

[622] *E.Lorenz*, RIW 1987, 573.

[623] Zur Unzulässigkeit einer Teilrechtswahl (Art. 27 I 3 Alt. 2 EGBGB) im Deliktsrecht siehe § 8 C.

[624] So ausdrücklich *U.Bauer*, S. 137; *Möllenhoff*, S. 115 f.; Reithmann/Martiny-*Martiny*, Int. VertragsR, Rn. 94 wie auch in MünchKomm³, EGBGB, Art. 27 Rn. 69.

[625] *U.Bauer*, S. 151 ff., der diese Behandlung gegenüber kumulativer Applikation des Ausgangsrechts, die er als „vielfach unpraktikabel und auch nicht sachgerecht" zurückweist (S. 138), für „behutsamer" hält.

ziert, im Ergebnis aber gleichbedeutend ist der von seinem Vertreter sog. modifizierte inter partes-Ansatz[626]. Er geht auf schuldrechtliche Ergebnisse ein, bevor der Wahl eine Drittwirkung verliehen wird und verhindert eine Sachrechtskumulation durch Anwendung des gesamtbetrachtet günstigeren Rechts. Nur bei Verschlechterung unter dem neuen Statut wird die Wahl kollisionsrechtlich auf die sie Abschließenden beschränkt, es sei denn, der Dritte stimmt ihr zu. Beide Methoden sehen eine Kumulation von Einzelvorteilen nicht vor und haben deshalb mit der bei Art. 29 I, 30 I EGBGB ausgeübten weniger gemein als mit dem altbekannten, von Art. 40 I EGBGB überholten Günstigkeitsprinzip[627].

2. Stellungnahme

Keine der beiden Strömungen vermag sich auf den Text der Art. 27 II 2, 42 S. 2 EGBGB zu berufen. Beide müssen demzufolge den Normzweck bemühen. Zu erhellen sind die Tatbestandsmerkmale a) „Rechte" sowie b) „bleiben unberührt".

a) „Rechte..."

Mit dem im Tatbestand gebrauchten Wort „Rechte" können konkrete Positionen innerhalb der Rechtsstellung eines Dritten gemeint sein, aber auch die Gesamtheit dessen Befugnisse und Pflichten[628]. Teils wird für erstere Auslegung eingetreten, weil eine Änderung oder Beibehaltung dieser Rechtsstellung zwangsläufig auf deren Elemente durchschlagen müsse[629]. Der Zusammenhang läßt sich zwar nicht bestreiten, ist aber für das eigentliche Problem ohne Erkenntniswert. Ebenso wäre möglich, die Summe aller

---

[626] *Möllenhoff*, S. 133 ff. Zust. *Martiny*, a.a.O. (Fn. 624), der auch *U.Bauer* für sich zit.; *Kropholler*, IPR, § 52 II 4; Bamberger/Roth-*Spickhoff*, Art. 27 EGBGB Rn. 31 („Relativität des Verweisungsvertrags-Verhältnisses"). Ebenso *Jaspers*, S. 170. I. d.S. wollen erste Stimmen auch bei Deliktsobligationen verfahren (Nachw. in Fn. 640); für das Bereicherungsrecht *Busse*, S. 77 f.

[627] Vgl. § 10 A im Gegensatz zu § 2 A II 1.

[628] „Rechtsstellung" hieß es in Art. 9 S. 2 des Rats-E von 1982 (v.Caemmerer, S. 3). Siehe auch § 11 III öst. IPRG sowie den Entwurf des Ministerrates aus dem Jahre 1998, a.a.O. (Fn. 804a), Art. 12 III: „Die Rechte und Pflichten Dritter werden durch die Rechtswahl nicht berührt" (ebenso auch noch der Stand der Beratungen v. 9. 12. 1999, a.a.O. (Fn. 852), dort Art. 3 b III); zust. *Kadner Graziano*, a.a.O. (Fn. 615).

[629] *Möllenhoff*, S. 60 f.

Drittpositionen, seien sie für den Dritten lukrativ oder nicht, pauschal von einer Rechtswahl auszuschließen. Dann würde sich die Frage gar nicht erst stellen, ob dem Dritten einzelne Rechte erhalten bleiben sollen, die unter dem alten Statut fortleben, während im übrigen das neue Recht maßgebend ist. Ein solches Nebeneinander wäre eine denkbare Folge der isolierten Betrachtung einzelner Positionen. Denn bei Art. 3 II 2 EVÜ – Vorgabe des Art. 27 II 2 EGBGB – soll es darum gehen, Rechte Dritter zu schützen, welche diese aufgrund des ursprünglichen Vertragsstatuts erworben haben[630]. Dies erinnert stark an die Lehre vom Schutz wohlerworbener Rechte (*droits acquis*; *vested rights*)[631]. Allerdings hat sich der Gesetzgeber nicht etwa zu ihren Gunsten geäußert[632]. Er unterstreicht lediglich für den Fall einer zurückwirkenden Rechtswahl, daß dem Dritten, würde er einbezogen, eine Änderung seiner rechtlichen Situation drohte. Ein Vertrag nach Art. 42 S. 1 EGBGB derogiert das anwendbare Recht ex tunc[633]. Das macht den Dritten schutzwürdig. Dafür, daß man ihm deshalb die zuvor erstandenen Rechte in das neue Statut hinübertragen soll, ist nichts ersichtlich.

---

[630] So *Giuliano/Lagarde* in ihrem Bericht, BT-Drs. 10/503, S. 50.

[631] Diese ist heftiger Kritik ausgesetzt, weil sie das normale, allseitige Kollisionsrecht durchbricht. Sie führt auf einen bloßen Zirkel (*v.Savigny*, Röm. Recht VIII, S. 132; *Neuhaus*, IPR, § 21 IV; *Raape/Sturm*, IPR I, § 6 VI in Fn. 12; *v.Bar*, IPR I, Rn. 144 ff.; *Kropholler*, IPR, § 21 I 2 a): Man muß wissen, nach welcher Rechtsordnung der vollzogene Erwerb zu beurteilen ist, um zu erfahren, welche Rechte wohlerworben wurden; um aber dieses Statut bestimmen zu können, muß man voraussetzen, daß das jeweilige Recht entstanden sei. Teils will man diesen Einwand entkräften: Im Prozeß habe der Dritte die Tatsachen darzulegen und zu beweisen, aus denen sich das zuvor geltende Statut ergibt, nach dessen Maßgabe er das behauptete Drittrecht angeblich erworben habe (*Möllenhoff*, S. 39). Dieses Argument vermag nicht zu überzeugen. Es geht von der prinzipiellen Drittwirkung gegen den Willen eines an der Wahl Unbeteiligten aus. Nur bei Gegenwehr kommt das Recht zur Anwendung, welches sonst, stünde der Dritte – als Partei – allein, von Amts wegen ermittelt werden würde (vgl. § 2 C I 2). Das bedeutet eine Variante der gesetzeswidrigen Lehre vom fakultativen Kollisionsrecht (zu ihr § 2 vor A und § 7 B II 3). Soll nun aber das Gericht, wenn der Dritte „protestiert", das alte Statut in einem Ausschnitt oder vollständig fortgelten lassen? Auch *Möllenhoff* sieht sich außerstande, diese Frage mit Hilfe der Theorie von den wohlerworbenen Rechten zu beantworten (a. a.O.). *U.Bauer* meint demgegenüber, in Art. 27 II 2 EGBGB könne „durchaus eine Ausprägung des Grundsatzes ... erblickt werden" (S. 107).

[632] BT-Drs. 10/504, S. 77 wie auch die Denkschrift zum EVÜ, BT-Drs. 10/503, S. 24, geben nur den Normtext wieder.

[633] § 5 B II.

Ohnehin wäre diese Mixtur beider Statute abzulehnen[634]. Art. 27 II 2, 42 S. 2 EGBGB zielen nicht darauf ab, dem Dritten die größtmöglichen Vorteile der in Rede stehenden Statute kombinationsweise zu sichern. Kaum überwindbare Angleichungsschwierigkeiten wären zudem die Folge. Dieses Problem stellt sich denjenigen nicht, die Alt- oder Neustatut insgesamt zur Anwendung bringen wollen. Daß hierbei für sachrechtliche Erwägungen Raum sein soll, harrt aber noch einer Begründung. Auch im Vertrauensschutzgedanken ist sie nicht zu finden. Mag er als Anknüpfungsmaxime der Theorie von den wohlerworbenen Rechten als „richtiger Kern" enthalten sein[635], so besagt er doch nicht mehr, als daß die vom Dritten vernünftiger- und billigerweise gehegte Erwartung, der Sachverhalt unterstehe einem bestimmten Recht, durch eine nachträgliche Abrede der Parteien nicht enttäuscht werden darf. Vertrauensschutz, Voraussehbarkeit bzw. Berechenbarkeit der Entscheidung bedeutet im IPR vor allem, daß die maßgebende Rechtsordnung schon vor Bestimmung durch den Richter aufgrund von Kriterien feststehen soll, mit denen die Parteien rechnen durften oder mußten[636]. Mitunter heißt es, rechtliche Begünstigungen des Dritten, welche eine nachträgliche Rechtswahl mit sich bringt, schränkten keine dieser Schutzkomponenten ein, weshalb Art. 27 II 2 EGBGB als reines Beeinträchtigungsverbot auszulegen sei[637]. Diese Folgerung ist aber nicht zwingend. Im Gegenteil kann der Dritte das anwendbare Recht eher voraussehen, wenn er „sein" Statut behält und das, was andere in Abweichung von der ursprünglichen Verweisung vereinbaren, ihn selbst überhaupt „unberührt" läßt.

b)   „... bleiben unberührt"

Möglicherweise ist das letztgenannte Merkmal aufschlußreicher. Aus ihm könnte ein Verbot von Verträgen zu Lasten Dritter sprechen. § 328 I BGB ermöglicht es, einem Dritten ohne seine Mitwirkung vertragliche Leistungsansprüche, Schadensersatz oder Einreden zu verschaffen. Ein Vertrag, durch den der Dritte unmittelbar verpflichtet wird, ist dagegen grundsätzlich unzulässig. „Zu Lasten" scheint darauf hinzudeuten, daß allein die

---

[634] *Mansel*, ZVglRWiss 1987, 6; *Möllenhoff*, S. 118. Zur „Rosinentheorie" auch schon § 2 A II 1, III.
[635] *Möllenhoff*, S. 41; *Kropholler*, IPR, § 21 I 2 d.
[636] Stellvertretend *Kropholler*, IPR, § 21 II.
[637] *Möllenhoff*, S. 55. Näher sogleich unter b).

Benachteiligung eines Dritten nicht erlaubt ist, dessen Rechtsstellung also beschnitten bzw. eine Rechtsposition aufgehoben oder Verbindlichkeit ausgeweitet würde[638]. Der so verstandene Vorbehalt soll auch für Art. 27 II 2[639] bzw. Art. 42 S. 2 EGBGB[640] beachtlich sein. Daß schuldrechtliche Verträge hier keine Wirksamkeit entfalten, hat jedoch seinen Grund in der negativen Privatautonomie[641]. Wer am Abschluß unbeteiligt ist, genießt auch die Freiheit, dies zu bleiben. Auf „Rechte" des Dritten darf sich auch ein Verweisungsvertrag ohne sein Einverständnis weder nachteilig noch vorteilhaft auswirken[642]. Näher lassen sich Art. 27 II 2, 42 S. 2 EGBGB mit dieser Parallele nicht konkretisieren[643]. Es ist außerdem bereits fraglich, ob Vorschriften des BGB, hier § 328, ohne weiteres auf das ihnen übergeordnete Kollisionsrecht übertragbar sind[644].

Für das Vertragskollisionsrecht gibt es damit nur noch einen letzten Versuch, anhand der Gesetzesformulierung Sachrecht in die Reichweitenproblematik zu integrieren, und zwar gemäß Art. 36 EGBGB (Art. 18 EVÜ). Die Vorschrift will die einheitliche Auslegung der Kollisionsnormen für

---

[638] Palandt-*Heinrichs*, Einf. v. § 328 BGB Rn. 10, erklärt einen solchen Vertrag für nicht zulässig, selbst wenn der Dritte die Parteien zu seiner Belastung ermächtigt (so bereits *Flume*, RGeschäft, § 1.10 a in Fn. 20). Das wird bestritten. A.A. etwa *Möllenhoff*, S. 111 in Fn. 23 und S. 140; Staudinger-*Jagmann*, BGB (2001), Vorb. zu §§ 328 ff. Rn. 42.

[639] Vgl. *Neuhaus*, IPR, § 33 V (vor Kodifikation); *U.Bauer*, S. 108; MünchKomm³-*Martiny*, EGBGB, Art. 27 Rn. 69, 70; Soergel¹²-*v.Hoffmann*, EGBGB, Art. 27 Rn. 80; *Kropholler*, IPR, § 52 II 4. Zu § 11 III öst. IPRG *Schwind*, IPR, Rn. 414.

[640] *Freitag/Leible*, ZVglRWiss 2000, 109; *Spickhoff*, IPRax 2000, 2; *Gruber*, VersR 2001, 20; Staudinger-*v.Hoffmann*, EGBGB (2001), Art. 42 Rn. 16; *Kreuzer*, RabelsZ 2001, 401; *Sieghörtner*, S. 464 f. Zum früheren Recht schon *Hohloch*, NZV 1988, 165.

[641] Das Selbstbestimmungsrecht hinsichtlich der Begründung vertraglicher Pflichten würde sonst mißachtet. Vgl. *Jagmann* und *Heinrichs*, a.a.O. (Fn. 638); Münch-Komm⁴-*Gottwald*, BGB Bd. 2a, § 328 Rn. 172; allgemein zum Wert der Willensherrschaft *Bydlinski*, Privatautonomie, S. 56 ff., 66 ff., 114 ff., 126 ff., 173.

[642] *Mansel*, ZVglRWiss 1987, 6; wohl auch *v.Bar*, IPR II, Rn. 481, nach dessen Ansicht (Rn. 677 a.E.) von der alleinigen Wählbarkeit des Forumsrechts es einer deliktskollisionsrechtlichen Drittschutzklausel nicht bedurfte. Zum kollisionsrechtlichen Drittschutz, der eine akzessorische Bindung des Deliktsstatuts an einen Vertrag, dessen Partei der Schädiger nicht ist, unmöglich macht, vgl. *v.Hoffmann* und *Thorn*, a.a.O. (Fn. 46).

[643] Insoweit zutr. *Möllenhoff*, S. 44 und 52.

[644] Vgl. dazu insbesondere § 6 B.

vertragliche Schuldverhältnisse in den Staaten sichern, welche das EVÜ gezeichnet haben. Art. 27 II 2 EGBGB entspricht im Wortlaut Art. 3 II 2 EVÜ deutscher Fassung. Bei der Interpretation ist aber auch das EVÜ in den Sprachen der übrigen Vertragsstaaten und der Bericht von *Giuliano/ Lagarde* zu beachten[645]. In Frankreich heißt es: „ne porte pas atteinte aux droits des tiers"; ebenso die bisher im Gefolge des EVÜ von der GEDIP (§ 15 B) und Europäischen Kommission (§ 15 C) erarbeiteten Entwürfe einer Vereinheitlichung des IPR für außervertragliche Schuldverhältnisse. Der englische Text fügt ein Adverb hinzu und lautet: „adversely affect the rights of third parties". Entsprechend wird in den Materialien verlautbart, daß Rechte Dritter „nicht beeinträchtigt" werden dürfen[646]. Art. 27 II 2 EGBGB ist extensiver gefaßt. Ihn restriktiv auslegen oder teleologisch reduzieren zu wollen, ist daher zumindest nachvollziehbar: Nur eine Schlechterstellung, folgern viele, „berührt" Rechte des Dritten[647]. Ob letzteren die Rechtswahlwirkung erfaßt, könne mithin erst nach einem Günstigkeitsvergleich entschieden werden. Allerdings gleichen ausländische Formeln mehrheitlich doch der deutschen: „doet geen afbreuk aan rechten van derden" (Niederlande); „non pregiudica i diritti dei terzi" (Italien); „no afecturá a los derechos de terceros" (Spanien). Eine auf einzelne Sprachen beschränkte Argumentation vermag deshalb nicht zu überzeugen.

Hat Art. 27 II 2 EGBGB/Art. 3 II 2 EVÜ aber nun etwa den Telos, daß sich der Dritte einen rechtlichen Vorteil aufdrängen lassen muß? Angebrachte Zweifel versucht man zu zerstreuen. Der Erwerb von Drittrechten, welche sich durch eine nachträgliche Wahl zwischen den Hauptvertragsparteien zu verändern drohen, habe sich nur mit Zustimmung des Dritten, z.B. Bürgen vollziehen können und enthalte regelmäßig dessen Einverständnis zu einer späteren Verbesserung[648]. Für unerlaubte Handlungen gibt dieser Einwand nichts her. Hier werden Dritte zwar zum Teil auch kraft eigenen Entschlusses in den folgenden Rechtsstreit der Parteien einbezogen (insbesondere Haftpflichtversicherer), doch ist die Haftungsbegründung selbst, indem sie durch ein deliktisches Ereignis ausgelöst wird, nicht voluntativ. Art. 27 II 2

---

[645] Vgl. BGH 26.10.1993, BGHZ 123, 380 (384 f.) und 19.3.1997, BGHZ 135, 124 (134); Palandt-*Heldrich*, Art. 36 EGBGB Rn. 1.
[646] *Giuliano/Lagarde*, BT-Drs. 10/504, S. 50.
[647] *U.Bauer*, S. 115; *Möllenhoff*, S. 58; MünchKomm³-*Martiny*, EGBGB, Art. 27 Rn. 69; *Kropholler*, IPR, § 52 II 4; *Jaspers*, S. 163; Staudinger¹³-*Magnus*, EGBGB, Art. 27 Rn. 112 f.
[648] *Möllenhoff*, S. 56 f.

EGBGB, so wird behauptet, sei eine Individualschutznorm[649]. Die Verfasser des EVÜ hätten aber Art. 3 II wie Art. 5 formuliert („nicht dazu führen darf, daß der gewährte Schutz entzogen wird"), wenn auch hier Raum für Günstigkeitserwägungen eröffnet werden sollte. Der Reformgesetzgeber von 1999 tritt dem für Art. 42 S. 2 EGBGB entgegen und betont das Verkehrsinteresse[650]. Gleichwohl wird propagiert, (nur) eine für den Dritten günstige Wahl könne diesen erfassen. Im selben Atemzug jedoch betont diese Meinung, im Zweifel sei nicht anzunehmen, daß die Parteien der Vereinbarung eine solche Privilegierung wollten[651]. Damit klingt eine parteibezogene Lösung an. Es wählt nur, wer dies weiß und will. Bei konkludenter Rechtswahl wird über das Erklärungsbewußtsein im Schrifttum viel nachgedacht und ausgiebig debattiert[652]. Geht es aber um Personen, die sich an der Rechtskür nicht beteiligen, sollen sie mit dieser fremdbetätigten Parteiautonomie überzogen werden, weil es, materiell gesehen, zu ihrem Besten sei. Das ist nicht nur unpraktikabel, sondern auch grob unbillig.

Die Außerachtlassung des materiellrechtlichen Resultats einer parteiautonomen Verweisungsanordnung entspricht der klassischen Trennung von sach- und kollisionsrechtlicher Ebene, welche nur einige IPR-Normen unter dem Eindruck der Günstigkeit überbrücken[653]. Dagegen kompliziert Sachnorm-Analytik die Rechtsanwendung und kann weder für die beratende Praxis des Anwalts noch den unter Entscheidungsdruck stehenden Richter in Kauf genommen werden. Bei zwischenparteilicher Geltung einer Rechtswahl kommt es zu keinem „Wettlauf der Statute". Spaltungen im Rechtsverhältnis des Dritten sind ausgeschlossen. Rechtssicherheit ist gewährleistet. Dieses Gebot zwingt zu Entwicklung und Befolgung objektiver Entscheidungsregeln[654]. Implizite Erwägungen auf sachrechtlichem Niveau

---

[649] *Möllenhoff*, S. 136.
[650] Begr. RegE 1998, BT-Drs. 14/343, S. 14.
[651] Soergel[12]-*v.Hoffmann*, EGBGB, Art. 27 Rn. 79 und *ders.* in Staudinger, EGBGB (2001), Art. 42 Rn. 16; *Freitag/Leible*, ZVglRWiss 2000, 109; restriktiv auch Bamberger/Roth-*Spickhoff*, Art. 27 EGBGB Rn. 31 („vorausgesetzt, die Parteien haben dies gewollt").
[652] § 7 B I 2, II.
[653] *Mühl*, S. 2 f.; *Baum*, S. 94/95; *Ch.Schröder*, S. 9 f. Vgl. § 2 A I, II 1; § 10 vor A; § 13 A.
[654] *Lüderitz*, FS Kegel I, S. 40; MünchKomm[3]-*Kreuzer*, EGBGB, Art. 38 Rn. 17 i. V.m. *Sonnenberger*, ebenda, Einl. IPR Rn. 30. Auch *Raape/Sturm*, IPR I, § 1 VII 3

haben Ausnahmecharakter (vgl. Art. 27 I 3, 29 I, 30 I EGBGB). Art. 42 S. 2 EGBGB läßt für sie keinen Platz.

Eine Rechtswahl entfaltet Wirkungen nur zwischen den an ihr aktiv Teilnehmenden. An diesem Prinzip ist festzuhalten. Art. 42 S. 1 EGBGB gewährt Parteiautonomie. Art. 42 S. 2 EGBGB will sie den Parteien nicht wieder nehmen. Auch bei Drittbeteiligungsfällen hat die inter partes getroffene Rechtswahl daher Bestand. „Rechte Dritter bleiben unberührt", wenn es für den Dritten auch ohne sein Veto bei der ursprünglichen Anknüpfung bleibt. Die Erwartung des Dritten richtet sich nicht darauf, daß eine (ihm unbekannte) vermeintlich vorteilhaftere Rechtsordnung auf ihn deshalb angewandt wird, weil andere – für sich – das bisher geltende Statut abgelöst haben[655].

Der Dritte muß schon selbst tätig werden, um den status quo in Bezug auf seine Person abzuändern. Ohne weiteres kommt er also nicht in den Genuß etwaiger rechtlicher Vorteile des nachträglich berufenen Deliktsstatuts. Er wird also gleich behandelt wie die sich Einigenden selbst. Das ist ein gerechtes Resultat und alles andere als „skrupulös"[656]. Die Kritik an ihm erklärt sich schon aus der fehlgehenden Prämisse, der „Eingriff" in die Befugnis zur freien nachträglichen Rechtswahl sei möglichst gering zu halten[657]. Die Beschränkung der Rechtsfolgen einer Wahl auf ihre Parteien ist eben kein Eingriff in die Parteiautonomie. Den Interessen des Dritten gebührt auch nicht etwa der „Vorrang"[658]. Wer sich nicht selbst erklärt, wählt nicht und wird auch nicht in eine fremde Wahl einbezogen. Fremd ist die Wahl, weil der Dritte an ihr nicht beteiligt ist. Damit ist nicht gesagt, daß Art. 42 S. 2 EGBGB dem Dritten den Zugriff auf weitergehende Rechte nach dem Neustatut verwehrt. Nur muß sich dieser hierfür erklären. Den Dritten so gewähren zu lassen, ist nicht aus dem Grunde „unsinnig"[659], daß ihm Nachteile drohen. Auch Dritte sind nicht weitergehend zu schützen, als

---

(Art. 20 III, 28 I GG), aber kontraproduktiv, denn de lege ferenda, so *Sturm*, sei für fakultatives Kollisionsrecht und den Schutz des Schwächeren zu kämpfen.

[655] Zutr. *Reinhart*, IPRax 1995, 370.
[656] Das hingegen meint *U.Bauer*, S. 135.
[657] So vor allem *U.Bauer*, S. 115.
[658] Unzutr. *Möllenhoff*, S. 106.
[659] *U.Bauer*, S. 136.

sie es selbst wünschen. Das macht die selbstbestimmte Verweisungsfreiheit aus.

Das Interesse am Fortbestand der unter dem originären Statut erlangten Rechtsstellung (inklusive der einzelnen Positionen) wird durch Ausklammern des Dritten gewahrt. Mehr gebietet die ratio legis nicht. Es scheint bereits gewagt, für Art. 27 II 2 EGBGB in seiner Art. 36 EGBGB entsprechenden Auslegung einen Fingerzeig auf Vorteilsgewährungen zu sehen. Um so vorsichtiger sollte man mit solchen Schlüssen bei Art. 42 S. 2 EGBGB sein. Im Deliktsrecht wollte der Gesetzgeber den Günstigkeitsvergleich zurückdrängen[660]. Im Rahmen von Art. 42 S. 1 sollte er auch nicht über eine Analogie zu 29 I, 30 I EGBGB eingeführt werden[661]. Bei Art. 42 S. 2 EGBGB darf es nicht anders sein.

B. Fazit

Es wird zwar mehrheitlich vertreten, daß die materiellen Auswirkungen des Alt- und Neustatuts für den Dritten zu prüfen seien – wofür diverse Techniken offeriert werden – und eine Erstreckung der Rechtswahl auf ihn ohne sein Zutun in Betracht komme. Hierfür gibt es aber keinen Anhaltspunkt. Den Vertretern einer solchen automatisierten Drittwirkung obliegt daher deren teleologische Begründung, die zu liefern sie aber nicht vermögen. Freilich heißt es in Art. 27 II 2, 42 S. 2 EGBGB auch nicht etwa: „Dritte müssen draußen bleiben". Aus der ratio legis des Art. 42 S. 2 EGBGB geht jedoch auch mit Blick auf Art. 27 II 2 EGBGB kein überzeugender Grund hervor, warum nicht eine generelle inter partes-Beschränkung gegeben sein sollte, jedenfalls mangels eigener Erklärung des Dritten. Für diesen hat das originäre, etwa über Art. 40 I EGBGB berufene Statut Bestand, und zwar unabhängig vom sachrechtlichen Resultat. Eine Vereinbarung nach Art. 42 S. 1 EGBGB kann die Rechtsposition z.B. des Versicherers also per se nicht beeinträchtigen. So läßt sie das Verhältnis zwischen Verletztem und dem Haftpflichtversicherer seines Schädigers nicht nur dann unberührt, wenn sie die Leistungspflicht des Versicherers gegenüber dem eigentlich, d.h. in Ermangelung einer Rechtswahl objektiv maßgebenden Statut (Art. 40 I und II, 41 EGBGB) erweitert, was bei einem nur unter gewähltem Recht möglichen Direktanspruch der Fall wäre. Eine solche Untersuchung

---

[660] § 2 A II 1.
[661] § 10 B II.

ist entbehrlich. Die Rechtswahl wirkt inter partes, unter dem alleinigen Vorbehalt einer parteiautonomen Einbeziehung des Dritten. Wie aber dessen Beteiligungsmöglichkeiten aussehen, ist eine andere Frage, die es nun zu beantworten gilt.

Man könnte, wie erwähnt, die Wirksamkeit der Wahl für den Dritten von seiner „Zustimmung" abhängig machen[662]. Lege fori ist die Zustimmung eine einseitige empfangsbedürftige Willenserklärung[663]. Nachträglich erteilt, wirkt sie als Genehmigung zurück (§ 184 I BGB i.V.m. § 177 I BGB für den falsus procurator). Somit könnte sich der Dritte auf die Rechtsstellung nach dem neuen Statut berufen, nämlich dadurch, daß er sich gegenüber den Parteien erklärt[664]. Zumindest wenn der Dritte nicht nur bei der Wahl außen steht, sondern auch seine Position bzw. Inanspruchnahme nur mittelbar auf der unerlaubten Handlung gegründet ist (Haftpflichtversicherer; Rechtsnachfolger, etwa Hinterbliebene des Opfers), scheint eine solche bloße Zustimmungsoption eine Überlegung wert.

Eine derartige Rechtsbefugnis ist aber bedenklich, weil sie durch einseitigen Akt zusätzliche Wirkungen zeitigt, die in der Regel nicht vom Willen der Kontrahierenden getragen werden. Zudem würde die selbständige Stellung aller Beteiligten im Rechtsstreit verkannt, wenn sich der Dritte durch ein bloßes „Ja" eine Abrede der anderen rechtsverbindlich zu eigen machen könnte. Die vertragliche Kür anwendbaren Rechts sorgt für Anknüpfungssicherheit und materiellrechtlich klare Verhältnisse[665]. Diesen inter partes entfalteten Vereinfachungseffekt gilt es zu nutzen, indem weitere Beteiligte von Anfang an in die (mithin dreiseitige kollisionsrechtliche) Vereinbarung einbezogen werden[666]. Ist ein solcher Konsens nicht zustande gekommen, etwa weil von einem Dritten noch nichts bekannt war, kann dieser im nachhinein an beide am Vertragsabschluß schon Teilnehmende auch unter Bezugnahme auf jene Wahl ein Angebot abgeben, das im Interesse einheitlicher Rechtsanwendung jeweils angenommen werden wird.

---

[662] Zuerst *Beitzke*, a.a.O. (Fn. 615).

[663] Statt vieler nur MünchKomm⁴-*Schramm*, BGB, § 182 Rn. 3 und Palandt-*Heinrichs*, Einf. v. § 182 BGB Rn. 3.

[664] So lautet eine von *Mansel* vorgeschlagene Alternative (ZVglRWiss 1987, 6); ebenso *Möllenhoff*, S. 140 f.

[665] §§ 1, 8 B.

[666] *Mansel*, Direktansprüche, S. 48 f.; *ders.*, ZVglRWiss 1987, 7. Ihm beitretend *Reinhart*, IPRax 1995, 369 mit Fn. 54.

Ein richterlicher Hinweis kann hier nachhelfen[667]. Allerdings sollte dem Dritten eine Rechtswahl nur möglich sein, wenn sich die anderen gemeinsam mit ihr einverstanden erklären und so ein Gleichlauf erzielt wird. Sonst läge eine mit Art. 42 EGBGB unverein- und nicht praktizierbare Spaltung der Rechtsverhältnisse vor, etwa wenn der Schädiger ein Wahlangebot seines Haftpflichtversicherers zugunsten der lex fori akzeptiert, der Verletzte aber nicht.

Weigert sich der Dritte, hat für ihn der status quo weiter Geltung. Er ist in seiner Entscheidung frei. Doch könnte ausnahmsweise und aus verfahrenswirtschaftlicher Sicht wohl nur theoretisch eine Partei gegen ihn im Innenverhältnis ein Recht auf Abgabe einer inhaltsgleichen Wahlerklärung haben und prozessual geltend machen. So z.B., wenn zwei Miteigentümer wegen Sachbeschädigung Ersatz verlangen, sich einer von ihnen mit dem Gegner gemäß Art. 42 S. 1 EGBGB einigt, der andere es jedoch bei der objektiven Anknüpfung belassen will, so daß ein forderungsfeindliches Recht berufen und die insgesamt zuzusprechende Summe deshalb zum Neuerwerb nicht reichen würde. Materiellrechtlich bilden die Geschädigten hier eine Gemeinschaft. Es gilt das für das gemeinschaftliche Recht maßgebende Statut, beim Miteigentum also nach Art. 43 I EGBGB grundsätzlich die lex rei sitae[668]. Aus § 745 II BGB und § 894 I 1 ZPO folgte dann ein vollstreckbarer Anspruch auf Abgabe der Willenserklärung, wenn sie dem Interesse beider Teilhaber nach billigem Ermessen diente. Über diese Feststellung geht das Gericht nicht hinaus; es führt keinen Günstigkeitsvergleich durch[669].

---

[667] Vgl. § 2 C I 1.
[668] Vgl. BGH 25.9.1997, IPRspr. 1997 Nr. 60.
[669] Siehe nur Palandt-*Sprau*, § 745 BGB Rn. 5.

§ 13 *Renvoi*

Ob die Regeln des internationalen Deliktsrechts sog. Gesamtverweisungen sind, so daß im Falle einer Berufung ausländischen Rechts auch dessen IPR zur Geltung kommt, Rück- oder Weiterverweisung also zu beachten sind (A), oder aber direkt auf die Sachnormen verwiesen wird (B), ist Gegenstand der folgenden Untersuchung.

A. Prinzip der Gesamtverweisung

Die Neuregelung hat im Gegensatz zu Art. 42 II RefE 1984, der i.V.m. Art. 35 I EGBGB (Art. 15 EVÜ) den *renvoi* ausschloß, aber bereits im RefE 1993 gestrichen worden war, das Prinzip des Art. 4 I 1 EGBGB nicht korrigiert[670]. Deshalb wird man grundsätzlich auch weiterhin von Gesamt- bzw. IPR-Verweisungen auszugehen haben[671,672]. Dieses Prinzip gilt im Interesse der äußeren Entscheidungsharmonie[672a]. Mit ihm geht freilich die Gefahr einer, daß inhaltliche Wertentscheidungen des nationalen Kollisionsrechts durch einen *renvoi* durchkreuzt werden. Dies vor allem im Rahmen der Auflockerung des Deliktsstatuts. Aber selbst die Tatortregel ist im Ausland sehr verschiedenartig konzipiert[673]. Wird unmittelbar Sachrecht

---

[670] Zu ihm vgl. Beschlußempfehlung und Bericht des Rechtsausschusses, BT-Drs. 10/5632, S. 39. Vor der Reform von 1986, die dem *renvoi* die Endfassung gab, war es noch ein großer Streitpunkt, ob und wann deutsche Kollisionsnormen auf Sachvorschriften verweisen, wenn sie dies nicht ausdrücklich oder nach ihrer Gestaltung vorsehen (Art. 3 I 2 EGBGB).

[671] Begr. RegE 1998, BT-Drs. 14/343, S. 8: „kein zwingender Anlaß zur Abweichung von der Grundregel" des Art. 4 I 1 EGBGB, „die sich im übrigen in der Zeit seit der Neuregelung des Internationalen Privatrechts auch für außervertragliche Schuldverhältnisse in der Praxis weiter bewährt hat".

[672] Dagegen insbesondere (zum RefE 1993) MPI Stellungnahme 1994, S. 10 f.; *v. Hoffmann*, IPRax 1996, 7 und nach wie vor in Staudinger, EGBGB (2001), Vorb. zu Art. 40 Rn. 70; ferner *v.Hinden*, S. 229 ff. sowie aus produkthaftungsrechtlicher Sicht *Ina Wiedemann*, S. 250 f. und *Freitag*, S. 146 ff.; allgemein *Sonnentag*, S. 244 und *Schaub*, RabelsZ 2002, 63; früher bereits *Kropholler*, RabelsZ 1969, 645 f.; auch die Vereinheitlichungsbestrebungen, § 15, schneiden dem IPR der berufenen Rechtsordnung den Weg ab.

[672a] A.A. *Flessner*, Interessenjurisprudenz, S. 131 ff., der als einzige Rechtfertigung für den Rücktritt der Kollisionsnormen des Forums die Parteiinteressen gelten läßt.

[673] Fn. 83, 90. Daß ein *renvoi* hier durchaus in Frage kommt, hat man dennoch bestritten (so *Raape*, IPR, § 11 III 3) oder zumindest seine Bedeutung angezweifelt (*Nixdorf*, GRUR 1996, 843 in Fn. 4: „würde dies in der Regel kaum zu abweichenden

berufen, hat man sich dagegen der Ungewißheit entledigt, ob fremdes IPR die Verweisung annimmt. Haben die Parteien nicht das anwendbare Recht durch „Rechtswahl" festgelegt (Art. 4 II EGBGB), rückt somit die Sinnklausel des Art. 4 I 1 HS 2 EGBGB in den Vordergrund. Sie fragt danach, ob der jeweiligen Kollisionsnorm ein besonderer Regelungszweck innewohnt, der als qualifizierte Sachgerechtigkeit oder rechtspolitisch ordnende Funktion umschrieben wird[674]. In erster Linie ist es Sache des Gesetzgebers, welche Ratio eine Kollisionsregel verfolgt und ob er ihretwegen einen *renvoi* außer acht lassen will. Da Art. 3 I 2 EGBGB bereits eine klare Aussage enthält und Art. 4 I 1 HS 1 EGBGB die Kollisionsnormverweisung zur Regel macht, kann sich der Sinnvorbehalt des Art. 4 I 1 HS 2 EGBGB nur auf begründete Ausnahmefälle beziehen. Nach Maßgabe dieser Maxime sind Art. 40, 41 EGBGB im einzelnen zu untersuchen.

Art. 40 I 1 EGBGB spricht eine Gesamtverweisung aus, etwa bei Platzdelikten[675]. Hier spielt ein *renvoi* praktisch seine wichtigste Rolle, und zwar im Verhältnis zu Staaten, die das Haager Abkommen über das auf Straßenverkehrsunfälle anwendbare Recht ratifiziert haben. Ist als Tatortrecht einschließlich seines IPR desjenige des ehemaligen Jugoslawiens berufen, weil sich dort der Unfall ereignet hat, gilt Art. 4 lit. b des Übereinkommens mit der Folge der Rückverweisung auf deutsches Recht, wenn beide Fahrzeuge dort zugelassen waren[676]. Hierzu macht es keinen Unterschied, wenn bei einem Distanzdelikt das Bestimmungsrecht nicht (rechtzeitig) ausgeübt wurde. Diskutiert wird dagegen über Art. 40 I 2 EGBGB, wenn die Option zugunsten des Erfolgsortes erfolgte. Um eine „Rechtswahl" handelt es sich dabei nicht. Als solche bezeichnet man zwar auch die einseitige Befugnis des Erblassers nach Art. 25 II EGBGB wegen dessen Wortlauts „wäh-

---

Ergebnissen führen"; *R.Wagner*, IPRax 1998, 431: „oftmals nicht entscheidungserheblich").
[674] Statt aller: MünchKomm³-*Sonnenberger*, EGBGB, Art. 4 Rn. 24. Vgl. auch *Sonnentag*, S. 160, der die Formel *Krophollers* rezitiert: Je ausdifferenzierter eine inländische Kollisionsnorm, desto schwerer fällt der Befehl, einer fremden zu folgen – a.a.O. (Fn. 672) und IPR, § 24 I 2 a.E..
[675] Zum Begriff § 2 A vor I.
[676] OLG Frankfurt/Main 24.6.1999, IPRspr. 1999 Nr. 40. Ihm stimmen *Junker*, JZ 2000, 482 und *Timme*, NJW 2000, 3260, für Art. 40 I EGBGB zu.

len"[677] und wendet Art. 4 II EGBGB an[678], doch folgt die Sachnormverweisung hier aus Art. 3 I 2 EGBGB, weil Art. 25 II EGBGB „deutsches Recht" benennt. Art. 4 II EGBGB meint nur die einvernehmliche Wahl. „Verlangen" (Art. 40 I 2 EGBGB) ist, wie oben ausgeführt, etwas ganz anderes[679]. Eine direkte Anwendung der Vorschrift auf Art. 40 I 2 EGBGB scheidet aus[680]. Ebenso eine Analogie[681]. Dank Art. 4 I 1 HS 2 EGBGB gibt es keine Regelungslücke. Diese Sinnklausel greife hier ein, wird nun vorgebracht[682]. Als einen von ihr erfaßten Fall nennt der Rechtsausschuß zum RegE 1983 den einer alternativen Anknüpfung, deren Sinn dadurch verfehlt würde, daß trotz Berührung zu verschiedenen Staaten nur ein einziges Recht anzuwenden wäre, weil alle in Betracht kommenden Rechte auf ein und dieselbe Rechtsordnung verweisen[683]. Nach wie vor wird entweder an den Handlungs- oder Erfolgsort angeknüpft, also alternativ (Ubiquität). Früher jedoch traf das Gericht eine an ein bestimmtes materiellrechtliches Ergebnis gebundene Auswahl, wenn sie ihm der Geschädigte nicht abnahm (Günstigkeit). Jetzt muß letzterer initiativ werden. Deshalb spricht man von einer Alternativität nur noch in einem weiten Sinne[684]. Doch hat sich nicht das Nebeneinander geändert, sondern die Zuweisung an seine Entschei-

---

[677] Staudinger-*Dörner*, EGBGB (2000), Art. 25 Rn. 473 ff., der die Verfügungsmöglichkeit aber zugleich zutr. als einseitiges Gestaltungsrecht qualifiziert (vgl. Fn. 126, 304). Für viele auch Palandt-*Heldrich*, Art. 25 EGBGB Rn. 7.

[678] Soergel^{12}-*Kegel*, EGBGB, Art. 4 Rn. 23; Staudinger-*Dörner*, EGBGB (2000), Art. 25 Rn. 517; Erman-*Hohloch*, Art. 4 EGBGB Rn. 13 und Art. 25 EGBGB Rn 7; Palandt-*Heldrich*, Art. 4 EGBGB Rn. 11.

[679] § 2 vor A, A III und B.

[680] A.A. Staudinger^{13}-*Hausmann*, EGBGB, Art. 4 Rn. 104, 303; *Siehr*, IPR, § 34 II 1 b und *Heiderhoff*, IPRax 2002, 368 („ohne weiteres").

[681] Entgegen MünchKomm^3-*Kreuzer*, EGBGB, Art. 38 Rn. 26; *Freitag*, S. 147 (da vertragliche Rechtswahlvorschriften „zumindest teilweise entsprechend angewendet werden sollten") und *Freitag/Leible*, ZVglRWiss 2000, 140 f. (weil der Aufwand, den der Verletzte mit der zusätzlichen Komplikation durch einen möglichen *renvoi* hätte, unzumutbar sei); *Timme*, NJW 2000, 3259; Staudinger-*v. Hoffmann*, EGBGB (2001), Vorb. zu Art. 40 Rn. 70; *dems.*, IPR, § 11 Rn. 61.

[682] *v.Hoffmann*, IPRax 1996, 7 (zum RefE 1993); Erman-*Hohloch*, Art. 4 EGBGB Rn. 19 f., Art. 40 EGBGB Rn. 13 a.E.; *Huber*, JA 2000, 73; *Junker*, RIW 2000, 242 und in Fn. 17; *Sonnentag*, S. 229 f. *Kreuzer* läßt die rechtstechnische Begr. der von ihm auch de lege lata bevorzugten Sachnormverweisung offen (RabelsZ 2001, 424).

[683] A.a.O. (Fn. 670).

[684] *v.Hein*, ZVglRWiss 2000, 267; *Kropholler*, IPR, § 20 II 1.

dungsträger[685]. In einem weiteren Sinne ist allenfalls die „elektive Konkurrenz" zu verstehen, weil Art. 40 I 1 EGBGB als Auffangtatbestand unabhängig von einer Wahl mit dem Handlungsortsrecht eine Lösung vorhält[686]. Nur vom „Günstigkeitsprinzip" kann nicht mehr die Rede sein[687]. Die Umgestaltung der Tatortregel in eine „fakultative Ausnahmeanknüpfung zugunsten des Erfolgsortes"[688] bedeutet für den Verletzten eine einschneidende Neuerung. Allerdings ging es damals wie heute im Deliktskollisionsrecht nicht um Protektionismus in favorem laesi, sondern Auswege aus der Mehrfachverknüpfung[689]. Nur wo die elektive Konkurrenz zugunsten einer Kumulation von Einzelrechten aufgegeben wird, tritt eine soziale Schutzrichtung zutage[690]. Dagegen war und ist im IPR für unerlaubte Handlungen dem lokalisatorischen Element der Anknüpfung der Primat gegenüber materiellrechtlichen Erwägungen eingeräumt[691]. Auch hinter der Bestimmungsmöglichkeit des Art. 40 I 2 EGBGB steht lediglich das Streben nach Praktikabilität. Zwar übt der Geschädigte seine Wahlbefugnis auch im Hinblick auf ein für ihn günstiges sachliches Resultat aus[692]. Wie Art. 42 EGBGB ist Art. 40 I 2 EGBGB eine subjektive Anknüpfung und deshalb (meist) ergebnisorientiert. Entscheidend aber ist der genannte legislative Grund für Art. 40 I 2 EGBGB. Er geht nicht über das hinaus, was jeder

---

[685] Fn. 69.
[686] Fn. 75a.
[687] Zu der nach hier vertretener Ansicht bei einer Mehrheit von Handlungs- und/oder Erfolgsorten zu machenden Ausnahme, die jedoch praktisch nie zum Tragen kommen wird, siehe § 2 A II 2.
[688] *Kropholler*, a.a.O. (Fn. 684)
[689] Oben § 2 A II 1.
[690] Vgl. § 10 vor A.
[691] Vgl. Fn. 77. Folgerichtig ist ein *renvoi* irrelevant: Soergel[12]-*Lüderitz*, EGBGB, Art. 38 Rn. 119 und MünchKomm[3]-*Sonnenberger*, EGBGB, Art. 4 Rn. 30, gegen *Ch.Schröder*, S. 148 (bei Alternativanknüpfungen widerspräche – zum Wohle der Rechtssicherheit – eine Gesamtverweisung immer der Sinnklausel). De lege lata auch *Looschelders*, VersR 1999, 1324; *Vogelsang*, NZV 1999, 501 („Ubiquitätsprinzip des Art. 40 I EGBGB"); *v.Hein*, ZVglRWiss 2000, 271; *Schurig*, GS Lüderitz, S. 709; *Dörner*, FS Stoll, S. 495 und 499; Palandt-*Heldrich*, Art. 40 EGBGB Rn. 1.
[692] Auf diese Perspektive stellt die Auffassung von der Sachnormverweisung ab: siehe die Nachw. in Fn. 680 ff. sowie *Hohloch/Jaeger*, JuS 2000, 1136; *Junker*, RIW 2000, 242; *Kreuzer*, RabelsZ 2001, 424; *Schaub*, RabelsZ 2002, 63. Zum alten Recht bereits OLG Saarbrücken 22.10.1957, IPRspr. 1956-57 Nr. 42; *Mühl*, S. 155; *Mansel*, VersR 1984, 747; *W.Bauer*, S. 211; *Riegl*, S. 240 f.; *Schönberger*, S. 233 f.

Verweisungsnorm allgemein beizumessen ist. Weil eine Förderung bestimmter schuldrechtlicher Ergebnisse nicht bezweckt ist, also keine Günstigkeit, kann man letztere auch bei der Verweisung nicht zum Leben erwecken. Das ubiquitäre Verhältnis von Handlungs- und Erfolgsort, aus dem sich durch oder auch ohne eine Wahl ein Recht herausstellt, beruht auf der kollisionsrechtlichen Gleichwertigkeit beider Orte. Diese würde konterkariert, wollte man Art. 40 I 1 EGBGB als gegen *renvois* resistent erachten, jedoch nicht den zweiten Fall (Art. 40 I 2 EGBGB).

Im Rahmen von Art. 40 II EGBGB sind Rück- und Weiterverweisung beachtlich[693]. Der Gesetzgeber läßt bei der Ausdeutung der in Art. 40 II normativ gewordenen Anknüpfung angesichts der Grundsatzvorgabe des Art. 4 I 1 EGBGB nichts anderes zu. Wie Art. 41 EGBGB, unter dessen Vorbehalt auch Art. 40 II EGBGB steht, bildet letzterer eine Ausprägung des Prinzips der engsten Verbindung[694]. Art. 40 II jedoch wurde, wie Art. 41 II Nr. 2 EGBGB zeigt, gleichsam ausgelagert und gibt selbst keinen Raum für zusätzliche Überlegungen.

Für den Direktanspruch gegen den Versicherer gilt gemäß Art. 40 IV EGBGB alternativ das auf den Deliktsanspruch oder Versicherungsvertrag anwendbare Recht kraft Akzessorietät. Eine eigene Verweisung scheidet also aus[695]. Verweist Art. 40 IV EGBGB für die *action directe* auf das Deliktsstatut (Alt. 1), ist sie ohne weitere Anknüpfungsprüfung dem Recht zu entnehmen, das sich aus Art. 40 bis 42 EGBGB für den Ausgangsfall der unerlaubten Handlung ergibt, z.B. der lex loci delicti commissi (Art. 40 I EGBGB), welche ihr IPR, wie festgestellt, mit einschließt und ggf. zurück- oder weiterverweist auf ein anderes Sachrecht. Sofern gemäß Art. 40 IV Alt. 2 EGBGB das auf den Versicherungsvertrag anzuwendende Recht für

---

[693] *Koch*, VersR 1999, 1457; *Looschelders* und *Heldrich*, a.a.O. (Fn. 691); *Spickhoff*, NJW 1999, 2212; *A.Staudinger*, DB 1999, 1593; *v.Hein*, ZVglRWiss 2000, 272 f.; *Sieghörtner*, S. 478 f. Vor der Reform bereits: *v.Bar*, IPR II, Rn. 691; Staudinger[13]-*Hausmann*, EGBGB, Art. 4 Rn. 299; *Lüderitz*, a.a.O. (Fn. 691). A.A. OLG Karlsruhe 7.12.1978, IPRspr. 1978 Nr. 29; neben den in Fn. 672 genannten Autoren auch *Schönberger*, S. 234; MünchKomm³-*Kreuzer*, EGBGB, Art. 38 Rn. 28; *Huber*, JA 2000, 73. Krit., aber billigend jetzt Erman-*Hohloch*, Art. 4 EGBGB Rn. 20 a.E., Art. 40 EGBGB Rn. 14.

[694] Vgl. Fn. 9.

[695] Erman-*Hohloch*, Art. 40 EGBGB Rn. 16; *Gruber*, VersR 2001, 19 f.; *Schaub*, RabelsZ 2002, 63 in Fn. 191. Vgl. auch § 9 A.

maßgeblich erklärt wird, gilt das über die Sachnormverweisungen des internationalen Versicherungsvertragsrechts gefundene Statut[696].

B. Sachnormverweisungen

Art. 41 I EGBGB könnte man als IPR-Verweisung ansehen, wenn er den Verzicht auf die Fixierung eines bestimmten Anknüpfungspunkts bedeutete und der Judikatur die Konkretisierung durch besonders anzuknüpfende typische Sach- und Rechtsbereiche überließe. Dies wäre jedoch systemwidrig[697]. Das Gericht entscheidet von Fall zu Fall, ob eine Auflockerung der starren Regeln indiziert ist und würdigt ad hoc sämtliche konkret gegebenen Umstände. Von der einen *renvoi* zulassenden Auffassung[698] werden Funktion und Anwendung der Ausweichklausel unzutreffend wiedergegeben. Art. 41 I EGBGB ist im Gegensatz zu Art. 14 I Nr. 3 EGBGB keine (schwächere) Aushilfsanknüpfung[699]. Es geht nicht um die „engste" Verbindung. Art. 41 I EGBGB ist lediglich eine speziellere Form dieses kollisionsrechtlichen Leitfadens und hat expressis verbis „wesentlich engere" Verbindungen im Visier. Dieser Ratio würde die Beachtung einer Rück- oder Weiterverweisung widersprechen[700]. Selbiges gilt für die akzessori-

---

[696] *Spickhoff*, NJW 1999, 2212 und in Bamberger/Roth, Art. 40 EGBGB Rn. 51; *Hohloch*, a.a.O. (vorstehende Fn.). Wie bei Art. 41 II Nr. 1 EGBGB, siehe Fn. 701, wäre ein *renvoi* schon nach dem „Sinn der Verweisung" (Art. 4 I 1 HS 2 EGBGB) deplaziert.

[697] Siehe § 1 bei Fn. 47 ff.

[698] *Dörner*, FS Stoll, S. 499 f.; *Sieghörtner*, S. 479 ff. Knapper faßt sich *Vogelsang*, NZV 1999, 501 (ein materiellrechtliches favor-Prinzip liegt Art. 41 I EGBGB nicht zugrunde bzw. keine Funktion der Ermittlung des materiell besten Rechts). Bamberger/Roth-*Spickhoff*, Art. 41 EGBGB Rn. 14, sieht in Art. 41 EGBGB den Ausdruck kollisionsrechtlicher Unentschlossenheit, die nicht ausgerechnet noch rück- und weiterverweisungsfest gemacht werden müsse.

[699] Für Sachnormverweisung auch auf dieser letzten Sprosse der familienrechtlichen Anknüpfungsleiter („Kegel'sche"; ihr Namensgeber billigt die Gesetz gewordene Fassung jedoch nicht – Kegel/Schurig-*Kegel*, IPR, § 20 V 1 a): MünchKomm³-*Siehr*, EGBGB, Art. 14 Rn. 119 und Palandt-*Heldrich*, Art. 4 EGBGB Rn. 8 i.V.m. Art. 14 EGBGB Rn. 3. Dagegen *v.Bar*, IPR I, Rn. 622 und II, Rn. 208 sowie Staudinger¹³-*v.Bar/Mankowski*, EGBGB, Art. 14 Rn. 97; Staudinger¹³-*Hausmann*, Art. 4 Rn. 99; *Kropholler*, IPR, § 24 II 2 a; *v.Hoffmann*, IPR, § 6 Rn. 116; Bamberger/Roth-*Otte*, Art. 14 EGBGB Rn. 38 f.

[700] *Mansel*, ZVglRWiss 1987, 19 (RefE 1984); Staudinger¹³-*Hausmann*, Art. 4 Rn. 97, 300 und MünchKomm³-*Sonnenberger*, EGBGB, Art. 4 Rn. 28, jeweils zum RefE 1993; *v.Hein*, ZVglRWiss 2000, 275; Erman-*Hohloch*, Art. 4 EGBGB Rn. 18 und

sche Anknüpfung nach Art. 41 II Nr. 1 EGBGB, weil sie den Gleichlauf mit dem zugrundeliegenden Rechtsverhältnis sichern will[701]. Die materiellrechtliche Harmonie der Haftungsstatute ist dem internationalen Einklang übergeordnet. In diesem Sinne zu koordinieren ist das deliktische Schuldverhältnis nicht nur bei einer Näherbeziehung in rechtlicher, sondern auch tatsächlicher Form[702]. Welcher Art also das besondere Verhältnis der Parteien auch sein mag, ist sie für die hierauf gestützte Verweisung grundsätzlich unbedeutend[703]. Freilich kann ein *renvoi* zu beachten sein, wenn auf das der akzessorischen Anknüpfung dienende Recht gesamtverwiesen wird, also außerhalb vertraglicher Schuldverhältnisse (Art. 35 I EGBGB). Wird eine familienrechtliche Beziehung durch Art. 41 II Nr. 1 EGBGB parallelgeschaltet, folgen deliktische Forderungen zunächst der IPR-Verweisung des Art. 14 I Nr. 1 EGBGB auf die lex patriae; verweist diese wiederum bezüglich der persönlichen Ehewirkungen z.B. auf das Recht des gemeinsamen Wohnsitzes zurück oder weiter, muß dieser *renvoi* das Delikt „mitnehmen"[704]. Nur diese im Verweisungsvorgang konsequent durchgehaltene Akzessorietät bringt Sonderbeziehungs- und Deliktsstatut letztlich zur Deckung, so wie es von Art. 41 II Nr. 1 EGBGB beabsichtigt ist.

---

[701] Art. 41 EGBGB Rn. 4; *Huber*, JA 2000, 72; *Kreuzer*, RabelsZ 2001, 431; *Schaub*, RabelsZ 2002, 63; Palandt-*Heldrich*, Art. 41 EGBGB Rn. 2 i.V.m. Art. 4 EGBGB Rn. 8. I.E. auch *Sonnentag*, S. 179, 241.
Begr. RegE 1998, BT-Drs. 14/343, S. 8. Ihr folgend: *Spickhoff*, NJW 1999, 2212 und a.a.O. (Fn. 698); *A.Staudinger*, DB 1999, 1593; *Vogelsang*, NZV 1999, 501; *Freitag/Leible*, ZVglRWiss 2000, 139/140; *v.Hein*, ZVglRWiss 2000, 274; Erman-*Hohloch*, Art. 40 EGBGB Rn. 15; *Huber* und *Schaub*, a.a.O. (vorige Fn.); *Junker*, JZ 2000, 484 f. und RIW 2000, 242; *Kreuzer*, RabelsZ 2001, 395, 424; *Sonnentag*, S. 200 f.; *Sieghörtner*, S. 471/472; Palandt-*Heldrich*, Art. 4 EGBGB Rn. 9, Vorb. v. Art. 38 EGBGB Rn. 3 und Art. 41 EGBGB Rn. 2; wohl auch *Looschelders*, VersR 1999, 1324. So u.a. bereits *Kropholler*, RabelsZ 1969, 646 f.; *Mansel*, FG Weitnauer II, S. 62 f. und ZVglRWiss 1987, 19; *Riegl*, S. 241; zum RefE 1993 Staudinger[13]-*Hausmann*, EGBGB, Art. 4 Rn. 92, 301 sowie *v.Hoffmann*, IPRax 1996, 7.

[702] Diese hat freilich kaum Relevanz, denn meist wird sich Art. 40 II EGBGB behaupten oder eine nachträgliche Rechtswahl erfolgen. A.A., d.h. differenzierend: *Dörner*, FS Stoll, S. 500.

[703] A.A. *Dörner*, wie vor.

[704] Vgl. *Kropholler*, RabelsZ 1969, 648 und *Riegl*, a.a.O. (Fn. 701); *W.Bauer*, S. 237/238; *Schönberger*, S. 234 f.; Staudinger[13]-*Hausmann*, EGBGB, Art. 4 Rn. 301; MünchKomm[3]-*Kreuzer*, EGBGB, Art. 38 Rn. 29; *v.Hein*, ZVglRWiss 2000, 274; *Junker*, JZ 2000, 485 in Fn. 83; *Dörner*, FS Stoll, S. 500 f.

Rechtswahl bedeutet gemäß Art. 4 II EGBGB die Kür eines materiellen Rechts unter Ausschluß der Kollisionsnormen[705]. Im Vertragsrecht ist die *renvoi*-Thematik dieser allgemeinen Vorschrift entzogen. Art. 35 I EGBGB, lex specialis, spricht sich i.V.m. Art. 27 EGBGB für die ausschließliche Zulässigkeit der Sachrechtswahl aus. Teils ist man hier anderer Ansicht. Es handele sich um eine Auslegungsregel: Jede Bezeichnung einer Rechtsordnung müsse, soweit nicht Abweichendes zum Ausdruck komme, dahingehend verstanden werden, daß das sachliche Recht und nicht IPR gemeint sei. Danach wäre es den Parteien möglich, ihren Vertrag einem Recht zu überantworten, das ein Gericht in dem bestimmten Staat anwenden würde, also eine Gesamtverweisung auch auf das Kollisionsrecht des so benannten Landes vorzunehmen[706]. Vermögen sich die Parteien nicht auf die Wahl eines anwendbaren materiellen Rechts zu verständigen, so mag der Konsens dieser Meinung zufolge immerhin so weit reichen, daß man sich über das IPR einigt. Es sei nicht einzusehen, daß den Parteien eine Rechtswahl erlaubt ist, ihnen aber versagt bleibe, bei der Auswahl auch auf halbem Wege stehenbleiben zu dürfen. Daß Art. 35 I EGBGB für eine Kollisionsrechtswahl ein unüberwindbares Hindernis darstellt, ist jedoch seinem Wortlaut und den instruktiven Materialien zur Vorgabe des Art. 15 EVÜ zu entnehmen: Sowohl bei Rechtswahl als auch bei objektiver Anknüpfung darf eine Rück- und Weiterverweisung keine Rolle spielen[707,707a]. Ebenso deutlich Art. 4 II EGBGB: „… können sie *nur*". Auch bei

---

[705] A.A. noch Soergel[12]-*Lüderitz*, EGBGB, Art. 38 Rn. 83 zum RefE 1993 mit dem Argument, daß Art. 42 II RefE fallengelassen wurde.

[706] *Ferid*, IPR, Anm. 6–36 i.V.m. 3–99,6; *Püls*, S. 184 f.; Soergel[12]-*v.Hoffmann*, EGBGB, Art. 27 Rn. 13 und Art. 35 Rn. 8; MünchKomm[3]-*Martiny*, EGBGB, Art. 35 Rn. 4-6; *Schröder/Wenner*, Int. VertragsR, Rn. 74; Erman-*Hohloch*, Art. 27 EGBGB Rn. 3 („in engen Grenzen") und Art. 35 EGBGB Rn. 2; *Kropholler*, IPR, § 24 II 5; Staudinger[13]-*Magnus*, EGBGB, Art. 27 Rn. 14, 36. Mit gleicher Begr. krit. zu Art. 4 II EGBGB bei der Deliktsrechtswahl *v.Hein*, ZVglRWiss 2000, 276 f.; *Hohloch*, a.a.O., Art. 4 EGBGB Rn. 14 und Art. 42 EGBGB Rn. 4.

[707] *Giuliano/Lagarde*, BT-Drs. 10/503, S. 69 f. Zust. etwa *v.Bar*, IPR I, Rn. 541 a.E., 620 und IPR II, Rn. 424; *Mitterer*, S. 80; MünchKomm[3]-*Sonnenberger*, EGBGB, Art. 4 Rn. 71; *Pfeiffer*, HdB HGeschäfte, § 21 Rn. 82; Bamberger/Roth-*Spickhoff*, Art. 27 EGBGB Rn. 8, 34 und Art. 35 EGBGB Rn. 3 sowie *St.Lorenz*, ebenda, Art. 4 EGBGB Rn. 10. I.d.S. auch mit Blick auf das Deliktsrecht bereits *W.Bauer*, S. 238 i.V.m. 75 (zu Art. 4 II RegE 1983); ebenso, das Verbot parteiautonomer Gesamtverweisung bei außervertraglicher Schuld respektierend, *V.Stoll*, S. 150; *Kadner Graziano*, Gemeineurop. IPR, S. 458.

der vertraglichen Wahl des Deliktsrechts ist ein *renvoi* deshalb ausgeschlossen. Die auf Absprache beruhende Kür eines IPR ist de lege lata verboten und ungültig. Hier gilt das zur unerlaubten Vorwegnahme Gesagte entsprechend[708]: Es wird objektiv angeknüpft und nur im Einzelfall kann sich hierüber dasselbe Resultat ergeben wie es die unwirksame Wahl erzielt hätte, bei Art. 41 EGBGB jedoch nur im Wege der Sachnormverweisung. Ein praktisches Bedürfnis ist für eine IPR-Wahl auch nicht ersichtlich. Auf ein fremdes IPR würden sich nur sehr gut informierte Parteien einlassen. Denn die Feststellung deliktskollisionsrechtlicher Normen kann größere Schwierigkeiten bereiten als die Anwendung ausländischen Sachrechts[709]. Zur Parteiautonomie gehört zwar auch die Freiheit, unzweckmäßige Entscheidungen zu treffen[710]. Könnten die Beteiligten eine Rechtsordnung mitsamt dem Kollisionsrecht wählen, würden sich aber oft schwer übersehbare Folgen ergeben. Die Verweisung selbst wäre unter der Ägide des gewählten IPR aufgrund der beliebigen Erweiterbarkeit wählbarer Rechte unsicher, anders als bei einer unvorteilhaften Abrede fremden Sachrechts. Schon deshalb werden die Parteien dem Bestimmtheitsgebot folgend ohnehin in aller Regel das materielle Recht meinen. Rational wäre allenfalls, daß sie ihrem Rechtsstreit das Kollisionsrecht eines Vertragsstaates des Haager Produkthaftungsübereinkommens zugrunde legen. Warum aber, läßt sich hier entgegnen, verständigen sie sich dann nicht gleich auf das jeweilige Sachrecht? Wenn die Parteien also durch Rechtswahl gemäß Art. 42 EGBGB das anzuwendende Deliktsrecht bestimmen, ist dies eine Verweisung auf Sachnormen (Art. 4 II EGBGB). Rück- oder Weiterverweisungen sind unbeachtlich. Es kann mithin sinnvoll sein, ein fremdes Recht zu ernennen, das nach Art. 40 EGBGB bereits per objektiver und gesamtverweisender Anknüpfung berufen ist bzw. wäre. Verabreden sich die Parteien im Gegenteil zu fremdem IPR, geht diese Einigung ins Leere. Daher wird eine Umdeutung in einen wirksamen Verweisungsvertrag zugunsten desjenigen Sachrechts erwogen, auf welches das in Bezug genommene Kolli-

---

[707a] Rechtswahlklauseln amerikanischer Provenienz lauten oft: „This agreement shall be subject to the law of X with the exclusion of its conflict of law rules" oder ähnlich. Aus europäischer Sicht ist der Zusatz des IPR-Ausschlusses überflüssig (*Mankowski*, RIW 2003, 8).

[708] § 5 A I 1 a.E.

[709] Vgl. OLG Karlsruhe 7.12.1978, a.a.O. (Fn. 693); v.Caemmerer-*W.Lorenz*, S. 97, 128 f.; *W.Bauer*, S. 216; auch *v.Hein*, ZVglRWiss 2000, 257.

[710] §§ 1, 8 B.

sionsrecht verwiesen hätte[711]. Ein entsprechender Parteiwille ist hier jedoch (wie sonst auch) nicht ohne weiteres anzunehmen, setzt also eine richterliche Erkundigung voraus[712]. Schließlich ist es möglich, daß die Beteiligten in Kenntnis von Art. 4 II EGBGB überhaupt keine Rechtswahl getroffen hätten.

Festzuhalten ist damit zu § 13, daß alle Deliktskollisionsregeln auf ihrer Rechtsfolgenseite Gesamt-, d.h. IPR-Verweisungen artikulieren, sofern dies – in den Fällen des Art. 41 EGBGB – nicht sinnwidrig wäre (Art. 4 I 1 HS 2 EGBGB) oder – für die Rechtswahl, Art. 42 EGBGB – gemäß Art. 4 II EGBGB unmittelbar die Sachnormen berufen sind. Eine Kollisionsrechtswahl ist nicht statthaft.

---

[711] *v.Bar*, IPR II, Rn. 424; *Pfeiffer*, HdB HGeschäfte, § 21 Rn. 83.
[712] Siehe § 7 B I 2 i.V.m. § 2 C I 1.

§ 14 Inländischer *ordre public*

Seine Verweisung auf fremdes Recht stellt das IPR unter den Vorbehalt des *ordre public*[713]. Dies also ist die letzte Schranke einer gemäß Art. 42 EGBGB getätigten Wahl. Sie selbst wird nicht am *ordre public* gemessen[714]. Ihr sachrechtliches Resultat wird vielmehr einer Kontrolle unterzogen. Dies von Amts wegen. Der Beklagte muß sich also nicht auf den Vorbehalt berufen[715]. Gegenüber exorbitanten Ansprüchen unter ausländischem Statut waren deutsche Staatsangehörige früher durch Art. 38 EGBGB a.F. geschützt[716]. Außerdem wurde Art. 6 EGBGB angewandt (B). Ihm hat der Reformgesetzgeber 1999 in Art. 40 III EGBGB eine spezielle Vorbehaltsklausel hinzugefügt (A). Unter C schließlich werden die Regelungen zueinander in Beziehung gesetzt.

A. Spezialnorm

Das Deliktsstatut entscheidet im vollständigen Spektrum von Haftungsgrund und -folgen, also auch über den Umfang einer Schadensersatzpflicht[717]. Art. 40 III EGBGB beschneidet hier das Ausmaß, in dem fremdes Recht im Inland appliziert werden darf.

Seine allgemeine Voraussetzung ist zuallererst, daß die Tat überhaupt als unerlaubte Handlung anzusehen ist. Deren Qualifikation erfolgt durch deutsches Deliktskollisionsrecht[718]. Weicht die ausländische lex causae hiervon ab, z.B. weil dortiges IPR (das über eine Gesamtnormverweisung zum

---

[713] Dieser stammt, wie schon der Name sagt, aus dem französischen Recht. Art. 6 C.c. bestimmt, daß man nicht durch Vertrag abweichen kann „aux lois qui intéressent l'ordre public et les bonnes mœurs". Etwas despektierlich *Raape*, IPR, § 13 I a.E.: „enfant terrible" und „Störenfried, freilich ein unvermeidlicher". In der Tat wird „das wohlausgewogene Ergebnis internationalprivatrechtlicher Interessenwertung einfach mißachtet" (*Schurig*, KollN u. SachR, S. 250).

[714] Unzutr. LG Berlin 9.11.1994, NJW-RR 1995, 754 (755): „... ob die Vereinbarung des den Beklagten vollkommen unbekannten Rechts der Isle of Man gegen den ordre public verstößt".

[715] Vgl. *Birk*, S. 270; Soergel[12]-*Lüderitz*, EGBGB, Art. 38 Rn. 110; MünchKomm[3]-*Kreuzer*, EGBGB, Art. 38 Rn. 318; Erman-*Hohloch*, Art. 40 EGBGB Rn. 69; Staudinger-*v.Hoffmann*, EGBGB (2001), Art. 40 Rn. 410.

[716] Siehe Fn. 3.

[717] Überbl. in § 8 D.

[718] Vgl. § 4 vor A.

Zuge kommt) den Verlöbnisbruch als deliktischen Tatbestand ansieht, ist dies unbeachtlich; nach Art. 13 I EGBGB wird Heimatrecht berufen[719]. Auch Art. 40 III EGBGB erfaßt diesen Fall deshalb nicht.

Art. 38 EGBGB a.F. hatte noch verlangt, daß die zum Ersatz verpflichtende unerlaubte Handlung im Ausland begangen sein, dort also der Handlungswie auch Erfolgsort liegen mußte[720]. Art. 40 III EGBGB läßt dagegen allen Möglichkeiten Raum, auf welche Weise es zur Anwendung eines fremden Rechts kommt. Bei Art. 41 EGBGB könnte man Zweifel hegen, denn über ihn wird das in concreto engstverbundene Recht berufen, doch erstreckt er seinen Vorrang, wie Abs. 1 besagt („als mit dem Recht, das nach den Artikeln 38 bis 40 Abs. 2 maßgebend wäre"), nicht auf Art. 40 III EGBGB[721]. Letzterer ist auch bei einer Rechtswahl einschlägig. Zwar verdrängt Art. 42 EGBGB die Anknüpfungsregeln der Art. 40 I, II und 41 EGBGB[722]. Man könnte also meinen, daß der Schädiger, wenn er sich mit dem Verletzten geeinigt hat, weniger schutzbedürftig ist als bei objektiver Anknüpfung bzw. ausgeübtem Optionsrecht (Art. 40 I 2 EGBGB), wo er auf die Verweisung keinen Einfluß nehmen konnte[723]. Dem geschickteren Vertragspartner aufzusitzen und mit der Annahme eines persönlich ungünstigen Angebots ein schuldrechtliches „Eigentor" zu schießen, stellt die Kehrseite der Medaille Rechtswahlfreiheit dar. Als solche ist sie zu akzeptieren[724]. Gleichwohl muß der Vorbehalt des Art. 40 III EGBGB gelten. Er sichert nicht nur Privatinteressen, sondern auch elementare Gerechtigkeits- und

---

[719] Vgl. BGH 28.2.1996, BGHZ 132, 105 (115 ff.); Soergel[12]-*Schurig*, EGBGB, Vor Art. 13 Rn. 21. Anders *v.Hoffmann*, IPR, § 8 Rn. 17 (Art. 14 I EGBGB analog).

[720] Vgl. Soergel[12]-*Lüderitz*, EGBGB, Art. 38 Rn. 109; Staudinger[13]-*v.Hoffmann*, EGBGB, Art. 38 Rn. 250; Palandt[58]-*Heldrich*, Art. 38 Rn. 28 i.V.m. 2 ff.

[721] Zu einer Analogie besteht also kein Anlaß (entgegen *Sack*, WRP 2000, 288).

[722] Siehe § 1.

[723] Darauf laufen die Überlegungen *Hohlochs* hinaus (in Erman, Art. 42 EGBGB Rn. 4), wonach sich der Partner einer Wahlvereinbarung regelmäßig schwertun werde, die Geltung fremden Rechts als *ordre public*-widrig darzutun. *Kropholler/v.Hein*, FS Stoll, S. 565, greifen den Gedanken auf und wollen den Schadensersatz entsprechend § 343 BGB herabsetzen. Diese Konstruktion überzeugt schon deshalb nicht, weil das Strafversprechen eine Hauptverbindlichkeit sichern soll, während gemäß Art. 42 EGBGB „nur" das auf letztere anwendbare Recht gewählt wird. Wenn also ein Abschlag zu machen ist, dann mittels des dafür vorgesehenen kollisionsrechtlichen Instruments – Art. 40 III EGBGB.

[724] Vgl. § 1; § 6 B; § 8 B; §§ 10 B II und 11.

Wertvorstellungen, die den Parteien nicht zur Disposition stehen[725]. Ebensowenig kann, aus denselben Gründen, in der Wahl eines ausländischen Deliktsstatuts ein Ausschluß des Art. 40 III EGBGB erblickt werden, wie es zu Art. 38 EGBGB a.f. noch vertreten wurde[726]. Dieses argumentum venire contra factum proprium läßt sich nun jedenfalls nicht mehr ins Feld führen[727]. Denn die vormalige Klausel zum Schutz des inländischen Beklagten ist aufgehoben. An ihre Stelle trat ein spezieller Vorbehalt auch zugunsten der Allgemeinheit, um rechtliche Grundwerte des Forums zu wahren[728].

Anders als in Art. 38 EGBGB a.F. (deutsche Staatsangehörigkeit) ist in Art. 40 III EGBGB von einem Inlandsbezug nicht die Rede. Dennoch besteht dieses Erfordernis wie bei Art. 6 EGBGB (siehe B I) als ungeschriebenes Tatbestandsmerkmal[729]. Ohne Berührung deutschen Hoheitsgebiets ist auch

---

[725] *Huber*, JA 2000, 71; Staudinger-*v.Hoffmann*, EGBGB (2001), Art. 40 Rn. 415; Bamberger/Roth-*Spickhoff*, Art. 40 EGBGB Rn. 52 und Art. 42 EGBGB Rn. 1. I.E. auch Kegel/Schurig-*Kegel*, IPR, § 18 IV 2 i.V.m. 1 g; Palandt-*Heldrich*, Art. 40 EGBGB Rn. 20.

[726] So Staudinger[13]-*v.Hoffmann*, EGBGB, Art. 38 Rn. 246; MünchKomm³-*Kreuzer*, EGBGB, Art. 38 Rn. 305; *Burst*, S. 104. A.A. *Hohloch*, NZV 1988, 166.

[727] A.A. für Art. 40 III Nr. 3 EGBGB *Kropholler/v.Hein*, FS Stoll, S. 565, mit dem Argument, daß es einem Schädiger möglich sein müsse, sich bei einer von ihm zu verantwortenden Umweltkatastrophe zwecks „Imagepflege" bewußt nicht auf eine Haftungsbeschränkung zu berufen. Gerade hier ist jedoch das Allgemeinwohl betroffen. Anders als im Wettbewerbs- und Immaterialgüterrecht (§ 4 A, B) ist eine Rechtswahl zwar in den zwischenparteilichen Grenzen des Art. 42 S. 2 EGBGB (§ 12) statthaft. Der *ordre public* kappt dafür aber Haftungsspitzen, auch im Falle von Art. 40 III Nr. 3 EGBGB (siehe unten II). Durchweg unabhängig ist dieser Schutz vom Willen der Beteiligten, da er eben nicht im Interesse einzelner gewährt wird.

[728] Vgl. Begr. RegE 1998, BT-Drs. 14/343, S. 12.

[729] Vgl. zu Art. 6 EGBGB Begr. RegE 1983, BT-Drs. 10/504, S. 43 und die Nachw. in Fn. 775. Zum RefE 1993 *v.Hoffmann*, IPRax 1996, 8; a.A. MPI Stellungnahme 1994, S. 8. De lege lata: *Spickhoff*, NJW 1999, 2213; *ders.* in Bamberger/Roth, Art. 40 EGBGB Rn. 52; *A.Staudinger*, DB 1999, 1592; Erman-*Hohloch*, Art. 40 EGBGB Rn. 73 sowie *Hohloch/Jaeger*, JuS 2000, 1135; *Junker*, RIW 2000, 249; *Kropholler*, IPR, § 53 IV 6; Staudinger-*v.Hoffmann*, EGBGB (2001), Art. 40 Rn. 416; Palandt-*Heldrich*, Art. 40 EGBGB Rn. 19. Die Tatbestandsmerkmale „angemessen" und „offensichtlich" können nicht als sog. Einfallstor für ein Hineinlesen der Inlandsbeziehung dienen (a.A. *Burst*, S. 167; *Vogelsang*, NZV 1999, 501). Dies nicht etwa deshalb, weil sie zu konkret wären (so aber *Hay*, FS Stoll, S. 531, der

die Rechtssphäre nicht betroffen; es fehlen Anlaß und Legitimation, eigene Grundwerte durchzusetzen. Was früher als gerechtfertigt erschien, soll nach dem legislativen Willen beibehalten werden[729a].

I. Art. 40 III Nrn. 1 und 2 EGBGB

In seinen Nrn. 1 und 2 betrifft Art. 40 III EGBGB die Anwendung eines ausländischen Rechts, das uns fremde Institute kennt, namentlich Ansprüche, welche „wesentlich weiter gehen als zur angemessenen Entschädigung des Verletzten erforderlich" (Nr. 1) oder solche, die „offensichtlich anderen Zwecken als einer angemessenen Entschädigung ... dienen" (Nr. 2).

Für Nr. 1 nennt die Gesetzesbegründung den Mehrfachschadensersatz als Beispiel[730]. Hierunter fallen u.a. *treble damages* in Kartellsachen[731] bzw. nach section 1964 (c) des RICO-Act[731a] oder *class action settlements*[732]. Auch exorbitantes Schmerzensgeld ist unter Nr. 1 zu subsumieren (*damages for anxiety, pain and suffering*[733]); Art. 40 III des RegE 1998 wurde in

---

    aus diesem Grunde an dem Kriterium zweifelt). Vielmehr fokussieren diese Merkmale allein auf die Entschädigungssumme; der Raum bleibt unscharf.

[729a] Begr. RegE 1998, a.a.O. (Fn. 728).
[730] A.a.O. (Fn. 728).
[731] Abw. *Hay*, Am.J.Comp.L. 1999, 641: Qualifikation als *punitive*, ergo Art. 40 III Nr. 2 EGBGB. Allerdings besteht in der amerikanischen Rechtswissenschaft keine Einigkeit über die funktionelle Einordnung der *multiple damages*. Vgl. *Brockmeier*, S. 23 ff.: hybride Stellung (remedial-penal).
[731a] Sie bestimmt, daß jede Person, die in ihrem Geschäft (*business*) oder Vermögen (*property*) durch einen Verstoß gegen section 1962 geschädigt wurde, ein Anspruch zusteht auf dreifachen Schadensersatz sowie Erstattung der den Anwalt einschließenden Kosten. Einen Überbl. gibt *Brockmeier*, S. 166 ff.
[732] Palandt-*Heldrich*, Art. 40 EGBGB Rn. 20. Der Beklagte wird hier zur Zahlung einer regelmäßig nur grob geschätzten Schadenssumme in einen Fonds verpflichtet (vgl. zu Art. 13 HZÜ OLG Frankfurt/Main 21.3.1991, OLGZ 1992, 89 (94)).
[733] Für diese hatte der Superior Court of the State of California in and for the County of San Joaquin am 24.4.1985 $ 200.000 ausgeurteilt. Die Berufung im Rechtsstreit auf Vollstreckbarerklärung erkannte nur einen Teil von DM 30.000 = € 15.339 an (OLG Düsseldorf 28.5.1991, RIW 1991, 594 (596)), die Revision die volle Summe: „Dem kann im deutschen Schadensersatzrecht mit ... § 847 BGB annähernd Rechnung getragen werden. Sogar wenn der ... in Ansatz gebrachte Betrag um ein Vielfaches über der Höhe desjenigen liegt, was nach deutschen Vorstellungen ... als Schmerzensgeld in Betracht gekommen wäre" (BGH 4.6.1992, BGHZ 118, 312 (347)). Enger Art. 40 III Nr. 1 EGBGB (*Hay*, FS Stoll, 523 in Fn. 13). Seine An-

diesem Punkt („Ersatz des Schadens") im Rechtsausschuß noch geändert, um gerade auch Schmerzensgeldansprüche einzubeziehen[733a]. Freilich wird die Abgrenzung zu Art. 40 III Nr. 2 EGBGB oft schwerfallen, weil eine wesentlich weitergehende Leistung im Sinne der Nr. 1 stets anderen Zwekken dient, so wie Nr. 2 es meint[734]. Deshalb empfiehlt es sich, mit der Prüfung der Nr. 2 zu beginnen und danach zu fragen, ob der Anspruch lege causae auf ein nichtkompensatorisches Ziel gerichtet ist bzw. dieses lege fori entlarvt wird. Ist dieser Test bestanden, gilt es auf die Angemessenheitskontrolle der Nr. 1 zurückzugreifen[735].

Art. 40 III Nr. 2 EGBGB betrifft vorrangig den Strafschadensersatz, wie ihn die USA z.B. in Produkthaftungsfällen kennen und gewähren[736]. Diesen *punitive damages* hat der XI. Zivilsenat des BGH noch im Jahre 1992 gemäß §§ 723 II 2, 328 I Nr. 4 ZPO die Anerkennung versagt: Die „moderne deutsche Zivilrechtsordnung" sehe „als Rechtsfolge einer unerlaubten Handlung nur den Schadensausgleich (§§ 249 ff. BGB), nicht aber eine Bereicherung des Geschädigten vor"; *punitive damages* wollten dagegen regelmäßig Strafe und Abschreckung für den (potentiellen) Schädiger sowie

---

griffsintensität ist verstärkt. Der prozessuale *ordre public* zeitigt einen *effet atténué*, d.h. aus Respekt vor ausländischen res iudicata sind größere Abweichungen zu dulden als wenn ein deutscher Richter in direkter Anwendung des fremden Rechts entsprechend judizieren sollte. So BGH 4.6.1992, a.a.O., 329 f.: *ordre public* „teilbar". Noch deutlicher BGH 21.4.1998, BGHZ 138, 331 (334): anerkennungsrechtlich sei auf den „großzügigeren" *ordre public* abzustellen. Vgl. auch *Martiny*, in: HdB IZVR III/1, Rn. 1014; *Coester-Waltjen*, Int. BeweisR, Rn. 248 in Fn. 864; *Burst*, S. 107; *Mörsdorf-Schulte*, S. 27 f., 48 f.; *Geimer*, IZPR, Rn. 27, 2912 und *dens.* in Zöller, § 328 ZPO Rn. 152a, b; Staudinger-*v.Hoffmann*, EGBGB (2001), Art. 40 Rn. 431 f.; *Kropholler*, IPR, § 60 IV 2. Krit. *Völker*, S. 53 ff.; abl. *Brockmeier*, S. 91.

[733a] BT-Drs. 14/654, S. 3. Um eine Prüfung dieser Präzisierung hatte der Bundesrat gebeten und die Regierung den Gedanken in ihrer Gegenäußerung aufgegriffen (BT-Drs. 14/343, S. 22).

[734] *v.Hoffmann*, IPRax 1996, 8, hat sich mit seinem Einwand zum RefE 1993, auf Nr. 1 aufgrund ihres im Vergleich zu Nr. 2 kaum unterscheidbaren Regelungsgehalts zu verzichten, nicht behaupten können. Krit. auch *Hay*, a.a.O. (Fn. 731): „the overlap ... is obvious". Nach Bamberger/Roth-*Spickhoff*, Art. 40 EGBGB Rn. 53, soll eine genaue Abgrenzung aber auch gar nicht erforderlich sein.

[735] *Kropholler/v.Hein*, FS Stoll, S. 566 f.

[736] Ein Bundesrecht gibt es hierfür nicht, da *common law* grundsätzlich nur als einzelstaatliches Recht existiert (vgl. US Supreme Court v. 25.4.1938 – Erie Railroad Co. ./. Tompkins, 58 S.Ct. 817 [1938]). Zur Verbreitung *Mörsdorf-Schulte*, S. 56 f.

Belohnung für das Opfer sein[737]. Auf der Rechtsanwendungsebene wird ein anderer Weg beschritten. Art. 40 III Nr. 2 EGBGB kupiert die beanstandeten Ansprüche ihrer Höhe nach. Dies aber nur, wenn damit an ein fremdes Recht kein strengerer Maßstab angelegt wird, als das eigene ihn praktiziert. Über die Zwecke des deutschen Haftungsrechts muß man sich also im klaren sein. Geht es um den Ersatz materieller Schäden, herrschen Ausgleichsprinzip und Bereicherungsverbot vor. Anders bei immateriellen Schadensersatzansprüchen. § 847 BGB hatte der Große Zivilsenat des BGH schon früh eine sog. Genugtuungsfunktion beigelegt. „Etwas vom Charakter der Buße" schwinge mit[738]. Hieran hält der BGH nach wie vor fest, wenn er das Schädigerverschulden als wichtigen Bemessungsfaktor für das Schmerzensgeld erachtet[739]. Hiermit steht Prävention, wie sie der VI. Senat zum Pressedelikt 1994 erstmals artikulierte, in keiner geraden Linie[740]. Sie verfolgt einen Strafzweck. In den Motiven ist zu lesen, daß eine „Heranziehung moralisierender oder gar strafrechtlicher Gesichtspunkte" nicht der

---

[737] BGH 4.6.1992, BGHZ 118, 312 (334 ff.); vgl. auch BGH 8.5.2000, IPRspr. 2000 Nr. 2 zu Art. 6 EGBGB und der mit *punitive damages* nicht gleichzusetzenden abstrakten Schadensberechnung im panamaischen Recht.

[738] GrZS v. 6.7.1955, BGHZ 18, 149 (155) und wortwörtlich OLG Nürnberg 13.12.2000, VersR 2002, 245 (246); vgl. auch OLG Hamburg 23.3.1972, MDR 1972, 1033 (die Genugtuung stehe gar „im Vordergrund"). Zust. etwa *Deutsch*, Allg. HaftungsR, Rn. 907 ff. Dessen Analyse („schadensfern und sanktionsnah") verwertet *Canaris* zum Widerstand und gibt in FS Deutsch, S. 102 f., seine positive, von *Larenz* übernommene Haltung auf (SchuldR BT II/2, § 83 III 2 a). Auch MünchKomm³-*Stein*, BGB, § 847 Rn. 3 f., übt Kritik.

[739] BGH 16.2.1993, NJW 1993, 1531 (1532) und 2.10.2001, NJW 2002, 212 (213); so u.a. auch OLG Koblenz 18.11.2002, NJW 2003, 442. Dabei bleibt es auch unter dem Zweiten Gesetz zur Änderung schadensersatzrechtlicher Vorschriften, das der Bundestag am 18.4.2002 verabschiedet hat und ähnlich vieler Nachbarrechtsordnungen (vgl. *v.Bar*, Gemeineurop. DeliktsR II, Rn. 366) mit § 253 II BGB n.F. einen allgemeinen, Gefährdungs- und Vertragshaftung erfassenden Schmerzensgeldanspruch einführt. Siehe Begr. RegE, BT-Drs. 14/7752, S. 15: Die Genugtuungsfunktion kann im Verschuldensfalle weiterhin berücksichtigt werden. Anders also bei Ansprüchen aus Gefährdungshaftung, etwa § 1 I ProdHaftG (bisher mußte hier für Schmerzensgeld auf § 823 I BGB i.V.m. den Grundsätzen der allgemeinen Produzentenhaftung – Verletzung der Verkehrssicherungspflicht – rekurriert werden, vgl. bspw. OLG Koblenz 20.8.1998, NJW-RR 1999, 1624 (1625)).

[740] Anders *Prinz*, NJW 1996, 954: „gar nicht so progressiv, wie angenommen wird"; *Körner*, NJW 2000, 244: „weniger spektakulär, als man zunächst meinen mag".

Ratio des BGB entspräche[741]. Demgemäß judizierte auch stets der BGH: Genugtuung dient dem Ausgleich[742]. Wird mit letzterem Strafe verquickt, ist das ein Novum. Auf diese Strömung wurde bereits eingegangen[743]. Ihre Quelle ist das Ginseng-Urteil: „Die unter dem Einfluß der Wertentscheidung des Grundgesetzes erfolgte Ausbildung des zivilrechtlichen Persönlichkeitsschutzes wäre aber lückenhaft und unzureichend, wenn eine Verletzung des Persönlichkeitsrechts keine der ideellen Beeinträchtigung adäquate Sanktion auslösen würde"[744]. Dieser Geldersatz wird im Anschluß an die „Caroline"-Rechtsprechung sogar schon als Privatstrafe bezeichnet[745]. Hier gibt es Parallelen im Ausland. So die englischen *exemplary damages*. Sie werden verhängt, wenn der Schädiger eine Persönlichkeitsrechtsverletzung bewußt in Kauf nahm, um Profit zu erzielen[746]. Auch in Frankreich wird die Persönlichkeit weitreichend geschützt (Art. 9 C.c.). Rücksichtslosigkeit der Presse ist bei der Schadensersatzbezifferung in Ansatz zu brin-

---

[741] Mot. II, S. 17 f. In der Vorgeschichte stand das Delikts- noch dem Strafrecht nahe (vgl. *Hohloch*, Deliktsstatut, S. 21 f.). *Savigny* hatte hier deshalb nicht nur Parteiautonomie abgelehnt (siehe Fn. 13a), sondern auch eine restriktive Geltung gegenüber der Anwendung ausländischen Deliktsrechts verfochten (Röm. Recht VIII, S. 278 ff.).

[742] Deshalb gerät dieses Bedürfnis auch nicht in Wegfall, wenn der Schädiger wegen der von ihm begangenen Tat zu einer Freiheitsstrafe verurteilt worden ist: BGH 16.1.1996, NJW 1996, 1591 (Bestätigung von BGH 29.11.1994, BGHZ 128, 117 (121 ff.)).

[743] Fn. 84.

[744] BGH 19.9.1961, BGHZ 35, 363 (367). Diese Kernaussage gab das BVerfG wie folgt wieder: „Solchem unlauteren Gewinnstreben könne wirksam nur entgegnet werden, wenn es mit dem Risiko eines fühlbaren materiellen Verlustes belastet werde" (14.2.1973, NJW 1973, 1221 (1222)). Im sog. Herrenreiter-Fall hatte sich der BGH noch mit einer Analogie zu § 847 BGB beholfen (14.2.1958, BGHZ 26, 349 (356)). Die Persönlichkeit als sonstiges Recht i.S.v. § 823 I BGB, siehe Fn. 107, ist dagegen schon seit BGH 25.5.1954, BGHZ 13, 334 (338) anerkannt, vgl. nur BGH 1.12.1999, BGHZ 143, 214 (218) – Marlene Dietrich; abw. *Beuthien/ Schmölz*, Persönlichkeitsschutz, S. 23, 62 f. (grundrechtskonforme Auslegung des Tatbestandsmerkmals „Freiheit"). Weil der Rechtsbehelf somit eigener Art ist, bestand zur expliziten Einbeziehung in § 253 II BGB n.F. kein Anlaß (Begr. RegE, BT-Drs. 14/7752, S. 25).

[745] *v.Bar*, Gemeineurop. DeliktsR I, Rn. 609; Erman-*Schiemann*, Vor § 823 BGB Rn. 12 i.V.m. § 847 BGB Rn. 1. Gar des strafrechtlichen Tagessatzsystems der §§ 46, 40 II StGB will sich *Prinz* bedienen (NJW 1996, 957).

[746] Vgl. *Lord Devlin*, in: Rookes ./. Barnard, [1964] 1 All ER 367 (411): „to teach a wrong-doer that tort does not pay".

gen[747]; man spricht von einer *peine privée*[747a]. Insofern darf also durchaus bezweifelt werden, ob von Art. 40 III Nr. 2 EGBGB überhaupt Gebrauch zu machen sein wird[748]. Schließlich verdeutlicht die einschränkende Formulierung („wesentlich", „offensichtlich"), daß Nrn. 1 und 2 überhaupt nur bei gravierenden Widersprüchen zum deutschen Recht eingreifen[749]. Soll es aber vor Deutschlands Gerichten auch bei Anwendung echten amerikanischen Strafschadensersatzes kein Halten mehr geben? Die Frage ist zu verneinen und der Behauptung[750] entgegenzutreten, „nur in besonders krassen Ausnahmefällen" sei die Geltendmachung von *punitive damages* ausgeschlossen. Zum einen entfaltet sich der Präventionsgedanke nur im Kontext des Schadensersatzes wegen Persönlichkeitsverletzungen, nicht dagegen bei der Bemessung von Schmerzensgeld[751]; auch im erstgenannten Bereich wird zudem über die Dogmatik vehement gestritten[752]. Zum anderen ist uns eine „Bestrafung durch Zivilurteil" völlig unbekannt[753]. Ziviles Haftungsrecht erfüllt mit der gerechten Schadenskompensation seine Hauptaufgabe[753a]. Über *punitive damages* entscheidet die Civil Jury kraft traditioneller Aufgabenzuweisung als unabhängige Sachwalterin ge-

---

[747] Siehe vor allem das Bsp. in Fn. 419. FF 80.000 = € 12.195 wurden der monegassischen Prinzessin Caroline wegen journalistischer Enthüllung ihres Gefühlslebens vom Cour d'appel de Paris am 15.2.1994 zugestanden; der Kassationshof hat das Rechtsmittel verworfen (Cass. civ. 5.11.1996, D. 1997 Jur., 403).
[747a] *Malaurie/Aynès*, Obligations, Anm. Nr. 247.
[748] *Fuchs*, JuS 2000, 882.
[749] Begr. RegE 1998, a.a.O. (Fn. 728).
[750] Von *A.Staudinger*, DB 1999, 1592 und Staudinger-*v.Hoffmann*, EGBGB (2001), Art. 40 Rn. 423.
[751] Nichtannahmebeschluß des BVerfG v. 8.3.2000, NJW 2000, 2187 (2188); Palandt[61]-*Thomas*, § 847 BGB Rn. 4 und *ders.* in der Folgeauflage, § 823 BGB Rn. 200.
[752] Fn. 401. Mit Erman-*Ehmann*, Anh. § 12 BGB Rn. 804, kann man es schon als „Skandal" bezeichnen, wenn das AG Radolfzell mit in der NJW gleich hinter OLG Hamburg („Caroline I") abgedrucktem Urteil v. 25.4.1996 einem durch sexuelle Nötigung psychisch traumatisierten Opfer nur knapp 3 % von dem als Schmerzensgeld zugestellt, was 3 Monate später das OLG der Prinzessin zur Entschädigung gewähren sollte. Diese offenkundige Ungleichbehandlung drängt zu einer konditionsrechtlichen Lösung.
[753] Das führt der BGH im einzelnen aus, a.a.O. (Fn. 737). Zust. im Kontext des Art. 40 III EGBGB *Junker*, RIW 2000, 249.
[753a] MünchKomm[3]-*Mertens*, BGB, Vor §§ 823-853 Rn. 41 wie auch MünchKomm[4]-*Rixecker*, BGB, § 12 Anh. Rn. 211 f. Ferner *Seidel*, S. 86 und *Ehmann*, a.a.O. (Fn. 752).

sellschaftlicher Interessen[754]. Sie werden nicht (nur) aufgrund von Umständen aus der Sphäre des Geschädigten zugesprochen, sondern weil sich die Allgemeinheit über das streitbefangene Verhalten empört[755]. Ein solcher Sinn und Zweck darf daher auch in die „Monaco"-Judikate nicht hineininterpretiert werden.

Rechtsfolge von Art. 40 III Nr. 1 EGBGB ist der Ausschluß des überschießenden Teils des Ersatzanspruchs. Damit hat es sein Bewenden[756]. Die Kappungsgrenze muß über dem Höchstsatz des deutschen Rechts liegen, weil ausländischem Recht die Geltung nur insoweit versagt wird, als der Anspruch „wesentlich weiter" geht als zur Entschädigung erforderlich[757]. Wie sich die Toleranzquote beziffern läßt, wird die Praxis zeigen. Eine starre Grenze sollte nicht aufgestellt werden. Es kommt immer auf den Einzelfall an[758]. So auch bei Nr. 2. Hier wird die einem sachfremden Anlie-

---

[754] *Mörsdorf-Schulte*, S. 294 i.V.m. 165 und 179.
[755] *Mörsdorf-Schulte*, S. 112. Sie lehnt deshalb überhaupt eine zivilrechtliche Qualifikation ab; jedenfalls scheitere die Verhängung am *ordre public*, und zwar schon deshalb, weil zweifelhaft sei, ob der deutsche Richter insoweit die Position der Jury einnehmen dürfe (S. 296 ff.). Überw. werden *punitive damages* aber als Zivilsache eingeordnet: BGH 4.6.1992, BGHZ 118, 312 (336); *Burst*, S. 154; *Brockmeier*, S. 87; Staudinger-*v.Hoffmann*, EGBGB (2001), Vorb. zu Art. 40 Rn. 52 (differenzierend noch in der Vorauflage, Art. 38 Rn. 206). Immerhin handelt es sich um einen Individualanspruch zwischen zwei Personen, das Geld fließt an den Geschädigten und der Verurteilte gilt weder als vorbestraft, noch wird er in ein Register eingetragen (vgl. OLG München 9.5.1989, IPRax 1990, 175 (176)).
[756] Teils will man dagegen den unhaltbaren Teil deutschem Recht überantworten: *Hay*, Am. J.Comp.L. 1999, 642 (*dépeçage*) und Erman-*Hohloch*, EGBGB, Art. 40 Rn. 3, 73.
[757] Unzutr. daher *Hohloch*, a.a.O. (vorige Fn.): „inländisches Normalmaß"; zur a.F. MünchKomm³-*Kreuzer*, EGBGB, Art. 38 Rn. 315 (auf das Maß des deutschen Rechts zu begrenzen). Wie hier indes Staudinger-*v.Hoffmann*, EGBGB (2001), Art. 40 Rn. 418, 421. Richtigerweise muß man den Anspruch der Höhe nach bis zum Limit des *ordre public* reduzieren (so bereits *v.Bar*, IPR I, Rn. 641 und *Spickhoff*, S. 205/206). Diese Grenze liegt oberhalb dessen, was dem Kläger nach Maßgabe deutschen Rechts zugebilligt werden würde. Eine gewisse Dreingabe kann der *ordre public* also verkraften.
[758] Staudinger-*v.Hoffmann*, EGBGB (2001), Art. 40 Rn. 423, bezieht sich auf die Rspr. zum Wucherzins, nach der ein auffälliges Mißverhältnis von 100 % gemäß § 138 BGB die Sittenwidrigkeit begründet (vgl. BGH 13.3.1990, BGHZ 110, 336 (338) – Ratenkredit und KG 22.1.2001, NJW-RR 2001, 1092 – Mietzins). Grundsätzlich für eine Halbierung Soergel¹²-*Lüderitz*, EGBGB, Art. 38 Rn. 132.

gen dienende Forderung nicht etwa überhaupt ausgeklammert[759]. Der Supreme Court setzt mit seiner Verhältnismäßigkeitskontrolle, nach der *punitive damages* in drastischer Höhe verfassungswidrig sind, immer noch jenseits der Beträge an, die uns irdisch erscheinen[760]. Art. 40 III EGBGB dient auch hier allein der summenmäßigen Begrenzung[761]. Steht die fremde Haftungsregelung dem Grunde nach mit dem *ordre public* im Widerspruch, kommt Art. 6 EGBGB zur Anwendung (näher unten C).

II. Art. 40 III Nr. 3 EGBGB

Art. 40 III Nr. 3 EGBGB weist eine unbeschränkte Inanspruchnahme des Ersatzpflichtigen aufgrund eines fremden Rechts zurück, wenn sie der Haftungsregelung eines in der Bundesrepublik geltenden multilateralen völkerrechtlichen Vertrags widerspräche. Hat der Staat, dessen Recht auf die unerlaubte Handlung Anwendung findet, das jeweilige Übereinkommen im Gegensatz zu Deutschland nicht ratifiziert, kommt dessen Haftungsbegrenzung oder -kanalisierung dem Pflichtigen dennoch zugute[762]. Letzterer wird also ebenso behandelt, wie wenn das Delikt in einem Vertragsstaat begangen worden wäre. Als Beispiele nennt die Gesetzesbegründung Art. V des Internationalen Übereinkommens über die zivilrechtliche Haftung für Ölverschmutzungsschäden v. 29.11.1969[763], von der Bundesrepublik zum 15.5.1998 gekündigt[763a] und durch das im Protokoll v. 27.11.1992[763b] neugefaßte Übereinkommen ersetzt, sowie Art. 6 der Pariser Konvention v. 29.7.1960 über die Haftung gegenüber Dritten auf dem Gebiet der Kern-

---

[759] Dafür aber „unter Umständen" Palandt-*Heldrich*, Art. 40 EGBGB Rn. 20 f.; auch *Heiderhoff*, IPRax 2002, 368 und *M.Junker*, S. 236.
[760] Etwa am 20.5.1996 – BMW of North America, Inc. ./. Gore, 116 S.Ct. 1589 [1996]. Schon in Pacific Mutual Life Insurance Co. ./. Haslip u.a., 111 S.Ct. 1032 [1991] hatte er zwar $ 800.000 an *punitive damages* bewilligt, ein die im Strafprozeß auszusprechende Geldstrafe deutlich übersteigender Betrag, bemerkte aber, man bewege sich hart an der Angemessenheitsgrenze. „Punitive damages", heißt es im Votum von *Justice Scalia*, „are far from a fossil, or even an endangered species". „They are (regrettably to many) vigorously alive" (a.a.O., 1054).
[761] Vgl. Begr. RegE 1998, a.a.O. (Fn. 728).
[762] Hier gewinnt Art. 40 III Nr. 3 EGBGB gegenüber Art. 3 II EGBGB Bedeutung: Begr. RegE 1998, BT-Drs. 14/343, S. 13.
[763] BGBl. 1975 II S. 139.
[763a] BGBl. 1997 II S. 1678.
[763b] Für Deutschland in Kraft getreten am 30.5.1996 (BGBl. 1995 II S. 974).

energie[764]. Der Vorrang der staatsvertraglichen Regelung folgt in dieser Konstellation nicht etwa schon aus Art. 3 II EGBGB, denn der eigentliche Anwendungsbereich der Staatsverträge wird hier ausgedehnt[765]. Endlich muß – anders als bei Nrn. 1 und 2 – auch keine erhebliche Abweichung vom deutschen Recht vorliegen[766]. Erfaßt werden von Nr. 3 nach ihrer Ratio und dem legislativen Willen aber immer nur vergleichbare Sachverhalte[767]. Ist also eine ausländische Norm des Luftrechts berufen, kann sie nicht durch die seerechtlichen Vorschriften des Übereinkommens v. 23.9. 1910[768] begrenzt werden.

B. Generelle Vorbehaltsklausel (Art. 6 EGBGB)

Zu Art. 30 EGBGB a.F. (bis 1986) formulierte der BGH, das ausländische Recht dürfe nicht zu den Grundgedanken der deutschen Regelung und der in ihnen liegenden Gerechtigkeitsvorstellungen in untragbarem Widerspruch stehen[769]. Hieran lehnt sich die gegenwärtige Gesetzesfassung an. Art. 6 EGBGB faßt sich kürzer als die überkommene Zweiteilung in „gute Sitten" und „Zweck eines deutschen Gesetzes"[770]. Das an sich berufene fremde Recht muß im Einzelfall zu einem Ergebnis führen, das den Kernbestand der inländischen Rechtsordnung antasten würde[771].

I. Tatbestandselemente

Prüfungsgegenstand ist somit nicht die abstrakte ausländische Norm, sondern es sind ihre Rechtswirkungen im konkreten Fall. Als Beurteilungsmaßstab nennt Art. 6 EGBGB einen gewissen nationalen Bestand von Fun-

---

[764] BGBl. 1985 II S. 964.
[765] *Huber*, JA 2000, 71; Staudinger-*v.Hoffmann*, EGBGB (2001), Art. 40 Rn. 426; Palandt-*Heldrich*, Art. 40 EGBGB Rn. 20. Fehlgehend somit *Spickhoff*, NJW 1999, 2213; anders *ders.* in Bamberger/Roth, Art. 40 EGBGB Rn. 54.
[766] *Kropholler/v.Hein*, FS Stoll, S. 563; Palandt-*Heldrich*, Art. 40 EGBGB Rn. 19, 21.
[767] A.a.O. (Fn. 762).
[768] RGBl. 1913, S. 49; für die heutigen Vertragsparteien siehe BGBl. II 2003, Fundstellennachweis B, S. 225.
[769] BGH 17.9.1968, BGHZ 50, 370 (375/376); 20.6.1979, BGHZ 75, 32 (43) und 22.6.1983, IPRax 1984, 202 (204).
[770] An ihr möchte MünchKomm³-*Sonnenberger*, EGBGB, Art. 6 Rn. 49 i.V.m. 56 ff., gleichwohl festhalten.
[771] Begr. RegE 1983, a.a.O. (Fn. 729).

damentalsätzen und hebt in S. 2 die Wertentscheidungen der Verfassung hervor[772]. Nicht jede Abweichung ruft aber den *ordre public* auf den Plan. Der Verstoß muß vielmehr „offensichtlich" sein. Dieses freilich auch nicht sehr handliche Kriterium soll davor warnen, „mit Kanonen auf Spatzen zu schießen"[773]. Die Vorbehaltsklausel ist ein „Notventil", zurückhaltende Handhabung also geboten[773a]. Es reicht bspw. nicht, wenn das gewählte Recht eine außerordentlich kurze Verjährungsregelung enthält[774]; anders kann es bei Unverjährbarkeit aussehen.

Endlich muß der Sachverhalt einen Inlandsbezug besitzen, der über die bloße Anrufung eines deutschen Gerichts hinausgeht. Aus allen Elementen läßt sich ein bewegliches System entwickeln (Relativität des *ordre public*)[775]: Je stärker die Beziehung des Falls zum Inland, desto weniger werden fremdartige Resultate hingenommen; je dringlicher der Geltungswille unserer Norm, desto geringfügiger mögen das Abgehen und (insbesondere bei bloßen Vorfragen) die Inlandskontakte sein.

II. Rechtsfolgen

Art. 6 EGBGB schließt ausländisches Recht von seiner Anwendung im Inland aus, wehrt es also ab (sog. negative Funktion). Er sichert im Gegensatz zu Art. 34 EGBGB im Schuldvertragsrecht nicht die unbedingte Geltung bestimmter Normen des deutschen oder eines anderen Rechts. Doch entsteht eine Lücke. Sie ist regelungsbedürftig, wenn in Konflikten um die Gewährung oder Versagung einer Rechtsfolge ohne quantitatives Element nicht schon durch Ausblenden des störenden Teils der lex causae, z.B. eines Verbots, ein *ordre public*-gemäßes Ergebnis erreicht wird[776]. Dann gilt

---

[772] Grundlegend der sog. Spanier-Beschluß des BVerfG v. 4.5.1971, BVerfGE 31, 58 (70 ff.).
[773] *Lüderitz*, IPR, Rn. 205.
[773a] *Kropholler*, IPR, § 36 II 3.
[774] *Hohloch*, NZV 1988, 166.
[775] Vgl. z.B. OLG Hamburg 5.10.1979, IPRspr. 1979 Nr. 2A; *Neuhaus*, IPR, § 49 I 2 und in Fortsetzung *Kropholler*, IPR, § 36 II 2; *Spickhoff*, S. 96 ff.; *Lüderitz*, IPR, Rn. 207; Staudinger[13]-*Blumenwitz*, EGBGB, Art. 6 Rn. 114 ff.; MünchKomm[3]-*Sonnenberger*, EGBGB, Art. 6 Rn. 82; *Völker*, S. 235 ff.; *v.Hoffmann*, IPR, § 6 Rn. 152; Palandt-*Heldrich*, Art. 6 EGBGB Rn. 6; Bamberger/Roth-*St.Lorenz*, Art. 6 EGBGB Rn. 15. Hiergegen vehement *Raape/Sturm*, IPR I, § 13 VI 4: „Magie".
[776] Klar differenzierend Bamberger/Roth-*St.Lorenz*, Art. 6 EGBGB Rn. 17.

es sie auszufüllen. Der Gesetzgeber hat hierfür keinen allgemeinen Übergang zum deutschen Recht vorgeschrieben[777], was der Problemlage entspricht. Primär sollte die lex causae modifiziert werden. Hält diese keine äquivalente Lösung bereit, ist die lex fori als Ersatzrecht anzuwenden[778,778a]. So gesehen könnte man dem *ordre public* auch eine positive „Funktion" zusprechen[779]. Genauer gesagt handelt es sich aber schlichtweg um eine Rechtsfolge[779a].

C. Verhältnis zueinander

Die allgemeine Vorbehaltsklausel des *ordre public* (Art. 6 EGBGB) wird durch Art. 40 III EGBGB nicht vollständig verdrängt. Sie ist eine unselbständige Kollisionsnorm, die in jeder anderen (also auch Art. 40 ff. EGBGB) enthalten ist[780]. Die Kritik am Spezialvorbehalt scheint etwas düster geraten: Es falle „der Schatten nationaler Einseitigkeit" auf das IPR[781] und „Nebelbänke" zögen auf[782]. Ihr ist zuzugeben, daß sich die Ergebniskorrekturen nach Art. 40 III Nrn. 1 und 2 EGBGB auch mit Art. 6 EGBGB

---

[777] Vgl. BT-Drs. 10/504, S. 44. A.A. *Raape/Sturm*, IPR I, § 13 VIII („gesundes Heimwärtsstreben").

[778] OLG Schleswig 31.5.2001, NJW-RR 2001, 1372 (1373); *Niederer*, IPR, S. 292; *Ferid*, IPR, Anm. 3–34; *v.Bar*, IPR I, Rn. 641; *Lüderitz*, IPR, Rn. 214 (solange sich nicht ein abweichender Konkretisierungsmaßstab gebildet hat); Staudinger[13]-*Blumenwitz*, EGBGB, Art. 6 Rn. 137; MünchKomm[3]-*Sonnenberger*, EGBGB, Art. 6 Rn. 94; Erman-*Hohloch*, Art. 6 EGBGB Rn. 26; *Kropholler*, IPR, § 36 V; *Siehr*, IPR, § 53 II 4 d; *v.Hoffmann*, IPR, § 6 Rn. 154; Palandt-*Heldrich*, Art. 6 EGBGB Rn. 13. Kreativer Soergel[12]-*Kegel*, EGBGB, Art. 6 Rn. 35, der eigene Sachnormen aufstellt: Die Verjährung z.B. trete so lange nicht ein, wie es für unsere Anschauung tragbar sei. So wird zwar das fremde Recht geschont; dafür büßt jedoch die Rechtssicherheit. Zufriedenstellend freilich i.E. BGH 18.10.1965, BGHZ 44, 183 (190): anwaltliches Erfolgshonorar nach allgemeinen Billigkeitserwägungen heruntergesetzt. Vgl. i.d.S. auch *Schurig*, KollN u. SachR, S. 260 ff.

[778a] Zur Nichtfeststellbarkeit fremden Rechts siehe Fn. 163 a.E.

[779] Vgl. *Niederer*, IPR, S. 291; *Heldrich*, IZ u. anwendb. Recht, S. 37; *Keller/Siehr*, IPR, § 42 II 2; *Lüderitz*, IPR, Rn. 215; *Freitag*, S. 411 in Fn. 280.

[779a] *Spickhoff*, S. 113, 138; MünchKomm[3]-*Sonnenberger*, EGBGB, Art. 6 Rn. 17.

[780] Staudinger[13]-*Blumenwitz*, EGBGB, Art. 6 Rn. 21; a.A. *Schurig*, KollN u. SachR, S. 253 (der Vorbehalt weise selbst alle Strukturmerkmale einer Kollisionsnorm auf).

[781] *Kropholler*, IPR, § 53 IV 6 i.V.m. § 36 VIII.

[782] *Hay*, FS Stoll, S. 523

vollziehen ließen⁷⁸³. Ohnehin gab und gibt es eher bei der Anerkennung insbesondere amerikanischer Entscheidungen Schwierigkeiten, denn ein Forum in Deutschland wäre für solche Klagen nicht attraktiv, u.a. weil es bei uns keinen Ausforschungsbeweis gibt⁷⁸⁴. Außerdem stellt Art. 40 III EGBGB gegenüber Art. 6 EGBGB keine Verschärfung dar⁷⁸⁵. Das macht ersteren aber nicht überflüssig, denn er stellt in seinen Nrn. 1 und 2 der Rechtssicherheit förderliche Konkretisierungen des Art. 6 EGBGB bereit, wenn auch zugleich die Praxis vor das Problem, ihn in die Handhabung des allgemeinen *ordre public* einzufügen⁷⁸⁶. Der Rechtsanwender wird in Art. 40 III EGBGB explizit auf die *ordre public*-Widrigkeit hingewiesen. Dies ist ein unbestreitbarer Gewinn.

Art. 40 III EGBGB selbst vermag Haftungstatbestände, die sich den Unwillen des *ordre public* zuziehen, nicht ihrem Grunde nach von der Anwendung im Inland auszuschließen. Insofern sollte man sich nach Art. 6

---

⁷⁸³ *Looschelders*, VersR 1999, 1323; *Spickhoff*, NJW 1999, 2213; *A.Staudinger*, DB 1999, 1592; *Vogelsang*, NZV 1999, 501; *Huber*, a.a.O. (Fn. 765); *Junker*, RIW 2000, 249; *Hay*, FS Stoll, S. 530 sowie *Kropholler/v.Hein*, ebenda, S. 561 f.; Staudinger-*v.Hoffmann*, EGBGB (2001), Art. 40 Rn. 411 a.E.; *Siehr*, IPR, § 34 IV 2 b; *Kadner Graziano*, Gemeineurop. IPR, S. 416 f.

⁷⁸⁴ Grundsätzlich ist es unzulässig, Beweis anzutreten mit aus der Luft gegriffenen Behauptungen, nur um sich eine beweiserhebliche Tatsache zu beschaffen (BGH 25.4.1995, NJW 1995, 2111 (2112); Rosenberg/Schwab-*Gottwald*, ZPR, § 118 II; *Schneider*, Beweis, Rn. 195 f.; Zöller-*Greger*, Vor § 284 ZPO Rn. 5). Es geht hier um den Schutz der Prozeßgegner und Gerichte vor mißbräuchlich auf bloßen Verdacht, ins Blaue hinein eingeleiteten Prozessen. Deshalb ist die lex fori maßgebend, auch wenn in der Sache amerikanisches Recht gilt, das die *pre-trial discovery* vorsieht (*Coester-Waltjen*, Int. BeweisR, Rn. 296; *Martiny*, in: HdB IZVR III/1, Rn. 1109; *Geimer*, IZPR, Rn. 2294; *Schack*, IZVR, Rn. 673). Diese Substantiierungslast verringert die Erfolgschancen des Klägers. Dieser muß schlüssig vortragen; der lapidare Satz „You have hurt me and I want some of your money" ist ungenügend (*Geimer*, a.a.O., Rn. 1994). Dagegen zeigt man sich anerkennungsfreundlich: Die konkrete Maßnahme muß schon in staatliche Hoheitsrechte eingreifen (BGH 4.6.1992, BGHZ 118, 312 (324); i.d.S. bereits *Martiny*, a.a.O.; zust. *Gottwald*, a.a.O., § 157 I 3 e (1); *Völker*, S. 210 f. und *Schack*, a.a.O., Rn. 865).

⁷⁸⁵ A.A. *Hay*, Am.J.Comp.L. 1999, 641.

⁷⁸⁶ Abl. deshalb MPI Stellungnahme 1994, S. 8 (RefE 1993). Auch die Entwürfe eines vereinheitlichten IPR für außervertragliche Schuldverhältnisse begnügen sich mit einem allgemeinen Vorbehalt (siehe § 15).

EGBGB richten[787]. Art. 40 III EGBGB ist eine allein die Haftungsausfüllung regelnde spezielle Vorbehaltsklausel. In Bezug auf Fragen der Begründung deliktsrechtlicher Verantwortung trifft Art. 40 III EGBGB keine Aussagen. Deshalb kann im Falle überscharfer Haftungsgründe weiterhin auf Art. 6 EGBGB rekurriert werden. Eher auf dieser Ebene ist auch die zeitliche Begrenzung der Haftung durch Verjährungs- und Präklusionsregeln anzusiedeln[788].

Der in einer Rechtswahl zum Ausdruck gebrachte Parteiwille erfährt eine mittelbare Repression, wenn das gewählte Sachrecht aufgrund des *ordre public* nicht vollumfänglich gilt, sei es, weil ein Haftungstatbestandselement anstößig ist (Art. 6 EGBGB) oder eine Rechtsfolge (Art. 40 III EGBGB). Daß eine solche Korrektur im Forum erfolgen kann, sollte von den Parteien berücksichtigt werden.

---

[787] *Spickhoff*, NJW 1999, 2213 und *ders.* in Bamberger/Roth, Art. 40 EGBGB Rn. 53; *Hohloch/Jaeger*, JuS 2000, 1135; *Junker*, RIW 2000, 249; Staudinger-*v.Hoffmann*, EGBGB (2001), Art. 40 Rn. 430; wohl auch *Vogelsang*, NZV 1999, 501. So bereits die herrschende Ansicht zu Art. 38 EGBGB a.F.: statt vieler *Hohloch*, a.a.O. (Fn. 774) und Soergel[12]-*Lüderitz*, EGBGB, Art. 38 Rn. 121.

[788] Für Art. 40 III Nr. 1 EGBGB *Kropholler/v.Hein*, FS Stoll, S. 572.

Drittes Kapitel
Ausblick

§ 15 Überstaatliche Vereinheitlichung

„Was lange währt, wird endlich gut!" lautete eine Bilanz zum RegE 1998[789] mit Blick auf die Vorarbeiten der Reform, welche in den frühen 80er Jahren ihren Anfang genommen hatten. Wie lange sich das neue EGBGB bewährt, ist jetzt die Frage. Einen Monat vor seinem Inkrafttreten hatte der Vertrag von Amsterdam unter dem Titel IV („Visa, Asyl, Einwanderung und andere Politiken betreffend den freien Personenverkehr") die Legislativkompetenz für die Bereiche Justiz und Inneres teilweise der intergouvernementalen Zusammenarbeit entzogen und auf die erste Säule übertragen[790]. Art. 65 EG erlaubt dem Rat den Erlaß von Maßnahmen, „soweit sie für das reibungslose Funktionieren des Binnenmarktes erforderlich sind". Schon drei Tage nach Inkrafttreten des Vertrags legte die Europäische Kommission ihren ersten Vorschlag vor, namentlich zu „Brüssel II"[791]. Jene EuEheVO stützt sich wie dann auch die EuGVVO (fortan „Brüssel I"), Metamorphose des EuGVÜ, auf lit. a, dritten Spiegelstrich des Art. 65 EG. Dies unbeeindruckt von der harschen Kritik, daß man hier auf einem supranationalen „Holzweg" wandle[792]. Art. 65 lit. b EG schließt die „För-

---

[789] Von *R.Wagner*, IPRax 1998, 438.
[790] BGBl. 1998 II S. 386; Bekanntmachung am 6.4.1999, BGBl. II 1999 S. 296. Die Überschrift bringt das IPR, so *Jayme/Kohler*, in die „Schräglage des Schengen-Besitzstandes" (IPRax 1999, 402).
[791] Vorschlag für eine Verordnung (EG) des Rates über die Zuständigkeit und die Anerkennung und Vollstreckung von Entscheidungen in Ehesachen und in Verfahren betreffend die elterliche Verantwortung für die gemeinsamen Kinder der Ehegatten v. 4.5.1999 (ABl.EG Nr. C 247 E/01). Die EuEheVO datiert wie die EuZVO und EuInsVO v. 29.5.2000. Alle nehmen den Platz nicht in Kraft getretener Übereinkommen ein (deren Text in zit. Reihenfolge: ABl.EG 1998 Nr. C 221/2; 1997 Nr. C 261/1; ZIP 1996, 976 ff.).
[792] *Schack*, ZEuP 1999, 808; vgl. auch *dens.*, IZVR, Rn. 106b. Ihm hält *Heß*, NJW 2000, 27, Polemik vor. Dem institutionellen Gerüst bescheinigt *Basedow*, CML Rev. 2000, 696, eine vielversprechende Perspektive (gemeinschaftsrechtliche Kollisionsnormen zum Delikt sollten aber auf Art. 95 EG gestützt werden – so *ders.*, in: Systemwechsel, S. 32); positiv auch die Einschätzung *Kreuzers*, in: Müller-Graff, Gemeinsames PrivatR, S. 529 ff. „Nicht frei von Dilettantismus" sind die neuen Zuständigkeitsbestimmungen hingegen nach dem Dafürhalten *Jaymes* (IPRax 1998,

derung der Vereinbarkeit der in den Mitgliedstaaten geltenden Kollisionsnormen und Vorschriften zur Vermeidung von Kompetenzkonflikten" mit ein. Über einen internen Verordnungsentwurf zum internationalen außervertraglichen Schuldrecht (Kom-RefE, C I) ist man aber auf dieser schütteren Grundlage bis zur im Mai 2002 initiierten Konsultation (C II) nicht hinausgekommen, obwohl nach dem Aktionsplan des Rates und der Kommission binnen zwei Jahren ab 1.5.1999 ein Rechtsakt erstellt werden sollte[793]. Die Unsicherheit darüber, ob das Projekt „Rom II" bald seinen Abschluß finden wird[794], bleibt. Auch der nationale Gesetzgeber rechnete nicht mit raschen Ergebnissen auf europäischer Ebene[795]. Jedenfalls sind sie wohl kaum im Rahmen der Übergangszeit von fünf Jahren erzielbar, für den Art. 67 I EG das Einstimmigkeitsprinzip vorsieht, welches alsdann durch das nur qualifizierte Mehrheiten erfordernde Mitentscheidungsverfahren des Art. 251 EG ersetzt werden kann (Art. 67 II EG). Ein Unisono scheint unwahrscheinlich, wie das Scheitern früherer Bemühungen zeigt. Mit diesen beginnt die folgende Darstellung (A). Den beiden Kommissionsdokumenten (C) ging der Vorschlag einer Konvention voraus, unterbreitet von der GEDIP (B). Auf jeder dieser Evolutionsstufen soll ein Vergleich angestellt werden mit dem novellierten EGBGB. Aus dem nationalen „Versuchslabor"[796] ist ein Deliktskollisionsrecht hervorgegangen, das mittels knapper Diktion seiner Normen Anknüpfungssicherheit verheißt. Objektiv können die festen Regeln im Einzelfall berichtigt werden. Den deutschen Gerichten bleibt Raum und offenbar auch noch einige Zeit, die gesetzlichen Vorgaben zu präzisieren[797]. Wo es den Parteien angebracht er-

---

141); für *Linke*, FS Geimer, S. 553, bleibt die Europäisierung des IPR ein „Trauma". Siehe unten C vor I.

[793] Vgl. Ziffer 40b, ABl.EG 1999 Nr. C 19/10 und IPRax 1999, 288 (289). Ein solches Programm wird allerdings von Art. 61 lit. c i.V.m. Art. 65 EG gar nicht gefordert; allein Art. 61 lit. a EG schreibt einen Zeitraum vor (darauf weist *Heß* hin, NJW 2000, 31). Nach Rücknahme dieser Zeitvorgabe kündigte der Fortschrittsanzeiger der Kommission v. 30.11.2000, KOM (2000) 782 endgültig, die Elaboration eines Rechtsinstruments „Rom II", ggf. VO-Entwurf, bis April 2001 an (Tabelle 3.3.).

[794] Skeptisch *Freitag/Leible*, ZVglRWiss 2000, 141 f. sowie Erman-*Hohloch*, Vor Art. 38 EGBGB Rn. 8. *Haag* mutmaßt, eine Vereinheitlichung sei „mittelfristig" zu erwarten (in Geigel, HaftpflProz., Kap. 43 Rn. 44); „noch Zukunftsmusik", meint *Kropholler*, 75 J. MPI, S. 586.

[795] BT-Drs. 14/343, S. 6.

[796] *Kreuzer*, RabelsZ 2001, 462. Erbaulicher *Sonnenberger*, ZVglRWiss 2001, 114: „deutsches Präludium zu einem europäischen Konzert".

[797] Zu den schwierigen Gebieten, u.a. des Persönlichkeitsschutzes, siehe § 2 A II 2.

scheint, ist ihnen der Abschluß eines Wahlvertrags möglich, der für Klarheit sorgt und, vor allem wenn zugunsten der lex fori ausgefallen, das Verfahren beschleunigt. In manchen Punkten, das soll dieser Ausblick zeigen, wäre es wünschenswert, daß das deutsche Experiment im Wettstreit um die bestmögliche Lösung eines europäischen internationalen Deliktsrechts gelingen wird.

A. EWG-Vorentwurf (1972)

Der Impuls zur Vereinheitlichung des IPR war vom EuGVÜ ausgegangen. Dieses stellte, wie jetzt die EuGVVO, mehrere Gerichtsstände zur Verfügung. Um ein *forum shopping*, das die dementsprechend unterschiedlichen Kollisionsnormen ausnutzt, einzudämmen, ist deren Gleichschaltung probatestes Mittel[798].

Der EWG-Vorentwurf von 1972 (EWG-E) hatte in Art. 10-12 objektive Anknüpfungsregeln für Ansprüche aus unerlaubter Handlung vorgesehen – keine Rechtswahl. Ein klärendes Wort zu den Distanzdelikten ließ Art. 10 I vermissen; „in dem das Ereignis eingetreten ist" deutete aber eher auf den Erfolgsort hin[799]. Hatte das Delikt zulängliche Bande nur mit einem anderen Staat geknüpft, galt dessen Recht als das bessere (Art. 10 II); über die allgemeine Natur der beachtlichen Bezugspunkte gab Abs. 3 Auskunft. „Sicherheits- und Polizeivorschriften, die am Ort und im Zeitpunkt des Eintritts des Schadensereignisses gelten", so Art. 12, werden „unabhängig von dem nach Artikel 10 anzuwendenden Recht ... berücksichtigt". Ähnlich hieß es zuvor bereits in den Abkommen über Straßenverkehrsunfälle (Art. 7) und Produkthaftung (Art. 9). Dem Wesen nach handelt es sich um eine

---

[798] Vgl. *Kreuzer*, in: Müller-Graff, Gemeinsames PrivatR, S. 486 ff., 497 ff. Zu Art. 5 Nr. 3 EuGVÜ/EuGVVO siehe Fn. 65. Im dort zit. Rheinverschmutzungsfall (Handelskwekerij G.J. Bier und Stichting Reinwater ./. Mines de Potasse d'Alsace SA), Ausgangsinstanz Rb. Rotterdam 12.5.1975, Rollen-Nr. 4320/74 (Berichte in 22 [1975] NILR, 203 ff. sowie von *Rest*, Umweltschutz, S. 35 f.), war aus niederländischer, auf die Verursachung zielender Sicht objektiv französisches und umgekehrt niederländisches Recht anzuwenden. Schließlich einigten sich die Parteien auf die Anwendung niederländischen Forumsrechts (Rb. Rotterdam 8.1.1979, a.a. O. (Fn. 332)) und schlossen einen Vergleich (HR 23.9.1988, NJ 1989 Nr. 743; dazu auch RabelsZ 53 (1989), 699 ff.).

[799] *Overbeck/Volken*, RabelsZ 1974, 63 bei und in Fn. 31.

Sonderanknüpfung[800]. Der Vorentwurf wollte grundsätzlich alle mit der Deliktsschuld verbundenen Rechtsfragen von dem gemäß Art. 10 benannten Statut beurteilt wissen und zählte deshalb in Art. 11 die wichtigsten von ihnen auf[801]. Hinzu traten u.a. die Erfüllungsmodalitäten (Art. 15), Forderungsabtretung durch Vertrag (Art. 16) und -übergang durch Gesetz (Art. 17) sowie die Beweislast (Art. 19 I 1). Es wurden sämtlich Sachnormverweisungen ausgesprochen (Art. 21), und zwar auch auf dasjenige Recht eines Nicht-Vertragsstaates (*loi uniforme*, Art. 24 EWG-E und später Art. 2 EVÜ). Art. 22 EWG-E übernahm die in den Haager Abkommen übliche *ordre public*-Formel.

Wie auch Art. 13 (Legalobligationen) wurden die deliktsrechtlichen Vorschriften nicht in das EVÜ aufgenommen, weil man die Arbeiten ab 1978 auf Fragen vertraglicher Schuld beschränkt hatte[802,802a]. Erst nach Fertigstellung sollten Verhandlungen über eine zweite Konvention aufgenommen werden[803]. Dies geschah, auf Beschluß des Rates der EU[804], im Jahre 1998 unter österreichischer Präsidentschaft[804a], als sich die Wissenschaft mit der Sachnormharmonisierung schon ein noch viel ehrgeizigeres Ziel gesteckt hatte[805].

---

[800] Siehe § 9 D II 2.
[801] Dies in Einklang mit § 8 D.
[802] Insbesondere auf Wunsch Großbritanniens, vgl. Begr. RegE 1983, BT-Drs. 10/504, S. 28.
[802a] Statt einer Gesamtkodifikation hatte auch der damalige Sekretär am Ständigen Büro der Haager Konferenz *Dutoit* dieser empfohlen, sich einzelner, überschaubarer Materien anzunehmen; zwei dieser Vorschläge mündeten in die Straßenverkehrsunfall- und Produkthaftpflichtübereinkommen (vgl. *Kadner Graziano*, Gemeineurop. IPR, S. 128 f.).
[803] Vgl. den Bericht von *Giuliano/Lagarde*, BT-Drs. 10/503, S. 39.
[804] Gefaßt am 18.12.1997, ABl.EG 1998 Nr. C 11/2 sub I 5.1.d).
[804a] Entwurf eines Übereinkommens über das auf außervertragliche Schuldverhältnisse anzuwendende Recht (Rats-Dokument SN 4850/98 v. 28.10.1998). Auf die dortige Rechtswahlklausel, Art. 12, wurde bereits oben in § 12 A II 2 a) (Fn. 628) eingegangen. Siehe auch unten Fn. 816, 825, 853 sowie zur weiteren Beratung im Rat Fn. 852.
[805] Vgl. nur die Bestandsaufnahme *v. Bars*, Gemeineurop. DeliktsR I und dort insbesondere § 4 (Rn. 367 ff.).

B. Groupe européen (1998)

Die GEDIP, ein europaweiter Kreis von IPR-Lehrern, legte auf ihrer Jahrestagung in Luxemburg im September 1998 eine „Proposition pour une convention européenne sur la loi applicable aux obligations non contractuelles" vor und leitete diese dem Generalsekretariat des Ministerrates zu, das die Arbeiten für „Rom II" betreut[806]. Dem Entwurf liegt die Idee eines Parallelübereinkommens zum – aktuell einer Revision unterzogenen[807,807a] – EVÜ („Rom I") zugrunde. Sie prägt den Aufbau. Voran steht das Näheprinzip der engsten Beziehung, Art. 3 I, welches sich zudem in Art. 7 I niederschlägt. Auch dem EGBGB wohnt die Maxime inne, ist dort aber nicht als Anknüpfungsregel normiert, sondern tritt vor allem durch Auflockerungsnormen wie Art. 41 EGBGB zutage. Die auch in den autonomen Rechtsordnungen anderer Mitgliedstaaten ungewöhnliche Generalklausel des Art. 3 I wird nach dem Vorbild der Art. 4 II-IV, 5, 6 EVÜ durch einzelne Vorschriften konkretisiert[808]. Dies in Gestalt von widerlegbaren Vermutungen. Angeknüpft wird vornehmlich an territoriale Sachverhaltselemente. Der gemeinsame gewöhnliche Aufenthalt ist maßgebend (Art. 3 II – vgl. Art. 40 II EGBGB), ansonsten der Tatort (Art. 3 III). Letzterer ist, von der EuGH-Judikatur zu Art. 5 Nr. 3 EuGVÜ[809] abweichend, nicht ubiquitär

---

[806] Die Gruppe sieht ihre Aufgabe darin, Integrationsprozesse in der EU auf dem Gebiet des IPR anzustoßen und Initiativen der Kommission kritisch zu begleiten. URL: www.drt.ucl.ac.be/gedip. An der Vorbereitung des hier zu besprechenden Entwurfs wirkten mit: *G.Droz, M.Fallon, A.Giardina, K.Kreuzer, P.Lagarde, O. Lando, C.Morse* und *F.Pocar*. Der französische Text ist abgedruckt in RCDIP 87 (1998), 802 ff. und IPRax 1999, 286 ff., seine Übersetzung ins Englische in 45 [1998] NILR, 465 ff. und RabelsZ 65 (2001), 550 ff.; alle drei Fassungen auch in Eur.Rev.Priv.L. 7 (1999), 46 ff.

[807] Siehe das Grünbuch der Kommission der Europäischen Gemeinschaften v. 14.1. 2003 „über die Umwandlung des Übereinkommens von Rom aus dem Jahr 1980 über das auf vertragliche Schuldverhältnisse anzuwendende Recht in ein Gemeinschaftsinstrument sowie über seine Aktualisierung", KOM (2002) 654 endgültig.

[807a] Ergänzend hat die Kommission mit ihrer Mitteilung v. 12.2.2003 an Parlament und Rat den Aktionsplan „Ein kohärentes europäisches Vertragsrecht" vorgelegt (KOM (2003) 68 endgültig); vgl. oben Fn. 287.

[808] Sie besitzt nach Einschätzung des Deutschen Rates für IPR, a.a.O. (Fn. 856, 859), S. 15, keine Durchsetzungschance, zumal hinsichtlich ihres Vorbilds, Art. 4 I EVÜ, bereits der Übergang zur festen Anknüpfung an den gewöhnlichen Aufenthalt dessen, der die vertragscharakteristische Leistung erbringt, diskutiert werde.

[809] Nachw. in Fn. 65.

aufgefaßt. Er soll dort liegen, wo sich Ursache und Schaden vereinen. Offen bleibt also die Behandlung von Distanzdelikten[810]. Ein Optionsrecht bzw. eine solche Pflicht (Art. 40 I 2 EGBGB) ist nicht vorgesehen. Es fehlt überhaupt an einem eigenen Tatbestand. Deshalb ist auf Art. 3 I zu rekurrieren, es sei denn, Art. 4 ist einschlägig, dessen lit. a dem Persönlichkeitsschutz durch eine Erfolgsortsanknüpfung gerecht werden will und dafür auf den gewöhnlichen Aufenthalt des Verletzten abstellt[811]. Vorbestehende oder (anders als im Rahmen von Art. 41 II Nr. 1 EGBGB) auch bloß intendierte Sonderbindungen der Parteien sind dabei zu berücksichtigen (Art. 3 V GEDIP-E). Gleich, ob zunächst nach Art. 3 II bzw. III eine allgemeine oder gemäß Art. 4 eine spezielle Vermutung angestellt wird, setzt sich ein anderes Recht durch, wenn die allgemeine Berichtigungsklausel es so will (Art. 3 IV), wobei anderweitige Beziehungen inter partes nach Abs. 5 eine Rolle spielen können (vgl. Abs. 2 Nr. 1 des Art. 41 EGBGB als Regelbeispiel seines Abs. 1). Daß für bestimmte Bereiche Sonderregelungen enthalten sind (Art. 4), geht auf die Haager Konventionen v. 4.5.1971 und 2.10.1973 zurück. Der deutsche Reformgesetzgeber von 1999 hat in Art. 40 ff. EGBGB auf Spezialtatbestände verzichtet und deren Ausbildung der Rechtsprechung überantwortet[812]. Art. 4 lit. b GEDIP-E regelt das wettbewerbsrechtliche Marktortprinzip[813]. Diesbezüglich sollte klargestellt werden, daß eine Rechtswahl nicht statthaft ist[814].

Letztere rückt auch der Gruppenvorschlag in den Mittelpunkt – Art. 8 GEDIP-E. Dessen S. 1 lautet:

> „Les parties peuvent choisir la loi applicable à l'obligation non contractuelle par une convention postérieure à la naissance du différend".

---

[810] Zum Begriff § 2 A I. Für die von *Jayme*, a.a.O. (Fn. 792), behauptete Bevorzugung des Handlungsortes findet sich kein Anhaltspunkt.
[811] Für den Regelfall zust. *Sonnenberger*, FS Henrich, S. 590. Vgl. zur sedes materiae geführten Debatte Fn. 107, 111.
[812] Siehe Fn. 92.
[813] Vgl. die Nachw. in Fn. 109.
[814] Vgl. § 4 A II.

Ob die Parteien sich autonom zu einem Recht verabredet haben, ist als erstes zu prüfen. Ebenso verhält es sich bei Art. 42 EGBGB[815]. Die Positionierung im Anschluß an die objektiven Anknüpfungsregeln steht dem nicht entgegen. Sie dokumentiert lediglich den Verdrängungseffekt. Das „an sich", d.h. objektiv zu benennende Recht wird ersetzt. Die parteiautonome Statutsbestimmung nimmt eine Ausnahmestellung ein. Von ihr können die Parteien Gebrauch machen und bspw. die lex domicilii für sie und das Gericht verbindlich abbedingen. Nur im nachhinein, post delictum, ist eine solche Vereinbarung nach Art. 42 S. 1 EGBGB erlaubt[816]. Auf die Entstehung der Streitigkeit stellt dagegen Art. 8 S. 1 GEDIP-E ab. „Auf frischer Tat" also kann nicht gewählt werden. Daß sich die zeitliche Nuance praktisch auswirken wird, darf man bezweifeln. Auch unter Art. 42 EGBGB wird eine Einigung zum anwendbaren Recht regelmäßig erst im Zuge prozessualer Auseinandersetzung in Betracht kommen. Die Gruppe hat sich – wie die deutsche Legislative – ganz bewußt gegen eine antezipierte Rechtswahl ausgesprochen[817]. Zwei Gründe werden vorgebracht, die auch die oben zu Art. 42 S. 1 EGBGB angestellten Überlegungen tragen. Zum einen besteht für einen vorsorglichen Deliktsrechtskonsens kein Bedürfnis. Es kann vertragsakzessorisch angeknüpft und eine insoweit ex ante getroffene Abrede gemäß Art. 3 V GEDIP-E auf die unerlaubte Handlung erstreckt werden[818]. Außerdem ist den Parteien unbenommen, ihrer unwirksamen, weil vordeliktischen Wahl durch eine neue mit Wirkung ex tunc Gültigkeit zu verleihen[819]. Zum anderen würde die Eröffnung der Möglichkeit zur antezipierten Rechtswahl Einschränkungen zugunsten des Schwächeren erforderlich machen, weil im Vorfeld eines in aller Regel völlig unvorhersehbaren Verlaufs unerlaubter Handlungen der in einer typischen Machtstellung berechnend Vorgehende die Parteiautonomie dadurch zweckentfremden könnte, seinem Gegenüber, insbesondere Verbraucher und Arbeitnehmer, die Annahme aufzuzwingen. Einer besonderen Rechtswahlschranke (vgl. Art. 5 und 6 EVÜ, Art. 29 ff. EGBGB) bedarf es hinsichtlich Deliktsobligationen jedoch nicht, wenn beide Seiten nur im nachhinein wählen dürfen[820]. Aber nicht nur in diesem Personenkreis birgt die

---

[815] Seinen Stellenwert reflektiert § 1.
[816] § 5 A I 1, B vor I. Anders Art. 12 I des in Fn. 804a zit. Rats-E 1998: „[jederzeit]".
[817] Siehe *Kreuzer*, RabelsZ 2001, 403.
[818] Vgl. § 5 A II.
[819] Vgl. § 5 B.
[820] § 10 B II. A.A. im Kontext des GEDIP-E *v. Hein*, RabelsZ 2000, 612/613.

antezipierte Wahl Gefahren. Keine Partei, weder der Verletzte noch sein Schädiger, vermag zu überschauen, wie sich ein Delikt realisieren wird. Nur ein konsequenter Ausschluß schafft Abhilfe[821]. Dennoch regt sich hiergegen Widerstand. Die meisten Delegationen stehen, anders als die Europäische Gruppe, der vorherigen Rechtswahl aufgeschlossen gegenüber, was sich im späteren Kom-RefE offenbarte (siehe C I). Sollte sich diese Meinung letztlich – gegen die deutsche Opposition – durchsetzen, sei eine Wahlabrede durch Rückgriff auf das objektive Deliktsstatut einzuschränken[822]. Für eine solche materiellrechtliche Abbedingung, die den Parteien innerhalb der vom objektiv berufenen Recht gezogenen Grenzen immer möglich ist, bedürfte es aber keiner europäischen Regelung[823]. Außerdem wollen die Beteiligten gerade mit ihrer Vereinbarung die Prüfung entbehrlich machen, welches Recht „eigentlich" gilt. Muß erst das objektive Deliktsrecht ermittelt werden, bevor man weiß, ob die Wahlvereinbarung gültig ist, bedeutet das Rechtsunsicherheit[824].

In Art. 8 S. 2 GEDIP-E heißt es:

„Ce choix doit être exprès".

Anders Art. 42 S. 1 EGBGB i.V.m. Art. 27 I 2 Alt. 2 EGBGB analog. Eine konkludente Deliktsrechtswahl ist de lege lata statthaft. Allerdings ist sie bei konsequenter Handhabung des § 139 ZPO stets zu verifizieren und wird so regelmäßig durch explizite Parteierklärungen ersetzt. Daß Art. 8 S. 2 des Entwurfs die Ausdrücklichkeit postuliert, kommt den Beteiligten entgegen, weil sich eine Wahl nicht mehr von „heimwärts strebenden" Richtern fingieren läßt. Dieser Schritt ist nach den unter § 7 B I und II getroffenen Feststellungen zu begrüßen. Ein Vorgriff auf das gewählte Recht in puncto Zustandekommen und Wirksamkeit der Wahlvereinbarung (vgl. Art. 3 IV,

---

[821] Vgl. § 5 A I 1.
[822] So R.Wagner, EuZW 1999, 713.
[823] Vgl. zum Wesen der kollisionsrechtlichen Deliktsrechtswahl §§ 1 und 3.
[824] Insoweit zutr. zwar v.Hein, RabelsZ 2000, 612, Befürworter jederzeitiger Rechtswahl, der aber zugleich für eine Art. 3 III EVÜ (Art. 27 III EGBGB) ähnliche Norm eintritt, was bei effektiv einzelstaatlicher Verknüpfung des Sachverhalts eine bloß materiellrechtliche Verweisung zur Folge hätte, sofern man für den Bezug zu einem weiteren Land nicht die Wahl dessen Rechts genügen läßt (siehe Fn. 189a).

8 I EVÜ/ Art. 27 IV, 31 I EGBGB) sieht der GEDIP-E ebensowenig vor wie eine Teilrechtswahl (Art. 3 I Alt. 2 EVÜ/ Art. 27 I 3 Alt. 2 EGBGB)[825]. Schließlich formuliert S. 3 des Art. 8 GEDIP-E:

„Il ne peut pas porter atteinte aux droits des tiers".

Mit diesem Wortlaut ist man von der französischen Version des Art. 3 II 2 EVÜ her vertraut. In Deutschland wird letztere über Art. 36 EGBGB eingesetzt, um ein Beeinträchtigungsverbot durch Art. 27 II 2 EGBGB zu begründen[826]. Diese Argumentation kann jedoch weder für das Vertrags- noch das Deliktsrecht (Art. 42 S. 2 EGBGB) überzeugen. Der Normtext ist mehrdeutig. Letztlich entscheidet damit die Ratio des Drittschutzes, namentlich die negative Verweisungsfreiheit. Wer, in welcher Form auch immer, von dem Delikt betroffen ist, aber an der Rechtswahl unbeteiligt bleibt, kann auf die Fortgeltung des für ihn bisher maßgeblichen Statuts vertrauen (so das unter § 12 B gefundene Ergebnis). Etwas anderes will auch Art. 8 S. 3 des von der Gruppe unterbreiteten Vorschlags nicht sagen.

Die inhaltliche Reichweite einer (parteiautonomen) Verweisung bestimmt Art. 5 GEDIP-E, darunter die Haftungsbeschränkung, Vererblichkeit und Beweislast[827]. Das ggf. gewählte Recht sagt auch, ob der Verletzte gegen den Versicherer des Schädigers mit der *action directe* vorgehen kann (vgl.

---

[825] Dazu § 6 A bzw. § 8 C. Im zuletzt erwähnten Punkt anders auch hier der Rats-E 1998 in Art. 12 I ("... das Recht wählen, das auf die Gesamtheit eines außervertraglichen Schuldverhältnisses oder auf einen billigerweise abtrennbaren Teil des deliktischen Sachverhalts oder Verhältnisses anzuwenden ist"). Doch rückt der Entwurf von Art. 3 IV EVÜ ab, denn er nimmt nicht auf das erkorene Recht Bezug. Art. 12 IV bestimmt autonom: "[Jede Partei einer Rechtswahlvereinbarung kann deren Unwirksamkeit geltend machen, wenn sie eine schwere Ungerechtigkeit darstellt"]. Zust. *Kadner Graziano*, Gemeineurop. IPR, S. 188, mit folgendem Leitsatz § 1 II auf S. 491, 607: "Eine Rechtswahl, die unter Ausnutzung der Zwangslage oder Unerfahrenheit einer Partei erfolgt und diese erheblich benachteiligt, ist unbeachtlich". Aber wann soll eine Wahl i.d.S. bemakelt sein? Die für Rechtssicherheit sorgende Wahl würde unsicher. Vgl. §§ 10 B II und 11. Ist die Wahl nicht nach der lex fori nichtig bzw. angefochten und unwirksam, steht im Hintergrund noch der *ordre public*.

[826] § 12 A II 1 b) i.V.m. 2 b).

[827] Vgl. §§ 8 D, 9 C.

Art. 6 I GEDIP-E); nur wenn dieses Recht den Anspruch nicht kennt, wird das Versicherungsvertragsstatut befragt (Abs. 2)[828].

Nach Art. 9 GEDIP-E können sich auch zwingende Normen eines anderen Staates gegen das sonst (auch subjektiv) berufene Recht behaupten – vgl. Art. 7 EVÜ, dessen Abs. 2 in Art. 34 EGBGB überführt worden war, während Deutschland gegen Abs. 1 einen Vorbehalt eingelegt hatte[829]. Ordnungsrelevantes Recht wird also gesondert angeknüpft. Damit ergibt sich eine „Zweipoligkeit des IPR"[830], wenn man, soweit es um inländische *lois de police* (Eingriffsnormen) geht, diese nicht als *ordre public*-ähnlich, die Einheitsanknüpfung sprengend erachtet[831]. Nun hat man sich aber schon im Vertragsrecht stets schwergetan, eine Eingriffsnorm als solche zu erkennen[832]. Die Anforderungen an die Qualifikation sind unklar. Am verbreitetsten ist eine Abgrenzung nach dem Zweck: Dienen die Vorschriften schwerpunktmäßig überindividuellen, d.h. öffentlichen (staats- und wirtschaftspolitischen) Interessen respektive Kollektivbelangen, so spricht das für die Diagnose „loi de police"; wird der Ausgleich widerstreitender Anliegen im privaten Rechtsverkehr verfolgt, kommt man zum gegenteiligen Ergebnis[833]. Es besteht damit die „Gefahr einer schleichenden Unterstellung öffentlicher Zwecke"[834]. Sie bedeutet einen erheblichen Verlust an Rechtssicherheit. Diesem Einwand sieht sich auch Art. 9 GEDIP-E ausgesetzt[835]. Art. 10 (örtliche Verhaltensregeln) ist demgegenüber nicht zu beanstanden, weil er seinerseits, wie es auch textlich zum Ausdruck kommt („il doit ... être tenu compte"), Abweichungen dulden muß, wenn das Prinzip der engsten Verbindung (Art. 3 I, 5 I) ernst genommen werden soll[836].

---

[828] Subsidiarität. Anders Art. 40 IV EGBGB: Alternativität (siehe § 9 A).
[829] Gemäß Art. 22 I lit. a EVÜ. Siehe BGBl. II 1991 S. 871.
[830] *Kropholler*, IPR, § 3 II 4.
[831] Vgl. § 10 vor A a.E.
[832] Siehe nur BGH 19.3.1997, BGHZ 135, 124 (135 f.), zum Verbraucherschutz.
[833] Vgl. MünchKomm³-*Martiny*, EGBGB, Art. 34 Rn. 12.
[834] MünchKomm³-*Sonnenberger*, EGBGB, Einl. IPR, Rn. 44.
[835] *Sonnenberger*, RCDIP 1999, 652. Dagegen glaubt *Kadner Graziano*, Gemeineurop. IPR, S. 188 in Fn. 198, an die Möglichkeit einer Wahlbegrenzung entsprechend Art. 7 EVÜ, zieht aber letztlich einen generellen Mißbrauchsvorbehalt vor (siehe Fn. 825).
[836] Vgl. § 9 D I 2 und II 2 in Fn. 529.

Eine Art. 12 III EVÜ/Art. 33 III EGBGB entsprechende Anknüpfungsregelung für Drittleistungen enthält Art. 11 GEDIP-E[837].

Das zur positiven Regel erhobene *principe de proximité* (vgl. Art. 3 I GEDIP-E) setzt sich nach der Verweisung fort, denn ein *renvoi* ist unbeachtlich (Art. 13). Nach hier vertretener Auffassung sind nur bei Art. 41 und 42 EGBGB Rück- und Weiterverweisung ausgeschlossen[838]. Wie Art. 2 EVÜ mißt Art. 2 des Entwurfs diesem einen *caractère universel* bei. Der *ordre public*-Vorbehalt, Art. 14, ist mit dem des Art. 6 S. 1 EGBGB vergleichbar. Art. 40 III EGBGB ist konkreter, aber auch weniger flexibel und keineswegs unverzichtbar, wie die bisherige Übung der allgemeinen Klausel (Art. 6 EGBGB) gezeigt hat[839].

C. Europäische Kommission

Innerhalb der Europäischen Kommission wurde zunächst, siehe I, eine „Proposition de Règlement (CE) du Conseil sur la loi applicable aux obligations non-contractuelles" erarbeitet[840]. Es zeichnete sich also bereits ab, daß man Art. 65 lit. b EG dafür benutzen will, eine „Rom II"-Verordnung zu erlassen, wodurch der EuGH mit verweisungsrechtlichen Problemen unmittelbar befaßt wird, während er bisher IPR nur unter dem Gesichtspunkt der Konformität berufener Sachnormen mit EG-Primärrecht behandelte[841]. Fraglich bleibt, ob der vorgenannte, im Wortlaut zögerliche Artikel überhaupt zu mehr befugt als nur zu Richtlinien und Empfehlungen („Förderung"), zumal „Vereinbarkeit" offenbar ein Minus darstellt gegenüber einer Angleichung und Vereinheitlichung[842]. Die Vorteile gegenüber einem völkerrechtlichen Vertrag wären freilich evident: das Ratifikations-

---

[837] Vgl. § 9 B II.
[838] § 13 B.
[839] Vgl. § 14 C.
[840] Datiert v. 21.6.1999 – abgedruckt bei Staudinger-*v.Hoffmann*, EGBGB (2001), Vorb. zu Art. 38 ff. EGBGB Rn. 16.
[841] § 4 A I: Nichtanwendung oder Änderung der berufenen, aber freiheitsbeschränkenden Sachnorm.
[842] *Kohler*, RCDIP 1999, 18-21 („soft law"); *Pfeiffer*, NJW 1999, 3674; *Linke*, FS Geimer, S. 530, 543; *Mansel*, in: Systemwechsel, S. 9. Vgl. auch die von der GEDIP auf ihrer 1999er Tagung in Oslo verabschiedete Resolution, IPRax 2000, 155; Bundesverband der Deutschen Industrie e.V. – BDI, Stellungnahme vom 12.8.2002, S. 1 (veröffentlicht auf den Webseiten der Kommission (Fn. 859)).

verfahren entfiele; für neue Staaten der sich gen Osten erweiternden EU müßte kein gesondertes Beitrittsübereinkommen geschlossen werden; eines Auslegungsprotokolls für den EuGH bedürfte es nicht (vgl. Art. 234 EG)[843]. Schwer wiegt aber der Nachteil eines jeden EG-Rechtsakts, daß unparlamentarisch von oben herab dekretiert wird. Zudem gilt der gesamte Titel IV gemäß Art. 69 EG nicht für das Vereinigte Königreich, Irland und Dänemark[844,844a]. Eine territorial begrenzte Verordnung droht das ihr vorgegebene Ziel „Harmonisierung und Vereinfachung" zu verfehlen; teils sieht man hierin einen Verstoß gegen Art. 5 II EG[845]. Doch werden sich alle Einwände trotz ihrer Berechtigung letztlich nicht als wesentliches Hindernis einer umfassenden Vergemeinschaftung des IPR erweisen[846]. Sollte der Rat zur Verabschiedung gelangen, könnte der EuGH immerhin die Tragfähigkeit der Legitimationsgrundlage überprüfen, woran insbesondere das Europäische Parlament ein Interesse haben wird[847].

Ein konkreter nächster Schritt ließ wegen interner Meinungsverschiedenheiten der Generaldirektionen der Kommission auf sich warten und man verzichtete auf das schon fertiggeschriebene Grünbuch[848]. Als Hauptverzögerungsgrund wurde die angeblich unzureichende Berücksichtigung des

---

[843] Vgl. Brödermann/Iversen-*Iversen*, EG u. IPR, Rn. 558, 588, 802; *Kreuzer*, in: Müller-Graff, Gemeinsames PrivatR, S. 532 i.V.m. 522. Vor dem Rechtsinstrument Verordnung „verblassen" alle anderen (*Oppermann*, EuropaR, Rn. 541). Zu Vorabentscheidungsverfahren und Auslegungsmethode *Kropholler*, 75 J. MPI, S. 586-594.

[844] Nur die erstgenannten können sich anschließen, besagt Art. 3 des Protokolls Nr. 4 zum Amsterdamer Vertrag (ABl.EG 1997 Nr. C 340/99; vgl. zur EuGVVO Erwägungsgrund Nr. 20, ABl.EG 2001 Nr. L 12/1). Anders Dänemark gemäß Protokoll Nr. 5 (ABl. EG Nr. C 340/101; vgl. Art. 1 III EuGVVO und Erwägungsgründe 21 f.); es kann aber durch den Abschluß eines Parallelübereinkommens nach Art. 293 EG in die justizielle Kooperation einbezogen werden (*Kohler*, RCDIP 1999, 8 f.; *Heß*, NJW 2000, 28).

[844a] Vgl. Ziffer 13 der Präambel des Kom-RefE und Art. 1 III des jüngsten Entwurfs eines VO-Vorschlags (zu ihm unten II).

[845] So *Schack*, a.a.O. (Fn. 792); zweifelnd *Mansel*, in: Systemwechsel, S. 8 f.

[846] Bamberger/Roth-*St.Lorenz*, EGBGB Einl. IPR Rn. 25.

[847] *Jayme/Kohler*, IPRax 1999, 413.

[848] IPRax 4/2001, S. V; näher *Wilderspin*, in: Systemwechsel, S. 79, 82.

Herkunftslandprinzips berichtet[849]. Nachdem sich der Vorentwurf seit Mai 2002 im Verfahrensgang befindet, ist auch er einer Rezension zugänglich (II).

I. Erster RefE (1999)

Ausgegangen wird von einer Generalklausel der engsten Verbindung (Art. 3 I). Die Absätze 2-7 konkretisieren sie, stehen ihrerseits aber unter dem Vorbehalt des Abs. 8. Den Vorrang hat der gemeinsame Aufenthalt von Geschädigtem und Delinquenten. Fehlt es hieran, ist an den Erfolgsort anzuknüpfen, also in Abkehr vom Ubiquitätsgrundsatz. Die einzelnen Regeln betreffen die Produkthaftung, Persönlichkeitsverletzungen (abgestellt wird hier einseitig auf den Vertriebsort) sowie Wettbewerbsverstöße und Kartelldelikte[850]. Art. 1 II lit. g Kom-RefE nimmt die Verletzung gewerblicher Schutzrechte aus[851]. Art. 8 und 19 regeln das Verhältnis zu sonstigen gemeinschaftsrechtlichen Bestimmungen und internationalen Verträgen der Mitgliedstaaten.

Doch soll das Augenmerk auf die Rechtswahl gerichtet werden. Sie führt das dritte Kapitel an. Art. 6 I Kom-RefE lautet:

> „Les parties peuvent choisir la loi applicable à l'obligation non-contractuelle. Ce choix, qui doit être exprès, ne peut pas porter atteinte aux droits des tiers".

S. 1 ist dabei bemerkenswert, weil er die vorherige Rechtswahl durch die Parteien nicht verbietet. Erklären läßt er sich anhand des Fehlens einer regelmäßigen Auflockerung durch Akzessorietät. Eine Vertragsrechtswahl kann also nicht indirekt zur Geltung kommen wie über Art. 41 II Nr. 1 EGBGB. Besser sollte eine akzessorische Anknüpfung ermöglicht werden. Dann würde das praktische Bedürfnis für eine antezipierte Deliktsrechts-

---

[849] Dem Vernehmen nach Staudinger-*v.Hoffmann*, EGBGB (2001), Vorb. zu Art. 38 ff. EGBGB Rn. 18. Vgl. § 4 A I.
[850] Vgl. § 2 A II 2.
[851] Zu ihr Fn. 110 und unter dem Gesichtspunkt der Parteiautonomie § 4 B.

wahl entfallen[852]. In S. 2 sind Ausdrücklichkeit und der Schutz Dritter vorgesehen (dazu B).

Art. 6 II Kom-RefE entspricht Art. 3 III EVÜ (Art. 27 III EGBGB). De lege lata wurde oben zu Art. 42 S. 1 EGBGB die Unzulässigkeit einer Rechtswahl vertreten, wenn der Sachverhalt selbst keine Auslandsbeziehung im Sinne des Art. 3 I 1 EGBGB aufweist[853]. Der Kom-RefE schweigt wie auch der GEDIP-E zur Gültigkeit der Abrede. Auch eine Teilrechtswahl ist nicht normiert. In den Absätzen 3 und 4 des Art. 6 finden sich die sonderprivatrechtlichen Regelungen wieder, wie sie aus Art. 5 und 6 EVÜ (Art. 29, 30 EGBGB) bekannt sind, deren analoge Heranziehung für Art. 42 S. 1 EGBGB (nachträgliche Rechtswahl) abgelehnt wurde[854].

Art. 7 Kom-RefE weicht von Art. 7 EVÜ ab, weil er sich wie Art. 34 EGBGB nur auf inländische Eingriffsnormen kapriziert[855]. Für „lois de sécurité et de comportement" gibt Art. 9 des RefE dem Rechtsanwender eine Sonderanknüpfung auf, wenn diese den engsten Bezug verwirklicht (Art. 3 I); es bedarf dieser Regelung um so mehr, als der Entwurf den Erfolgsort favorisiert. Art. 10 regelt die *action directe* wie Art. 6 GEDIP-E zweistufig[856]. Ein *renvoi* ist ausgeschlossen (Art. 15). Ebenfalls gemäß dem Gruppenentwurf kennt der Kom-RefE keine spezielle Vorbehaltsklausel (Art. 16).

---

[852] Vgl. oben B zu Art. 3 V GEDIP-E i.V.m. § 5 A II. In seinem Vermerk an den Ausschuß für Zivilrecht v. 9.12.1999, Dokument 11982/99 (als pdf verfügbar im öffentlichen Register http://ue.eu.int/de/summ.htm), gibt das Generalsekretariat des Rates der EU die freie Rechtswahl als Art. 3 b des eigenen Entwurfs wieder, wonach eine solche Vereinbarung nur „nach dem Eintreten des Ereignisses" (Abs. 1) in Betracht käme und „ausdrücklich sein [oder sich mit hinreichender Sicherheit aus den Umständen des Falles ergeben]" müsse (Abs. 2).

[853] § 3. Abw. auch von Art. 3 III EVÜ der Rats-E 1998: „Sind alle anderen Teile des Sachverhalts zum Zeitpunkt der Rechtswahl in ein und demselben Staat belegen, so wird die Anwendung des Rechts dieses Staates durch die Rechtswahl nicht berührt" (Art. 12 V).

[854] In § 10 B.

[855] Krit. *v.Hoffmann*, FS Henrich, S. 283 ff.

[856] Zust. Deutscher Rat für IPR, 2. Kommission, unter dem Vorsitz *Sonnenbergers*, Stellungnahme v. 1.9.2002, a.a.O. (Fn. 859), S. 52: VO-E kennt das deutsche Günstigkeitsprinzip nicht; die Einführung nur für die Direktklage sei nicht geboten.

II. Aufruf zur VO (2002)

Am 3.5.2002 hat die Kommission einen von ihr verfaßten Vorentwurf eines Vorschlags für eine Verordnung des Rates über das auf außervertragliche Schuldverhältnisse anzuwendende Recht publiziert[857]. Eine inhaltliche Begründung bleibt sie jedoch (vorerst) schuldig[858].

Der Kommissionsbericht vermeldet über 80 Beitragseingänge von Regierungen, Praktikervertretungen, aus Wissenschaft und Wirtschaft[859]. Am 7.1.2003 trafen sich die an der Anhörung Beteiligten in Brüssel zu einer gemeinsamen Sitzung. Unter Tagesordnungspunkt 1 der Beratung wurde die allgemeine Funktionsweise des VO-Instruments mit seiner Rechtswahlmöglichkeit erörtert. Noch im Laufe des Jahres, nach Auswertung der Wortmeldungen und Abstimmung der Generaldirektion Justiz und Inneres mit den anderen Direktionen, will die Kommission einen endgültigen Vorschlag präsentieren.

Allgemeine Vorschrift im Vor-E ist Art. 3. In Ermangelung einer lex communis domicilii, Abs. 2, gilt gemäß Abs. 1 das Recht des Erfolgsortes[860,861].

---

[857] Das Dokument ist im Internet abrufbar unter http://europa.eu.int/comm/justice_home/unit/civil/consultation/index_de.htm. Interessierte Parteien waren zur Meinungsäußerung aufgerufen und wurden hieraufhin angehört; die Konsultation schloß man am 31.10.2002 ab.

[858] Sie ist nach Überzeugung des Verbands Deutscher Zeitschriftenverleger auch nur schwer nachzuliefern, weil die derzeit bestehende Rechtssituation keine Hindernisse im Binnenmarkt schaffe, was Art. 65 EG – „soweit ... für das reibungslose Funktionieren des Binnenmarktes erforderlich..." – aber gerade voraussetze (S. 2 f., 9 der Stellungnahme v. 12.8.2002, Download auch über www.vdz.de). Die Regelungskompetenz verneint auch der Zentralverband der deutschen Werbewirtschaft ZAW e.V., Position v. 14.9.2002, S. 7 ff. Beide Verbände führen das zu Art. 100 a I EGV (heute Art. 95 I EG) ergangene Urteil des EuGH v. 5.10.2000 an, Slg. 2000, I-8419, 8498 ff., Tz. 83-85 – Bundesrepublik Deutschland ./. Europäisches Parlament und Rat der EU. Ebensowenig erachtet die Regierung des Vereinigten Königreichs in ihrer Antwort, sub 5, eine VO als notwendig.

[859] Siehe http://europa.eu.int/comm/justice_home/unit/civil/consultation/contributions_en.htm.

[860] Abl. der VDZ, S. 4 f. Ihm zufolge müßte Art. 3 I der VO wie folgt lauten: „Auf ein außervertragliches Schuldverhältnis aus unerlaubter Handlung ist das Recht des Staates anzuwenden, in dem der Ersatzpflichtige gehandelt hat. Der Verletzte kann bei Erhebung der Klage verlangen, daß anstelle dieses Rechts das Recht des Staates angewandt wird, in dem der Erfolg eingetreten ist". Soweit auch Art. 40 I 1, 2

Abweichungen werden durch eine wesentlich engere Verbindung möglich gemacht, Abs. 3. Ein Abgehen von den regulären Anknüpfungen der Absätze 1 und 2 kann aber schon deshalb nicht erst dann möglich sein, wenn es „keine bedeutende Verbindung" zum so benannten Staat gibt, weil mit Erfolgsort (Abs. 1) bzw. Wohnsitz (Abs. 2) eine solche Verbindung schließlich bereits bestehen muß. Mit der wesentlich engeren Verbindung, vgl. auch Art. 41 I EGBGB, muß es sein Bewenden haben. Voraussetzung ist immer, daß *alle* Umstände des Einzelfalls vom Richter in die Betracht gezogen werden[862].

EGBGB (siehe § 2 A II 1). Auf den Zeitpunkt der Klageerhebung soll abzustellen sein, weil nicht alle Prozeßordnungen der EU-Mitgliedstaaten die in Art. 40 I 3 EGBGB genannten Verfahrensarten kennen. In S. 3 heißt es dann: „Bestimmt der Verletzte das anzuwendende Recht nach Satz 2, so ist dieses nur auf denjenigen Schaden anzuwenden, der in dem Staat der gewählten Rechtsordnung entstanden ist". Damit wird das für den Bereich der Presse im deutschen IPR vertretene Mosaikprinzip verallgemeinert. Für eine solche Öffnung der VO nach dem Vorbild der Shevill-Entscheidung des EuGH, a.a.O. (Fn. 65, 107), auch das Bundesministerium der Justiz unter dem 23.9.2002, S. 2; Institut für ausländisches und internationales Privat- und Wirtschaftsrecht der Universität Heidelberg (verantwortlich: *Jayme* und *Pfeiffer*), Stellungnahme v. 14.9.2002, S. 4 f. Dagegen *Kubis* in seiner E-Mail an das Referat Justizielle Zusammenarbeit in Zivilsachen; vgl. auch *dens.*, a.a.O. (Fn. 107). Jedenfalls steht fest: Die zuständigkeitsrechtliche Dualität von Handlung und Erfolg bei Distanzdelikten ist anerkanntes Prinzip des Gemeinschaftsrechts (a.a.O.). Hieran sollte sich das IPR orientieren. Der Gleichlauf mit dem Verfahrensrecht erleichterte die Rechtsanwendung erheblich (Fn. 66).

[861] Zust. die aus MPI sowie dem Seminar für ausländisches und internationales Privat- und Prozeßrecht der Universität Hamburg unter der Federführung *Basedows* zusammengesetzte „Hamburg Group for Private International Law" in ihrer (auch in RabelsZ 67 (2003), 1-56, abgedruckten) Kommentierung v. 28.9.2002, S. 10 ff.; Bundesverband deutscher Banken, Schreiben v. 13.9.2002, S. 2 f.; Deutscher Rat für IPR, S. 15 f. („Recht des Staates anzuwenden, in dem das rechtlich geschützte Interesse verletzt ist oder verletzt zu werden droht"). Auch die Mehrzahl der über die Industrie- und Handelskammern befragten Unternehmen begrüßt den Wechsel vom Tatort- zum Erfolgsortsrecht (Deutscher Industrie- und Handelskammertag – DIHK, Stellungnahme v. 20.8.2002, S. 1). Vgl. Part III, section 11 (2) des Private International Law Act 1995 („sustained the injury" / „property ... was damaged"); daher zeigt sich die britische Regierung, Annex sub 5, mit Art. 3 I Vor-E „broadly content". Gegen Ubiquitäts- und Günstigkeitsprinzip auch *Kadner Graziano*, a.a.O. (Fn. 79); *Schaub*, a.a.O. (Fn. 72). Allerdings ist die Bestimmung des Erfolgsortes bei Spätschäden nicht immer einfach (*Jayme/Kohler*, IPRax 2002, 471 zit. in Fn. 127 den Court of Appeal v. 1.2.2002, a.a.O. (Fn. 65)).

[862] „No cherry-picking": Hamburg Group, S. 42 zu Art. 11 a I ihres Alternativvorschlags. Diese systematische Versetzung von Art. 3 III stellt aber auch die Delikts-

Art. 5 ff. enthalten Sonderregelungen. Hervorzuheben ist Art. 6, der am wettbewerbskollisionsrechtlichen Marktortprinzip festhält[863]. Anders beim E-Commerce. Art. 23 II i.V.m. der ECRL führt zum Recht desjenigen Mitgliedstaates, in welchem der Dienstleistende niedergelassen ist. Grenzüberschreitende Konflikte werden also im Online- und Offlinegeschäftsverkehr unterschiedlich behandelt. Erstrebenswert wäre aber ein Gleichlauf nicht nur der vereinheitlichten Kollisionsnormen der Mitgliedstaaten, sondern auch der EG-Rechtsakte auf diesem Gebiet[864]. Auf eine außervertragliche Schuld infolge der Beeinträchtigung von Privatsphäre, Persönlichkeitsrechten oder einer Verleumdung gilt nach Art. 7 das Recht des Staates, in dem der Geschädigte im Begehungszeitpunkt seinen „gewöhnlichen Wohnsitz" (gemeint wohl: Aufenthalt) hat. Letzterer allerdings läßt sich allzu leicht verlegen und macht die Anknüpfung mithin unsicher. Er wäre, so die sich für das Herkunftsland verwendende Kritik, selbst dann maßgeblich, wenn die Standards sämtlicher bestimmungsgemäßer Verbreitungsorte eingehalten würden, weshalb die internationale Berichterstattung unter Verstoß gegen die gemäß Art. 10 I EMRK von allen Gemeinschaftsorganen zu achtende Pressefreiheit und -vielfalt vor unkalkulierbare Risiken gestellt wäre[865].

---

rechtswahl, Art. 11, unter den Auflockerungsvorbehalt. Anders Art. 42 EGBGB: Die Rechtswahl geht allen übrigen Anknüpfungen vor, also auch der objektiven Ausweichklausel (§ 1). Will man auch die deliktischen Sonderregeln und die übrige außervertragliche Haftung, Art. 10, mit vorgenanntem Vorbehalt versehen, sollte ein Art. 10 a eingefügt werden (so Institut Heidelberg, S. 8; eher für einen Art. 8 a der Deutsche Rat für IPR, S. 18, 37).

[863] Für gezielt wettbewerberbezogene Beeinträchtigungen überzeugt die vorgeschlagene Regel nicht, vgl. § 4 A I, II. Hier will das Institut Heidelberg in einem Abs. 2 auf die betroffene Niederlassung abstellen (S. 10 f.), der ZAW dagegen alternativ an den Ort anknüpfen, von dem die Handlung ausgeht (S. 15). Anders Deutscher Rat für IPR, S. 26 f.: Die in Art. 6 vorgesehene Anknüpfung sollte auf marktgerichtete Wettbewerbsverstöße beschränkt, rechtswahlfest ausgestaltet werden und auch nicht dem Wohnsitzrecht weichen (Abs. 2); im übrigen sollte es bei den nicht deliktstypspezifischen Grundanknüpfungsnormen des Art. 3 bleiben (Abs. 2).

[864] Vgl. Bayerisches Staatsministerium der Justiz, Stellungnahme v. 10.9.2002, S. 9; Bundesverband der Deutschen Industrie e.V. – BDI, Stellungnahme v. 12.8.2002, S. 2, 7; DIHK, S. 3 (möglichst wenig oder gar kein Herkunftslandprinzip); Hamburg Group, S. 20 f.

[865] Vorschlag des VDZ, S. 8: „Auf ein außervertragliches Schuldverhältnis in Folge einer Ehrverletzung oder einer Verletzung eines Persönlichkeitsrechts findet das Recht des Staates Anwendung, in dem der Schädiger schwerpunktmäßig gehandelt hat". Hierin komme das Herkunftslandprinzip zum Ausdruck, welches auch für

Entgegen dem RefE sind vom Anwendungsbereich der VO Schutzrechte des geistigen Eigentums nicht ausgenommen; es ist aber auch keine eigene Norm vorgesehen[866]. Art. 3 I Vor-E dürfte es Gewalt antun, unter ihn das immaterialgüterrechtliche Schutzlandprinzip zu subsumieren; es bliebe nur eine Ableitung aus Abs. 3, wenn dem international zuständigen Gericht hierzu ausreichender Freiraum belassen sein sollte, was aus Gründen der Rechtssicherheit fraglich ist[867]. Ein deutlicher Ausschluß wäre demgegenüber vorzuziehen, so daß unangefochten die lex loci protectionis gilt[868].

Im Kapitel der gemeinsamen Vorschriften entspricht Art. 12 Vor-E im RefE dessen Art. 7, Art. 13 dem Art. 9 und Art. 14 dem Art. 10. An seiner Spitze steht jedoch die Rechtswahl. Art. 11 I normiert sie nahezu wie Art. 6 I des Kom-RefE:

> „Die Parteien können das auf ein außervertragliches Schuldverhältnis anzuwendende Recht frei wählen. Die Rechtswahl muß ausdrücklich erfolgen und darf die Rechte Dritter nicht berühren."

S. 1 ist hinsichtlich der temporalen Freiheit nicht plausibel, da Art. 3 III 2 die akzessorische Anknüpfung an einen Vertrag als Regelbeispiel der

---

Presseveröffentlichungen anzuerkennen sei; Art. 23 II müsse auf Warenlieferungen – wie die von Printmedien – erstreckt werden. Vgl. zur umstrittenen Technik der Schwerpunktbildung Fn. 111. Differenzierend Deutscher Rat für IPR, S. 27 ff.: „Auf ein außervertragliches Schuldverhältnis aus einer Beeinträchtigung der Privatsphäre oder der Persönlichkeitsrechte oder einer Verleumdung durch Massenmedien ist das Recht des Staates anzuwenden, in dem die beeinträchtigende Veröffentlichung oder Sendung [bestimmungsgemäß] verbreitet wird oder verbreitet zu werden droht [sofern der Schädiger mit dem Eintritt des Erfolges in diesem Staat rechnen mußte]"; für interindividuelle Verletzungen, d.h. solche ohne Öffentlichkeitswirkung, gelte Art. 3.

[866] Für eine Aufnahme mit Spaltung in die Entstehung des Rechts einerseits (lex originis) und Inhalt, Schranken, Erlöschen andererseits plädiert der VDZ, S. 9. Dies im Anschluß an *Schack*, a.a.O. (Fn. 110).

[867] *Schäfers*, Schreiben v. 29.10.2002, sub 15 ff.

[868] So auch ZAW, S. 21. Anders Hamburg Group, S. 21 ff.: Art. 6 a als spezielle Kollisionsnorm.

249

Näherbeziehung anführt[869]. Dagegen überzeugt, daß eine Teilrechtswahl nicht gestattet und einer lediglich schlüssigen Erklärung die Wirksamkeit versagt wird, beides konträr zu Art. 3 I EVÜ (Art. 27 I EGBGB)[870]. Art. 3 IV EVÜ (Art. 27 IV EGBGB) ist nicht übernommen und sollte es auch nicht werden[871]. Über Zustandekommen und Wirksamkeit der Rechtswahl entscheidet mithin die lex fori. So verhält es sich immer, wenn eine Frage nicht autonom beantwortet werden kann[872]. Wider ein bloßes Beeinträchtigungsverbot spricht die Wortwahl des Art. 11 I 2 Vor-E insofern, als nicht etwa nur, was die englische Fassung („not *adversely* affect") glauben lassen könnte, auf negative bzw. günstige Folgen für Dritte abgestellt wird[873]. Art. 11 I 2 Vor-E geht also mit der von Art. 3 II 2 EVÜ auf Art. 27 II 2 EGBGB übertragenen Formulierung durchaus konform. Treffender würde die inter partes-Geltung aber statt „*darf* ... nicht berühren" wiedergegeben dadurch,

---

[869] Siehe oben bei Fn. 852. Wie hier das Bayerische Staatsministerium der Justiz, S. 12 f.; vgl. auch das Bundesministerium der Justiz, S. 5 wie das öst. Ministerium v. 13.9.2002, Anm. zu Art. 11; Deutscher Rat für IPR, S. 48; Haager Konferenz für IPR, Kommentar v. 18.9.2002, S. 10. Der Ausschuß Internationales Privat- und Prozeßrecht der BRAK sieht praktischen Bedarf nur für eine nachträgliche Wahl, was einer expliziten Erwähnung in der VO aber nicht bedürfe (S. 4). Die Hamburg Group will die vorsorgliche Rechtswahl zulassen (S. 38). Da der Gefahr des Mißbrauchs kein praktisch gerechtfertigter Bedarf gegenübersteht, muß eine im vorhinein getroffene Deliktsrechtswahl unwirksam sein (§ 5 A I 1). Gegen Art. 11 überhaupt das italienische Justizministerium in der entsprechenden Anm. v. 8.10.2002. Der stärkere dürfe den schwächeren Partner nicht übervorteilen (vgl. zu diesem Einwand schon § 1 bei Fn. 31 ff.).

[870] Die konkludente Wahl befürwortet das Bundesministerium der Justiz, a.a.O. (vorige Fn.); auch der Deutsche Rat für IPR, a.a.O., mit der Forderung nach Verdeutlichung in der Alt. durch „hinreichende Sicherheit". Für eine „Rom I"-VO erwägt die Kommission „eine präzisere Definition der stillschweigenden Rechtswahl und der Mindestvoraussetzungen für die Annahme, daß eine solche vorliegt" (KOM (2002), 654 endgültig, sub 3.2.4.3.). Unzutr. der DAV in seiner Stellungnahme durch den Ausschuß Zivilrecht v. 9.8.2002, S. 11: Es sei nicht einzusehen, warum die Rechtswahl ausdrücklich sein müsse, denn schließlich sei in Deutschland „anerkannt", daß sie auch stillschweigend durch rügelose Einlassung im Prozeß erfolgen könne (dazu § 7 B II 3).

[871] A.A. DAV, a.a.O. (vorige Fn.); Institut Heidelberg, S. 14. Der Deutsche Rat für IPR stellt fest, daß Art. 27 IV EGBGB „nicht mit Selbstverständlichkeit" herangezogen werden kann (S. 50).

[872] Zu Art. 42 EGBGB siehe § 6 A, B.

[873] Vgl. § 12 A II 2 b).

daß Rechte Dritter (gar) „nicht berührt" werden (können)[874] oder eben wie im EVÜ „unberührt" bleiben. Die deutsche Übersetzung ist hier zu sehr dem Englischen verbunden („shall not") und mit Art. 3 II 2 EVÜ / Art. 27 II 2 EGBGB (noch) nicht hinreichend abgestimmt.

Abs. 2 des Art. 11 Vor-E transferiert wie der RefE den Art. 3 III EVÜ (Art. 27 III EGBGB). Hier sind die zwingenden Vorschriften intern, bei Art. 12 Vor-E (Art. 7 II EVÜ) international[875]. Welche Regeln i.d.S. „zwingend" sind, wird noch zu definieren sein[876]. Konsequenter wäre es jedoch, Art. 11 II Vor-E schlicht entfallen zu lassen[877]. Von der Rechtswahl abgesehen wäre dann ein Bezug zu verschiedenen Staaten erforderlich (Art. 1 I Vor-E)[878]. Ein spezieller Verbraucher- und Arbeitnehmerschutz ist nicht festgeschrieben. Ähnlich Art. 29 a I EGBGB, der Richtlinienvorgaben realisiert, ordnet aber Art. 11 III bei Konzentration des Sachverhalts auf EU-Mitgliedstaaten an, daß die Wahl drittstaatlichen Rechts „zwingende Bestimmungen des Gemeinschaftsrechts" nicht berühren kann[879]. Hier ist nicht wie im zweiten Absatz die Frage, welche Regeln zwingend, sondern welche dies nicht sind sowie im Bereich des Richtlinienrechts außerdem, ob

---

[874] DAV, a.a.O. Vgl. die niederländische („mag geen afbreuk doen aan de rechten van derden"), italienische („non può pregiudicare i diritti di terzi") und spanische Version („non podrá afectar a los derechos de terceros").

[875] Hamburg Group, S. 37. Zu Art. 7 II EVÜ / Art. 34 EGBGB vgl. § 10 A vor I a.E. Der Deutsche Rat für IPR erachtet Art. 7 EVÜ und folglich auch Art. 12 Vor-E als inhaltsleer. Es bestünde die Gefahr, daß auch rein privatrechtliche Normen der kollisionsrechtlichen Anknüpfung entzogen werden (S. 51). Die Kommission beabsichtigt dagegen, im künftigen Instrument „Rom I" die Eingriffsnormen i.S.v. Art. 7 II EVÜ wie folgt festzuschreiben: „nationale Vorschriften ..., deren Einhaltung als so entscheidend für die Wahrung der politischen, sozialen oder wirtschaftlichen Organisation des betreffenden Mitgliedstaats angesehen wird, daß ihre Beachtung für alle Personen, die sich im nationalen Hoheitsgebiet dieses Mitgliedsstaats befinden, und für jedes dort lokalisierte Rechtsverhältnis vorgeschrieben ist" – Anlehnung an EuGH 23.11.1999, Slg. 1999, I-8453, 8498 ff. – verbundene Rechtssachen in den Strafverfahren gegen Arblade und Leloup u.a.

[876] Bundesverband deutscher Banken, S. 3; krit. auch Deutscher Rat für IPR, S. 49. Als zwingend i.S.v. Art. 11 II Vor-E wird man im BGB § 202 und § 276 III BGB ansehen können. Vgl. oben bei Fn. 14 ff., 190, 252 f., 449.

[877] Bayerisches Staatsministerium der Justiz, S. 13; britische Regierung, Annex sub 23.

[878] Zu Art. 42 EGBGB vgl. § 3.

[879] Vgl. die Zustimmung im Grünbuch der Kommission v. 14.1.2003, KOM (2002), 654 endgültig, sub 3.2.8.3. („nützlich"). Zur Geltungserhaltung i.S.v. Art. 29 ff. EGBGB oben § 10 A.

dieses unmittelbar oder seine nationale Transformation gemeint ist[880]. Art. 11 III Vor-E sollte besser wegfallen[881]. Er würde Wahlvereinbarungen verkomplizieren. Die Parteiautonomie sollte verläßlicher unterstützt und hier auf EVÜ-Anleihen verzichtet werden. Wenn es am gewählten Recht Beanstandungen gibt, setzt Art. 20 Vor-E die öffentliche Ordnung des Staates des angerufenen Gerichts durch[882]. Außerdem kann der eigentliche Zweck von Art. 11 II, III Vor-E nur darin liegen, dem Mißbrauch antezipierter Abreden Einhalt zu gebieten; der Abschluß eines Wahlvertrags sollte gerade auch aus diesem Grunde nur nachträglich gestattet sein[883]. Werden die beiden Absätze dagegen beibehalten, gelten sie auch für den in Bezug auf eine vertragliche Beziehung vortatlich geäußerten Parteiwillen[884].

Im Wettbewerbs- und Immterialgüterrecht sollte Art. 11 klarstellend die Rechtswahlbefugnis verwehren[885,885a].

---

[880] Institut Heidelberg, S. 14.
[881] Britische Regierung, Annex sub 24.
[882] Vgl. Deutscher Rat für IPR, a.a.O. (Fn. 876), für den das Verhältnis von Art. 11 III zu Art. 20 Vor-E ungeklärt ist. Schließlich gibt es keinen umfassenden *ordre public européen* (S. 56).
[883] Bayerisches Staatsministerium der Justiz, S. 13.
[884] Hamburg Group, S. 39 zu Art. 11 a II des eigenen Vorschlags.
[885] Bayerisches Staatsministerium der Justiz, S. 2. Mit der Ausklammerung auch noch von Umweltschädigungen, Art. 8 Vor-E, geht die Hamburg Group, S. 37 f., aber zu weit. Im EGBGB, Art. 40 I, richtet sich die Haftung primär nach dem Recht des Handlungsortes (Schadensquelle), wobei die Wahl des Erfolgsortsrechts vorbehalten bleibt; dem geht Art. 40 II objektiv vor und Art. 41 EGBGB dient der Kontrolle. Eine Übereinkunft ist gemäß Art. 42 EGBGB möglich (vgl. nur das uneingeschränkte Zitat der Art. 40-42 EGBGB bei Erman-*Hohloch*, Art. 40 EGBGB Rn. 50 und Staudinger-*v.Hoffmann*, EGBGB (2001), Art. 40 EGBGB Rn. 160). Art. 44 EGBGB weist sachenrechtliche Abwehransprüche wegen grenzüberschreitender Grundstücksimmissionen eben dieser Tatortregel zu, doch bleibt deren Auflockerung, auch durch eine Rechtswahl, hier außer Betracht (§ 4 vor A). Art. 8 Vor-E schreibt dagegen wie Art. 3 I die lex damni fest, duldet dabei aber keinerlei Abgehen zugunsten anderweitiger objektiver Aspekte, weder generell (Art. 3 III) noch personell (Art. 3 II). Hier – und nicht bei der Rechtswahlerlaubnis – sollte die Kritik am Vor-E ansetzen. So verwendet sich die Haager Konferenz, S. 9, für eine ubiquitäre Anknüpfung, und die Hamburg Group will, wie schon erwähnt, anstelle des Art. 3 III einen Art. 11 a einfügen, so daß sich auch Art. 8 dieser Ausweichklausel öffnet. Es gibt aber keinen Anlaß dafür, den Parteien eine Rechtswahl per se zu verwehren. Anders als bei wettbewerblichen Verletzungen, soweit marktbezogen, oder solchen des geistigen Eigentums, die allesamt Ansprüche außerhalb des allge-

In Art. 19, 20 Vor-E finden sich die Regeln zum *renvoi* und *ordre public* gemäß Art. 15, 16 Kom-RefE wieder. Der letztgenannte Vorbehalt könnte zwar vor dem Hintergrund der territorialen Reichweite des Art. 2 Vor-E präziser gefaßt werden (vgl. Art. 40 III EGBGB)[886], dies andererseits aber auch der Rechtsprechung überlassen bleiben[887]. Innergemeinschaftlich ist der Verzicht auf einen *renvoi* bei Geltung der VO zwar bedeutungslos. Sein Fehlen stört allerdings den Entscheidungseinklang mit Drittstaaten[888].

Art. 2 Vor-E gestaltet die VO allseitig aus, erstreckt ihren Anwendungsbereich also auf nichtmitgliedstaatliches Recht, was Art. 65 lit. b EG mithin erlauben soll[889]. Den Inhalt des berufenen Rechts hat das Gericht von Amts wegen zu ermitteln („*ist* ... anzuwenden")[890].

Schlußendlich berührt die VO nach Art. 24 Vor-E nicht die Maßgeblichkeit einschlägiger internationaler Übereinkommen, womit solche gemeint sind, denen im Bereich des Rechts der außervertraglichen Schuldverhältnisse nur

---

meinen Deliktsrechts begründen und stets Allgemeininteressen berühren, unterliegt die Haftung für Umweltschäden auch im Vor-E zumindest der deliktskollisionsrechtlichen Grundregel (für den Fortfall des Art. 8 eintretend Deutscher Rat für IPR, S. 32), womit den Parteien auch die freie Wahl freisteht. Hier kann auch nur ein einzelner durch Umweltgift in Gesundheit oder Vermögen geschädigt sein (vgl. öst. Bundesministerium für Justiz, Anm. zu Art. 8). Zudem bieten Nachträglichkeit, Ausdrücklichkeit und Zwischenparteilichkeit einer Rechtswahl sowohl den Wählenden wie auch Dritten ausreichend Schutz. Vgl. auch Rb. Rotterdam 8.1.1979, a. a.O. (Fn. 332).

[885a] Abw. *Schäfers*, sub 32: Unabdingbarkeit des Schutzlandrechts durch Art. 11 II Vor-E abgesichert, falls „alle anderen Teile des Sachverhalts" i.d.S. zu verstehen.

[886] Dafür Bundesministerium der Justiz, S. 6; Bayerisches Staatsministerium der Justiz, S. 5; BDI, S. 4 f.; BRAK, S. 3; Gesamtverband der Deutschen Versicherungswirtschaft e.V., Schreiben v. 16.8.2002. Offensichtlich a.A. Hamburg Group, S. 57.

[887] Deutscher Rat für IPR, S. 56.

[888] Zutr. Institut Heidelberg, S. 15; vgl. § 13 A. Nach Ansicht des Deutschen Rates für IPR besteht ein unverzichtbares deutsches Interesse an der Beibehaltung von Rück- und Weiterverweisung (S. 55 f.).

[889] Zust. *Basedow* CML Rev. 2000, 702 und *ders.*, in: Systemwechsel, S. 39 ff.; auch Deutscher Rat für IPR, S. 7 und Hamburg Group, S. 2 f.; i.E. *Jayme/Kohler*, IPRax 2002, 462 („läßt sich rechtfertigen"). In der Tat wäre ein gespaltenes IPR gerade im Recht der außervertraglichen Schadenszufügung nicht zweckmäßig. Zweifelnd Institut Heidelberg, S. 3. Dagegen ZAW, S. 10 und die britische Regierung, sub 4. Im Falle der Verneinung wäre statt der VO eine staatsvertragliche Lösung anzustreben.

[890] Zu § 293 ZPO siehe § 2 C I 2.

einzelne Mitgliedstaaten angehören. Staaten, die insbesondere das Haager Straßenverkehrsunfall- oder Produkthaftpflichtübereinkommen gezeichnet haben, wären demnach hieran gebunden, selbst wenn das tatsächliche Geschehen überwiegend oder zur Gänze nur Verbindungen zu den Rechtsordnungen der EU-Mitgliedstaaten hat, während die Gerichte anderer Mitgliedstaaten, in denen diese Übereinkommen nicht gelten, im gleichen Fall das anzuwendende Recht nach der zu erlassenden VO bestimmen müßten. Eine derartige Spaltung des Kollisionsrechts selbst bei Sachverhalten eindeutiger Verknüpfung allein mit dem Rechtsraum der EU wäre untragbar[891].

---

[891] *Stoll*, Schreiben v. 2.9.2002, S. 3, schlägt daher folgende Neufassung vor: „Diese Verordnung berührt nicht die Anwendung konkurrierender Kollisionsnormen in internationalen Übereinkommen, denen ein Mitgliedstaat angehört oder angehören wird, soweit der Sachverhalt allein oder überwiegend Verbindungen zu dem Recht von Drittstaaten hat. Im Zweifel ist das dann anzunehmen, wenn Verbindungen zu dem Recht eines Drittstaates i.S.v. Art. 3 I und II, Art. 4-8, Art. 10 II-IV bestehen".

Zusammenfassung

Mit Art. 40 ff. EGBGB hat der Gesetzgeber ein ausgewogenes Anknüpfungsschema für Deliktsobligationen geschaffen und dabei Art. 42 EGBGB die Vorreiterrolle zugedacht. Art. 42 EGBGB ist die wahre *basic rule* des internationalen Deliktsrechts (§ 1). Die Parteien können das anwendbare Recht nach eigenem Gutdünken bestimmen. Daß sich ihnen diese Freiheit öffnet, hat seinen spezifisch kollisionsrechtlichen Grund im Rechtsanwendungsinteresse der Beteiligten: Ihre Rechtswahl schafft Rechtssicherheit. Zum einen bergen die objektiven Anknüpfungen des Art. 40 I EGBGB, welche zudem, im Gegensatz zu Art. 42 EGBGB, unter dem Vorbehalt einer „wesentlich engeren Verbindung" stehen (Art. 41 EGBGB), zahlreiche Schwierigkeiten. Letztere sind in § 2 A II 2 exemplarisch aufgeführt. Zum anderen beschleunigt eine Rechtswahl das Verfahren insbesondere dann, wenn sie zugunsten der lex fori getroffen wird.

Art. 42 EGBGB setzt einen Konsens voraus. „Rechtswahl" im hier verstandenen Sinne ist also ein Vertrag, welcher auf der Ebene des IPR abgeschlossen wird und das ansonsten geltende Recht mitsamt zwingenden Normen abbedingt, womit, bei erhobener Klage, zugleich die Kriterien einer Prozeßhandlung erfüllt sind (zur Vollmacht § 7 B III).

Art. 40 I 2 EGBGB dagegen enthält eine andere Variante der „Parteiautonomie" (§ 2 vor A), nämlich die rechtsgeschäftliche Befugnis des Verletzten, für den Erfolgsort zu optieren. Von diesem unilateralen Gestaltungsrecht (§ 2 A III) ist die zweiseitige Rechtswahl zu unterscheiden (§ 2 B).

Daß beide Wege gangbar sind, müssen die Parteien wissen, bevor subjektiv oder auch objektiv angeknüpft wird, weil sonst eine wenn auch rechtsmittelfähige, so doch Überraschungsentscheidung droht. Zur Erkenntnis der Möglichkeiten verhilft das Gericht nach Maßgabe des § 139 ZPO. Ein beratendes Gespräch findet freilich nicht statt (§ 2 C I 1). Dies ist Aufgabe des Anwalts; zu ihr zählt der Vergleich wahlweise erreichbarer Rechte aber nur bei hierfür erteiltem Mandat (§ 2 C II).

Den Inhalt des gewählten Rechts muß das Gericht sodann gemäß § 293 S. 2 ZPO von Amts wegen ermitteln (§ 2 C I 2).

Eine Rechtswahl stößt auf manche Grenze, bevor ihr zufolge die Verweisung angeordnet wird und auch danach. Zu voreilig werden allerdings die umfangreicheren Vorschriften des internationalen Vertragsrechts herangezogen. Einer Analogie steht die Verschiedenartigkeit von vertraglichen und deliktischen Schuldverhältnissen prinzipiell entgegen.

So gilt auch Art. 27 III EGBGB nicht entsprechend. Eine Rechtswahl bedingt vielmehr gemäß Art. 3 I 1 EGBGB einen durch die unerlaubte Handlung selbst angelegten Bezug zum Ausland (§ 3).

Welche Geschehen als „unerlaubte Handlung" zu erachten sind, wo also eine Deliktsrechtswahl überhaupt statthaft ist, sagt das Kollisionsrecht: Die gesamte außervertragliche Schadenshaftung wird erfaßt (§ 4 vor A). Ausnahmsweise, und zwar im Wettbewerbs- und Immaterialgüterrecht, kann eine Rechtswahl gleichwohl nicht zugelassen werden, weil hier typischerweise indisponible Anliegen der Allgemeinheit betroffen sind (§ 4 A II, B).

De lege lata dürfen sich die Parteien nur post festum, d.h. im Anschluß an das Delikt über das anzuwendende Recht ins Benehmen setzen (§ 5 A). Doch kann der Richter im Wege akzessorischer Anknüpfung an eine Sonderbeziehung, Art. 41 II Nr. 1 EGBGB, dem dort ggf. antezipiert geäußerten Parteiwillen mittelbar Geltung verleihen. Eine nachträglich getroffene Übereinkunft im Sinne des Art. 42 S. 1 EGBGB bewirkt einen Statutenwechsel. Das „an sich" maßgebliche Recht wird mit Rückwirkung auf den Entstehungszeitpunkt der Schuld abgelöst (§ 5 B).

Die Gültigkeit der Deliktsrechtswahl beurteilt nicht das in Aussicht genommene Recht. Eine Analogie zu Art. 27 IV, 31 I EGBGB ist abzulehnen (§ 6 A). Wo das IPR selbst keine Antwort gibt, ist das Sachrecht der lex fori zu bemühen (§ 6 B). Allzuständig ist demgegenüber das gewünschte Statut, soweit es um die Haftung geht (§§ 6 C, 8 D).

Weil sich Art. 42 EGBGB nicht auf den expliziten Ausdruck limitiert, ist – nicht anders als bei Art. 27 I 2 Alt. 2 EGBGB – auch eine konkludente Rechtswahl denkbar. Notwendig ist aber hier wie dort und auf beiden Seiten der Abrede ein Erklärungsbewußtsein. Dieses wird regelmäßig fehlen. Im Zweifelsfall hat sich der Richter zu erkundigen. Erst diese Nachfrage macht sein „Heimwärtsstreben", zu dem ihn der eigene, im Forum gewonnene Erfahrungsschatz motiviert, legitim (§ 7 B I 2 und II 3).

In der Auswahl der zur Verfügung stehenden Rechte sind die Parteien unbeschränkt (§ 8 A). Die Zweckmäßigkeit hat jede Seite eigenverantwortlich einzustufen (§ 8 B). Eine Teilrechtswahl hingegen ist nicht erlaubt (§ 8 C).

„Sonderanknüpfungen", derentwegen vom Hauptstatut abgewichen wird, muß sich wie die objektive auch eine subjektive Verweisungsanordnung gefallen lassen. Das gilt für einzelne Ansprüche schon bei ihrer Qualifikation als deliktszugehörig (§ 9 A, B) und später noch in speziellen, dann vom gewählten Recht gestellten Fragen (§ 9 C, D).

Für den Schutz des Schwächeren, wie Art. 29 I, 29 a und 30 I EGBGB ihn vorsehen, besteht im Deliktskollisionsrecht kein Anlaß (§ 10 B II).

Auch der Tadel „fraus legis" kann einer nach Art. 42 S. 1 EGBGB ausgeübten Wahl nicht erteilt werden (§ 11).

„Rechte Dritter", so Art. 42 S. 2 EGBGB, bleiben jedoch „unberührt". Gemeint ist damit der inter partes-Effekt zur Wahrung negativer Parteiautonomie: Wer von dem Delikt betroffen, jedoch an einer Rechtswahl unbeteiligt ist, darf darauf vertrauen, daß für ihn, bis er selbst mit den Wahlvertragspartnern kontrahiert, der status quo ante fortgilt. Günstigkeitserwägungen sind fehl am Platze (§ 12 B).

Nach Art. 4 II EGBGB wird kraft Rechtswahl auf die Sachnormen der gekürten Rechtsordnung verwiesen; eine Kollisionsrechtswahl ist unwirksam, kann aber umgedeutet werden (§ 13 B). Anders bei der Tatortregel inklusive dem Bestimmungsrecht des Art. 40 I 2 EGBGB (Gesamtverweisung, § 13 A).

Der *ordre public* bildet die letzte Schranke einer Rechtswahl, indem er das verabredete Sachrecht korrigiert. Art. 40 III EGBGB hat Art. 6 EGBGB einen Spezialvorbehalt hinzugefügt (§ 14).

Sollte den auf Basis der Art. 61 lit. c, 65 lit. b EG forcierten Bemühungen um eine IPR-Vereinheitlichung Erfolg beschieden sein, wäre jedenfalls in Bezug auf die Rechtswahl im außervertraglichen Schuldverhältnis inhaltlich eher dem Gruppenvorschlag der Vorzug zu geben (§ 15 B). Dies insbesondere deshalb, weil er die vorsorgliche Wahl ausschließt und Art. 3 III,

IV EVÜ nicht übernimmt. Daß eine schlüssig artikulierte Wahlerklärung de lege ferenda unbeachtlich ist (ebenso die Kommissionsentwürfe – § 15 C), muß im Lichte des § 7 B als folgerichtig bewertet werden.

Literaturverzeichnis

Audit, Bernard: Droit international privé, 3. Aufl., Paris 2000 [*Audit*, Dr. int. pr.]

Bamberger, Heinz Georg / Roth, Herbert (Hrsg.): Kommentar zum Bürgerlichen Gesetzbuch, Band 3: §§ 1297-2385 · EGBGB · CISG, München 2003 [Bamberger/Roth-*Bearb.*]

Banniza von Bazan, Ulrike: Der Gerichtsstand des Sachzusammenhangs im EuGVÜ, dem Lugano-Abkommen und im deutschen Recht, Frankfurt/Main 1995, zugl. Diss. Münster 1994 [*Banniza v.Bazan*]

von Bar, Christian: Grundfragen des Internationalen Deliktsrechts, JZ 1985, 961-969 [*v.Bar*, JZ 1985]

– Internationales Privatrecht, Erster Band – Allgemeine Lehren, München 1987 [*v.Bar*, IPR I] und Zweiter Band – Besonderer Teil, München 1991 [*v.Bar*, IPR II]

– Gemeineuropäisches Deliktsrecht, Erster Band – Die Kernbereiche des Deliktsrechts, seine Angleichung in Europa und seine Einbettung in die Gesamtrechtsordnungen, München 1996 [*v.Bar*, Gemeineurop. DeliktsR I]; Zweiter Band. Schaden und Schadenersatz, Haftung für und ohne eigenes Fehlverhalten, Kausalität und Verteidigungsgründe, München 1999 [*v.Bar*, Gemeineurop. DeliktsR II]

Basedow, Jürgen: Der kollisionsrechtliche Gehalt der Produktfreiheiten im europäischen Binnenmarkt: favor offerentis, RabelsZ 59 (1995), 1-55 [*Basedow*, RabelsZ 1995]

– The Communitarization of the Conflict of Laws under the Treaty of Amsterdam, CML Rev. 37 (2000), 687-708 [*Basedow*, CML Rev. 2000]

Batiffol, Henri (Begr.) / Lagarde, Paul (Bearb.): Droit international privé, Band I, 8. Aufl., Paris 1993 [*Batiffol/Lagarde*, Dr. int. pr. I]

Bauer, Ulrich: Grenzen nachträglicher Rechtswahl durch Rechte Dritter im Internationalen Privatrecht, Pfaffenweiler 1992, zugl. Diss. Mainz 1992 [*U.Bauer*]

Bauer, Werner: Renvoi im internationalen Schuld- und Sachenrecht, Pfaffenweiler 1985 [*W. Bauer*]

Baum, Harald: Alternativanknüpfungen, Tübingen 1985, zugl. Diss. Hamburg 1983 [*Baum*]

Baumbach, Adolf (Begr.) / Hefermehl, Wolfgang (Bearb.): Wettbewerbsrecht. Gesetz gegen unlauteren Wettbewerb, Zugabeverordnung, Rabattgesetz und Nebengesetze, 22. Aufl., München 2001 [*Baumbach/Hefermehl*, WettbR]

Baur, Jürgen F. / Mansel, Heinz-Peter (wissenschaftliche Leitung): Systemwechsel im europäischen Kollisionsrecht. Fachtagung der Bayer-Stiftung für deutsches und internationales Arbeits- und Wirtschaftsrecht am 17. und 18. Mai 2001, München 2002 [*Referent*, in: Systemwechsel]

Beater, Axel: Unlauterer Wettbewerb, München 2002 [*Beater*, Unl. Wettb.]

Becker, Christoph: Theorie und Praxis der Sonderanknüpfung im internationalen Privatrecht, Diss. Tübingen 1991 [*Becker*]

Beitzke, Günther: Grundgesetz und Internationales Privatrecht, Berlin 1961 [*Beitzke*, GG u. IPR]

– Les obligations délictuelles en droit international privé, Rec. 115 (1965 II), 67-144 [*Beitzke*, Rec. 1965 II]

Bernstein, Herbert: Kollisionsrechtliche Fragen der culpa in contrahendo, RabelsZ 41 (1977), 281-298 [*Bernstein*, RabelsZ 1977]

Beuthien, Volker / Schmölz, Anton S.: Persönlichkeitsschutz durch Persönlichkeitsgüterrechte. Erlösherausgabe statt nur billige Entschädigung in Geld, München 1999 [*Beuthien/Schmölz*, Persönlichkeitsschutz]

Binder, Heinz: Zur Auflockerung des Deliktsstatuts, RabelsZ 20 (1955), 401-499 [*Binder*, RabelsZ 1955]

Birk, Rolf: Schadensersatz und sonstige Restitutionsformen im internationalen Privatrecht. Kollisionsrechtliche Fragen zum Inhalt und Bestand subjektiver Rechte dargestellt an den Fällen der unerlaubten Handlung, Karlsruhe 1969, zugl. Diss. Erlangen-Nürnberg 1966 [*Birk*]

Böhmer, Christof: Die Rechtfertigungsgründe bei den unerlaubten Handlungen im deutschen internationalen Privatrecht, Diss. Erlangen-Nürnberg 1962 [*Böhmer*]

De Boer, Th. M.: Facultative Choice of Law: The Procedural Status of Choice-of-Law Rules and Foreign Law, Rec. 257 (1996), 223-428 [*De Boer*, Rec. 257 (1996)]

Bolka, Gerhard: Parteieneinfluß auf die richterliche Anwendung des IPR, ZfRV 13 (1972), 241-256 [*Bolka*, ZfRV 1972]

Brandenburg, Hans-Friedrich: Die teleologische Reduktion. Grundlagen und Erscheinungsformen der auslegungsunterschreitenden Gesetzeseinschränkung im Privatrecht, Göttingen 1983, zugl. Diss. Göttingen 1982 [*Brandenburg*]

Brandt, Gisela: Die Sonderanknüpfung im internationalen Deliktsrecht, Göttingen 1993, zugl. Diss. Göttingen 1992 [*Brandt*]

Brockmeier, Dirk: Punitive damages, multiple damages und deutscher ordre public unter besonderer Berücksichtigung des RICO-Act, Tübingen 1999, zugl. Diss. Hamburg 1998/99 [*Brockmeier*]

Bröcker, Walter: Möglichkeiten der differenzierten Regelbildung im internationalen Deliktsrecht, Diss. München 1967 [*Bröcker*]

Brödermann, Eckart / Iversen, Holger: Europäisches Gemeinschaftsrecht und Internationales Privatrecht, Tübingen 1994, zugl. Diss. Hamburg 1992/93 (Brödermann, Teil I – Europäisches Gemeinschaftsrecht als Quelle und Schranke des Internationalen Privatrechts) bzw. 1993/94 (Iversen, Teil II – EG-Richtlinien und Internationales Privatrecht) [Brödermann/Iversen-*Bearb.*, EG u. IPR]

Borgmann, Brigitte / Haug, Karl H.: Anwaltshaftung. Systematische Darstellung der Rechtsgrundlagen für die anwaltliche Berufstätigkeit, 3. Aufl., München 1995 [Borgmann/Haug-*Bearb.*, Anwaltshaftung]

Bruinier, Stefan: Der Einfluß der Grundfreiheiten auf das Internationale Privatrecht, Frankfurt/Main 2003, zugl. Diss. Mainz 2002 [*Bruinier*]

Buchta, Klaus: Die nachträgliche Bestimmung des Schuldstatuts durch Prozeßverhalten im deutschen, österreichischen und schweizerischen IPR, Diss. München 1986 [*Buchta*]

Burst, Silke: Pönale Momente im ausländischen Privatrecht und deutscher ordre public, Frankfurt/Main 1994, zugl. Diss. Freiburg/Breisgau 1994 [*Burst*]

Busch, Ralf: Die Ubiquitätsregel im Internationalen Deliktsrecht unter besonderer Berücksichtigung des schweizerischen IPRG, Pfaffenweiler 1996, zugl. Diss. Freiburg/Breisgau 1993 [*Busch*]

Busse, Daniel: Internationales Bereicherungsrecht, Tübingen 1998, zugl. Diss. Bonn 1997/98 [*Busse*]

Bydlinski, Franz: Privatautonomie und objektive Grundlagen des verpflichtenden Rechtsgeschäftes, Wien 1967 [*Bydlinski*, Privatautonomie]

von Caemmerer, Ernst (Hrsg.): Vorschläge und Gutachten zur Reform des deutschen internationalen Privatrechts der außervertraglichen Schuldverhältnisse (vorgelegt 1982), Tübingen 1983 [v.Caemmerer(-*Gutachter*)]

Canaris, Claus-Wilhelm: Die Vertrauenshaftung im deutschen Privatrecht, München 1971 [*Canaris*, Vertrauenshaftung]

– Die Feststellung von Lücken im Gesetz, Diss., 2. Aufl., Berlin 1983 [*Canaris*]

– Gewinnabschöpfung bei Verletzung des allgemeinen Persönlichkeitsrechts, in: FS für E. Deutsch zum 70. Geburtstag, hrsg. von H.-J. Ahrens,

Ch. v.Bar, G. Fischer, A. Spickhoff und J. Taupitz, Köln 1999, S. 85-109 [*Canaris*, FS Deutsch]

Coester-Waltjen, Dagmar: Internationales Beweisrecht. Das auf den Beweis anwendbare Recht in Rechtsstreitigkeiten mit Auslandsbezug, Ebelsbach 1983, zugl. Habil. München 1981/82 [*Coester-Waltjen*, Int. BeweisR]

Czempiel, Benedict: Das bestimmbare Deliktsstatut. Zur Zurechnung im internationalen Deliktsrecht, Berlin 1991, zugl. Diss. Bonn 1991 [*Czempiel*]

Delachaux, Jean Louis: Die Anknüpfung der Obligationen aus Delikt und Quasidelikt im internationalen Privatrecht, Zürich 1961, zugl. Diss. Zürich 1960 [*Delachaux*]

Deutsch, Erwin: Das Internationale Privatrecht der Arzthaftung, in: Konflikt und Ordnung, FS für M. Ferid zum 70. Geburtstag, hrsg. von A. Heldrich, D. Henrich und H.J. Sonnenberger, München 1978, S. 117-135 [*Deutsch*, FS Ferid I]

– Allgemeines Haftungsrecht, 2. Aufl., Köln 1996 [*Deutsch*, Allg. HaftungsR]

Dicey, A.V. (Begr.) / Morris, J.H.C.: The Conflict of Laws, hrsg. von L. Collins, Band 1 und 2, 13. Aufl., London 2000 [*Dicey/Morris*, Conflict of Laws]

Dörner, Heinrich: Neue Entwicklungen im Internationalen Verkehrsunfallrecht, JR 1994, 6-12 [*Dörner*, JR 1994]

– Anm. zu BGH 19.1.2000 (VIII ZR 275/98), in: LM Art. 27 EGBGB Nr. 8 [*Dörner*, LM Art. 27 EGBGB Nr. 8]

– Alte und neue Probleme des Internationalen Deliktsrechts, in: FS für H. Stoll zum 75. Geburtstag, hrsg. von G. Hohloch, R. Frank und P. Schlechtriem, Tübingen 2001, S. 491-501 [*Dörner*, FS Stoll]

Drasch, Wolfgang: Das Herkunftslandprinzip im internationalen Privatrecht. Auswirkungen des europäischen Binnenmarktes auf Vertrags- und Wettbewerbsstatut, Baden-Baden 1997, zugl. Diss. Augsburg 1996 [*Drasch*]

Duintjer Tebbens, Harry: Les conflits de lois en matière de publicité déloyale à l'épreuve du droit communautaire, RCDIP 83 (1994), 451-481 [*Duintjer Tebbens*, RCDIP 1994]

Einsele, Dorothee: Rechtswahlfreiheit im Internationalen Privatrecht, RabelsZ 60 (1996), 417-447 [*Einsele*, RabelsZ 1996]

Erman, Walter (Begr.): Bürgerliches Gesetzbuch, hrsg. von H.P. Westermann, Band I und II, 10. Aufl., Köln 2000 [Erman-*Bearb.*]

Ferid, Murad: Internationales Privatrecht, 3. Aufl., Frankfurt 1986 [*Ferid*, IPR]

Feuerich, Wilhelm E. (Bearb.) / Braun, Anton: Bundesrechtsanwaltsordnung. Recht für Anwälte auf dem Gebiet der Europäischen Union, Kommentar, 5. Aufl., München 2000 [*Feuerich/Braun*, BRAO]

Fezer, Karl-Heinz / Koos, Stefan: Das gemeinschaftsrechtliche Herkunftslandprinzip und die e-commerce-Richtlinie. Zur dringenden Notwendigkeit einer Harmonisierung des Wettbewerbsrechts in den Mitgliedstaaten der Europäischen Union als einer gemeinschaftsrechtlichen Aufgabe, IPRax 2000, 349-354 [*Fezer/Koos*, IPRax 2000]

Fischer, Peter Michael: Die akzessorische Anknüpfung des Deliktsstatuts, Diss. Berlin 1989 [*Fischer*]

Flessner, Axel: Fakultatives Kollisionsrecht, RabelsZ 34 (1970), 547-584 [*Flessner*, RabelsZ 1970]

– Interessenjurisprudenz im internationalen Privatrecht, Tübingen 1990 [*Flessner*, Interessenjurisprudenz]

Flume, Werner: Allgemeiner Teil des Bürgerlichen Rechts, Zweiter Band – Das Rechtsgeschäft, 3. Aufl., Berlin 1979 [*Flume*, RGeschäft]

Freitag, Robert: Der Einfluß des Europäischen Gemeinschaftsrechts auf das internationale Produkthaftungsrecht, Tübingen 2000, zugl. Diss. Bayreuth 1999/2000 [*Freitag*]

Freitag, Robert / Leible, Stefan: Das Bestimmungsrecht des Art. 40 Abs. 1 EGBGB im Gefüge der Parteiautonomie im Internationalen Deliktsrecht, ZVglRWiss 99 (2000), 101-142 [*Freitag/Leible*, ZVglRWiss 2000]

Fuchs, Angelika: Der praktische Fall – Internationales Privat- und Verfahrensrecht: Caroline von M., JuS 2000, 879-882 [*Fuchs*, JuS 2000]

Fudickar, Dietrich: Die nachträgliche Rechtswahl im internationalen Schuldvertragsrecht, Diss. Bonn 1983 [*Fudickar*]

Gamillscheg, Franz: Ein Gesetz über das internationale Arbeitsrecht, ZfA 14 (1983), 307-373 [*Gamillscheg*, ZfA 1983]

Geigel, Robert (Begr.): Der Haftpflichtprozeß mit Einschluß des materiellen Haftpflichtrechts, hrsg. von G. Schlegelmilch, 23. Aufl., München 2001 [Geigel-*Bearb.*, HaftpflProz.]

Geimer, Reinhold, Internationales Zivilprozeßrecht, 4. Aufl., Köln 2001 [*Geimer*, IZPR]

Geisler, Stephan: Die engste Verbindung im internationalen Privatrecht, Berlin 2001, zugl. Diss. Göttingen 1998 [*Geisler*]

Georgiades, Apostolos: Die Anspruchskonkurrenz im Zivilrecht und Zivilprozeßrecht, München 1968, zugl. Habil. München 1966/67 [*Georgiades*, Anspruchskonkurrenz]

Giuliano, Mario / Lagarde, Paul: Bericht über das Übereinkommen über das auf vertragliche Schuldverhältnisse anzuwendende Recht, in: BT-Drs. 10/503 = BR-Drs. 224/83, jeweils S. 33-82 = ABl.EG 1980 Nr. C 282/1-50 [*Giuliano/Lagarde*, BT-Drs. 10/503]

Gloy, Wolfgang (Hrsg.): Handbuch des Wettbewerbsrechts, 2. Aufl., München 1997 [Gloy-*Bearb.*, HdB WettbR]

Grandpierre, Andreas: Herkunftsprinzip kontra Marktortanknüpfung. Auswirkungen des Gemeinschaftsrechtsauf die Kollisionsregeln im Wettbewerbsrecht, Frankfurt/Main 1999, zugl. Diss. Bonn 1998 [*Grandpierre*]

Gravenhorst, Wulf: Die Aufspaltung der Gerichtszuständigkeit nach Anspruchsgrundlagen, Berlin 1972 [*Gravenhorst*, Aufspaltung]

Gruber, Urs Peter: Der Direktanspruch gegen den Versicherer im neuen deutschen Kollisionsrecht, VersR 2001, 16-23 [*Gruber*, VersR 2001]

Grundmann, Stefan: Qualifikation gegen die Sachnorm. Deutsch-portugiesische Beiträge zur Autonomie des internationalen Privatrechts, München 1985, zugl. Diss. München 1985 [*Grundmann*]

Habermeier, Stefan: Neue Wege zum Wirtschaftskollisionsrecht. Eine Bestandsaufnahme prävalenter wirtschaftskollisionsrechtlicher Methodologie unter dem Blickwinkel des kritischen Rationalismus, Baden-Baden 1997, zugl. Habil. Saarbrücken 1996 [*Habermeier*, Neue Wege zum WirtschKollR]

Hartenstein, Olaf: Die Privatautonomie im Internationalen Privatrecht als Störung des europäischen Entscheidungseinklangs. Neueste Entwicklungen in Frankreich, Deutschland und Italien, Tübingen 2000, zugl. Diss. Kiel 2000 [*Hartenstein*]

Hartung, Wolfgang / Holl, Thomas (Hrsg.): Anwaltliche Berufsordnung. Fachanwaltsordnung. Europäische Berufsregeln – CCBE, §§ 43-59m BRAO. Kommentar mit Berufsrechts- und Werbe-ABC, 2. Aufl., München 2001 [Hartung/Holl-*Bearb.*, Anwaltl. BO]

Hay, Peter: From Rule-Orientation to „Approach" in German Conflicts Law. The Effect of the 1986 and 1999 Codifications, Am.J.Comp.L. 47 (1999), 633-652 [*Hay*, Am.J.Comp.L. 1999]

– Entschädigung und andere Zwecke. Zu Präventionsgedanken im deutschen Schadensersatzrecht, punitive damages und Art. 40 Abs. 3 Nr. 2

EGBGB, in: FS für H. Stoll zum 75. Geburtstag, hrsg. von G. Hohloch, R. Frank und P. Schlechtriem, Tübingen 2001, S. 521-531 [*Hay*, FS Stoll]

Heeder, Oliver: Fraus legis. Eine rechtsvergleichende Untersuchung über den Vorbehalt der Gesetzesumgehung in Deutschland, Österreich, der Schweiz, Frankreich und Belgien unter besonderer Berücksichtigung des Internationalen Privatrechts, Frankfurt/Main 1998, zugl. Diss. Regensburg 1997 [*Heeder*]

Heiderhoff, Bettina: Bestimmungsrecht nach Art. 40 Abs. 1 S. 2 EGBGB und Anwaltshaftung, IPRax 2002, 366-372 [*Heiderhoff*, IPRax 2002]

von Hein, Jan: Das Günstigkeitsprinzip im Internationalen Deliktsrecht, Tübingen 1999, zugl. Diss. Hamburg 1998 [*v.Hein*]

– Günstigkeitsprinzip oder Rosinentheorie?, NJW 1999, 3174-3175 [*v. Hein*, NJW 1999]

– Grenzüberschreitende Produkthaftung für „Weiterfresserschäden": Anknüpfung an den Marktort ist interessengerechter, zugl. Besprechung von OLG Düsseldorf 18.12.1998 (22 U 13/98), RIW 2000, 820-833 [*v. Hein*, RIW 2000]

– Rechtswahlfreiheit im Internationalen Deliktsrecht, RabelsZ 64 (2000), 595-613 [*v.Hein*, RabelsZ 2000]

– Rück- und Weiterverweisung im neuen deutschen Internationalen Deliktsrecht, ZVglRWiss 99 (2000), 251-277 [*v.Hein*, ZVglRWiss 2000]

Heini, Anton: Die Anknüpfungsgrundsätze in den Deliktsnormen eines zukünftigen schweizerischen IPR-Gesetzes, in: Internationales Recht und Wirtschaftsordnung, FS für F.A. Mann zum 70. Geburtstag am 11. August 1977, hrsg. von W. Flume, H.J. Hahn, G. Kegel und K.R. Simmonds, München 1977, S. 193-205 [*Heini*, FS Mann]

Heldrich, Andreas: Internationale Zuständigkeit und anwendbares Recht, Tübingen 1969, zugl. Habil. München 1964/65 [*Heldrich*, IZ u. anwendb. Recht]

Henckel, Wolfram: Prozessrecht und materielles Recht, Göttingen 1970, [*Henckel*, ProzR u. mat. Recht]

Henrich, Dieter: Vorvertrag, Optionsvertrag, Vorrechtsvertrag. Eine dogmatisch-systematische Untersuchung der vertraglichen Bindungen vor und zu einem Vertragsschluß, Tübingen 1965, zugl. Habil. München 1962 [*Henrich*, Vertragl. Bindungen]

Henssler, Martin: Haftungsrisiken anwaltlicher Tätigkeit, JZ 1994, 178-188 [*Henssler*, JZ 1994]

Heß, Burkhard: Die „Europäisierung" des internationalen Zivilprozessrechts durch den Amsterdamer Vertrag – Chancen und Gefahren, NJW 2000, 23-32 [*Heß*, NJW 2000]

von Hinden, Michael: Persönlichkeitsverletzungen im Internet: das anwendbare Recht, Tübingen 1999, zugl. Diss. Hamburg 1999 [*v.Hinden*]

Höder, Andreas: Die kollisionsrechtliche Behandlung unteilbarer Multistate-Verstöße. Das Internationale Wettbewerbsrecht im Spannungsfeld von Marktort-, Auswirkungs- und Herkunftslandprinzip, München 2002, zugl. Diss. München 2002 [*Höder*]

von Hoffmann, Bernd: Anm. zu BGH 22.12.1987 (VI ZR 6/87), in: IPRax 1988, 306-307 [*v. Hoffmann*, IPRax 1988]

– Internationales Haftungsrecht im Referentenentwurf des Bundesjustizministeriums vom 1.12.1993, IPRax 1996, 1-8 [*v.Hoffmann*, IPRax 1996]

– Internationales Privatrecht, 6. Aufl., München 2000 [*v.Hoffmann*, IPR^6] und 7. Aufl., München 2002 [*v.Hoffmann*, IPR]

– Sonderanknüpfung zwingender Normen im Internationalen Deliktsrecht – Eine kollisionsrechtliche Skizze –, in: FS für D. Henrich zum 70. Geburtstag, hrsg. von P. Gottwald, E. Jayme und D. Schwab, Bielefeld 2000, S. 283-296 [*v.Hoffmann*, FS Henrich]

Hök, Götz-Sebastian: Zum Haftungsrisiko der Anwälte bei der Übernahme von Mandaten mit Auslandsberührung, JurBüro 1990, 155-162 [*Hök*, JurBüro 1990]

Hohloch, Gerhard: Das Deliktsstatut. Grundlagen und Grundlinien des internationalen Deliktsrechts, Frankfurt/Main 1984, teilw. zugl. Habil. Freiburg/Breisgau 1979/80 [*Hohloch*, Deliktsstatut]

– Rechtswahl im internationalen Privatrecht, NZV 1988, 161-168 [*Hohloch*, NZV 1988]

– Anknüpfungsregeln des Internationalen Privatrechts bei grenzüberschreitenden Medien, in: J. Schwarze (Hrsg.), Rechtsschutz gegen Urheberrechtsverletzungen und Wettbewerbsverstöße in grenzüberschreitenden Medien, Baden-Baden 2000, S. 93-107 [*Hohloch*, in: Schwarze, RSchutz UrhR u. WettbR]

Hohloch, Gerhard / Jaeger, Gerold: Neues IPR der außervertraglichen Schuldverhältnisse und des Sachenrechts – Zur Neuregelung der Art. 38-46 EGBGB, JuS 2000, 1133-1138 [*Hohloch/Jaeger*, JuS 2000]

Hohloch, Gerhard / Kjelland, Cecilie: Abändernde stillschweigende Rechtswahl und Rechtswahlbewußtsein (zu BGH, 19.1.2000 – VIII ZR 275/98), IPRax 2002, 30-33 [*Hohloch/Kjelland*, IPRax 2002]

Honorati, Costanza: La nuova disciplina tedesca della legge applicabile al fatto illecito, RDIPP 36 (2000), 323-348 [*Honorati*, RDIPP 2000]

Huber, Peter: Das internationale Deliktsrecht nach der Reform, JA 2000, 67-73 [*Huber*, JA 2000]

Hübner, Ulrich: Der Direktanspruch gegen den Kraftfahrzeughaftpflichtversicherer im Internationalen Privatrecht, VersR 1977, 1069-1076 [*Hübner*, VersR 1977]

Huzel, Erhard: Zur Zulässigkeit eines „Auflagenbeschlusses" im Rahmen des § 293 ZPO, IPRax 1990, 77-82 [*Huzel*, IPRax 1990]

Jaspers, Michael Bo: Nachträgliche Rechtswahl im internationalen Schuldvertragsrecht. Unter besonderer Berücksichtigung der Rechtspraxis in England, Frankreich, Dänemark und Deutschland, Frankfurt/Main 2002, zugl. Diss. Saarbrücken 2001 [*Jaspers*]

Jauernig, Othmar: Zivilprozeßrecht, 27. Aufl., München 2002 [*Jauernig*, ZPR]

Jayme, Erik: Ausländische Rechtsregeln und Tatbestand inländischer Sachnormen – Betrachtungen zu Ehrenzweigs Datum-Theorie –, in: GS für A. Ehrenzweig, hrsg. von E. Jayme und G. Kegel, Karlsruhe und Heidelberg 1976, S. 35-49 [*Jayme*, GS Ehrenzweig]

– Entwurf eines EU-Übereinkommens über das auf außervertragliche Schuldverhältnisse anzuwendende Recht. Tagung der Europäischen Gruppe für Internationales Privatrecht in Den Haag, IPRax 1998, 140-141 [*Jayme*, IPrax 1998]

– Anm. zu LG Karlsruhe 8.6.1999 (O 12/98 KfH I), in: IPRax 2002, 533 [*Jayme*, VersR 1984]

Jayme, Erik / Kohler, Christian: Das Internationale Privat- und Verfahrensrecht der EG 1991 – Harmonisierungsmodell oder Mehrspurigkeit des Kollisionsrechts, IPRax 1991, 361-369 [*Jayme/Kohler*, IPRax 1991]

– Das Internationale Privat- und Verfahrensrecht der EG nach Maastricht, IPRax 1992, 346-356 [*Jayme/Kohler*, IPRax 1992]

– Das Internationale Privat- und Verfahrensrecht der EG 1993 – Spannungen zwischen Staatsverträgen und Richtlinien, IPrax 1993, 357-371 [*Jayme/Kohler*, IPRax 1993]

– Europäisches Kollisionsrecht 1999 – Die Abendstunde der Staatsverträge, IPRax 1999, 401-413 [*Jayme/Kohler*, IPRax 1999]

– Europäisches Kollisionsrecht 2002: Zur Wiederkehr des Internationalen Privatrechts, IPRax 2002, 461-471 [*Jayme/Kohler*, IPRax 2002]

Junker, Abbo: Die freie Rechtswahl und ihre Grenzen – Zur veränderten Rolle der Parteiautonomie im Schuldvertragsrecht, IPRax 1993, 1-10 [*Junker*, IPRax 1993]
- Das Internationale Unfallrecht nach der Reform von 1999, JZ 2000, 477-486 [*Junker*, JZ 2000]
- Die IPR-Reform von 1999: Auswirkungen auf die Unternehmenspraxis. Im Blickpunkt: Außervertragliche Schuldverhältnisse und Sachenrecht, RIW 2000, 241-255 [*Junker*, RIW 2000]
- Das Bestimmungsrecht des Verletzten nach Art. 40 I EGBGB, in: FS für W. Lorenz zum 80. Geburtstag, hrsg. von Th. Rauscher und H.-P. Mansel, München 2001, S. 321-341 [*Junker*, FS W.Lorenz II]

Junker, Markus: Anwendbares Recht und internationale Zuständigkeit bei Urheberrechtsverletzungen im Internet, Kassel 2002, zugl. Diss. Saarbrücken 2001 [*M.Junker*]

Kadner Graziano, Thomas: Gemeineuropäisches Internationales Privatrecht. Harmonisierung des IPR durch Wissenschaft und Lehre (am Beispiel der außervertraglichen Haftung für Schäden), Tübingen 2002, zugl. Habil. Berlin 1999 [*Kadner Graziano*, Gemeineurop. IPR]

Kahn-Freund, Otto: Delictual Liability and the Conflict of Laws, Rec. 124 (1968 II), 1-166 [*Kahn-Freund*, Rec. 1968 II]

Katzenmeier, Christian: Vertragliche und deliktische Haftung im Zusammenspiel dargestellt am Problem der „weiterfressenden Mängel", Berlin 1994, zugl. Diss. Heidelberg 1993 [*Katzenmeier*]

Kegel, Gerhard: Besprechung von F. Schwind, Handbuch des Österreichischen Internationalen Privatrechts (1975), in: AcP 178 (1978), 118-120 [*Kegel*, AcP 1978]
- Internationales Privatrecht, 7. Aufl., München 1995 [*Kegel*, IPR^7]
- Vertrag und Delikt, Köln 2002 [*Kegel*, Vertrag u. Delikt]

Kegel, Gerhard / Schurig, Klaus: Internationales Privatrecht, 8. Aufl., München 2000, mit Nachtrag 2001 [Kegel/Schurig-*Bearb.*, IPR]

Keller, Max / Siehr, Kurt: Allgemeine Lehren des internationalen Privatrechts, Zürich 1986 [*Keller/Siehr*, IPR]

Kemp, Peter: Grenzen der Rechtswahl im internationalen Ehegüter- und Erbrecht, Köln 1999, zugl. Diss. Hannover 1998 [*Kemp*]

Kindl, Johann: Ausländisches Recht vor deutschen Gerichten, ZZP 111 (1998), 177-203 [*Kindl*, ZZP 1998]

Klinke, Ulrich: Kollisionsnormen und Gemeinschaftsrecht. Zur Architektur des europäischen Vaterhauses, in: Liber Amicorum G. Kegel, hrsg. von

H. Krüger und H.-P. Mansel, München 2002, S. 1-32 [*Klinke*, Liber Amicorum Kegel]

Koch, Robert: Zur Neuregelung des Internationalen Deliktsrechts: Beschränkung des Günstigkeitsprinzips und Einführung der vertragsakzessorischen Bestimmung des Deliktsstatuts?, VersR 1999, 1453-1459 [*Koch*, VersR 1999]

Koerner, Dörte: Fakultatives Kollisionsrecht in Frankreich und Deutschland, Tübingen 1995, zugl. Diss. Hamburg 1994 [*Koerner*]

Körner, Marita: Zur Aufgabe des Haftungsrechts – Bedeutungsgewinn präventiver und punitiver Elemente, NJW 2000, 241-246 [*Körner*, NJW 2000]

Kohler, Christian: Interrogations sur les sources du droit international privé après le traité d'Amsterdam, RCDIP 88 (1999), 1-30 [*Kohler*, RCDIP 1999]

Konzen, Horst: Rechtsverhältnisse zwischen Prozeßparteien. Studien zur Wechselwirkung von Zivil- und Prozeßrecht bei der Bewertung und den Rechtsfolgen prozeßerheblichen Parteiverhaltens, Berlin 1976, zugl. Habil. Mainz 1974 [*Konzen*, RVerhältnisse]

Kotthoff, Jost: Werbung ausländischer Unternehmen im Inland. Die Beurteilung grenzüberschreitender Werbung nach dem internationalen Privatrecht, dem Wettbewerbsrecht und dem Recht der Europäischen Union, Baden-Baden 1995, zugl. Diss. Freiburg/Breisgau 1995 [*Kotthoff*]

Koziol, Helmut: Verhaltensunrechtslehre und Deliktsstatut, in: FS für G. Beitzke zum 70. Geburtstag am 26. April 1979, hrsg. von O. Sandrock, Berlin 1979, S. 575-587 [*Koziol*, FS Beitzke]

Kreuzer, Karl Friedrich: Apfelschorf im „Alten Land" – Kollisionsrechtliche Probleme zur Produzentenhaftung, IPRax 1982, 1-5 [*Kreuzer*, IPRax 1982]

– Die Europäisierung des internationalen Privatrechts – Vorgaben des Gemeinschaftsrechts, in: P.-Ch. Müller-Graff (Hrsg.), Gemeinsames Privatrecht in der Europäischen Gemeinschaft, 2. Aufl., Baden-Baden 1999, S. 457-542 [*Kreuzer*, in: Müller-Graff, Gemeinsames PrivatR]

– Die Vollendung der Kodifikation des deutschen Internationalen Privatrechts durch das Gesetz zum Internationalen Privatrecht der außervertraglichen Schuldverhältnisse und Sachen vom 21.5.1999, RabelsZ 65 (2001), 383-462 [*Kreuzer*, RabelsZ 2001]

Kroeger, Helga Elisabeth: Der Schutz der „marktschwächeren" Partei im Internationalen Vertragsrecht, Frankfurt/Main 1984, zugl. Diss. Freiburg/Breisgau 1983/84 [*Kroeger*]

Kropholler, Jan: Ein Anknüpfungssystem für das Deliktsrecht, RabelsZ 33 (1969), 601-653 [*Kropholler*, RabelsZ 1969]
- Internationale Zuständigkeit, in: Handbuch des internationalen Zivilverfahrensrechts, Band I, Tübingen 1982, Kap. III [*Kropholler*, in: HdB IZVR I, Kap. III]
- Die Auslegung von EG-Verordnungen zum Internationalen Privat- und Verfahrensrecht – Eine Skizze –, in: Aufbruch nach Europa, 75 Jahre Max-Planck-Institut für Privatrecht, hrsg. von J. Basedow, U. Drobnig, R. Ellger, K.J. Hopt, H. Kötz, R. Kulms und E.-J. Mestmäcker, Tübingen 2001, S. 583-594 [*Kropholler*, 75 J. MPI]
- Internationales Privatrecht, 4. Aufl., Tübingen 2001 [*Kropholler*, IPR]

Kropholler, Jan / v.Hein, Jan: Spezielle Vorbehaltsklauseln im Internationalen Privat- und Verfahrensrecht der unerlaubten Handlungen. Weniger ist mehr, in: FS für H. Stoll zum 75. Geburtstag, hrsg. von G. Hohloch, R. Frank und P. Schlechtriem, Tübingen 2001, S. 553-575 [*Kropholler/v.Hein*, FS Stoll]

Kubis, Sebastian: Internationale Zuständigkeit bei Persönlichkeits- und Immaterialgüterrechtsverletzungen, Bielefeld 1999, zugl. Diss. Bielefeld 1997/98 [*Kubis*]

Kühne, Gunther: Die Parteiautonomie im internationalen Erbrecht, Bielefeld 1973, zugl. Diss. Bochum 1970 [*Kühne*]
- Die Parteiautonomie zwischen kollisionsrechtlicher und materiellrechtlicher Gerechtigkeit, in: Liber Amicorum G. Kegel, hrsg. von H. Krüger und H.-P. Mansel, München 2002, S. 65-82 [*Kühne*, Liber Amicorum Kegel]

Larenz, Karl: Methodenlehre der Rechtswissenschaft, 6. Aufl., Berlin 1991 [*Larenz*, Methodenlehre]

Larenz, Karl (Begr.) / Canaris, Claus-Wilhelm, Lehrbuch des Schuldrechts, Zweiter Band. Besonderer Teil. 2. Halbband, 13. Aufl., München 1994 [*Larenz/Canaris*, SchuldR BT II/2]

Laumen, Hans-Willi: Das Rechtsgespräch im Zivilprozeß, Köln 1983, zugl. Diss. Köln 1983 [*Laumen*]

Leflar, Robert A.: Choice-influencing considerations in Conflicts Law, N.Y. U.L.Rev. 41 (1966), 267-327 [*Leflar*, N.Y.U.L.Rev. 1966]

Lewald, Hans: Das deutsche internationale Privatrecht auf der Grundlage der Rechtsprechung, Leipzig 1931 [*Lewald*, IPR]

Lindacher, Walter F.: Internationale Zuständigkeit in Wettbewerbssachen. Der Gerichtsstand der Wettbewerbshandlung nach autonomem deutschem IZPR, in: FS für H. Nakamura zum 70. Geburtstag am 2. März

1996, hrsg. von A. Heldrich und T. Uchida, Tokyo 1996, S. 321-337 [*Lindacher*, FS Nakamura]

Lindenmayr, Barbara: Vereinbarung über die internationale Zuständigkeit und das darauf anwendbare Recht, Berlin 2002, zugl. Diss. Passau 2000 [*Lindenmayr*]

Linke, Hartmut: Die Europäisierung des Internationalen Privat- und Verfahrensrechts. Traum oder Trauma?, in: Einheit und Vielfalt des Rechts, FS für R. Geimer zum 65. Geburtstag, hrsg. von R.A. Schütze, München 2002, S. 529-554 [*Linke*, FS Geimer]

Löffler, Severin: Mediendelikte im IPR und IZPR. Persönlichkeitsverletzungen durch Medien im Spiegel des deutschen, französischen, schweizerischen und österreichischen Rechts unter besonderer Berücksichtigung des Internets und des Gegendarstellungsanspruchs, Frankfurt/Main 2000, zugl. Diss. Regensburg 1999 [*Löffler*]

Looschelders, Dirk: Die Beurteilung von Straßenverkehrsunfällen mit Auslandsberührung nach dem neuen internationalen Privatrecht, VersR 1999, 1316-1324 [*Looschelders*, VersR 1999]

Lorenz, Egon: Die Rechtswahlfreiheit im internationalen Schuldvertragsrecht. Grundsatz und Grenzen, RIW 1987, 569-584 [*E.Lorenz*, RIW 1987]

– Die Auslegung schlüssiger und ausdrücklicher Rechtswahlerklärungen im internationalen Schuldvertragsrecht, RIW 1992, 697-706 [*E.Lorenz*, RIW 1992]

Lorenz, Stephan: Zivilprozessuale Konsequenzen der Neuregelung des Internationalen Deliktsrechts: Erste Hinweise für die anwaltliche Praxis, NJW 1999, 2215-2218 [*St.Lorenz*, NJW 1999]

Lorenz, Werner: Vom alten zum neuen internationalen Schuldvertragsrecht, IPRax 1987, 269-276 [*W.Lorenz*, IPRax 1987]

Lüderitz, Alexander: Auslegung von Rechtsgeschäften. Vergleichende Untersuchung anglo-amerikanischen und deutschen Rechts, Karlsruhe 1966, zugl. Habil. Köln 1965 [*Lüderitz*, Auslegung]

– Anknüpfung im Parteiinteresse, in: Internationales Privatrecht im Ausgang des 20. Jh., Bewahrung oder Wende?, FS für G. Kegel, hrsg. von A. Lüderitz und J. Schröder, Frankfurt 1977, S. 31-54 [*Lüderitz*, FS Kegel I]

– Wechsel der Anknüpfung in bestehendem Schuldvertrag, in: FS für M. Keller zum 65. Geburtstag, hrsg. von P. Forstmoser, H. Giger, A. Heini und W.R. Schluep, Zürich 1989, S. 459-471 [*Lüderitz*, FS Keller]

– Internationales Privatrecht, 2. Aufl., Neuwied 1992 [*Lüderitz*, IPR]

Lurger, Brigitta / Vallant, Sonja Maria: Grenzüberschreitender Wettbewerb im Internet. Umsetzung des Herkunftslandprinzips der E-Commerce-Richtlinie in Deutschland und Österreich, RIW 2002, 188-202 [*Lurger/Vallant*, RIW 2002]

Malaurie, Philippe / Aynès, Laurent: Cours de droit civil VI. Les obligations, 10. Aufl., Paris 1999 [*Malaurie/Aynès*, Obligations]

Mankowski, Peter: Das Internet im Internationalen Vertrags- und Deliktsrecht, RabelsZ 63 (1999), 203-294 [*Mankowski*, RabelsZ 1999]
– Internet und Internationales Wettbewerbsrecht, GRUR Int. 1999, 909-921 [*Mankowski*, GRUR Int. 1999]
– Kurzkommentar zu BGH 19.1.2000 (VIII ZR 275/98), in: EWiR 2000, 967-968 [*Mankowski*, EWiR 2000]
– Das Herkunftslandprinzip als Internationales Privatrecht der e-commerce-Richtlinie, ZVglRWiss 100 (2001), 137-181 [*Mankowski*, ZVglRWiss 2001]
– Herkunftslandprinzip und deutsches Umsetzungsgesetz zur e-commerce-Richtlinie, IPRax 2002, 257-266 [*Mankowski*, IPRax 2002]
– Überlegungen zur sach- und interessengerechten Rechtswahl für Verträge des internationalen Wirtschaftsverkehrs, RIW 2003, 2-15 [*Mankowski*, RIW 2003]

Mansel, Heinz-Peter: Anm. zu OLG München 10.12.1982 (10 U 3675/82), in: VersR 1984, 746-748 [*Mansel*, VersR 1984]
– Zur Kraftfahrzeughalterhaftung in Auslandsfällen – Statut der Gefährdungshaftung – Sonderanknüpfung der Haltereigenschaft? –, VersR 1984, 97-106 [*Mansel*, Kfz-Halterhaftung, VersR 1984]
– Kollisionsrechtliche Bemerkungen zum Arzthaftungsprozeß, in: Einheit in der Vielfalt, H. Weitnauer zum 75. Geburtstag, hrsg. und verteilt durch das Institut für ausländisches und internationales Privat- und Wirtschaftsrecht der Universität Heidelberg, 1985, S. 33-80 [*Mansel*, FG Weitnauer II]
– Direktansprüche gegen den Haftpflichtversicherer: Anwendbares Recht und internationale Zuständigkeit, Heidelberg 1986 [*Mansel*, Direktansprüche]
– Kollisions- und zuständigkeitsrechtlicher Gleichlauf der vertraglichen und deliktischen Haftung, ZVglRWiss 86 (1987), 1-24 [*Mansel*, ZVglRWiss 1987]
– Gerichtliche Prüfungsbefugnis im forum delicti, Anm. zu BGH 11.2.1988 (1 ZR 201/86), IPRax 1989, 84-87 [*Mansel*, IPRax 1989]

- Anm. zu BayObLG 6.8.1998 (3 Z BR 156/98), in: IPRax 1999, 387-388 [*Mansel*, IPRax 1999]
Martiny, Dieter: Anerkennung ausländischer Entscheidungen nach autonomem Recht, in: Handbuch des internationalen Zivilverfahrensrechts, Band III/1, Tübingen 1984 [*Martiny*, in: HdB IZVR III/1]
Max-Planck-Institut für ausländisches und internationales Patent-, Urheber- und Wettbewerbsrecht: Stellungnahme zum Entwurf eines Gesetzes zur Ergänzung des internationalen Privatrechts (außervertragliche Schuldverhältnisse und Sachen), in: GRUR Int. 1985, 104-108 [Münchener MPI, GRUR Int. 1985]
Max-Planck-Institut für ausländisches und internationales Privatrecht: Stellungnahme zum Entwurf vom 1.12.1993 eines Gesetzes zur Ergänzung des Internationalen Privatrechts (außervertragliche Schuldverhältnisse und Sachen), Hamburg 1994 – nicht veröffentlicht – [MPI, Stellungnahme 1994]
Mitterer, Pius: Die stillschweigende Wahl des Obligationenstatuts nach der Neufassung des EGBGB vom 01.09.1986, Diss. Regensburg 1993 [*Mitterer*]
Möhring, Philipp (Begr.) / Nicolini, Käte (Hrsg.): Urheberrechtsgesetz. Kommentar, 2. Aufl., München 2000 [Möhring/Nicolini-*Bearb.*, UrhG]
Möllenhoff, Wolfgang: Nachträgliche Rechtswahl und Rechte Dritter, Berlin 1993, zugl. Diss. Münster 1991/92 [*Möllenhoff*]
Moersdorf-Schulte, Juliana: Funktion und Dogmatik US-amerikanischer punitive damages. Zugleich ein Beitrag zur Diskussion um die Zustellung und Anerkennung in Deutschland, Tübingen 1999, zugl. Diss. Köln 1997/98 [*Mörsdorf-Schulte*]
Morris, J.H.C.: The Proper Law of a Tort, Harv.L.Rev. 64 (1951), 881-895 [*Morris*, Harv.L. Rev. 64]
Mühl, Margarete: Die Lehre vom „besseren" und „günstigeren" Recht im Internationalen Privatrecht. Zugleich eine Untersuchung des „better-law-approach" im amerikanischen Kollisionsrecht, München 1982, zugl. Diss. München 1980/81 [*Mühl*]
Mueller, Harald: Das Internationale Amtshaftungsrecht, Frankfurt/Main 1991, zugl. Diss. Göttingen 1991 [*Mueller*]
Müller-Graff, Peter-Christian: Fakultatives Kollisionsrecht im internationalen Wettbewerbsrecht?, RabelsZ 48 (1984), 289-318 [*Müller-Graff*, RabelsZ 1984]
Münchener Kommentar zum Bürgerlichen Gesetzbuch, hrsg. von K. Rebmann, F.J. Säcker und R. Rixecker:

Band 1: Allgemeiner Teil (§§ 1-240, AGB-Gesetz) und Band 2: Schuldrecht · Allgemeiner Teil (§§ 241-432, FernAbsG), jeweils 4. Aufl., München 2001 [MünchKomm^4-*Bearb.*, BGB] sowie Band 2a: §§ 241-432, 4. Aufl., München 2003 [MünchKomm^4-*Bearb.*, BGB Bd. 2a]; Band 5: Schuldrecht · Besonderer Teil (§§ 705-853), 3. Aufl., München 1997 [MünchKomm^3-*Bearb.*, BGB]; Band 10: Einführungsgesetz zum Bürgerlichen Gesetzbuche (Art. 1-38). Internationales Privatrecht, 3. Aufl., München 1998 [MünchKomm^3-*Bearb.*, EGBGB]

Münchener Kommentar zur Zivilprozeßordnung:
Band 1 (§§ 1-354), hrsg. von G. Lüke und A. Walchshöfer und Band 2 (§§ 355-802), hrsg. von G. Lüke und P. Wax, jeweils 2. Aufl., München 2000; Band 3 (§§ 803-1066 · EGZPO · GVG · EGGVG · Int. ZPR), hrsg. von G. Lüke und P. Wax, 2. Aufl., München 2001 [MünchKomm-*Bearb.*, ZPO]; Aktualisierungsband ZPO-Reform 2002 und weitere Reformgesetze, München 2002 [MünchKomm-*Bearb.*, ZPO/Aktualisierungsbd.]

Muth, Susanne: Die Bestimmung des anwendbaren Rechts bei Urheberrechtsverletzungen im Internet, Frankfurt/Main 2000, zugl. Diss. Düsseldorf 1999 [*Muth*]

Neuhaus, Paul Heinrich: Die Grundbegriffe des Internationalen Privatrechts, 2. Aufl., Tübingen 1976 [*Neuhaus*, IPR]

Neumeyer, Karl: Internationales Privatrecht. Ein Grundriß, 2. Aufl., München 1930 [*Neumeyer*, IPR]

Niederer, Werner: Einführung in die allgemeinen Lehren des internationalen Privatrechts, 3. Aufl., Zürich 1961 [*Niederer*, IPR]

Nixdorf, Wolfgang: Presse ohne Grenzen: Probleme grenzüberschreitender Presseveröffentlichungen im europäischen Raum – Zugleich Anm. zum Urteil des BGH vom 19.12.1995 – VI ZR 15/95 –, GRUR 1996, 842-846 [*Nixdorf*, GRUR 1996]

North, Peter M.: Varying the proper law, in: Multum non multa, FS für K. Lipstein aus Anlaß seines 70. Geburtstages, hrsg. von P. Feuerstein und C. Parry, Karlsruhe 1980, S. 205-220 [*North*, FS Lipstein]

Nussbaum, Arthur: Grundzüge des internationalen Privatrechts unter besonderer Berücksichtigung des amerikanischen Rechts, München 1952 [*Nussbaum*, Grdz. IPR]

Oppermann, Thomas: Europarecht, 2. Aufl., München 1999 [*Oppermann*, EuropaR]

Oschmann, Friedrich: Faktische Grenzen der Rechtswahl, in: Iusto Iure, FG für O. Sandrock zum 65. Geburtstag, hrsg. von E.C. Stiefel, A. Behr,

M.V. Jung, E. Klausing, Th. Nöcker und R. Trinkner, Heidelberg 1995, S. 25-36 [*Oschmann*, FG Sandrock I]

Otto, Günter: Der verunglückte § 293 ZPO und die Ermittlung ausländischen Rechts durch „Beweiserhebung" (zu BGH 15.6.1994 – VIII ZR 237/93), IPRax 1995, 299-305 [*Otto*, IPRax 1995]

Overbeck, A.E. / Volken, Paul: Das internationale Deliktsrecht im Vorentwurf der EWG, RabelsZ 38 (1974), 56-78 [*Overbeck/Volken*, RabelsZ 1974]

Palandt, Otto (Begr.): Bürgerliches Gesetzbuch, 58. Aufl., München 1999 [Palandt^{58}-*Bearb.*]; 61. Aufl. [Palandt^{61}-*Bearb.*] nebst Ergänzungsband, Gesetz zur Modernisierung des Schuldrechts, jeweils München 2002 [Palandt^{E61}-*Bearb.*]; 62. Aufl., München 2003 [Palandt-*Bearb.*]

Patrzek, Katrin U.M.: Die vertragsakzessorische Anknüpfung im Internationalen Privatrecht dargestellt anhand des Deliktsrechts, der Geschäftsführung ohne Auftrag und der culpa in contrahendo, München 1992, zugl. Diss. Göttingen 1991 [*Patrzek*]

Pfeiffer, Thomas: Internationale Zuständigkeit und prozessuale Gerechtigkeit. Die internationale Zuständigkeit im Zivilprozeß zwischen effektivem Rechtsschutz und nationaler Zuständigkeitspolitik, Frankfurt/Main 1995, zugl. Habil. Frankfurt/Main 1993 [*Pfeiffer*, IZ u. proz. Gerechtigk.]

– Die Entwicklung des Internationalen Vertrags-, Schuld- und Sachenrechts 1997-1999, NJW 1999, 3674-3687 [*Pfeiffer*, NJW 1999]

– Rechtswahlvereinbarungen, in: Handbuch der Handelsgeschäfte, hrsg. von dems., Köln 1999, Teil 4, § 21 [*Pfeiffer*, in: HdB HGeschäfte, § 21]

Plaßmeier, Heiko: Ungerechtfertigte Bereicherung im Internationalen Privatrecht und aus rechtsvergleichender Sicht, Berlin 1996, zugl. Diss. Göttingen 1995 [*Plaßmeier*]

Plänker, Kathrin: Der Gesamtschuldnerausgleich im internationalen Deliktsrecht, Frankfurt/Main 1998, zugl. Diss. Freiburg/Breisgau 1997 [*Plänker*]

Prinz, Matthias: Geldentschädigung bei Persönlichkeitsverletzungen durch Medien, NJW 1996, 953-958 [*Prinz*, NJW 1996]

Prölss, Erich R. (Begr.) / Martin, Anton: Versicherungsvertragsgesetz. Kommentar zu VVG und EGVVG sowie Kommentierung wichtiger Versicherungsbedingungen – unter Berücksichtigung des ÖVVG und österreichischer Rechtsprechung –, 26. Aufl., München 1998 [Prölss/Martin-*Bearb.*, VVG]

Püls, Joachim: Parteiautonomie. Die Bedeutung des Parteiwillens und der Entwicklung seiner Schranken bei Schuldverträgen im deutschen Rechtsanwendungsrecht des 19. und 20. Jahrhunderts, Berlin 1995, zugl. Diss. Bayreuth 1995 [*Püls*]

Raape, Leo: Nachträgliche Vereinbarung des Schuldstatuts, in: FS für G. Boehmer, Bonn 1954, S. 111-123 [*Raape*, FS Boehmer]

– Internationales Privatrecht, 5. Aufl., Berlin und Frankfurt/Main 1961 [*Raape*, IPR]

Raape, Leo (Begr.) / Sturm, Fritz (Bearb.): Internationales Privatrecht, Band I: Allgemeine Lehren, 6. Aufl., München 1977 [*Raape/Sturm*, IPR I]

Rawls, John: A Theory of Justice, Revised Edition, Cambridge/Massachusetts) 1999 [*Rawls*, A Theory of Justice]

Reder, Wolfgang: Die Eigenhaftung vertragsfremder Dritter im internationalen Privatrecht, Diss. Konstanz 1989 [*Reder*]

Reichert-Facilides, Daniel: Fakultatives und zwingendes Kollisionsrecht, Tübingen 1995, zugl. Diss. Frankfurt/Main 1994/95 [*D.Reichert-Facilides*]

Reichert-Facilides, Fritz: Parteiautonomie im Internationalen Privatrecht des unlauteren Wettbewerbs? – Zugleich ein Beitrag zur gegenwärtigen österreichischen Reformdiskussion, in: Wettbewerbsordnung im Spannungsfeld von Wirtschafts- und Rechtswissenschaft, FS für G. Hartmann, hrsg. vom Forschungsinstitut für Wirtschaftsverfassung und Wettbewerb e.V., Köln 1976, S. 205-212 [*F.Reichert-Facilides*, FS Hartmann]

Reinhart, Gert: Zur nachträglichen Änderung des Vertragsstatuts nach Art. 27 Abs. 2 EGBGB durch Parteivereinbarung im Prozeß, Anm. zu OLG Köln 22.2.1994 (U 202/93), IPRax 1995, 365-371 [*Reinhart*, IPRax 1995]

Reithmann, Christoph / Martiny, Dieter (Hrsg.): Internationales Vertragsrecht. Das internationale Privatrecht der Schuldverträge, 5. Aufl., Köln 1996 [Reithmann/Martiny-*Bearb.*, Int. VertragsR]

Rest, Alfred: Die Wahl des günstigeren Rechts im grenzüberschreitenden Umweltschutz – Stärkung des Individualrechtes? –, Berlin 1980 [*Rest*, Umweltschutz]

Riegl, Werner: Streudelikte im internationalen Privatrecht, Diss. Augsburg 1986 [*Riegl*]

Ritterhoff, Ann-Christin: Parteiautonomie im internationalen Sachenrecht. Entwicklung eines Vorschlags insbesondere für das deutsche Kollisionsrecht unter vergleichender Berücksichtigung des englischen Kollisionsrechts, Berlin 1999, zugl. Diss. Kiel 1998 [*Ritterhoff*]

Rohe, Mathias: Zu den Geltungsgründen des Deliktsstatuts. Anknüpfungsgerechtigkeit unter Berücksichtigung rechtshistorischer und rechtsvergleichender Erkenntnisse mit Einschluß gegenwärtiger Reformvorschläge, Tübingen 1994, zugl. Diss. Tübingen 1993 [*Rohe*]

Rosenberg, Leo (Begr.) / Schwab, Karl Heinz / Gottwald, Peter (Bearb.): Zivilprozeßrecht, 15. Aufl., München 1993 [Rosenberg/Schwab-*Gottwald*, ZPR]

Roth, Wulf-Henning: Internationales Versicherungsvertragsrecht. Das Versicherungsverhältnis im internationalen Vertragsrecht – Zugleich ein Beitrag zum Schutz des schwächeren Vertragspartners im IPR und zur Dienstleistungsfreiheit in der Europäischen Gemeinschaft, Tübingen 1985, zugl. Habil. München 1983 [*W.-H.Roth*, Int.VVertragsR]

– Die Grundfreiheiten und das Internationale Privatrecht – das Beispiel Produkthaftung –, in: GS für A. Lüderitz, hrsg. von H. Schack, München 2000, S. 635-657 [*W.-H.Roth*, GS Lüderitz]

Sack, Rolf: Das internationale Wettbewerbs- und Immaterialgüterrecht nach der EGBGB-Novelle, WRP 2000, 269-289 [*Sack*, WRP 2000]

Sailer, Peter Wolf-Dieter: Einige Grundfragen zum Einfluß zwingender Normen, insbesondere der Wirtschaftsgesetzgebung, auf die inhaltliche Gültigkeit international-privatrechtlicher Verträge. Zugleich ein Beitrag zur Lehre von der Parteiautonomie im Internationalen Privatrecht, Diss. München 1969 [*Sailer*]

Sandrock, Otto: Anm. zu BGH 19.1.2000 (VIII ZR 275/98), in: JZ 2000, 1118-1120 [*Sandrock*, JZ 2000]

von Savigny, Friedrich-Carl: System des heutigen Römischen Rechts, Achter Band, Zweite Ausgabe, Berlin 1849 (Nachdruck, Darmstadt 1956) [*v.Savigny*, Röm. Recht VIII]

Schaack, Roger: Zu den Prinzipien der Privatautonomie im deutschen und französischen Rechtsanwendungsrecht, Berlin 1990, zugl. Diss. Tübingen 1989 [*Schaack*]

Schack, Haimo: Rechtswahl im Prozeß?, NJW 1984, 2736-2740 [*Schack*, NJW 1984]

– Anm. zu BGH 24.9.1986 (VIII ZR 320/85), in: ZZP 100 (1987), 442-451 [*Schack*, ZZP 1987]

– Die EG-Kommission auf dem Holzweg von Amsterdam, ZEuP 7 (1999), 805-808 [*Schack*, ZEuP 1999]

- Internationale Urheber-, Marken- und Wettbewerbsrechtsverletzungen im Internet – Internationales Privatrecht, MMR 2000, 59-65 [*Schack*, MMR 2000]
- Internationales Zivilverfahrensrecht, 3. Aufl., München 2002 [*Schack*, IZVR]

Schaub, Renate: Die Neuregelung des Internationalen Deliktsrechts in Deutschland und das europäische Gemeinschaftsrecht, RabelsZ 66 (2002), 18-65 [*Schaub*, RabelsZ 2002]

Schellack, Dirk: Selbstermittlung oder ausländische Auskunft unter dem europäischen Rechtsauskunftsübereinkommen, Berlin 1998, zugl. Diss. Freiburg/Breisgau 1997 [*Schellack*]

Schilken, Eberhard: Zur Rechtsnatur der Ermittlung ausländischen Rechts nach § 293 ZPO, in: FS für E. Schumann zum 70. Geburtstag, hrsg. von P. Gottwald und H. Roth, Tübingen 2001, S. 373-388 [*Schilken*, FS Schumann]

Schlosser, Peter: Anm. zu BGH 24.9.1986 (VIII ZR 320/85), in: JR 1987, 160-161 [*Schlosser*, JR 1987]

Schneider, Egon: Die Erstattungsfähigkeit von Rechtsgutachten, MDR 1988, 547-548 [*Schneider*, MDR 1988]
- Beweis und Beweiswürdigung unter besonderer Berücksichtigung des Zivilprozesses, 5. Aufl., München 1994 [*Schneider*, Beweis]

Schönberger, Thomas: Das Tatortprinzip und seine Auflockerungen im deutschen internationalen Deliktsrecht, München 1990, zugl. Diss. Mainz 1989 [*Schönberger*]

Schotten, Günter: Das Internationale Privatrecht in der notariellen Praxis, München 1995 [*Schotten*, IPR]

Schricker, Gerhard (Hrsg.): Urheberrecht, Kommentar, 2. Aufl., München 1999 [Schricker-*Bearb.*, UrhR]

Schröder, Christian: Das Günstigkeitsprinzip im internationalen Privatrecht, Frankfurt/Main 1996, zugl. Diss. Münster 1993 [*Ch.Schröder*]

Schröder, Jochen (Begr.) / Wenner, Christian: Internationales Vertragsrecht. Das Kollisionsrecht der transnationalen Wirtschaftsverträge, 2. Aufl., Köln 1998 [*Schröder/Wenner*, Int. VertragsR]

Schurig, Klaus: Kollisionsnorm und Sachrecht. Zu Struktur, Standort und Methode des internationalen Privatrechts, Berlin 1981, zugl. Habil. Köln 1979/80 [*Schurig*, KollN u. SachR]
- Zwingendes Recht, „Eingriffsnormen" und neues IPR, RabelsZ 54 (1990), 217-250 [*Schurig*, RabelsZ 1990]

– Ein ungünstiges Günstigkeitsprinzip – Anmerkungen zu einer mißlungenen gesetzlichen Regelung des internationalen Deliktsrechts –, in: GS für A. Lüderitz, hrsg. von H. Schack, München 2000, S. 699-711 [*Schurig*, GS Lüderitz]

Schütt, Heinrich: Deliktstyp und Internationales Privatrecht. Dargestellt an grenzüberschreitenden Problemen der Arzthaftung, Frankfurt/Main 1998, zugl. Diss. Heidelberg 1997 [*Schütt*]

Schütze, Rolf A.: Rechtsverfolgung im Ausland. Probleme des ausländischen und internationalen Zivilprozeßrechts, 3. Aufl., Heidelberg 2002 [*Schütze*, RVerfolgung]

Schwimann, Michael: Internationales Privatrecht einschließlich Europarecht, 3. Aufl., Wien 2001 [*Schwimann*, IPR]

Schwind, Fritz: Internationales Privatrecht. Lehr- und Handbuch für Theorie und Praxis, Wien 1990 [*Schwind*, IPR]

Scoles, Eugene F. / Hay, Peter / Borchers, Patrick J. / Symeonides, Symeon C.: Conflict of Laws, 3. Aufl., St. Paul/Minnesota 2000 [*Scoles/Hay/Borchers/Symeonides*, Conflict of Laws]

Seetzen, Uwe: Zur Entwicklung des internationalen Deliktsrechts, VersR 1970, 1-15 [*Seetzen*, VersR 1970]

Seidel, Katrin: Die Anknüpfung der unerlaubten Handlung im deutschen internationalen Privatrecht unter Berücksichtigung des Kollisionsrechts der Schweiz, Österreichs, Italiens, Frankreichs, Großbritanniens und der USA, Diss. Kiel 1999 [*Seidel*]

Sieg, Oliver: Internationale Anwaltshaftung, Heidelberg 1996, zugl. Diss. Münster 1995 [*Sieg*]

Sieghörtner, Robert: Internationales Straßenverkehrsunfallrecht, Tübingen 2002, zugl. Diss. Erlangen-Nürnberg 2001 [*Sieghörtner*]

Siehr, Kurt: Die Parteiautonomie im Internationalen Privatrecht, in: FS für M. Keller zum 65. Geburtstag, hrsg. von P. Forstmoser, H. Giger, A. Heini und W.R. Schluep, Zürich 1989, S. 485-510 [*Siehr*, FS Keller]

– Internationales Privatrecht. Deutsches und europäisches Kollisionsrecht für Studium und Praxis, Heidelberg 2001 [*Siehr*, IPR]

Singer, Reinhard: Selbstbestimmung und Verkehrsschutz im Recht der Willenserklärungen, München 1995, zugl. Habil. München 1993 [*Singer*, Willenserklärungen]

Soergel, Theodor (Begr.): Bürgerliches Gesetzbuch, hrsg. von W. Siebert: Band 2: Allgemeiner Teil 2 (§§ 104-240), 13. Aufl., Stuttgart 1999 [Soergel^{13}-*Bearb.*, BGB]; Band 7: Einführungsgesetz, 10. Aufl., Stuttgart

1970 [Soergel/Siebert[10]-*Bearb.*, EGBGB] sowie Band 10: Einführungsgesetz, 12. Aufl., Stuttgart 1996 [Soergel[12]-*Bearb.*, EGBGB]

Sonnenberger, Hans Jürgen: Europarecht und Internationales Privatrecht, ZVglRWiss 95 (1996), 3-47 [*Sonnenberger*, ZVglRWiss 1996]

– La loi allemande du 21 mai 1999 sur le droit international privé des obligations non contractuelles et des biens, RCDIP 88 (1999), 647-668 [*Sonnenberger*, RCDIP 1999]

– Der Persönlichkeitsschutz nach den Art. 40-42 EGBGB, in: FS für D. Henrich zum 70. Geburtstag, hrsg. von P. Gottwald, E. Jayme und D. Schwab, Bielefeld 2000, S. 575-591 [*Sonnenberger*, FS Henrich]

– Das Internationale Privatrecht im dritten Jahrtausend – Rückblick und Ausblick, ZVglRWiss 100 (2001), 107-136

Sonnentag, Michael: Der renvoi im Internationalen Privatrecht, Tübingen 2001, zugl. Diss. Frankfurt/Main 2000/01 [*Sonnentag*]

Spickhoff, Andreas: Der ordre public im internationalen Privatrecht. Entwicklung – Struktur – Konkretisierung, Neuwied 1989, zugl. Diss. Göttingen 1988/89 [*Spickhoff*]

– Die Restkodifikation des Internationalen Privatrechts: Außervertragliches Schuld- und Sachenrecht, NJW 1999, 2209-2215 [*Spickhoff*, NJW 1999]

– Richterliche Aufklärungspflicht und materielles Recht, Stuttgart 1999 [*Spickhoff*, Aufklärungspflicht]

– Die Tatortregel im neuen Deliktskollisionsrecht, IPRax 2000, 1-8 [*Spickhoff*, IPRax 2000]

Spindler, Gerald: Deliktsrechtliche Haftung im Internet – nationale und internationale Rechtsprobleme –, ZUM 1996, 533-563 [*Spindler*, ZUM 1996]

Spohr, Tilman: Die richterliche Aufklärungspflicht (§ 139 ZPO) im Zivilprozeß, Diss. Göttingen 1969 [*Spohr*]

Stankewitsch, Peter: Entscheidungsnormen im IPR als Wirksamkeitsvoraussetzungen der Rechtswahl, Frankfurt/Main 2003, zugl. Diss. Heidelberg 2001 [*Stankewitsch*]

Staudinger, Ansgar: Das Gesetz zum Internationalen Privatrecht für außervertragliche Schuldverhältnisse und für Sachen vom 21.5.1999, DB 1999, 1589-1594 [*A.Staudinger*, DB 1999]

von Staudinger, Julius (Begr.): Kommentar zum Bürgerlichen Gesetzbuch: §§ 328-361b BGB, Neubearbeitung, Berlin 2001 [Staudinger-*Bearb.*, BGB (2001)]; Einleitung zum IPR und Art. 3-6 EGBGB, 13. Bearbeitung, Berlin 1996 [Staudinger[13]-*Bearb.*, EGBGB]; Art. 13-18 EGBGB,

13. Bearbeitung, Berlin 1996 [Staudinger[13]-*Bearb.*, EGBGB]; Art. 25, 26 EGBGB, Neubearbeitung (Heinrich Dörner), Berlin 2000 [Staudinger-*Dörner*, EGBGB (2000)]; Art. 27-37 und 10 EGBGB, 12. Aufl., Berlin 1998 [Staudinger[12]-*Bearb.*, EGBGB] sowie Art. 27-37 EGBGB, 13. Bearbeitung, Berlin 2002 [Staudinger[13]-*Bearb.*, EGBGB]; Art. 38, 13. Bearbeitung (Bernd von Hoffmann), Berlin 1998 [Staudinger[13]-*v.Hoffmann*, EGBGB] sowie Art. 38-42, Neubearbeitung (ders. mit Angelika Fuchs und Karsten Thorn), Berlin 2001 [Staudinger-*Bearb.*, EGBGB (2001)]; Internationales Wirtschaftsrecht, 13. Bearbeitung (Karl-Heinz Fezer), Berlin 2000 [Staudinger[13]-*Fezer*, Int. WirtschR]

von Steiger, Werner: Die Bestimmung der Rechtsfrage im internationalen Privatrecht unter besonderer Berücksichtigung des schweizerischen Rechts (Ein Beitrag zum Qualifikationsproblem), Bern 1937, zugl. Habil. [*v.Steiger*, Bestimmung der RFrage]

Stein, Friedrich / Jonas, Martin (Begr.): Kommentar zur Zivilprozeßordnung:
Band 1 (§§ 1-90), 21. Aufl., Tübingen 1993; Band 2 (§§ 91-252), 21. Aufl., Tübingen 1994; Band 3 (§§ 253-299a), 21. Aufl., Tübingen 1997; Band 4/2 (§§ 348-510b), 21. Aufl., Tübingen 1999; Band 5/1 (§§ 511-591), 21. Aufl., Tübingen 1994 [Stein/Jonas-*Bearb.*]

Steiner, Axel: Die stillschweigende Rechtswahl im Prozeß im System der subjektiven Anknüpfungen im deutschen Internationalen Privatrecht, Frankfurt/Main 1998, zugl. Diss. Regensburg 1997 [*Steiner*]

Stoll, Hans: Deliktsstatut und Tatbestandswirkung ausländischen Rechts, in: Multum non multa, FS für K. Lipstein aus Anlaß seines 70. Geburtstages, hrsg. von P. Feuerstein und C. Parry, Karlsruhe 1980, S. 259-277 [*Stoll*, FS Lipstein]

– Sturz vom Balkon auf Gran Canaria – Akzessorische Anknüpfung, deutsches Deliktsrecht und örtlicher Sicherheitsstandard, Anm. zu BGH 25.2.1988 (VII ZR 348/86), IPRax 1989, 89-93 [*Stoll*, IPRax 1989]

– Das Statut der Rechtswahlvereinbarung – eine irreführende Konstruktion, in: Rechtskollisionen, FS für A. Heini zum 65. Geburtstag, hrsg. von I. Meier und K. Siehr, Zürich 1995, S. 429-444 [*Stoll*, FS Heini]

– Handlungsort und Erfolgsort im internationalen Deliktsrecht. Überlegungen zu Art. 40 Abs. 1 EGBGB, in: GS für A. Lüderitz, hrsg. von H. Schack, München 2000, S. 733-750 [*Stoll*, GS Lüderitz]

– Zur gesetzlichen Neuregelung des internationalen Sachenrechts in Artt. 43-46 EGBGB, IPRax 2000, 259-270 [*Stoll*, IPRax 2000]

Stoll, Veit: Die Rechtswahl im Namens-, Ehe- und Erbrecht, München 1991, zugl. Diss. München 1990 [*V.Stoll*]

Stumpf, Christoph A.: Die Möglichkeit der Rechtswahl im Internationalen Arzthaftungsrecht, MedR 1998, 546-550 [*Stumpf*, MedR 1998]

Stürner, Rolf: Die richterliche Aufklärung im Zivilprozeß, Tübingen 1982 [*Stürner*, Richterl. Aufklärung]

Tettenborn, Alexander / Bender, Gunnar / Lübben, Natalie / Karenfort, Jörg: Rechtsrahmen für den elektronischen Geschäftsverkehr. Kommentierung zur EG-Richtlinie über den elektronischen Geschäftsverkehr und zum Elektronischen Geschäftsverkehr-Gesetz – EGG: Inhalt – Auswirkungen – Umsetzung in Deutschland, in: Beilage 10 des BB 2001 [*Tettenborn/Bender/Lübben/Karenfort*, BB-Beil. 10/2001]

Thorn, Karsten: Internationale Produkthaftung des Zulieferers (zu OLG Düsseldorf, 18.12.1998 – 22 U 13/98), IPRax 2001, 561-567 [*Thorn*, IPRax 2001]

Timme, Michael: Zur kollisionsrechtlichen Behandlung von Straßenverkehrsunfällen, Besprechung von OLG Frankfurt, Urteil vom 24.6.1999 – 3 U 177/96, NJW 2000, 3258-3260 [*Timme*, NJW 2000]

Trutmann, Verena: Das internationale Privatrecht der Deliktsobligationen. Ein Beitrag zur Auseinandersetzung mit den neueren amerikanischen kollisionsrechtlichen Theorien, Basel und Stuttgart 1973 [*Trutmann*, Deliktsobligationen]

Ulmer, Eugen: Die Immaterialgüterrechte im internationalen Privatrecht. Rechtsvergleichende Untersuchung mit Vorschlägen für die Vereinheitlichung in der Europäischen Wirtschaftsgemeinschaft, Köln 1975 [*Ulmer*, ImmatGüterR]

Umbricht, Robert P.: Die immanenten Schranken der Rechtswahl im internationalen Schuldvertragsrecht, Diss. Zürich 1963 [*Umbricht*]

Van Meenen, Ignace: Lauterkeitsrecht und Verbraucherschutz im IPR. Eine Untersuchung des vertrags- und deliktskollisionsrechtlichen Schutzes gegen verbraucherfeindliche Rechtswahlvereinbarungen, Frankfurt/Main 1995, zugl. Diss. Osnabrück 1993/94 [*Van Meenen*]

Vianello, Mirko: Das internationale Privatrecht des unlauteren Wettbewerbs in Deutschland und Italien. Eine die europäischen und internationalen Harmonisierungsbestrebungen berücksichtigende Darstellung, Frankfurt/Main 2001, zugl. Diss. Osnabrück 2000 [*Vianello*]

Völker, Christian: Zur Dogmatik des ordre public. Die Vorbehaltsklauseln bei der Anerkennung fremder gerichtlicher Entscheidungen und ihr Verhältnis zum ordre public des Kollisionsrechts, Berlin 1998, zugl. Diss. Tübingen 1995/96 [*Völker*]

Vogelsang, Wolfgang: Die Neuregelung des Internationalen Deliktsrechts: Ein erster Überblick, NZV 1999, 497-502 [*Vogelsang*, NZV 1999]

Vollkommer, Max: Die Stellung des Anwalts im Zivilprozeß. Anwaltszwang · Anwaltsverschulden · Anwaltsfunktion, Köln 1984 [*Vollkommer*, Stellung d. Anwalts]

Wagner, Erwin: Statutenwechsel und dépeçage im internationalen Deliktsrecht unter besonderer Berücksichtigung der Datumtheorie, Heidelberg 1988, zugl. Diss. Heidelberg 1986 [*E. Wagner*]

Wagner, Gerhard: Fakultatives Kollisionsrecht und prozessuale Parteiautonomie, ZEuP 7 (1999), 6-46 [*G. Wagner*, ZEuP 1999]

Wagner, Rolf: Das deutsche internationale Privatrecht bei Persönlichkeitsverletzungen unter besonderer Berücksichtigung der Eingriffe durch die Massenmedien, Frankfurt/Main 1986, zugl. Diss. Konstanz 1986 [*R. Wagner*]

– Der Regierungsentwurf eines Gesetzes zum Internationalen Privatrecht für außervertragliche Schuldverhältnisse und für Sachen, IPRax 1998, 429-438 [*R. Wagner*, IPRax 1998]

– Ein neuer Anlauf zur Vereinheitlichung des IPR für außervertragliche Schuldverhältnisse auf EU-Ebene, EuZW 1999, 709-714 [*R. Wagner*, EuZW 1999]

von Walter, Christoph: Die Konkurrenz vertraglicher und deliktischer Schadensersatznormen im deutschen, ausländischen und internationalen Privatrecht, Diss. Regensburg 1977 [*v. Walter*]

Wandt, Manfred: Internationale Produkthaftung, Heidelberg 1995, zugl. Habil. Mannheim 1993/94 [*Wandt*, Int.ProdHaftung]

– Buchbesprechung: v.Staudinger, Kommentar zum Bürgerlichen Gesetzbuch, Einführungsgesetz/IPR, 13. Bearbeitung, Art. 38 EGBGB (v.Hoffmann), Internationales Sachenrecht (H. Stoll) und Internationales Gesellschaftsrecht (B. Großfeld), in: RabelsZ 64 (2000), 765-778 [*Wandt*, RabelsZ 2000]

Wandtke, Artur-Axel / Bullinger, Winfried (Hrsg.): Praxiskommentar zum Urheberrecht, München 2002 [Wandtke/Bullinger-*Bearb.*, UrhR]

Weber, Max: Rechtssoziologie, aus dem Manuskript hrsg. und eingeleitet von J. Winckelmann, Neuwied 1960 [*Weber*, RSoziologie]

Weitnauer, Hermann: Die elektive Konkurrenz, in: Strukturen und Entwicklungen im Handels-, Gesellschafts- und Wirtschaftsrecht, FS für W. Hefermehl zum 70. Geburtstag am 18. September 1976, hrsg. von R. Fischer, E. Gessler, W. Schilling, R. Serick und P. Ulmer, München 1976, S. 467-488 [*Weitnauer*, FS Hefermehl I]

Wengler, Wilhelm: Internationales Privatrecht, in: Reichsgerichtsrätekommentar, hrsg. von Mitgliedern des Bundesgerichtshofes: Das Bürgerliche Gesetzbuch mit besonderer Berücksichtigung der Rechtsprechung des Reichsgerichts und des Bundesgerichtshofes, Kommentar, Band VI, 1. Teilband, 12. Aufl., Berlin 1981 [RGRK-*Wengler*, IPR 1]

von Westphalen, Friedrich Graf: Einige international-rechtliche Aspekte bei grenzüberschreitender Tätigkeit von Anwälten, in: Einheit und Vielfalt des Rechts, FS für R. Geimer zum 65. Geburtstag, hrsg. von R.A. Schütze, München 2002, S. 1485-1507 [*v.Westphalen*, FS Geimer]

Wiedemann, Ina: Das internationale Privatrecht der Arzneimittelhaftung, Berlin 1998, zugl. Diss. Göttingen 1996 [*Ina Wiedemann*]

Wiedemann, Ingeborg: Die Revisibilität ausländischen Rechts im Zivilprozeß, Diss. Erlangen-Nürnberg 1991 [*I.Wiedemann*]

Wiesner, Jobst-Hubert: Die Zulässigkeit der kollisionsrechtlichen Verweisung im internationalen Obligationenrecht, Diss. Regensburg 1971 [*Wiesner*]

von Wilmowsky, Peter: EG-Vertrag und kollisionsrechtliche Rechtswahlfreiheit, RabelsZ 62 (1998), 1-37 [*v.Wilmowsky*, RabelsZ 1998]

Wiltschek, Lothar: Die Beurteilung grenzüberschreitender Werbe- und Absatztätigkeit nach österreichischem Wettbewerbsrecht, GRUR Int. 1988, 299-309 [*Wiltschek*, GRUR Int. 1988]

Windmöller, Martin: Die Vertragsspaltung im Internationalen Privatrecht des EGBGB und des EGVVG, Baden-Baden 2000, zugl. Diss. Düsseldorf 1999 [*Windmöller*]

Winkelmann, Thomas: Produkthaftung bei internationaler Unternehmenskooperation. Außen- und Innenhaftung nach deutschem, französischem und US-amerikanischem Recht sowie nach internationalem Privatrecht, Berlin 1991, zugl. Diss. Frankfurt/Main 1989 [*Winkelmann*]

Wolf, Christian Stefan: Der Begriff der wesentlich engeren Verbindung im Internationalen Sachenrecht, Frankfurt/Main 2002, zugl. Diss. Köln 2001/02 [*Ch.Wolf*]

Wolf, Ulrike: Deliktsstatut und internationales Umweltrecht, Berlin 1995, zugl. Diss. München 1993 [*U.Wolf*]

Wussow, Werner (Begr.): Unfallhaftpflichtrecht. Gesamtdarstellung, 15. Aufl., Köln 2002 [Wussow-*Bearb.*, UnfallhaftpflR]

Zöller, Richard (Begr.): Zivilprozeßordnung, 22. Aufl., Köln 2001 [Zöller[22]-*Bearb.*] sowie 23. Aufl., Köln 2002 [Zöller-*Bearb.*]

Zugehör, Horst (Hrsg.): Handbuch der Anwaltshaftung, Herne und Berlin 1999 [Zugehör-*Bearb.*, HdB Anwaltshaftung]

Zweigert, Konrad: Zur Armut des internationalen Privatrechts an sozialen Werten, RabelsZ 37 (1973), 435-452 [*Zweigert*, RabelsZ 1973]

STUDIEN ZUM VERGLEICHENDEN UND INTERNATIONALEN RECHT

Herausgeber: Bernd von Hoffmann, Erik Jayme und Heinz-Peter Mansel

Band 1 Ferdinand Henke: Die Datenschutzkonvention des Europarates. 1986.

Band 2 Peter Czermak: Der express trust im internationalen Privatrecht. 1986.

Band 3 Peter Kindler: Der Ausgleichsanspruch des Handelsvertreters im deutsch-italienischen Warenverkehr. Eine rechtsvergleichende und kollisionsrechtliche Untersuchung. 1987.

Band 4 Wilhelm Denzer: Stellung und Bedeutung des Engineers in den FIDIC-Bauvertragsbedingungen. 1988.

Band 5 Marijan-Maximilian Lederer: Die internationale Enteignung von Mitgliedschaftsrechten unter besonderer Berücksichtigung der französischen Enteignungen 1982. 1989.

Band 6 Rainer Esser: Klagen gegen ausländische Staaten. 1990.

Band 7 Chang Jae-Ok: Auf dem Weg zu einer Materialisierung des Immateriellen ? Personen-, Persönlichkeitsschutz und Geldersatz des immateriellen Schadens in rechtsvergleichender Hinsicht am Beispiel des koreanischen und japanischen Zivilrechts unter besonderer Berücksichtigung des deutschen Rechts. 1990.

Band 8 Paul-Frank Weise: Lex mercatoria. Materielles Recht vor der internationalen Handelsschiedsgerichtbarkeit.1990.

Band 9 Werner Born: Der Auftrittsvertrag für Musikgruppen im Bereich der Rock- und Popmusik. 1990.

Band 10 Ralf Erich Jürgens: IPR und Verfassung in Italien und in der Bundesrepublik Deutschland. 1990.

Band 11 Rainer Gildeggen: Internationale Schieds- und Schiedsverfahrensvereinbarungen in Allgemeinen Geschäftsbedingungen vor deutschen Gerichten. 1991.

Band 12 Klaus Grabinski: Die kollisionsrechtliche Behandlung des Durchgriffs bei rechtlich verselbständigten Unternehmen in privater oder öffentlicher Hand. 1991.

Band 13 Dieter Stummel: Konkurs und Integration. Konventionsrechtliche Wege zur Bewältigung grenzüberschreitender Insolvenzverfahren. 1991.

Band 14 Joachim Güntzer: Die Rechtsstellung des Geschäftsführers im spanischen Aktienrecht. Die Neuregelung des spanischen Aktienrechts nach dem Beitritt Spaniens zur EG. 1991.

Band 15 Sabine Isenburg-Epple: Die Berücksichtigung ausländischer Rechtshängigkeit nach dem Europäischen Gerichtsstands- und Vollstreckungsübereinkommen vom 27.9.1968. Untersuchungen zum Anwendungsbereich von Art. 21 EuGVÜ unter schwerpunktmäßiger Behandlung der Frage nach der Bestimmung eines europäischen Streitgegenstandsbegriffs. 1992.

Band 16 Ulrich Nickl: Die Qualifikation der culpa in contrahendo im Internationalen Privatrecht. 1992.

Band 17 Theo Rauh: Leistungserschwerungen im Schuldvertrag. Eine rechtsvergleichende Untersuchung des englischen, US-amerikanischen, französischen und deutschen Rechts unter besonderer Berücksichtigung der gerichtlichen Praxis. 1992.

Band 18 Bernadette Chaussade-Klein: Vorvertragliche "obligation de renseignements" im französichen Recht. 1992.

Band 19 Josef Sievers: Verbraucherschutz gegen unlautere Vertragsbedingungen im französischen Recht. Vom Code civil zum "Code de la consommation" – die Entstehung eines Sonderprivatrechts für Verbraucher. 1993.

Band 20 Achim Schäfer: Grenzüberschreitende Kreditsicherung an Grundstücken, unter besonderer Berücksichtigung des deutschen und italienischen Rechts. 1993.

Band 21 Eugenio Hernández-Breton: Internationale Gerichtsstandsklauseln in Allgemeinen Geschäftsbedingungen. Unter besonderer Berücksichtigung des deutsch-südamerikanischen Rechtsverkehrs (dargestellt am Beispiel Argentinien, Brasilien und Venezuela). 1993.

Band 22 Ingo Reng: Unterhaltsansprüche aufgrund nichtehelicher Lebensgemeinschaft – Internationales Privatrecht und ausländisches materielles Recht. 1994.

Band 23 Stefanie Roloff: Die Geltendmachung ausländischer öffentlicher Ansprüche im Inland. 1994.

Band 24 Katharina Ludwig: Der Vertragsschluß nach UN-Kaufrecht im Spannungsverhältnis von Common Law und Civil Law. Dargestellt auf der Grundlage der Rechtsordnungen Englands und Deutschlands. 1994.

Band 25 Malte Diesselhorst: Mehrparteienschiedsverfahren. Internationale Schiedsverfahren unter Beteiligung von mehr als zwei Parteien. 1994.

Band 26 Manfred Kost: Konsensprobleme im internationalen Schuldvertragsrecht. 1995.

Band 27 Wolff-Heinrich Fleischer: Das italienische Wettbewerbsrecht und die Probleme des selektiven Parfümvertriebs unter Berücksichtigung der Rechtslage in Frankreich und Deutschland. 1995.

Band 28 Angelika Fuchs: Lateinamerikanische Devisenkontrollen in der internationalen Schuldenkrise und Art. VIII Abschn. 2 b) IWF-Abkommen. 1995.

Band 29 Jacques Matthias Aull: Der Geltungsanspruch des EuGVÜ: "Binnensachverhalte" und Internationales Zivilverfahrensrecht in der Europäischen Union. Zur Auslegung von Art. 17 Abs. 1 S. 1 EuGVÜ. 1996.

Band 30 Hartmut Ost: EVÜ und fact doctrine. Konflikte zwischen europäischer IPR-Vereinheitlichung und der Stellung ausländischen Rechts im angelsächsischen Zivilprozeß. 1996.

Band 31 Stefan Wagner: Die Testierfähigkeit im Internationalen Privatrecht. 1996.

Band 32 Wolfgang Jakob Hau: Positive Kompetenzkonflikte im Internationalen Zivilprozeßrecht. Überlegungen zur Bewältigung von *multi-fora disputes*. 1996.

Band 33 Markus Schütz: UN-Kaufrecht und *Culpa in contrahendo*. 1996.

Band 34 Volker Geyrhalter: Das Lösungsrecht des gutgläubigen Erwerbers. Ein "vergessener" Kompromiß und die Auswirkungen auf das heutige deutsche Recht unter besonderer Berücksichtigung des internationalen Sachenrechts. 1996.

Band 35 Andreas Kramer: Abwicklungsstörungen bei Kaufverträgen. Die Lieferung vertragswidriger Sachen im deutschen und italienischen Recht. 1996.

Band 36 Petra Krings: Erfüllungsmodalitäten im internationalen Schuldvertragsrecht. 1997.

Band 37 Tonja Gaibler: Der rechtsgeschäftliche Irrtum im französischen Recht. 1997.

Band 38 Dirk Otto: Rechtsspaltung im indischen Erbrecht. Bedeutung und Auswirkungen auf deutsch-indische Nachlaßfälle. 1997.

Band 39 Gregor W. Decku: Zwischen Vertrag und Delikt. Grenzfälle vertraglicher und deliktischer Haftung dargestellt am Beispiel der Berufs- und Expertenhaftung zum Schutze des Vermögens Dritter im deutschen und englischen Recht. 1997.

Band 40 Ulrike Höpping: Auswirkungen der Warenverkehrsfreiheit auf das IPR unter besonderer Berücksichtigung des Internationalen Produkthaftungsrechts und des Internationalen Vertragsrechts. 1997.

Band 41 Andreas Bartosch: Die vermögensrechtlichen Beziehungen der Ehegatten bei bestehender Ehe im englischen Recht – Eigentum, Besitz, Schuldvertrag. 1997.

Band 42 Helene Boriths Müller: Die Umsetzung der europäischen Übereinkommen von Rom und Brüssel in das Recht der Mitgliedstaaten. Dargestellt am Beispiel Deutschlands und Dänemarks. 1997.

Band 43 Bernd von Hoffmann / Myong-Chang Hwang (eds.): The Public Concept of Land Ownership. Reports and Discussions of a German-Korean Symposium held in Seoul on October 7-9, 1996. 1997.

Band 44 Oliver Heeder: Fraus legis. Eine rechtsvergleichende Untersuchung über den Vorbehalt der Gesetzesumgehung in Deutschland, Österreich, der Schweiz, Frankreich und Belgien unter besonderer Berücksichtigung des Internationalen Privatrechts. 1998.

Band 45 Heinrich Schütt: Deliktstyp und Internationales Privatrecht. Dargestellt an grenzüberschreitenden Problemen der Arzthaftung. 1998.

Band 46 Axel Steiner: Die stillschweigende Rechtswahl im Prozeß im System der subjektiven Anknüpfungen im deutschen Internationalen Privatrecht. 1998.

Band 47 Martina Schulz: Der Eigentumsvorbehalt in europäischen Rechtsordnungen. Rechtsvergleichende Untersuchung des deutschen, englischen und französischen Rechts unter besonderer Berücksichtigung von Erweiterungen und Verlängerungen. 1998.

Band 48 Karin Dreher: Die Rechtswahl im internationalen Erbrecht. Unter besonderer Berücksichtigung des italienischen IPR-Reformgesetzes N. 218 vom 31. Mai 1995. 1999.

Band 49 Giuliano Gabrielli: Das Verhältnis zwischen der Anfechtung wegen Eigenschaftsirrtums und den Gewährleistungsansprüchen im deutschen, österreichischen und italienischen Recht. 1999.

Band 50 Bernd von Hoffmann / Myong-Chan Hwang (eds.): Developments in Land Law. Reports and Discussions of a German-Korean Symposium held in Berlin and Trier on July 21-24, 1997. 1999.

Band 51 Volker Heidbüchel: Das UNCITRAL-Übereinkommen über unabhängige Garantien und Standby Letters of Credit. Vergleiche mit den Richtlinien der Internationalen Handelskammer, dem deutschen, englischen und US-amerikanischen Recht. 1999.

Band 52 Jan Christoph Nordmeyer: Pflichtteilsansprüche und Wiedervereinigung. Eine systematische Analyse der Ausgleichsansprüche nach BGB-Pflichtteilsrecht unter besonderer Berücksichtigung der durch den Wiedervereinigungsprozeß eingetretenen Wertveränderungen. 1999.

Band 53 Bettina Linder: Vertragsabschluß beim grenzüberschreitenden Verbraucherleasing. 1999.

Band 54 Almontasser Fetih: Die zivilrechtliche Haftung bei Vertragsverhandlungen. Eine rechtsvergleichende Studie zum deutschen, französischen, ägyptischen und islamischen Recht. 2000.

Band 55 Sona Rajani: Die Geltung und Anwendung des Gemeinschaftsrechts im Vereinigten Königreich von Großbritannien und Nordirland. Der Grundsatz der Parlamentssouveränität im Wandel. 2000.

Band 56 Joachim Kayser: Gegenmaßnahmen im Außenwirtschaftsrecht und das System des europäischen Kollisionsrechts. Eine Analyse der EU-Abwehrverordnung gegen die Auswirkungen extraterritorialer Rechtserstreckung eines Drittlandes. 2001.

Band 57 Albrecht Conrad: Qualifikationsfragen des Trust im Europäischen Zivilprozeßrecht. 2001.

Band 58 Bernd Borgmann: Die Entsendung von Arbeitnehmern in der Europäischen Gemeinschaft. Wechselwirkungen zwischen Kollisionsrecht, Grundfreiheiten und Spezialgesetzen. 2001.

Band 59 Aleksandar Jaksic: Arbitration and Human Rights. 2002.

Band 60 Islamisches und arabisches Recht als Problem der Rechtsanwendung. Symposium zu Ehren von Professor Emeritus Dr. iur. Omaia Elwan. Veranstaltet vom Institut für ausländisches und internationales Privat- und Wirtschaftsrecht der Universität Heidelberg und der Gesellschaft für Arabisches und Islamisches Recht e.V. Herausgegeben von Herbert Kronke, Gert Reinhart und Nika Witteborg. 2001.

Band 61 Patrick Fiedler: Stabilisierungsklauseln und materielle Verweisung im internationalen Vertragsrecht. 2001.

Band 62 Werner Mangold: Die Abtretung im Europäischen Kollisionsrecht. Unter besonderer Berücksichtigung des spanischen Rechts. 2001.

Band 63 Eike Dirk Eschenfelder: Beweiserhebung im Ausland und ihre Verwertung im inländischen Zivilprozess. Zur Bedeutung des US-amerikanischen discovery-Verfahrens für das deutsche Erkenntnisverfahren. 2002.

Band 64 Bernd Ehle: Wege zu einer Kohärenz der Rechtsquellen im Europäischen Kollisionsrecht der Verbraucherverträge. 2002.

Band 65 Heiko Lehmkuhl: Das Nacherfüllungsrecht des Verkäufers im UN-Kaufrecht. 2002.

Band 66 Jochen Nikolaus Schlotter: Erbrechtliche Probleme in der Société Privée Européenne. IPR-Harmonisierung im einheitlichen Europäischen Rechtsraum. 2002.

Band 67 Konrad Ost: Doppelrelevante Tatsachen im Internationalen Zivilverfahrensrecht. Zur Prüfung der internationalen Zuständigkeit bei den Gerichtsständen des Erfüllungsortes und der unerlaubten Handlung. 2002.

Band 68 Tobias Bosch: Die Durchbrechungen des Gesamtstatuts im internationalen Ehegüterrecht. Unter besonderer Berücksichtigung deutsch-französischer Rechtsfälle. 2002.

Band 69 Ursula Philipp: Form im amerikanischen Erbrecht. Zwischen Formalismus und harmless error. 2002.

Band 70 Christian Stefan Wolf: Der Begriff der wesentlich engeren Verbindung im Internationalen Sachenrecht. 2002.

Band 71 André Fomferek: Der Schutz des Vermögens Minderjähriger. Ein Vergleich des deutschen und des englischen Rechts unter Berücksichtigung des schottischen und irischen Rechts. 2002.

Band 72 Nicolas Blanchard: Die prozessualen Schranken der Formfreiheit. Beweismittel und Beweiskraft im EG-Schuldvertragsübereinkommen in deutsch-französischen Vertragsfällen. 2002.

Band 73 Markus Dreißigacker: Sprachenfreiheit im Verbrauchervertragsrecht. Der Verbraucher im Spannungsfeld zwischen kultureller Identität und Privatautonomie. 2002.

Band 74 Vassiliki Myller-Igknay: Auskunftsansprüche im griechischen Zivilrecht. Auswirkungen im deutsch-griechischen Rechtsverkehr sowie im deutschen internationalen Privat- und Verfahrensrecht. 2003

Band 75 Stefan Bruinier: Der Einfluss der Grundfreiheiten auf das Internationale Privatrecht. 2003.

Band 76 Nika Witteborg: Das gemeinsame Sorgerecht nichtverheirateter Eltern. Eine Untersuchung im soziologischen, rechtsgeschichtlichen, verfassungsrechtlichen, rechtsvergleichenden und internationalen Kontext. 2003.

Band 77 Peter Stankewitsch: Entscheidungsnormen im IPR als Wirksamkeitsvoraussetzungen der Rechtswahl. 2003.

Band 78 Jan Wilhelm Ritter: Euro-Einführung und IPR unter besonderer Berücksichtigung nachehelicher Unterhaltsverträge. Eine Untersuchung mit Blick auf das deutsche, französische und schweizerische Recht. 2003.

Band 79 Wolf Richard Herkner: Die Grenzen der Rechtswahl im internationalen Deliktsrecht. 2003.